AI 메타버스시대
ESG 경영전략

AI 메타버스시대
ESG 경영전략

김영기 | 이용섭 | 남기선 | 김권수 | 최대봉 | 최효근 | 김현영 | 박찬혁 | 최영미
박영일 | 박종현 | 구형기 | 김현규 | 김재영 | 권복주 | 김성희 | 신동근 | 신흥섭
변성호 | 이대우 | 김성제 | 조민우 | 이현구 | 추윤호 | 박윤

BRAIN PLATFORM

AI(인공지능) 메타버스시대에 왜 ESG 경영인가?

2022년을 보내면서 현장의 실무자들인 25명의 ESG 경영 실무자들이 ESG 경영의 탄생과 현재 그리고 미래의 방향성을 제시해본다.

· Environmental(환경)은 기업의 친환경경영
· Social(사회)은 기업의 사회적 책임
· Governance(지배구조)는 기업의 투명한 지배구조

ESG는 Environmental(환경보호), Social(사회적 책임), Governance(지배구조의 투명성)의 영문 첫 글자를 조합한 단어다. 여기서 Environmental은 기업의 친환경경영, Social은 기업의 사회적 책임, Governance는 기업의 투명한 지배구조 등을 의미한다.

지구촌의 인류가 당면하고 있는 기후변화 위기나 코로나19와 같은 팬데믹 위기에 공동으로 대처하기 위하여 각 국가뿐만 아니라 기업경영에 있어서도 재무적인 매출이나 이익만을 고려하여 무분별하게 기업을 경영할 것이 아니라 인류가 함께 공존하기 위해 기업경영에 비재무구조인 친환경, 기업의 사회적 책임, 기업의 투명한 지배구조를 통하여 지속

가능한 경영환경을 만들자는 취지다.

(1) 2022년 기업경영의 최대 과제로 떠오른 'ESG 경영'

　기업 입장에서 보면, 이러한 ESG의 개념적인 의미보다는 ESG가 기업에 어떠한 영향을 미치는지 그 실질적 의미가 더 중요할 것이다. ESG는 기업이 '지속가능한' 비즈니스를 달성하기 위한 세 가지 핵심 요소이며, 재무제표에는 직접적으로 보이지 않아도 기업의 중장기 기업가치에 막대한 영향을 주는 비재무적 지표로 정의할 수 있다.

　정리하면 ESG는 환경, 사회, 지배구조라는 단어의 조합이지만, 숨은 키워드는 바로 기업의 지속가능성, 기업가치, 그리고 비재무적 성과지표라고 할 수 있다. 최근 우리 사회는 디지털 트랜스포메이션으로 명명되는 4차 산업혁명시대로 패러다임이 급속히 변화되고 있다.

　인공지능을 중심으로 메타버스, 빅데이터, 클라우드, 블록체인, 자율주행, 사물인터넷, 로봇, 드론, 가상현실 등의 기술로 구현되고 있는 4차 산업혁명시대는 이미 우리 생활 속에 깊숙이 들어와 빠른 속도로 세상을 변화시키고 있어 예전에 상상만 하던 디지털 첨단기술로 무장한 미래사회가 눈앞에 성큼 다가왔다.

　그리고 2020년부터 현재까지 전 세계를 공포 속에 몰아넣고 있는 코로나19는 인간이 얼마나 나약한 존재이고 위기는 언제든지 찾아올 수 있다는 것을 경고하고 있다. 이러한 바이러스의 침투는 일시적인 것이 아니라 일상화되어 팬데믹시대를 예고하고 있으며 우리 사회가 코로나 이전과 코로나 이후를 나눌 정도로 우리 생활 속에서 엄청난 영향력을 미치고 있는 포스트코로나시대 및 위드코로나시대를 열고 있다.

(2) AI(인공지능) 메타버스시대 ESG 경영의 미래

　인공지능과 메타버스시대 생존을 위한 기업의 참다운 사회적 기능은 기업윤리를 통해서 사회적 책임을 다하는 데 있다고 볼 수 있다. 앞으로의 시장에서 기업이 살아남기 위해서는 단순히 영리집단으로서의 역할뿐 아니라 그 이상의 것, 즉 사회의 환경변화에 적절히 대응할 능력과 행동력을 갖추어야 할 것이다.

　기업의 안정적 발전은 일시적인 이윤의 창출에 있는 것이 아니라 장기적으로 기업이 이윤을 끊임없이 추구할 수 있는 건전한 사회를 육성하는 것에 있다는 사실을 알고 있는 미국 등 주요 선진국들은 이미 ESG와 관련된 법규를 제정, 강화하고 있으며 국제적 표준화 작업도 서두르고 있다. 우리나라도 기업의 신뢰도를 제고하기 위해 환경보존에 앞장서며 기업의 투명한 지배구조로 사회적 책임을 강화하여야 하며 기업, 정부, 이해관계자가 균형감각을 가지고 보다 밝은 글로벌사회 구축을 위해 한 발짝 더 앞으로 나아가 사회적 책임을 다하는 모습을 보여주었으면 좋겠다.

2022.11.11

대표저자 김영기 외 24명 dream

차례

서문 004

1장 AI 메타버스시대와 ESG 경영   015

김영기

1. 4차 산업혁명시대와 인공지능 016 ㅣ 2. 현실과 가상이 혼재하는 메타버스 도입사례 019 ㅣ 3. ESG 경영이란 무엇인가? 023 ㅣ 4. ESG 경영의 유래와 진화 025 ㅣ 5. 기업경영의 패러다임 변화 027 ㅣ 6. ESG 경영의 필요성과 중요성 030 ㅣ 7. ESG 경영의 본질과 경영활동 방향성 032 ㅣ 8. 마치며 035

2장 AI 메타버스시대 왜 ESG인가?   043

이용섭

1. AI 메타버스시대 왜 ESG인가? 044 ㅣ 2. ESG 경영 실행방안 049 ㅣ 3. 중소기업 ESG 경영 실행전략 054 ㅣ 4. ESG 경영의 논란과 리스크 관리 061

3장 E-Start 환경측면 파악   071

남기선

1. 들어가기 072 ㅣ 2. 환경측면과 환경측면 파악 074 ㅣ 3. 물질수지 분석 076 ㅣ 4. 환경측면 파악 및 영향평가 078 ㅣ 5. 환경측면과 목표관리 080 ㅣ 6. 환경경영시스템 구축 082 ㅣ 7. 마무리 085

4장 사회적경제와 ESG   091

김권수

1. 들어가며 092 ㅣ 2. 사회적경제의 이해 096 ㅣ 3. 사회적경제와 사회(S) 100 ㅣ 4. ESG 방법론 104 ㅣ 5. 나가며 110

5장 자동차기업의 ESG 경영이해 — 115

최대봉

1. 들어가며 116 | 2. 급변하는 글로벌 자동차 시장의 환경 117 | 3. ESG 중심으로의 자동차 기술 대전환 120 | 4. 대기업들의 ESG로의 경영전환 124 | 5. 자동차 중소기업들의 ESG 경영방향 128 | 6. 마무리하며 132

6장 중소기업 ESG 경영, 탄소중립 실천부터 — 137

최효근

1. 탄소중립의 필요성 138 | 2. 해외의 탄소중립 적용 정책 140 | 3. 공급망 ESG 관리 요구 확산 141 | 4. 국내의 탄소중립 대응방안 144 | 5. 중소기업 탄소중립 전환을 위한 지원 148 | 6. 맺는말 156

7장 중소벤처기업의 혁신바우처에 미치는 ESG 경영 실천방향 — 163

김현영

1. 중소벤처기업의 혁신바우처 164 | 2. 중소벤처기업의 ESG 컨설팅 세부내용 170 | 3. 중소벤처기업의 ESG 이해 177 | 4. 중소벤처기업의 ESG 경영 실천방향 181 | 5. 마무리 183

8장 유통정글과 ESG 환경 속에서 편의점 살아남기(Saving CVS) — 189

박찬혁

1. 들어가기 190 | 2. 편의점 산업의 환경과 현황 191 | 3. 편의점 산업의 도전과 변화 194 | 4. 편의점 산업의 ESG 경영사례 199 | 5. 맺는말 204

9장 기업경영의 ESG와 개발협력의 SDGs와의 만남 — 211

최영미

1. 들어가며 212 | 2. ESG와 SDGs와의 연계성 215 | 3. 개발협력에서 ESG 기반의 기업협력사업 218 | 4. 코이카의 기업협력사업을 통한 기업의 ESG 실현 220 | 5. 끝내며 225

10장 ESG 경영수준진단평가 · 233
박영일

1. K-ESG 개론 234 | 2. K-ESG 기본진단항목 239 | 3. 중견·중소기업을 위한 K-ESG 기본진단항목 241 | 4. 중소벤처기업진흥공단 ESG 경영수준진단 253 | 5. ESG 관련 인증 256

11장 기업의 ESG 경영과 소비자 행동 · 261
박종현

1. 들어가면서 262 | 2. ESG의 이론적 배경 265 | 3. ESG가 기업경영에 중요한 이유 269 | 4. ESG의 명과 암 271 | 5. ESG 경영의 변화(유통업) 274 | 6. ESG와 소비자 행동 276 | 7. 마무리하면서 280

12장 ESG 공급망 관리 – 중소기업 공급망 ESG 중요이슈 및 대응사례 · 287
구형기

1. 들어가며 288 | 2. 공급망 ESG의 개념과 범위 288 | 3. 공급망 ESG의 중요이슈 292 | 4. 기업들의 ESG 공급망 대응사례 301 | 5. 마무리하며 305

13장 중소기업이 쉽게 이해할 수 있는 ESG 접근법 · 309
김현규

1. 시작하며 310 | 2. ESG에 대한 중소기업의 준비현황 312 | 3. 중소기업에서 ESG 경영에 대해 쉽게 접근하는 방법 317 | 4. ESG 자가진단을 통해 중소기업에서 해야 할 일 329

14장 ESG와 디지털 트랜스포메이션 · 335
김재영

1. ESG와 디지털 트랜스포메이션 336 | 2. 디지털 트랜스포메이션을 ESG에 적용하다 337 | 3. 사회공헌활동과 DX 343 | 4. 중소기업 ESG 지원 해결책 DX 347

15장 중소기업의 ESG 경영 대응전략 355

권복주

1. ESG 국내외 동향 356 | 2. 중소기업의 ESG 경영 도입 필요성 359 | 3. K-ESG 가이드라인 366 | 4. 글로벌기업의 ESG 평가대응 376

16장 중소·중견기업의 공급망 관리 대응방안 387

김성희

1. 공급망 실사 의무화 388 | 2. 중소·중견기업의 공급망 실사 대응방안 395 | 3. 맺음말 405

17장 ICT 기업의 ESG 경영전략 411

신동근

1. ESG 도입 배경 및 동향 412 | 2. 국내외 ESG 관련 동향 414 | 3. ESG 평가체계 419 | 4. 결론 429

18장 ESG와 Global Quality Management System 435

신흥섭

1. 들어가기 436 | 2. 자동차산업과 ESG 경영 438 | 3. ESG를 반영한 자동차업종 Global Quality Management System으로 업그레이드 방안 442 | 4. 마무리 453

19장 스마트공장을 넘어 ESG 경영으로 457

변성호

1. 들어가기 458 | 2. 스마트 제조혁신과 ESG 경영의 시너지 체인 462 | 3. 스마트공장 고도화는 ESG의 성공 열쇠(Success Key) 478 | 4. 올바른 기업혁신을 위한 조언 478

20장) 우리 회사의 'ESG 지속가능경영' 핵심은 무엇인가? 485

이대우

1. ESG 경영 내재화 동향 486 | 2. 기업의 ESG 경영평가대응방향 487 | 3. 중견·중소기업 K-ESG 가이드라인 기본진단항목 491 | 4. 추가 진단항목의 활용 505

21장) 제4차 산업혁명시대 SDGs와 ESG 안전경영 511

김성제

1. 들어가는 말: 제4차 산업혁명시대와 AI 512 | 2. SDGs와 기후변화 대응 517 | 3. ESG 안전경영과 미래생존전략 524 | 4. ESG 안전경영의 실천과제 529 | 5. 맺는말 531

22장) 데이터, 쉬운 ESG 경영 실행전략 539

조민우

1. ESG 경영 동향 및 대응현황 540 | 2. ESG는 목적이 아닌 수단 542 | 3. 쉬운, ESG 경영 실행전략 545

23장) ESG - 메타버스시대의 비즈니스와 마케팅 전략 559

이현구

1. 들어가며 560 | 2. ESG, 메타버스 어떻게 공부할까? 560 | 3. 중소기업·스타트업에게 필요한 ESG 경영전략과 마케팅 563

24장) 중소기업 지속가능경영보고서 어떻게 작성해야 하나 581

추윤호

1. 들어가며 582 | 2. 지속가능경영보고서 이론 583 | 3. 지속가능경영보고서 실전 590 | 4. 플랫폼 활용 CSR 보고서 작성 예시 595 | 5. 나가며 596

25장. ESG의 G, '거버넌스(Governance)' 스타트업·중소기업 중심으로

599

박윤

1. ESG 경영의 거버넌스 중요성과 투명성 **600** | 2. 거버넌스 윤리와 ISO 인증 **602** | 3. 건강한 기업 거버넌스 성공과 실패 사례 **605** | 4. 마치며 **620**

1장

AI 메타버스시대와 ESG 경영

김영기

1. 4차 산업혁명시대와 인공지능

4차 산업혁명시대는 인공지능과 함께 인간지능이 교감하고 융합하는 새로운 패러다임을 예고하고 있다.

최근의 가장 큰 트렌드인 '4차 산업혁명시대'의 최대 이슈는 '인공지능(AI)'이다. 우리의 10년, 20년 후의 미래는 우리가 상상하는 것보다 훨씬 더 발전할 것으로 예측되고 있다. 이렇게 급격한 변화가 이루어지는 시대에 경쟁에서 1등을 위해 성적과 실적에만 집착하는 것보다는 책과 경험, 상상력과 창의성을 키우는 삶이 되어야 살아남을 수 있을 것이다.

켄 로빈슨은 TED 강연에서 다음과 같이 말했다.

"똑같은 프레임 안에서 똑같은 내용으로 교육받아 경쟁하는 삶은 앞으로 전혀 승산이 없다. 기존의 프레임을 벗어나 자신의 잠재력을 발견하고 열정적으로 꿈을 좇아야 한다. 그래야 자기만의 창조성을 발휘하여 경쟁력을 갖추게 되는 것이다.

미래는 전문가를 넘어서 '초전문가(Hyperspecialization)'의 시대가 될 것이라고 한다. 일부 기업이나 조직이 주도하는 것이 과거의 시스템이었다면 미래에는 수많은 사람 각자가 서로 다른 가치를 창출하여 리더가 되고 최고 전문가가 된다는 것이다."

따라서 미래의 '인공지능(AI)' 시대에 대비하기 위해서는 인간의 자연지능(NI)인 '인간지능(HI)'과 '인공지능(AI)' 간의 교감이 중요하다. 인간의 창조적인 지능인 '뇌(Brain)의 가소성(Plasticity)' 활용을 극대화하고 열정적으로 인간의 창조적인 완성도를 높여 나가는 것이 중요한 방향성이다.

디지털 트렌스포메이션(Digital transformation)으로 명명되는 4차 산업혁명(Fourth Industrial Revolution, 四次 産業革命)은 일반적으로 "정보통신기술(ICT)의 융합으로 이뤄지는 차세대 산업혁명으로, '초연결', '초지능', '초융합'으로 대표된다"라고 정의하고 있다(네이버 지식백과 시사상식사전). 1차 산업혁명이 증기기관 기반의 기계화혁명, 2차 산업혁명이 전기에너지 기반의 대량생산혁명, 3차 산업혁명이 컴퓨터와 인터넷 기반의 지식정보혁명이라면 4차 산업혁명은 인공지능, 블록체인, 빅데이터, 클라우드 기반의 만물초지능혁명이라고 한다.

네이버의 지식백과사전 및 시사상식사전의 정의는 다음과 같다.

"4차 산업혁명시대는 인공지능(AI), 사물인터넷(IoT), 로봇기술, 드론, 자율주행차, 가상현실(VR) 등이 주도하는 차세대 산업혁명을 말한다."

이 용어는 2016년 6월 스위스에서 열린 다보스 포럼(Davos Forum)에서 포럼의 의장이었던 클라우스 슈밥(Klaus Schwab)이 처음으로 사용하면서 이슈화됐다. 당시 슈밥 의장은 "이전의 1, 2, 3차 산업혁명이 전 세계적 환경을 혁명적으로 바꿔 놓은 것처럼 4차 산업혁명이 전 세계 질서를 새롭게 만드는 동인이 될 것"이라고 밝힌 바 있다.

1차 ~ 4차 산업혁명

1784	1870	1969	Now
INDUSTRY 1.0	INDUSTRY 2.0	INDUSTRY 3.0	INDUSTRY 4.0

- INDUSTRY 4.0 — Cyber physical systems
- INDUSTRY 3.0 — Electronic and IT systems, automation
- INDUSTRY 2.0 — Mass production and electricity
- INDUSTRY 1.0 — Mechanization, steam and water power

INDUSTRY 4.0
The Fourth Industrial Revolution

출처: 게티이미지 코리아

2. 현실과 가상이 혼재하는 메타버스 도입사례

1) 메타버스가 뜨는 이유는 무엇일까?

세컨드브레인연구소 이임복 대표는 "메타버스는 거품일까 아니면 새로운 미래일까"라는 도발적인 질문을 던지며 두 번째 발제를 열었다. 그는 메타버스의 현황과 미래를 살펴보기 전, 먼저 메타버스가 이슈를 끌고 있는 3가지 이유를 제시했다.

첫 번째는 코로나19다. "전 지구적으로 이동이 제한되고, 온라인으로 업무 등을 진행하게 되면서 현실과 가상의 경계가 희미해졌다"라며 "중요한 기업 발표를 유튜브 생중계로 진행하는 등 많은 이들이 디지털에 익숙해지고 있다"고 분석했다.

두 번째는 주식이다. 최근 메타버스 관련주들이 주목받으면서 덩달아 이에 대한 일반인들의 관심도 늘어났다는 것이다. 대표적인 것이 미국의 게임 플랫폼 업체 로블록스(Roblox)다. 지난 3월 상장된 이 기업의 가치는 약 33조 원에 이른다.

세 번째는 NFT(Non-Fungible Token)의 등장이다. 대체불가 토큰인 NFT는 블록체인을 통해 일종의 디지털 원본 인증을 새기는 것으로 디지털 작품의 자산화를 이끄는 핵심기술이라 할 수 있다. 이를 통해 본격적인 디지털 작품의 거래가 이뤄지고 있는데, 상징적인 것이 디지털 아티스트 비플의 「매일 첫 5000일」이라는 작품이다. 그 가치는 785억 수준이다.

2) "영화 속 메타버스 세상, 10년 후엔 다가갈 것"

그렇다면 정말 메타버스는 거품이 아닌 현실이 될 수 있을까. 이 대표에 따르면 현재는 소셜 기능을 중심으로 기반을 다져나가는 시기다. NFT 거래, VR 기기가 점차 확산되고 있다.

이후 2023년부터는 NFT가 본격 실생활에서 사용되는 등 가상현실의 비중이 높아질 전망이다. 이 대표는 애플, 삼성 등 IT기업들이 보다 진보된 VR/AR 기기를 내놓으며 일상생활에서 실용화가 어느 정도 진행될 것으로 보았다.

이를 통해 2030년부터는 진정한 메타버스시대의 서막이 열릴 수 있다는 분석이다. 이 대표는 "메타버스 경제 활동이 실제 활동만큼 중요해질 것"이라며 "영화 「레디 플레이어 원」처럼 고글, 슈트만 착용하면 진짜 새로운 현실을 만날 수 있는 풀 다이브 세상에 조금이나마 다가갈 수 있을 것"으로 보았다.

네이버는 전 세계 회원만 2억 명이 넘는 제페토를 운영하고 있다. 국내 플랫폼 기업 가운데, 메타버스 산업을 대표하는 선두주자로 꼽히며, SKT의 이프랜드가 그 뒤를 추격하고 있다.

출처: 구은모 기자, 「"제페토를 잡아라" 메타버스 월드 선언한 SKT… 전용화폐도 검토」, 아시아 경제, 2021.8.19.

출처: 김성현 기자, 「네이버 제페토, 메타버스로 '2억명' 사로잡다」, 지디넷코리아, 2021.9.9.

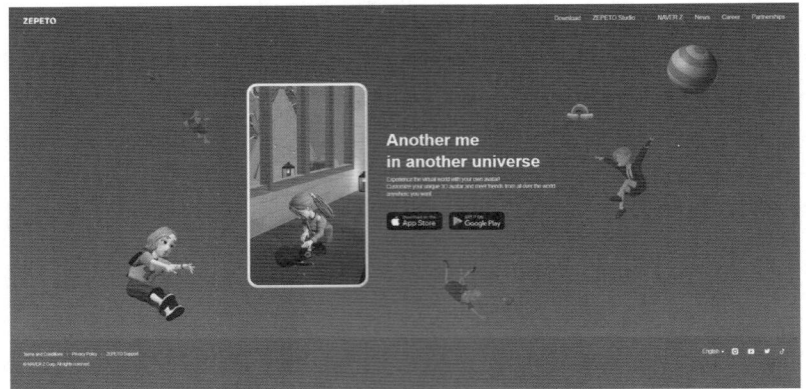

출처: 제페토 화면 캡처

　메타버스(Metaverse)는 가상을 뜻하는 메타(Meta)와 유니버스(Universe, 우주)의 합성어다. 가상현실(VR)·증강현실(AR) 기술을 활용해 사람들이 서로 다른 실물 공간에 공존할 수 있도록 만들어진 세상이다.

　국내외적으로 메타버스 산업에 대한 관심이 나날이 늘고 있다. 코로나19 확산 후 비대면 문화가 일상생활에 스며든 데 따른 자연스러운 기류다. 최근 마크 저커버그 페이스북 대표 역시 5년 내 회사를 메타버스 기업으로 탈바꿈한다는 계획을 공식화해 주목받았다.

3) 제페토 추격하는 이프랜드

　SKT는 2021년 8월 19일 이프랜드 내 가상공간에서 기자간담회를 열고 "이프랜드를 오픈 플랫폼으로 업그레이드하고 글로벌 시장 진출을 추진한다"고 밝혔다.

출처: 이프랜드 화면 캡쳐

3. ESG 경영이란 무엇인가?

ESG는 Environmental(환경), Social(사회), Governance(지배구조)의 영문 첫 글자를 조합한 단어다. 여기서 Environmental은 기업의 친환경경영, Social은 기업의 사회적 책임, Governance는 기업의 투명한 지배구조 등을 의미한다.

기업 입장에서 보면, 이러한 ESG의 직관적인 의미보다는 ESG가 기업에게 어떠한 영향을 미치는지 그 실질적 의미가 더 중요할 것이다. ESG는 기업이 '지속가능한' 비즈니스를 달성하기 위한 세 가지 핵심 요소이며, 재무제표에는 직접적으로 보이지 않아도 기업의 중장기 기업가치에 막대한 영향을 주는 비재무적 지표로 정의할 수 있다.

정리하면 ESG는 환경, 사회, 지배구조라는 단어의 조합이지만, 숨은 키워드는 바로 기업의 지속가능성, 기업가치, 그리고 비재무적 성과지표라고 할 수 있다.

ESG(Environmental, Social and Governance) 경영이란 기업경영에서 평가의 대상이 되었던 기존의 재무적인 요인뿐만 아니라 기업의 비재무적 요소인 환경(Environment)·사회(Social)·지배구조(Governance)를 투자 의사 결정 시에 경영평가하겠다는 의미다.

> 투자 의사 결정 시 '사회책임투자' 혹은 '지속가능투자'의 관점에서 기업의 재무적 요소들과 함께 고려한다. 사회책임투자란 사회적·윤리적 가치를 반영하는 기업에 투자하는 방식이다. 기업의 재무적 성과만을 판단하던 전통적 방식과 달리, 장기적 관점에서 기업가치와 지속가능성에 영향을 주는 ESG(환경·사회·지배구조) 등의 비재무적 요소를 충분히 반영해 평가한다. 기업의 ESG 성과를 활용한 투자 방식은 투자자들의 장기적 수익을 추구하는 한편, 기업 행동이 사회에 이익이 되도록 영향을 줄 수 있다.
>
> 지속가능한 발전을 위한 기업과 투자자의 사회적 책임이 중요해지면서 세계적으로 많은 금융기관이 ESG 평가 정보를 활용하고 있다. 영국(2000년)을 시작으로 스웨덴, 독일, 캐나다, 벨기에, 프랑스 등 여러 나라에서 연기금을 중심으로 ESG 정보 공시 의무 제도를 도입했다. UN은 2006년 출범한 유엔책임투자원칙(UNPRI)을 통해 ESG 이슈를 고려한 사회책임투자를 장려하고 있다.
>
> 2021년 1월 14일 금융위원회는 우리나라도 오는 2025년부터 자산 총액 2조 원 이상의 유가증권시장 상장사의 ESG 공시 의무화가 도입되며, 2030년부터는 모든 코스피 상장사로 확대된다고 발표하였다. 이로써 비재무적 친환경 사회적 책임 활동이 기업가치를 평가하는 주요 지표로 자리매김하게 되었다.

출처: 네이버 지식백과, 「ESG(Enciroenmental, Social and Governance)」, 두산백과.

4. ESG 경영의 유래와 진화

최근 기업경영 최대의 화두로 떠오른 ESG 경영은 언제부터 시작되었을까?

2021년 3월 30일자 한경비즈니스 이현주 기자의 「'ESG 경영'의 짧지만 긴 역사…브룬트란트 보고서에서 지속 가능 경영까지」에 의하면 다음과 같다.

> 사실 ESG는 완전히 생소한 개념은 아니다. ESG는 거슬러 올라가면 산업혁명 시대에서 뿌리를 찾아볼 수 있다. 일산화탄소와 아동 노동이 이슈가 되면서 기업 경영이 환경과 사회에 해를 끼치지 말아야 한다는 공감대가 형성됐다. 이후 글로벌 규약들이 만들어지고 환경 경영, 윤리 경영, 지속 가능 경영 등이 강조돼 왔다. 특히 지속 가능 경영은 ESG의 보다 근원적인 개념으로. 오늘날 ESG는 지속 가능 경영과 사회적 책임(CSR)이 진화하고 규범화·제도화된 것으로 이해할 수 있다.
>
> 지속 가능성(sustainability)은 현세대의 필요를 충족시키기 위해 '미래 세대'가 사용할 경제·사회·환경 자원을 낭비하거나 여건을 저하시키지 않고 서로 '조화와 균형'을 이루는 것을 의미한다. 경제·사회·환경의 트리플 보텀라인(triple bottom line)으로 세 요소가 균형을 이루며 발전하는 지속 가능한 발전 개념이 부상했다. 1972년 로마클럽에서 '성장의 한계 보고서에는 자원·인구·식량·환경 오염 등 문제를 지적했고 인류가 지속하기 위해서는 성장보다 발전에 방점을 찍어야 한다고 강조했다. 경제적 성장에 더해 환경과 사회와 더불어 잘사는 조화와 균형이 지속 가능한 발전의 핵심이며 지속 가능한 발전을 위한 기업의 3대 책임이 CSR에 해당한다.
>
> 세계적인 차원에서 지속가능발전이 의제로 등장한 것은 1987년에 유엔환경계획(UNEP)과 세계환경개발위원회(WCED)가 공동으로 채택한 '우리 공동의 미래(Our Common Future)'라는 보고서이다. 일명 브룬트란트 보고서라고 불리는

이 보고서에서는 지속가능발전을 '미래세대에게 필요한 자원과 잠재력을 훼손하지 않으면서, 현 세대의 수요를 충족하기 위해 지속적으로 유지 될 수 있는 발전'으로 정의하고 있다. 그리고 인류가 빈곤과 인구증가, 지구온난화와 기후변화, 환경 파괴 등의 위기에 직면해 앞으로 대재앙이나 파국을 맞이하지 않고도 경제를 발전시키기 위해서는 지속가능발전으로의 패러다임 전환이 필요하다고 주장했다.

1992년 유엔환경개발회의(UNCED)와 리우 회의에서 지속가능발전에 대한 글로벌 차원으로 논의되고 178개국 정상들이 참여한 환경과 개발에 관한 리우 선언에는 세계 3대 환경 협약이 포함됐다. 기후변화협약(CO_2 등 온실가스 감축), 생물 다양성 협약(생태계 보존), 사막화 방지 협약(사막화 방지, 물 문제 해결) 등 3대 환경 협약은 현재 ESG의 E 영역의 글로벌 가이드라인 평가 축이다. 또한 기후변화협약(UNFCCC)은 교토의정서(1997년)를 지나 파리기후변화협약(2015년)으로 기후 변화와 환경 어젠다를 이어왔다.

노동 문제와 관련해서는 1998년 국제노동기구(ILO)에서 강제 노동의 철폐, 아동 노동의 폐지를 비롯한 4대 원칙을 발표했다. 앞서 나이키 협력사의 아동 노동 사태가 불매 운동으로 이어지자 백악관에서 태스크포스(TF)를 설치해 세계적인 인권·노동의 원칙을 마련한 것이다. 이 또한 ESG의 S의 노동 부문에서 글로벌 가이드라인으로 작용하고 있다. 지속 가능 발전 개념은 이후 2002년 지속가능발전세계정상회의(WSSD)에서 21세기 인류의 보편적인 발전 전략을 함축하는 개념으로 정착됐다.

GRI는 기업의 지속 가능 경영 보고서에 대한 가이드라인을 제시하는 비영리 기구다. 발데즈 원칙을 만든 미국의 환경 단체 세레스(CERES)와 UNEP 등이 주축이 돼 1997년 설립됐다. GRI의 핵심은 지속 가능성 보고 표준이고 지난 20년 동안 지속적으로 개발돼왔다. 2000년에 첫째 가이드라인을 발표한 데 이어 2016년 최초의 글로벌 지속 가능성 보고 표준인 GRI 스탠더드를 정립했다. GRI 표준은 경제·환경·사회 부문으로 나눠 기업이나 기관의 지속 가능성을 평가하기 위한 지표를 설정하고 있다. 전 세계에서 1만5402개 조직이 GRI 가이드라인에 따라 지속 가능 경영 보고서(ESG 보고서)를 발간하고 있다.

이현주 기자, 「'ESG 경영'의 짧지만 긴 역사…브룬트란트 보고서에서 지속가능경영까지」 한경비즈니스, 2021.3.30.

지속가능경영 패러다임의 변화

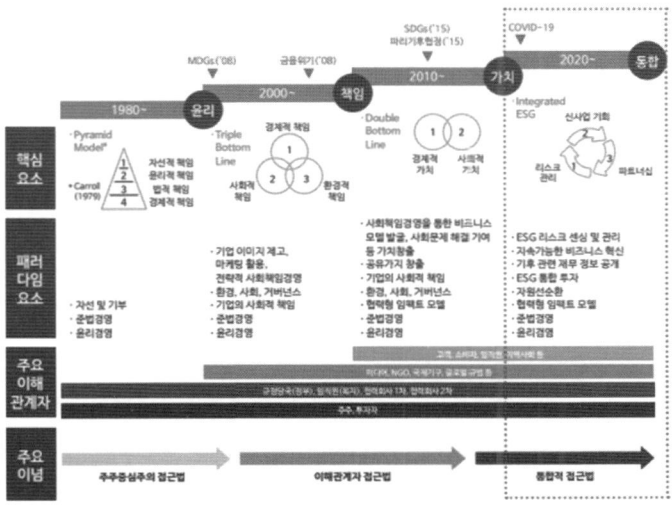

출처: 딜로이트, 「지속가능경영, ESG 경영으로의 전환을 위한 기업들의 전략적 접근 방안」, 2020.11.26.

5. 기업경영의 패러다임 변화

대한상공회의소와 삼정KPMG가 발간한 「중소·중견기업 CEO를 위한 알기 쉬운 ESG」는 다음과 같이 말한다.

> 기업을 둘러싼 다양한 이해관계자들의 ESG 경영 요구가 잘 받아들여지지 않으면 어떻게 될까요? 이는 기업의 기업가치 유지와 비즈니스의 지속성에 상당한 리스크로 작용할 것입니다. 이와 반대로 ESG에 대한 이해관계자들의 요구가 잘 반영된 기업의 경우 제품과 서비스에 고객들의 관심이 커질 뿐만 아니라, 투자가 확대되고, 자본조달 비용 감소로 이어져 기업가치의 상승으로 이어질 것입니다. 이것이 바로 현재

> 진행되고 있는 새로운 경영 패러다임입니다. 이제는 기업이 재무 성과뿐만 아니라 ESG와 같은 비재무적 성과를 함께 달성해야만 기업의 가치가 극대화되는 방향으로 나아갈 수 있습니다.

출처: 대한상공회의소·삼정KPMG, 「중소·중견기업 CEO를 위한 알기 쉬운 ESG」
디자인크레파스, 2021.7.22.

2021년 5월 6일 데일리포스트 송협 기자의 「전 세계 기업들이 주목하는 ESG 경영은?」에 의하면 다음과 같다.

> "ESG를 갖추지 않은 기업은 더 이상 생존하기 어려운 기류로 흐르고 있다. ESG는 단순히 사회공헌 활동이나 사회적 기업만을 강조하지 않고 국가와 인간, 더 넓은 의미로는 인류와 미래를 담보하기 위한 키워드라고 할 수 있다. 때문에 ESG는 장기적으로 기업가치와 지속 가능성에 영향을 주는 기업의 핵심 기준으로 반영되고 있다." (인사이드 경제정책 포럼 박인석 선임 연구원)라고 했다.
>
> 지난 2000년 영국은 연기금을 대상으로 ESG 공시 의무화 제도를 신설하고 나섰다. 전 세계 무대에서 최초의 ESG의 신호탄이다. 기폭제가 된 영국에 이어 스웨덴과 독일, 벨기에, 그리고 프랑스가 뒤따르면서 ESG는 유럽 전역으로 급속도로 번져나갔다.
>
> 영국을 기폭제로 유럽 전역에서 확산된 ESG는 사실 영국의 연기금을 대상으로 ESG 공시 의무화 제도 신설을 통해 본격화하기 전까지만 하더라도 실행도 못한 채 구성안만 만지작거리던 천덕꾸러기였다.
>
> 실제로 ESG의 첫 시작점은 지난 2006년 UNPRI(유엔책임투자원칙)을 통해 언급되며 기업의 사회책임투자 장려에서 비롯됐지만 궤도에 오르기까지 무려 10년 넘게 유명무실했다.
>
> 당초 영국의 연기금을 대상으로 시작된 ESG는 점진적으로 기업으로 스며들기 시작했다. 그렇다면 전 세계 기업들은 왜 ESG 경영 강화를 위해 가속도를 붙이고 있을까?

사실 알고보면 이유는 아주 간단하다. 그동안 기업들이 기업의 이익을 사회에 일정 정도 환원하는 이른바 '기업 나눔활동'이 1차원적 사회공헌 방식이라면 ESG는 사회적 기업의 한계를 뛰어넘는 입체적인 사회공헌이기 때문이다.

지난 2019년 세계 경제 포럼에서 10년 전 발생 가능성과 영향력 측면에서 내다본 글로벌 기업의 핵심은 재무적 리스크였다. 하지만 ESG가 본격화되면서 ESG 관리수준이 높은 기업은 낮은 기업과 비교할 때 상대적으로 고위험과 영향을 받는 체계적 위험에서 낮은 것으로 나타났다.

기업의 체계적 리스크 역시 ESG기업의 능력을 뛰어났다. 실제로 에너지 효율을 추구한 ESG기업의 경우 에너지 가격 폭등으로 비용부담이 높아지더라도 대응이 유연하다는 시각이 지배적이다.

출처: 송협 기자, 「전 세계 기업들이 주목하는 ESG 경영은?」, 데일리포스트, 2021.5.6.

2021년 4월 22일, 지구의 날을 기념하여 전 세계 40개국의 정상이 화상으로 기후 정상회의를 가졌다. 미국의 바이든 대통령은 2030년까지 온실가스 배출량을 절반으로 감축시키겠다는 목표를 다시 한번 확인하는 등 각국의 정상들이 환경 보호를 위한 정책들을 발표하였다. 그동안 전 세계적으로 여러 차례의 기후협약과 논의가 있었지만, 이제 더 이상 뒤로 미룰 수 없다는 사실을 모든 국가가 동의했다.

전 세계적인 정책 기조에 덧붙여 환경에 대한 일반 시민들의 관심 또한 높아지면서 기업들도 더는 환경 문제를 외면할 수 없게 되었으며 이제 기업들은 단순 이윤 창출 이외에도 사회적인 책임과 환경보호를 위한 적극적인 행동을 요구받게 되었다.

6. ESG 경영의 필요성과 중요성

그동안 기업은 이윤 창출을 위한 집단으로써 빠른 경제적 성장을 최우선 과제로 생각해 왔었다. 그로 인해 환경 오염, 사회적 불평등, 경영상의 위법 행위, 정경유착 등의 부작용이 심화되었다. 이전에는 기업이 가진 거대 자본으로 이러한 문제점이 부각되지 않도록 숨겨 왔으나, 인터넷이 발전하고 개인들이 집단활동을 시작하면서 기업경영 문제점을 지적하는 목소리를 덮는 것이 어려워졌다. 게다가 이들이 단순 비판에 그치지 않고 집단 불매 운동이나 주식 투자를 통해 직접적으로 기업에 압박을 가하면서 기업도 더는 외면할 수 없게 된 것이다.

ESG 경영을 요구하는 개인들의 목소리가 커졌다고 해도 국가의 정책적인 압력이 없다면 아무런 효과가 없었을 것이다. 다행스럽게도 전 세계적인 규모로 기업에 ESG 경영을 요구하는 정책적인 압박이 강해지고 있다. 유럽의 경우, 지속가능성을 원칙으로 하는 기업의 의무를 법제화하여 ESG 정보를 공시하도록 의무화하고 있으며 우리나라에서도 2030년까지 모든 코스피 상장 기업에 대해 ESG 관련 공시를 의무화하는 정책이 도입될 예정이다. 또한, 각국의 주요 투자자들이 향후 ESG를 주요 투자 정보로 활용할 것을 예고했으며, ESG 평가 기준에 적합하지 않은 기업에 대해서는 아예 투자 대상에서 제외하겠다고 선언하기도 하였다. 당장 우리나라 국민연금공단도 2022년까지 운용 자산의 50%를 ESG 기업에 투자할 계획이라고 밝혔으니 기업들이 ESG 경영에 주목하는 것은 당연하다고 볼 수 있겠다.

ESG가 기업에게 중요한 이유를 2021년 7월 21일 대한상공회의소와 삼정KPMG가 발간한 『중소·중견기업 CEO를 위한 알기 쉬운 ESG』에서 4가지로 다음과 같이 설명하고 있다.

(1) 투자자의 ESG 요구 증대

기업의 ESG 활동은 기업뿐만 아니라 기업을 둘러싼 다양한 이해관계자가 얽혀 있는 이슈다. 기후변화 위기와 코로나19 팬데믹을 거치면서 기업의 핵심 이해관계자인 투자자, 고객, 신용평가사, 정부는 기업에게 높은 수준의 ESG 경영체계를 갖추도록 강력하게 요구하고 있다.

(2) 고객의 ESG 요구 증대

글로벌기업들은 ESG 경영이 미흡한 공급사와는 거래를 하지 않겠다는 움직임을 보이고 있다. 분업화된 공급망 구조에서 자칫 ESG에 소극적인 기업은 향후 고객 기반을 상실할 수도 있다. ESG에 반하는 공급망 관리가 사회적인 논쟁으로 부상하기도 했다.

(3) 신용평가에 ESG 반영

글로벌 신용평가기관인 무디스(Moody's), 피치(Fitch Ratings), S&P(Standard&Poor's) 등에서는 ESG 평가 결과를 신용 등급에 반영하고 있다.

(4) ESG 정부 규제 강화

유럽의 경우 2006년 UNPRI가 ESG 투자 원칙을 발표하면서 본격적으로 기업의 비재무적 요소에 대한 공시 강화가 추진되었다. 유럽은 2021년 3월부터 연기금을 시작으로 은행과 보험사, 자산운용사로 ESG 관련 공시 의무를 확대했고, 영국은 모든 상장기업들에게 2025년까지 ESG 정보공시를 의무화할 예정이다.

우리나라의 경우 이미 2019년부터 자산 총액 2조 원 이상의 코스피 상장사를 중심으로 기업지배구조 핵심정보를 투자자에게 의무적으로 공시하도록 규정했다. 그리고 2021년 1월 금융위원회가 ESG 공시의 단계적 의무화를 추진하겠다고 발표했다. 현재 자율적으로 작성하고 공시하는 지속가능경영보고서 공시를 단계적으로 의무화하겠다는 것이 핵심으로, 먼저 2025년부터 2030년까지는 자산 2조 원 이상, 2030년 이후에는 전 코스피 상장사를 대상으로 확대할 예정에 있다.

7. ESG 경영의 본질과 경영활동 방향성

그렇다면 ESG 평가 기준에 부합하는 경영 방식은 구체적으로 어떤 것을 말하는 것일까? 국회입법조사처의 자료를 토대로 구성 요소별 내용을 함께 알아보겠다.

(1) 환경(Environment)

환경경영이란 기업의 고유한 생산활동에 의해서 필연적으로 파생되는 환경적 훼손을 최소화하면서 환경적으로 건전하고 지속적인 발전을 도모하는 경영 방식을 말한다. 환경경영은 인간이라는 자원과 자연환경의 변화과정 및 잠재적인 가치에 초점을 두면서, 고객은 단지 제품이나 서비스의 질만이 아니라 환경 책임, 지역사회에 대한 공헌 그리고 윤리적 책임까지도 기업의 질로써 평가한다는 것을 전제로 한 적극적인 경영 태도다.

환경경영의 성공 여부는 최고경영자에서 일반 종업원까지 조직구성원 전체의 환경에 대한 인식과 가치관에 의해 결정된다고 해도 과언이 아니다. 최고경영자가 환경 예산을 비용으로 인식하지 않고 투자 내지는 경쟁력 확보 차원으로 인식할 때, 그리고 종업원들이 제품 생산과 사무용품 사용에 있어 환경을 고려할 때, 이미 그 회사의 환경경영은 그 인식 수준만큼 높아져 있다고 할 수 있다.

(2) 사회(Social)

기업의 사회적 책임이란 "기업이 사회 제도로서 수행하여야 할 비경제적 기업 목적"을 의미한다. 쉽게 말해서 법에 의한 의무나 회사가 직접적으로 얻을 수 있는 경제적인 손익 계산을 넘어서 지속 가능한 경제 개발을 위해 기업 스스로가 사회의 한 구성원임을 자각하고 사회와 다른 구성원들을 위해서 책임을 다하는 것이라고 볼 수 있다.

사회적 책임은 크게 자선적 책임, 윤리적 책임, 법적 책임, 경제적 책임의 4가지로 분류할 수 있다. 첫째인 자선적 책임은 불우이웃돕기, 장학사업, 사회봉사 등 사회적 약자를 돕자는 취지로 반드시 지켜야 하는 것은 아니지만, 일반적인 가치관에 따라 기업이 그런 활동을 해주기를 바라는 것들을 말한다. 둘째는 윤리적 책임으로, 환경보호, 인권존중, 신뢰, 투명한 거래, 정직한 판매 등 기업윤리에서 취급하는 문제를 말한다. 이 또한 의무적인 사항은 아니지만 지키지 않으면 기업 이미지의 해가 될 수 있다. 셋째는 법적 책임으로, 뇌물, 폐수 방류 등 사회적 가치관의 최저수준을 말하며 이를 지키지 않으면 처벌을 받는 강제적인 종류의 책임이다. 넷째는 경제적 책임으로, 기업 활동을 위한 각종 경영전략, 기술혁신, 인사정책, 이익 최적화를 위한 활동들을 말하며 주주와 이해관계자가 기업경영자에게 요구하는 책임이다.

(3) 지배 구조(Governance)

기업의 지배구조는 기업경영의 통제에 관한 시스템을 말하며 기업경영에 직접 또는 간접적으로 참여하는 주주, 경영진, 근로자 등의 이해관계를 조정하고 규율하는 제도적 장치와 운영 기구를 말한다. 즉 기업의 소유구조뿐만 아니라 주주의 권리, 주주의 동등 대우, 기업 지배구조에서 이해관계자의 역할, 공시 및 투명성, 이사회의 책임 등을 포괄하고 있는 개념이다.

투명하고 효율적인 지배 구조는 기업 경쟁력의 원천이 되어 장기적인 경제성장으로 이끌어 주지만, 그렇지 못한다면 지속 가능한 발전은커녕, 오너 리스크로 인해 단기적으로 기업경영에 큰 타격을 입을 수 있다.

8. 마치며

1) ESG 경영 사례

(1) 스타벅스

스타벅스 코리아의 전 매장 직영점 운영과 전 직원 정직원 고용은 너무나도 유명한 이야기이다. 이는 스타벅스 코리아가 투명한 지배구조를 갖추기 위해 어떻게 노력하고 있는지를 단편적으로 보여주는 사례이다. 이외에도 재생지를 활용한 일회용 컵과 빨대, 다양한 에너지절약 캠페인은 환경경영을 위한 스타벅스의 노력을 살펴볼 수 있다.

또한, 스타벅스는 "Shared Planet"이라는 글로벌 사회공헌 캠페인을 통해 Conservation International(국제 환경 단체) 및 TransFair USA(미 공정무역 단체), FLO(국제 공정무역 상표인증 기구)와 공동으로 친환경 재배기술 개선과 윤리적 원두 구매 활동에 앞장서며, 전 세계 약 185,000여 명의 커피 농부들을 지원하는 등 글로벌 사회공헌을 통해 기업으로서의 사회적 책임을 다하려는 노력을 보여주고 있다.

(2) 유한킴벌리

유한킴벌리는 1984년부터 황폐해진 국내 산림 복구의 중요성을 인지하고 이를 위해 '우리 강산 푸르게 푸르게 캠페인'을 전개하며 나무를 심고 숲을 가꾸는 일을 시작하였다. 본 캠페인을 통해 지난 36년 동안 생태환경 보존을 위한 국·공유림 나무 심기, 숲 가꾸기, 자연환경 체험

교육, 숲 생태 전문가 양성, 연구 조사, 해외 사례연구 등 숲을 중심으로 하는 다양한 활동을 펼치고 있다.

(3) 넥슨

1994년 창립 이래로 수많은 온라인 게임을 개발 및 보급하며 사랑받고 있는 넥슨은 2009년부터 기업의 커뮤니케이션 부서 산하에 사회공헌팀을 개설하여 운영하고 있으며, 특히 '넥슨 핸즈'라는 사회공헌 브랜드를 설립하여 적극적인 사회공헌 활동에 나서고 있다.

어린이와 청소년들을 대상으로 IT, 예술, 생태, 놀이 등의 다양한 문화체험을 제공하며 감성적인 활동을 지원하는 프로그램이나 창의력이 뛰어난 대학생들에게 장학금을 지급하여 해외에 소재하고 있는 넥슨의 해외 법인을 방문할 기회를 제공해 주며 유럽과 미국 여행 등을 지원해 주는 프로그램 등을 운영하며 전사적인 차원에서 사회적 기업의 책임을 다하려고 노력하는 모습을 보여주고 있다.

2) ESG 경영의 미래

이처럼 기업의 참다운 사회적 기능은 기업 윤리를 통해서 사회적 책임을 다하는 데 있다고 볼 수 있다. 앞으로의 시장에서 기업이 살아남기 위해서는 단순히 영리 집단으로서의 역할뿐 아니라 그 이상의 것, 즉 사회의 환경 변화에 적절히 대응할 능력과 행동력을 갖추어야 할 것이다.

기업의 안정적 발전은 일시적인 이윤의 창출에 있는 것이 아니라 장기적으로 기업이 이윤을 끊임없이 추구할 수 있는 건전한 사회를 육성하는 것에 있다는 사실을 알고 있는 미국 등 주요 선진국들은 이미 ESG와 관련된 법규를 제정, 강화하고 있으며 국제적 표준화 작업도 서두르고 있다. 우리나라도 기업의 신뢰도를 제고하고 사회적 책임을 강화하기 위해 기업, 정부, 이해관계자가 모두 하나 되어 한 발짝 더 앞으로 나아가는 사회적 책임을 다하는 모습을 보여 주었으면 좋겠다.

참고문헌

· 네이버 지식백과, 「ESG(Environmental, Social and Governance)」, 두산백과
· 김성현 기자, 「네이버 제페토, 메타버스로 '2억명' 사로잡다」, 지디넷코리아, 2021.9.9.
· 구은모 기자, 「"제페토를 잡아라" 메타버스 월드 선언한 SKT… 전용화폐도 검토」, 아시아경제, 2021.8.19.
· 인현우 기자, 「갑자기 찾아온 메타버스? 이미 30년 넘게 달리고 있었다」, 한국일보, 2021.9.5.
· 이유진 기자, 「SKT, 메타버스 '이프랜드' 대중화 나섰다」, 경향신문, 2021.8.19.
· 대한상공회의소·삼정KPMG, 「중소·중견기업 CEO를 위한 알기 쉬운 ESG」, 디자인크레파스, 2021.7.22.
· 국가기술표준원·한국표준협회, 「ESG 경영·평가 대응을 위한 ISO·IEC 국제표준 100선 가이드」, 2021.6.23.
· 홍종성, 「지속가능경영지속가능경영, ESG 경영으로의 전환을 위한 기업들의 전략적 접근 방안」, Deloitte Insights, 2020.11.26.
· 이현주 기자, 「'ESG 경영'의 짧지만 긴 역사…브룬트란트 보고서에서 지속 가능 경영까지」, 한경비즈니스, 2021.3.30.
· 정승환 기자, 「2002년 유엔환경계획 F1서 첫 등장…ESG, CSR과 개념 달라」, 매일경제, 2021.4.21.
· 송협 기자, 「전 세계 기업들이 주목하는 ESG 경영은?」, 데일리포스트, 2021.5.6.
· 조근석 기자, 「그래서 'ESG 경영'이 뭔가요」, 아이뉴스24, 2021.4.28.
· 대신증권, 「ESG가 뭐길래, 요즘 기업들 사이에서 난리일까」, 2021.5.10.
· 전경련, 「'ESG 투모로우' 사이트(http://www.esgtomorrow.co.kr)」
· 국회입법조사처 자료

김영기(KIM YOUNG GI)

학력
· 영어영문학 학사·사회복지학 학사 졸업
· 신문방송학 석사·고령친화산업학 석사 수료
· 부동산경영학 박사·사회복지상담학 박사 수료

경력
· 미국 캐롤라인대학교 경영학과 교수
· KCA한국컨설턴트사관학교 총괄교수
· KBS면접관/kpc부설 '한국사회능력개발원' 면접관 교육 총괄교수
· 정보통신산업진흥원 등 10여 개 기관 심사평가위원
· 소상공인시장진흥공단 소상공인컨설턴트
· 중소기업중앙회 노란우산 경영지원단 전문위원
· 서울시·중앙대·남서울대·경남신보 창업전문강사
· 중앙대·경기대·세종대·강남대·한국산업기술대 강사 역임

자격

· 경영지도사·국제공인경영컨설턴트(ICMCI CMC)

· 사회적기업코칭컨설턴트·협동조합코칭컨설턴트

· 창직컨설턴트 1급·창업지도사 1급·브레인컨설턴트·국가공인브레인트레이너·HR전문면접관(1급)자격증·ISO국제선임심사원(ISO9001, ISO14001, ISO27001)

저서

· 『부동산경매사전』, 일신출판사, 2009.(공저)

· 『부동산용어사전』, 일신출판사, 2009.(공저)

· 『부동산경영론연구』, 아이피알커뮤니케이션, 2010.(김영기)

· 『성공을 위한 리허설』, 도서출판행복에너지, 2012.(김영기 외 20인)

· 『억대 연봉 컨설턴트 프로젝트』, 시니어파트너즈, 2013.(김영기)

· 『경영지도사 로드맵』, 시니어파트너즈, 2014.(김영기)

· 『메타 인지 학습: 브레인 컨설턴트』, e경영연구원, 2015.(김영기)

· 『메타 인지 학습: 진짜 공부 혁명』, e경영연구원, 2015.(공저)

· 『창업과 경영의 이해』, 도서출판 범한, 2015.(김영기 외 1인)

· 『NEW 마케팅』, 도서출판 범한, 2015.(공저)

· 『브레인 경영』, 도서출판 범한, 2016.(김영기 외 7인)

· 『저작권 진단 및 사업화 컨설팅(서진씨엔에스, 쿠프, 아이스페이스)』, 충청북도지식산업진흥원, 2017.(김영기)

· 『저작권 진단 및 사업화 컨설팅(와바다다)』, 강릉과학산업진흥원, 2018.(김영기)

· 『공공기관 합격 로드맵』, 브레인플랫폼, 2019.(김영기 외 20인)

· 『브레인경영 비즈니스모델』, 렛츠북, 2019.(김영기 외 6인)

· 『저작권 진단 및 사업화 컨설팅(파도스튜디오)』, 강릉과학 산업진흥원, 2019.(김영기)

· 『2020 소상공인 컨설팅』, 렛츠북, 2020.(김영기 외 9인)

· 『공공기관·대기업 면접의 정석』, 브레인플랫폼, 2020.(김영기 외 20인)

· 『인생 2막 멘토들』, 렛츠북, 2020.(김영기 외 17인)

· 『4차 산업혁명 시대 AI 블록체인과 브레인경영』, 브레인플랫폼, 2020.(김영기 외 21인)

- 『재취업전직서비스 효과적모델』, 렛츠북, 2020.(김영기 외 20인)
- 『미래유망자격증』, 렛츠북, 2020.(김영기 외 19인)
- 『창업과 창직』, 브레인플랫폼, 2020.(김영기 외 17인)
- 『경영기술컨설팅의 미래』, 브레인플랫폼, 2020.(김영기 외 18인)
- 『공공기관 합격 노하우』, 브레인플랫폼, 2020.(김영기 외 20인)
- 『신중년 도전과 열정』, 브레인플랫폼, 2020.(김영기 외 18인)
- 『저작권 진단 및 사업화 컨설팅(더웨이브컴퍼니)』, 강릉과학산업 진흥원, 2020.(김영기)
- 『4차 산업 혁명 시대 및 포스트 코로나 시대 미래 비전』, 브레인플랫폼, 2020.(김영기 외 18인)
- 『소상공인&중소기업컨설팅』, 브레인플랫폼, 2020.(김영기 외 15인)
- 『미래 유망 기술과 경영』, 브레인플랫폼, 2021.(김영기 외 21인)
- 『공공기관 채용의 모든 것』, 브레인플랫폼, 2021.(김영기 오 21인)
- 『신중년 N잡러가 경쟁력이다』, 브레인플랫폼, 2021.(김영기 외 22인)
- 『안전기술과 미래경영』, 브레인플랫폼, 2021.(김영기 외 21긴)
- 『퇴직전문인력 일자리 활성화를 위한 '경영지도 및 진단전문가' 모델 사례연구』, 한국연구재단, 2021.(김영기)
- 『창직형 창업』, 브레인플랫폼, 2021.(김영기 외 17인)
- 『신중년 도전과 열정2021』, 브레인플랫폼, 2021.(김영기 외 17인)
- 『기업가정신과 창업가정신 그리고 창직가정신』, 브레인플랫폼, 2021.(김영기 외 12인)
- 『4차 산업혁명 시대 AI 블록체인과 브레인경영 2021』, 브레인플랫폼, 2021.(김영기 외 8인)
- 『ESG경영』, 브레인플랫폼, 2021.(김영기 외 23인)
- 『메타버스를 타다』, 브레인플랫폼, 2021.(공저)
- 『N잡러시대, N잡러 무작정 따라하기』, 브레인플랫폼, 2021.(김영기 외 15인)
- 『10년 후의 내 모습을 상상하라』, 브레인플랫폼, 2022.(김영기 외 10인)
- 『공공기관채용과 면접의 기술』, 브레인플랫폼, 2022.(김영기 외 19인)
- 『N잡러 컨설턴트 교과서』, 브레인플랫폼, 2022.(김영기 외 25인)
- 『프롭테크와 메타버스NFT』, 브레인플랫폼, 2022.(김영기 외 11인)
- 『팔도강산팔고사고』, 브레인플랫폼, 2022.(공저)

· 『정부·지자체의 창업지원금과 지원제도의 모든 것』 브레인플랫폼, 2022.(김영기 외 10인)
· 『미래를 위한 도전과 열정』 브레인플랫폼, 2022.(김영기 외 7인)
· 『AI 메타버스시대 ESG 경영전략』 브레인플랫폼, 2022.(김영기 외 24인)

수상
· 문화관광부장관표창(2012)
· 대한민국청소년문화대상(2015)
· 대한민국교육문화대상(2016)
· 대한민국신지식인(교육분야)인증(2020)

2장

AI 메타버스시대 왜 ESG인가?

이용섭

1. AI 메타버스시대 왜 ESG인가?

1) AI 메타버스시대의 환경 변화

지금 세계는 초변화·대전환시대다. 모든 면이 광속으로 변화하고 있는 와중에 총체적인 변화만이 살길이다. 4차 산업혁명과 디지털 트랜스포메이션으로 나타나고 있는 세계 환경의 변화와 기후변화에 따른 기후위기로 탄소중립의 뉴노멀이 나타났다. 기후변화로 위기를 맞은 데 더하여 AI 메타버스시대에 포스트 코로나19를 계기로 사회·경제 환경이 빠르게 바뀌고 있다. 경제 산업 관점에서 디지털 트랜스포메이션에 따라 디지털 전환의 가속화 속에서 디지털 트렌드가 인공지능(AI)의 블랙홀로 집약되었고 비즈니스의 영역이 파괴되는가 하면 전방위로 급속하게 진행되었다. 기업은 기존 사업의 연장선이 아닌 업의 본질은 유지하되 새로운 가치를 만들고 전달하는 방식의 방향 전환이 요구받고 있다. 한편, 메타버스는 직원 참여, 고객 경험, 제품 혁신, 커뮤니티 구축에 이르기까지 미칠 수 있는 잠재력을 보유하고 있다. 인터넷의 차세대 버전으로서 실생활과 디지털 생활을 원활하게 결합할 수 있는 메타버스시대에 기업은 지속적인 경쟁 우위를 유지하기 위해 관련 목표와 역할 정립을 통한 전략적 입장의 접근이 필요하다. 세상을 다시 한번 뒤흔들 메타버스시대에 기후위기로부터 지구를 구하기 위한 탄소중립(Net Zero) 정책은 RE100의 순환경제에서 CF100의 수소경제로의 여정이다. 화석 연료에서 친환경에너지로 전환되고 인간은 그로 야기되는 전 산업의 혁명적인 변화와 그린 비즈니스의 성장이라는 새로운 과제에 직면하고 있다. 결국 사람, 지구, 미래로 귀결되고 있는 변화의 소용돌이에서 살아남는 국가와 기업은 새로운 시대의 주역으로 부상할 수 있겠지만 그렇지 못하면 도태될 것이다. 지구를 위하고, 인류를 위한 탄소중립시대를 열기 위해 해결해야 할 다양한 과제들에 대해 모두가 함께 고민해야 한다. 환경에 대한 인식의 변화 없이 지금처럼 탄소를 배출하고 자연을 파괴한다면 곧 후회하게 될 것이다. 이와 같은 초변화·대전환시대 상황에서 기업의 생존과 지속가능성을 위한 기업혁신 방향의 모색이 절실하다.

2) 왜 ESG 경영인가

(1) 국내외 규제강화

최근 공급망 전체가 협력업체에 ESG 관리를 요구하고 있는 상황에서 왜 ESG 경영이 필요한지 알아보면 다음과 같다.

먼저, 탄소중립 관련 규제 강화다. 파리협정과 기후변화정부간협의체(IPCC)의 6차 특별보고서 채택에 따라 유엔기후변화협약 당사국들은 2050년까지 탄소중립을 달성하고 산업화 이전과 대비하여 기온상승을 $1.5 \sim 2\,℃$ 이하로 유지하기 위해 장기저탄소발전전략(LEDS)과 국가온실가스감축목표(NDC)를 제출, 설정된 감축목표의 1차 이행 현황을 2023년에 글로벌 차원으로 점검할 예정이라고 한다. 향후 국제사회가 설정한 수준과 현재 국내기업의 이행 수준 간의 격차가 큰 상황으로 우리 정부에 대한 탄소배출 규제 강화 요구와 이에 따른 국내기업의 탄소비용 증가는 불가피하다고 볼 수 있다. 이는 중소기업에도 생산단계와 제품 사용단계에서의 탄소영향 감축 부담을 가중시킬 것이 자명한데도 국내중소기업의 온실가스 감축에 대한 인식과 대응 준비는 아직 부족한 실정이다.

다음으로 공급망 ESG 관리 요구의 확산이다. 환경측면뿐 아니라 사회와 지배구조 측면의 리스크 관리 강화가 요구되고 있다. 이것의 대표적인 요인은 EU의 공급망 ESG 관리 의무화라 하겠다. 공급망 ESG 실사를 이행하지 않거나 공급망에서 주요 ESG 이슈가 발생하면 벌과금부터 공공조달의 입찰 배제나 정책적 지원 박탈과 수입 제재에 이르는 페널티를 받을 수 있다. 이와 같은 공급망 ESG 실사 의무화 움직임은 중소기업으로 하여금 고객사의 ESG 평가 확대로 연결되어 비즈니스 관점의 ESG 관리 중요성이 증대하고 있다.

최근에는 자사 제품 생산에 소요되는 전력을 신재생에너지로 조달할 것을 요구하거나, 제품 생산 과정과 그 공급망에 어떠한 환경적·사회적 리스크가 발생하지 않았는지 추적하고 이를 협력사가 스스로 관리할 것을 요구하고 있어 공급망 ESG 리스크가 부각되고 있다. 이와 같이 ESG를 둘러싼 정책의 변화와 고객사의 ESG 요구 강화로 ESG에 대한 사회적 관심이 증가하고 있으며 ESG로 인해 중소기업이 떠안아야 할 발생 가능한 기회 요인과 리스크 요인은 향후 더욱더 증가할 것이다.

(2) 소비자의 인식의 변화

IBM의 2020년 소비재 산업 전망 발표에 따르면 소비자는 자신의 신념에 일치하는 제품에 대해서는 더 높은 가격도 부담하는 것으로 나타났다. 가치 중심적인 소비자의 70%는 재활용 제품, 친환경 상품 등 환경을 보호하는 브랜드의 구매를 위해 일반 가격보다 35% 더 높은 가격을 지불한다. ESG 시대에 맞춰 소비자들이 변하고 있는 것이다. 이제는 상품의 가격과 품질만 보고 기업을 평가하는 대신 ESG의 지속가능성을 기준으로 기업 가치를 평가하고 있어 기업은 이에 맞추어 움직일 수밖에 없다. 지속가능성을 고려하지 않고 기업이 소비자를 기만한다면 소비자들은 참지 않는다. 소비자들은 부당하고 잘못되었다고 생각하면 적극적으로 대항한다. 특히 MZ세대는 윗세대와 비교하여 환경과 사회문제에 관심이 많은 특징을 보이고 있다. 이들 세대의 소비는 기성세대와 다르게 기업이 생산한 제품에 담긴 가치관과 그 기업의 환경 및 사회적 책임의 이행 등에도 관심을 가지고 소비하는 것으로 알려져 있다. MZ세대의 85%는 기후위기에 맞서기 위해 일회용품의 사용을 줄이고 채식주의 등 환경문제에 기꺼이 참여하며, 깐깐한 ESG 감수성을 기준으로 기업을 관찰한다고 대한상공회의소 조사에서 소개하고 있다. ESG 경영에 대한 기업의 인식 제고와 실천을 통하여 자사에 대한 소비자나 투자자의 평판이 높아지면 보다 유리한 조건의 투자 유치가 가능하게 되고, 자사가 생산한 상품에 대한 평판도 제고되어 시장에서 소비자의 선택을 받을 기회도 많아질 것이다.

(3) 투자가 인식의 변화

국내외 기관이 ESG 투자를 확대하고 있다. UNPRI는 책임투자(RI)를 투자 결정이나 주주 행동에 ESG 요소를 반영하는 투자 전략과 실행이다. 지속가능성에 대한 관심이 높아지면서 책임투자는 점차 확산 중이다. 블랙록(BlackRock)의 CEO인 래리 핑크(Larry Fink)는 2020년 CEO 연계 서신에서 "지속가능성을 투자의 최우선 순위로 삼겠다. 기후변화를 고려해 투자 포트폴리오를 바꾸겠다. 매출액의 25% 이상을 석탄 발전을 통해 얻는 기업에 대해선 채권과 주식을 매도하겠다"고 천명했다. 애플(Apple)의 CEO인 팀 쿡(Tim Cook)은 "1억 달러 규모의 인종차별 방지 프로젝트를 운영하겠다. 흑인대학과 협력해 글로벌 학습 허브를 설립하고, 디트로이트 학생에게 코딩 및 기술교육을 지원하며, 흑인과 히스패닉 기업가를 위한 벤처 캐피털 펀딩을 마련하겠다"고 밝히면서 투자 결정에서 ESG 요소를 반영하는 투자 전략과 실행으로 지속가능성을 높이는 책임투자에 앞장서고 있다. 앞으로 기업이 ESG 경영을 제대로 하지 않는다면 지속성장을 위한 투자도 받지 못할 것이다. 투자 시장이나 소비자로부터 선택을 받지 못하는 기업은 불확실성이 한층 높아질 것이다.

(4) 이해관계자의 인식 변화

이제 ESG는 정책, 금융, 신용평가 및 소비자 등 경제 전반으로 확산하면서 새로운 경영 패러다임을 넘어 신(新)국제경제질서의 중심으로 떠오르고 있다. 무디스(Moody's), 스탠더드 앤드 푸어스(S&P), 피치(Fitch) 등 국제신용평가기관이 ESG 평가를 하고 있는데 국제신용평가기관의 ESG 평가를 살펴보면 다음과 같다. 무디스는 전 세계 144개국에 대한 ESG 평가보고서를 발표했다. ESG 평가는 최근 기업의 사회적 책임이 중요해지면서 전 세계적으로 금융기관의 주요 투자 결정 지표 등으로 널리 활용되고 있다. 향후 국가신용등급 평가 때 ESG가 주요 요소로 부각될 가능성이 높다. 이와 같은 국내외 규제강화, 소비자의 인식 변화, 투자가 인식의 변화 및 이해관계자 인식 변화의 바탕이 되는 것은 기후변화다. 위기에 처한 생태계를 지키고, 온실가스와 탄소배출을 줄여 환경을 지킴으로서 기업이 사회에 선한 영향력을 미치고 올바른 기업 운영의 방향성을 제시하는 ESG 경영체제야말로 기업의 가치를 뒤바꿀 새로운 생존전략이다. 다가올 미래는 ESG 이슈에 먼저 대응하고 문제를 해결하는 기업이 시장지배력을 확대하는 기회를 얻을 것이다.

2. ESG 경영 실행방안

1) ESG 경영체계 구축

기후변화에 따른 위기에 대응하여 친환경에너지 산업 등 신산업이 등장하고 그린뉴딜, 수소경제 등 산업의 패러다임이 변화하고 있다. 최근에는 사회적 문제해결에 기여할 수 있는 혁신제품에 대한 수요가 증가하면서 자신의 신념에 부합하는 제품을 구매함으로써 소비 행위를 신념 표출의 수단으로 삼는 착한 소비, 미닝아웃(Meaning Out) 소비가 확대되고 있다. 이런 움직임에 맞추어 ESG 경영의 최근 이슈는 탄소감축, 다양성과 기업 지속가능성이다. ESG 경영은 중소기업에 새로운 기회이자 발판이 될 수 있다. 그렇기에 기업은 미리 준비하고 대응해야 한다.

왜냐하면 ESG는 일종의 당위론을 넘어 시대의 독트린이자 패러다임이 됐기 때문이다. ESG 수준을 살펴보면, ESG 경영과 관련하여 중소기업 절반 이상은 자사의 환경·사회·지배구조(ESG) 경영 수준이 미흡하다고 생각하는 것으로 중소벤처기업진흥공단은 분석했다. 자가진단으로 ESG 수준을 파악한 업체들은 결과를 받아보고 무엇을 어떻게 해야 할지 모르는 상황이다. 실질적인 ESG 종합 지원 체계를 구축하는 것이 절실하다. 따라서 기업의 CEO는 ESG 경영을 선포하고 경영전략에 ESG를 접목하도록 하여야 한다. 설비투자에서부터 공정개선, 고용안정 등 ESG 경영 강화 및 고도화를 위해 지속적으로 투자를 진행해야 한다. 환경·사회·지배구조 차원에서 각각의 목표를 선포하고, 기존의 경영체계를 ESG 경영체계로 개편과 강화할 의지를 표명하여야 한다.

ESG 경영체계를 정리하면 먼저 ESG 비전 체계로서 ESG 슬로건, ESG Pillar, ESG 중점관리영역 등 자사가 친환경사업 비중 확대로 깨끗한 환경에 기여하는 선도 기업이 되고자 하는 의미를 담아 ESG 비전 체계를 구축한다. ESG 비전 체계에 연계된 중점 영역별 주요 과제를 적극적으로 추진하여 자사의 비전 달성에 집중하는 것이다. ESG 추진 거버넌스로서 ESG 위원회, ESG 추진협의체 및 ESG 전담조직 등을 두어야 할 것이다.

빠르게 변화하는 경영환경 속에서 지속가능경영을 실천하기 위해 자사의 ESG 전략 방향을 결정하고, 지속가능발전 로드맵의 검토와 주요한 ESG 이슈 사항 등을 검토하기 위한 ESG위원회를 설치하여 운영하여야 한다. ESG 최고책임자를 필두로 ESG 추진협의체를 구성하여, ESG 부문별 이슈를 관리하고 적극적인 ESG 경영활동을 실천하여야 할 것이다.

2) ESG 경영 평가 방향

ESG 경영 평가의 중요성이 점증하고 있다. 기후변화, 탄소중립 등 정책 변화로 인한 환경이슈가 대두되고 미국과 유럽 등 선진국의 친환경 정책 전환과 발맞춰 지속가능경영에 투자하는 기업에 긍정적 평가와 소비증가가 연계됨을 인식해야 한다. 이런 지속가능경영활동을 평가하기 위한 ESG 지표를 정의하며 기업대출 등 기업활동의 중요한 의사결정에 연계되는 ESG 경영 평가가 중요해지고 있다. ESG 경영평가지표는 해당 평가지표와 'K-ESG 가이드'를 ESG 경영 도입 시 참조한다. 환경, 사회, 조직 측면의 실용적인 방안을 수립 후 KPI로 관리해야 한다.

ESG는 관련 제도와 측정지표 및 공시 등 기술적 내용이 중요하지만 그 성패 여부는 진정성에 달려 있다. ESG는 환경과 사회, 지배구조 측면에서 이해관계자를 중시하는 투명 경영을 통해 기업의 중장기 가치 제고를 지향해야 한다. 경영진이 진심으로 전략을 포함해 경영과 생산 과정 전반의 가치사슬에 ESG의 가치를 반영하고 적극적으로 실행에 옮기는 게 중요하다. ESG는 일부 담당자만의 문제가 아니고 전 조직구성원이 왜 ESG 경영을 추진해야 하는지에 대해 공감대가 형성되어야만 제대로 된 성과를 낼 수 있다. 조직구성원의 참여를 끌어내는 경영진의 리더십이 중요하다.

기업은 ESG 경영을 통해 환경과 사회에 선한 영향력을 행사하고 지배구조 안정을 기반으로 효율성을 높여 지속가능한 성장 기반을 마련해야 한다. 기업의 ESG 가치는 장기적으로 재무적 성과에 긍정적인 영향을 미칠 수 있으며 전반적인 기업의 경영목표와 활동에까지 영역이 확대되고 있다. 이제는 기업이 ESG를 알아야 투자나 경영, 이해관계자 측면 등에서 주체가 되어 기업경영을 성공적으로 이끌어갈 수 있을 것이다.

3) ESG 경영평가 내용 및 절차

기후변화 위기로부터 생태계를 지키며, 온실가스와 탄소배출을 줄여 환경을 지키고 기업이 사회에 미치는 영향력과 올바른 기업 운영의 방향성 등을 포괄하고 있는 ESG 경영체제야말로 기업의 가치를 뒤바꿀 새로운 생존전략이다. 앞으로 다가올 미래에는 ESG 이슈에 적극적으로 대응하고, 관련 사안에 야기되는 문제를 해결하는 기업에 도약의 기회가 될 것이다. 기업은 ESG 경영을 새로운 혁신을 일으킬 수 있는 기회로 인식하고, 그에 따른 사업모델과 경영전략을 갖추어야 한다. 환경, 근로자, 협력사, 지배구조 등 비재무적인 요소가 기업의 가치 증대와 성장에 미치는 영향이 꾸준히 증가하고 있다. 기업은 재무적 위험뿐만 아니라 비재무적 위험을 관리함으로써 지속가능경영을 실천하고, 성장하는 책임투자 시장을 통해 자본에 대한 유리한 입장에 설 수 있다. 위와 같은 ESG 경영에 대한 적용 방안이 효과적으로 작동하려면 Top-Down 방식의 의사결정과 더불어 외부 감사기관, 소비자보호기구 등 여러 이해관계자가 참여하여 모니터링이 필요하다. 전 세계적으로 ESG에 대한 관심이 높아지면서 이에 대한 논의가 활발히 이루어지고 있다. ESG는 원래 투자자들을 위한 투자지침의 성격이 강했지만, 이제는 기업의 경영전략 개념을 넘어서 전 세계 인류의 지속가능한 성장을 위한 가치 실현을 목표로 한다. 오늘날 사회·경제문제들은 공동체의 문제로 인식되고 있어 기업이 사회의 구성원으로서 우리 사회문제해결에 보다 적극적으로 참여하도록 하기 위해 ESG가 시작되었다. 또한 ESG 지수가 높은 기업은 사회적 평판이 좋은 기업으로 인식되어 ESG 지수가 낮은 기업보다 리스크가 낮게 나타나고 리스크에 강한 기업을 뜻한다고 볼 수 있다. 지속가능성을 높이기 위해, 새로운 생존전략을 위하여 전 세계 모든 기업이 전 경영의 분야에 ESG 경영을 적용하고자 움직이고 있다.

ESG 경영은 투자정책 수립과 의사결정에 ESG 경영철학을 반영하겠다는 세계적 패러다임이다. 구미 선진국들은 지구온난화 속도를 늦추기 위한 그린뉴딜과 같이 기업 투자에 ESG를 반영하고, 실행 결과에 대한 정보공개도 요구하고 있다. 국내에서도 ESG 패러다임 전환이라는 세계적 흐름에서 소외되지 않기 위해 기업, 금융기관, 공공기관들이 ESG 경영 도입 등 분주하게 움직이고 있다. 예를 들어 탄소중립, 신재생에너지, 환경보호 등 변화의 다양성이 중요한 흐름이지만 이와 동시에 ESG 경영을 반영한 기업들은 내부, 외부 통제 시스템을 강화하는 추세다.

3. 중소기업 ESG 경영 실행전략

1) ESG 경영관리지표와 실천과제

(1) 중소기업 ESG 특수성

　중소기업은 ESG 경영에 있어 무엇보다 경영진의 리더십이 중요하다. 중소기업에서 경영자는 ESG 외에도 여러 업무를 수행한다. 그렇기에 ESG 경영을 수행하기 위한 시간적 여유와 전문적 지식이 부족하여 경영자의 강력한 ESG 의지가 필요하다. ESG 경영의 실행에서 대부분 소규모로 경제적 여력이 충분치 않은 중소기업은 ESG 추진 시 비용이 발생하는 예산지출의 어려움이 존재한다. 대다수 국내 중소기업은 노동집약적 산업이 많아 노동력의 안정성 유무가 기업경영의 성패를 좌우하는 경우가 많다. 특히 제조업의 경우 노동·인권·환경 문제에 크게 결부되고 있다.

　대기업이나 다국적 기업 부분은 일부 공정을 아웃소싱하는 등의 사업 관계, 공급사슬(Supply Chain) 영향을 많이 받고 있어 공급망 ESG 강화가 절실하다. 중소기업은 ESG 활동을 통해 기업 이미지를 높일 수 있는 이슈로 활용해야 하는 등의 특징을 보이고 있다. 중소기업은 전문지식, 인력, 비용, 전략, 시스템 부족 등 ESG 경영의 인프라가 부족한 상황과 정량지표 관리도 어려운 현실이다. 대기업 위주로 설정·관리되고 있어 중소기업용 ESG 평가지표나 비재무적 성과지표 관리 체계가 없다는 것이다.

중소기업의 ESG 경영 실행전략의 출발점은 ESG 경영에 대한 인식제고다. ESG에 대한 중소기업의 거부감을 줄이기 위해 가이드라인 대신 체크리스트를 활용할 수 있다. 중소기업형 ESG 체크리스트는 환경부문에서 환경경영 목표 수립, 전력·용수 사용량, 온실가스 및 폐기물 관리 등을 체크한다. 사회부문에서 사회적 책임경영 목표 수립, 사내 취업규칙 및 근로계약 매뉴얼 보유·관리 등을 확인한다. 이어 지배구조부문에서는 윤리경영 목표 수립, 비윤리적 이슈관리 등을 체크한다. 마지막으로 비재무적 성과 공개 여부, ESG 역량개발, 지속가능경영 관련 인증 등을 확인한다.

(2) ESG 관리지표 및 실천과제

중소기업이 ESG 경영을 도입하기 위해서는 먼저 기업체질을 개선해야 한다. 간단히 소개하면 ESG 환경 변화 후 기회와 위험요인 감지, ESG 규제 강화에 선제적 대처, ESG 우량기업을 향한 미션과 비전수립, ESG 업무시스템 및 프로세스 정착 및 ESG 커뮤니케이션 채널 구축이다.

국내외 ESG 경영 트렌드 확산에 따라 중소기업 ESG 경영에 대한 높은 관심과 중소기업 특성을 반영한 향후 중소기업이 관리해야 할 ESG 실천과제를 제시한다. 대한상공회의소가 제시한 「중소기업 ESG 추진전략」에 따르면 먼저 중소기업 특성을 반영하여 개별 중소기업이 추진해야 할 ESG 과제를 도출한다. 우선 중소기업이 ESG 추진에 있어 관리할 사항과 범위를 정의한다. 이를 위해 중소기업이 당면한 이해관계자 요구사항을 크게 두 가지로 구분하여 설명할 수 있다.

먼저 중소기업 대상 ESG 관련 규제는 보편적 관점의 중요성을 평가하기 위해 특정 산업에 한하여 적용되는 내용과 산업 공통으로 적용되는 내용으로 분류하여 대응 시급성 정도를 판단하여야 한다. 두 번째로 최근 공급망 ESG 관리 요구 증대에 따라 중소기업의 주요 고객사인 대기업이 협력사 평가 시 사용하는 ESG 평가기준을 사전에 확인하여야 한다. 각 ESG 관리지표에 대한 일반적 우선순위화를 통해 지표별 관리 방향을 수립하는데, 이때 ESG 관리지표를 중소기업의 대응 시급성과 관리 용이성 측면에서 우선순위를 정하여, 기업별 자사 비즈니스 특성과 당면 규제 등 경영상황에 따라 조정할 수 있어야 한다.

예를 들어 태양광 판넬에 쓰이는 셀이 노동착취를 통해 만들어졌다는 리스크(Risk)가 존재할 수 있는데 미국이나 유럽은 그런 방식으로 생산된 모듈이나 제품은 판매하거나 수출하지 말라는 조치를 내릴 것이다. 결국 신흥 국가의 제품 생산에 대한 심각한 제한이 발생하게 된다. 우리 중소기업들이 이런 상황이 벌어졌을 때 피해자가 아니라 이익을 볼 수 있는 위치에 서려면 수출 대상 국가에 맞는 기준으로 미리 준비를 해야 한다.

2) ESG 관리지표별 중소기업 접근 방향

(1) 단기 내 우선 추진

중소기업의 ESG 관리지표별 접근 방향은 그 시급성과 관리 용이성의 높고 낮음을 고려하여야 한다. 먼저, 시급성이 높고, 관리 용이성도 높은 관리지표는 단기 내 우선 추진토록 한다. 예를 들면 사회부문 중 고용 관행 측면에서 정규직 고용 비중의 확대, 공정한 처우와 임금제공, 법규상 근로시간 준수 및 휴식, 고용상의 차별 금지, 결사의 자유 보장 등이 이에 해당될 수 있다. 지배구조부문에서는 투명 경영 측면에서 주요 의사결정 사항에 대한 구성원 정보공유 확대, 투자자 소통, 정보공개 강화를 통한 경영상의 정보 비대칭 해소 등이다. 또한 반부패·준법 경영 측면에서 기업 운영 과정 중 요구되는 법규와 산업 표준을 준수하고 경영진과 일반직원의 청렴성과 투명성 확보를 위하여 윤리경영 정책의 수립, 윤리경영 이행 현황 점검 등을 들 수 있다. 환경부문에서는 환경경영체계 측면에서 환경경영을 위한 시스템 구축, 내부 관리인력, 데이터 관리 등 체계 정비, 목표 수립 및 환경 성과 개선 이행, 대외 환경경영인증시스템 (ISO14001 등) 획득 등을 들 수 있다.

(2) 중·장기 대응 계획 수립

시급성이 높고, 관리 용이성이 낮은 경우 중·장기 대응 계획 수립이 필요하다. 예를 들면 환경부문에서 유해물질 배출 및 폐기 측면에서 생산 공정에서 발생하는 '휘발성 유기화합물(VOC)', NOx, SOx, 미세먼지 등 주요 유해물질 및 유해폐기물 최소화, 배출 및 폐기 관리상의 환경규제 준수 등이다. 또한 온실가스 배출 측면에서 볼 때 사업장 운영 및 생산단계 에너지 사용 효율화 추진으로 기후변화 관련 규제 강화에 대응 역량을 확보하는 것이다.

사회부문에서는 지적재산 및 고객정보 보호 측면에서 자사 중요 정보 및 고객정보에 대한 관리체계 수립, 사내 정보보안 시스템 점검, 정보보호 책임자 지정 등이다. 또한 산업 안전·보건 측면을 보면 근로자 재해율의 관리 및 경감을 위한 노력, 중대재해·직업성 질환 발생 방지를 위한 근로환경 개선활동 이행, 사업장 안전문화 구축 및 근로자 안전교육 실시 등이 있다.

(3) ESG 역량 고도화

시급성이 낮고 관리 용이성 높은 경우 ESG 역량 고도화를 추진한다. 사회부문에서 차별 및 직장 내 괴롭힘 금지, 직장 내 차별 및 부당한 대우 근절, 강압적 연장이나 주말 근로 및 불공정한 성과평가 지양, 근로상의 인권리스크를 예방하고, 제품안전과 품질 측면에서 제품 안전사고 발생 최소화 관점의 품질검사 실시 및 품질인증을 획득하도록 한다. 또한 공급망 포함 아동노동이나 강제노동 측면에서 자사 및 공급망 내 미성년 근로자의 부적법 채용이나 취약계층 강제노동 이슈 발생 방지 및 관련 상품이나 원재료 구매의 근절 등이 있다. 환경규제 대응뿐만 아니라 ESG 경영 차원에서도 중소기업이 글로벌 동향을 이해하고 자사 생산 제품이나 부품에 대한 환경품질을 제고할 수 있는 능력을 갖추는 것은 매우 중요하다.

(4) ESG 기반 비즈니스 기회 확보

중소기업은 시급성이 낮고, 관리 용이성도 낮은 경우 ESG 기반 비즈니스 기회를 확보하도록 해야 한다. 환경부문 중 친환경 기술 기회 측면에서 신재생에너지, 탄소포집 및 에너지 저장장치, 폐수처리나 폐기물 재활용 등 친환경 기술 역량 축적 및 관련 사업기회를 확장하고, 제품 탄소발자국 측면에서 제품단위당 조달 및 생산단계에서 발생하는 탄소배출량 측정 및 관리로 저탄소 제품 생산 확대 등을 통한 고객 친환경제품의 수요를 선점하도록 한다.

예를 들면 친환경생산공정을 통하여 최소 1개 이상의 제품이나 서비스를 보유하도록 노력하여야 한다. 또한 자사의 사업과 밀접한 사회부문의 과제부터 경영목표에 추가하고 비재무적 가치를 이해관계자들에게 적극적으로 알려야 한다. ESG 경영을 추진하는 중소기업은 이러한 우선순위와 접근법에 기반하여 자사의 ESG 관리 방향을 수립하여야 한다. 이때 국내외 규제 요구수준과 공급망 ESG 평가항목 등을 바탕으로 자사의 각 ESG 관리지표별 내부 현황을 자가 진단하기 위한 체크리스트를 활용할 수 있다.

3) ESG 경영전략 프로세스

ESG 경영전략 프로세스로서 먼저, 기업의 목적 정의다. 우리 기업이 사회에 어떤 가치를 창출하고 기여하는가, 어떤 제품이나 서비스를 제공하는가, 다양한 이해관계자 중 어떤 이해관계자를 위해 존재하는가를 분명히 해야 한다.

둘째, 기업의 목적과 기업 전략 일치 여부 점검이다. 기업의 미션, 비전과 전략 및 핵심가치, 기업 목적 달성을 위하여 한 방향으로 일치되어야 한다. 기업의 근본적인 목적과 기본 철학으로 왜 존재하는가, 달성해야 할 미래 목표 등을 점검한다.

셋째, ESG 이슈 풀(pool) 구성 및 중대성 평가다. 기업 내부의 이슈를 식별하고 전년도 중요 이슈 검토, 글로벌 ESG 기준을 검토, 미디어 조사 및 이해관계자 의견수렴을 반영한 중대성 평가를 실시하고 성과지표를 우선순위화 한다.

넷째, 기업의 목적 달성 실행지표를 설정한다. 목적 달성 성과지표를 확인 가능해야 하고, 실행 목표는 측정 가능한 지표를 사용하며, 실행 목표에 리스크 관리와 기후변화 대응방안을 고려한다. 실행지표는 장기적 관점의 목적을 지향하여 실행계획을 수립해야 한다.

다섯째, 목적 실행 현황 모니터링 보고체계를 수립한다. 담당자와 업무의 지정, 주기적인 진도 점검, 실행 목표별 보고 주기 설정, 피드백 프로세스 등을 구축한다.

여섯째, 기업 조직 내 목적의 내재화와 업무 프로세스 내재화다. 직원과 팀, 프로젝트가 목적 차원에서 잘 수행되고 있는지 점검, 결과가 직원과 팀 평가 및 보상에 반영되어야 하며 더 많은 시너지를 위하여 결과 보상 정보를 공개한다.

일곱째, ESG를 보조 활동이 아니고 핵심가치 기반 탁월함과 혁신 추구하는 활동으로 삼고 핵심사업은 탁월성과 혁신으로 사회에 기여하도록 보통 수준을 뛰어넘는 탁월한 프로젝트에 핵심역량과 자원을 집중하고 혁신을 추구할 수 있는 자율성 부여한다. ESG 경영 시대에 떠밀리듯 하지 말고 선제적으로 나설 것이며, 외부에서 받은 ESG 등급에 대해 크게 개의치 말고, 우리가 왜 등급을 잘 못 받았고 어떤 관점에서 나쁜 점수를 받았는지를 파악해서 경영에 반영하는 게 중요하다.

4. ESG 경영의 논란과 리스크 관리

1) ESG 경영에 대한 논란

새로운 패러다임인 ESG 열풍 속에 숨겨진 다양한 위험 신호와 논란 가운데 ESG의 실체, 기업과 사회가 ESG에 접근할 방향성에 대하여 냉정하게 바라보아야 한다. 최근 ESG에 대한 부정적 의견도 대두되고 있다. 그 배경을 살펴보면 다음과 같다. 먼저, ESG 경영의 도입이 주요 국가의 인플레이션의 한 원인으로 보는 관점의 등장이다. 기업들이 ESG 경영에 집중함으로써 추가비용이 발생하면 소비자물가가 오를 것이다.

기업이 친환경사업 등에 투자하는 막대한 비용은 결국 상품 가격에까지 영향을 줄 수 있기 때문이다.

둘째, ESG 경영 강조가 투자기관의 지나친 기업경영 개입으로 보는 시각의 등장이다. 블랙록을 이끄는 래리 핑크 최고경영자가 2020년 연례 서한에서 ESG 경영에 소홀한 기업에는 주주총회에서 반대표를 행사하거나 주주개입 활동을 벌이겠다고 밝힌 것을 기점으로 글로벌기업 사이에서 ESG 열풍이 불기 시작했기 때문이다.

셋째, ESG 경영평가 결과에 대한 낮은 신뢰성에 기인한다. ESG 경영평가 기관에 따라 기업의 ESG 경영평가 결과가 매우 다르게 나타나기도 한다. 이러한 점이 평가 결과에 신뢰성 위기를 불러왔다. 그러나 평가기관마다 각기 다른 시각을 가지고 다양한 방법론을 적용하여 편차가 발생하는 것은 자연스러운 현상이기도 하다. 실제로 문제는 기업이 공시하는 ESG 데이터의 신뢰성을 확보하는 방안을 마련하는 것이다.

최근 들어 ESG 경영과 투자가 강조되면서 각국 정부와 거래소가 ESG 정보 공시 의무화 제도를 마련하고, 공공과 민간 차원에서 공시 표준화를 위한 준비 작업을 하고 있다. 기존 재무 사항 공시에 준하는 수준으로 ESG 데이터가 충분하게 제공되어야 보다 정확한 평가·분석이 가능하기 때문이다. 기업이 공시하는 ESG 데이터의 표준화 작업에는 산업별 특성을 반영한 공시 항목과 범위를 명확히 설정해야 하며, 이렇게 공개하는 데이터는 분석 측면에서 활용도를 높이기 위해 디지털화가

용이한 방향으로 제공되어야 할 것이다.

2) ESG 경영의 리스크 관리

지속가능한 인류의 미래와 이를 위한 실천방안을 기업의 경쟁력으로 승화하고 글로벌 경쟁력을 높이기 위한 기업 전략인 ESG에 리스크는 없는가. ESG를 고려하지 않는 CEO의 부실한 판단으로 전통 있는 기업이 존폐의 기로에 놓일 수도 있다. 전사적 리스크 관리에 ESG를 통합해야 한다.

문제는 ESG 리스크다. 이는 인권과 산업안전 등 사회현안 대응에 달려있다. 경영계 화두인 ESG 관련 리스크를 줄이는 데에는 인권, 산업안전, 공급망 ESG 등 사회부문 현안 대응이 매우 중요하다. 최근 유럽연합(EU) 등 해외에서 공급망 실사 지침이 발표되고 국내에서도 「중대재해처벌법」이 본격 시행돼 기업들은 인권 대응과 산업안전 관리, 공급망 ESG 지원 등 여러 방면에 대응 필요성이 높아졌다. 글로벌 공급망 재편의 기준으로 인권, 순환 경제, 재생에너지 사용, 폐기물 저감 등과 같은 ESG 지표가 사용되어 기업의 에너지 체질을 개선하고 국내외 공급망 실사에 대응하며 2차·3차 협력업체를 포함하는 ESG 성과관리 등에 관심을 두어야 할 것이다.

유럽과 미국은 우리 기업들의 활동에 직접 영향을 미치는 법령을 제정하거나 ESG 관련 기업책임을 인정하는 판결들을 내리고 있어 국내기업들이 과거에는 보지 못했던 분쟁에 빠질 위험이 점점 커지고 있다. 우리나라 기업들이 국내외에서 제기될 수 있는 ESG 분쟁의 양상을 파악하고 이러한 분쟁에 어떻게 대비할 것인가를 모색하여, 기업의 리스크를 해결할 수 있는 다양한 방안도 대비하여야 할 것이다. 환경과 사람을 생각하는 투명한 기업경영은 인류 생존과 사회·경제의 지속가능성을 위한 필수조건이며 이를 실현할 수 있는 방법이 바로 ESG라는 것을 강조하고 싶다.

- 강지수 외, 『2050 ESG 혁명』, 라온북, 2022.
- 김명선, 『뉴마켓, 새로운 기회』, 경이로움, 2022.
- 김상균, 『메타버스 2』, 플랜비디자인, 2022.
- 김성화, 『미래가 온다, 메타버스』, 와이즈만북스, 2022.
- 김재필, 『ESG 혁명이 온다』, 한스미디어, 2021.
- 대한상공회의소, 「중소기업ESG추진전략」, 대한상의, 2021.
- 민성훈, 『투자의 미래 ESG』, 한숲, 2021.
- 박정일, 『AI 한국경영; 뉴거버넌스』, 휴먼필드, 2022.
- 신병호 외, 『메타버스 새로운 기회』, 베가북스, 2021.
- 이시안, 『메타버스 시대』, 다산북스, 2021.
- 이용섭 외, 『미래비전』, 브레인플랫폼, 2021.
- 이임복, 『메타버스, 이미 시작된 미래』, 천그루숲, 2021.
- 이준기, 『AI로 경영하라』, 인플루엔셜, 2022.
- 정용영, 『21C 기업생존프로젝트 ESG경영』, 팬디자인, 2022.
- 조신, 『넥스트 자본주의, ESG』, 사회평론, 2021.
- 중소기업은행, 「중소기업을 위한 ESG 가이드」, IBK, 2021.
- 지용빈 외, 『소비자 변화와 ESG경영』, 크레파스북, 2022.
- 최남수, 『넥스트 ESG』, 새빛, 2022.
- 최재붕, 『메타버스 이야기』, 북인어박스, 2022.
- Barbara Ward, 『Only One Earth』, W Norton & Co Inc, 1983.
- Brendan Bradley, 『ESG 투자와 경영』, 박영사, 2022.
- Donella H. Meadows, 『ESG와 세상을 읽는 시스템법칙』, 세종서적, 2022.
- IBM, 「2020년 소비재 산업 전망」, 2022.

· Michael Blowfield, 『ESG시대: 기업의 대응과 역할』, 이음연구소, 2021.
· Wayne Holmes, 『인공지능시대의 미래교육』, 박영스토리, 2021.

이용섭(LEE YONG SEOP)

학력
· 상담심리치료학박사
· 경영학박사과정
· 경영학석사(MBA)
· 경영학사
· 행정학사

경력
· 사단법인 아태경제연구원 부원장
· 대한민국산업현장교수(hrd7)
· 한국재활용신문 논설위원
· 한국장학재단 사회리더 대학생 멘토
· 퇴직예정공무원 변화관리전문강사
· 고려대학교 총교우회 상임이사
· 서울대학교 관악경제인회 창립멤버

- 서강대학교/중앙대학교/경기대학교 외래교수
- 국제pen클럽/한국문인협회/대한민국예술인협회회원
- 고려대/서울대/KAIST 최고경영자과정 수료
- 중앙대학교 행정대학원 ESG전문가과정 수료
- 서강대학교 MOT 기술사업화 최고위과정 수료
- 가천대학교(경원대학교) 산학정정책과정 수료
- 중앙대학교 행정대학원 표준최고위과정 수료
- (사)안전보건진흥원/서울특별시 재향경우회 자문위원
- Distinguished Senior Executive Program in Government and Business, Harvard University
- KEPCO 베트남 초대법인장

자격

- 경영지도사/심리상담사/유통관리사/ISO9001
- ESG전문가
- 과학기술인(11129316)
- 사회복지사/ESG진단평가사/직업능력훈련교사/분노치료심리상담사

저서 및 논문

- 『미래를 위한 도전과 열정』 브레인플랫폼, 2022.(공저)
- 『미래비전』 브레인플랫폼, 2021.(공저)
- 『면접의 정석』 렛츠북, 2020.(공저)
- 『공공기관 합격 로드맵』 렛츠북, 2019.(공저)
- 『강사 트렌드 코리아 2019』 지식공감, 2018.(공저)
- 『꼰대 될래, 오빠 될래』 북메이크, 2018.
- 『시네마를 사랑한 오페라』 북메이크, 2018.
- 『IoT 인연의 챗봇』 ITELB, 2017.(공저)
- 『4차산업혁명 선도할 HAII예지와 실천』 진한M&B, 2017.(공저)

- 『창업과 지식재산』, 원더북스, 2015.(공저)
- 『융합 경영전략』, 바이오사이언스출판, 2013.(공저)
- 『강소기업 17가지 경영노하우』, 청목출판사, 2012.(공저)
- 「베이비부머세대의 성공적노화가 삶의 만족에 미치는 영향에서 사회적 자본과 자아존중감의 매개효과 연구」, 대한신학대학원대학교, 박사학위, 2021.
- 「청소년쉼터위기청소년의 사회적 요인이 스마트폰 중독에 미치는 영향과 자아효능감의 조절효과」, 한국교정학회, 교정복지연구, 제66호, 소논문, 2020.
- 「중소기업의 4차산업 표준 상호운용성 확보전략」, 중앙대학교 행정대학원, 소논문, 2022.
- 「공기업 구조조정에 관한 연구」, 한양대학교, 경영학석사논문, 2002.

수상
- 산업자원부장관상
- 서울벤처대학원대학교 총장상
- 대한신학대학원대학교 이사장상
- 고려대학교 경영전문대학원장상
- 서강대학교 기술경영전문대학원장상

3장

E-Start
환경측면 파악

남기선

1. 들어가기

　ESG의 환경(E) 분야와 관련하여 기업에서 어떻게 추진하여야 할까? 환경문제와 관련하여 지구온난화, 기상이변 등 많은 이슈들을 이야기하지만, 기업에서 특히 중소기업에서는 관심이 적다. 환경경영을 하려면 돈이 들어가는데 혹자들은 환경경영을 하면 기업이 돈을 벌 수 있다고 한다. 그런데 정말로 돈을 벌 수 있는가? 필자는 환경경영을 하면 대부분이 돈이 들어가지, 돈을 버는 것을 아니라고 생각한다. 다만, 경영환경의 변화에 리스크 관리를 통하여 기업을 지속적으로 유지하기 위한 수단으로 보아야 할 것이다. 따라서 환경경영을 불가피하게 할 수밖에 없는 시대가 되었다. 그러면 환경경영을 어디서부터 시작하여야 할까?

　많은 기업에서 환경경영시스템을 도입하여 운영하고 있으나 대부분의 기업에서는 특히 환경경영의 기본적인 개념을 이해하지 못하고 형식에 그치거나 어렵게 생각한다. 이에 대하여 조금이나마 도움이 되기를 바라는 마음에서 본 주제를 기술하였다.

　환경경영시스템을 구축할 때 환경측면 파악을 통하여 환경목표를 설정하고 환경실행관리를 수행하면 될 것이다. 환경목표관리는 일반 경영의 목표관리 방법론은 유사하며, 다만, 중요한 것을 환경측면 파악을 어떻게 하느냐이다. 따라서 환경(E)의 시작은 '환경측면 파악'이다.

> **Key Note. 환경측면 파악**
> 환경(E)의 시작은 '환경측면 파악(Environment Aspect Identification)'이다.

K-ESG 평가지표(환경)

영역	범주(9)	진단항목(17)	비고
환경 (E)	환경경영목표	E-1-1 환경경영목표 수립 E-1-2 환경경영추진 체계	환경경영시스템 (ISO 14001)
	원부자재	E-2-1 원부자재 사용량 E-2-2 재생원부자재 사용량	KPI 관리
	온실가스	E-3-1 온실가스 배출량(S1&S2) E-3-2 온실가스 배출량(S3) E-3-3 온실가스 배출량 검증	KPI 관리
	에너지	E-4-1 에너지 사용량 E-4-2 재생에너지 사용 비율	KPI 관리
	용수	E-5-1 용수 사용량 E-5-2 재생용수 비율	KPI 관리
	폐기물	E-6-1 폐기물 배출량 E-6-2 폐기물 재활용 비율	KPI 관리
	오염물질	E-7-1 대기오염물질 배출량 E-7-2 수질오염물질 배출량	KPI 관리
	환경법/규제위반		
	환경 라벨링		

K-ESG의 환경(E) 분야는 9개 범주, 17개 진단항목으로 구성되어있다.
출처: 관계부처합동, 「K-ESG 가이드라인 v1.0」 2021.12.

2. 환경측면과 환경측면 파악

환경측면이란 '환경'과 '측면'의 합성어다. 여기서 환경(Environment)은 크게 대기환경, 수질환경과 폐기물환경의 3개 분야로 구분된다. 즉 프로세스에서 발생하는 가스(Gas) 물질, 액상(Liquid) 물질, 고체(Solid) 물질이 환경에 어떤 작용을 하는지가 관심 사항이며, 이에 따라 대처하는 방법도 다를 것이다.

측면(Aspect)은 사전적 의미로는 특별한 상태(Status), 모습(Appearance), 위치(Position)로 표현된다. 따라서 환경측면은 환경과 관련하여 나타나는 현상 그대로의 상태, 모습을 의미할 수 있다.

환경경영시스템(ISO)에서 규정하는 중요한 환경 관련 용어의 정의는 다음과 같다.

> **환경측면(Environment aspect)**
> 환경과 상호작용하거나 상호작용할 수 있는 활동 또는 제품 또는 서비스 요소
>
> **환경여건(Environmental condition)**
> 어떤 시점에서 결정된 환경의 상태 또는 특성
>
> **환경영향(Environment impact)**
> 조직의 환경측면에 의해 전체적 또는 부분적으로 환경에 좋은 영향을 미치거나 나쁜 영향을 미칠 수 있는 모든 환경 변화

그리고 환경측면 파악의 프로세스는 물질수지 분석, 환경측면 파악,

환경영향평가, 중대 환경측면 결정, 환경목표 수립/관리, 준수평가, 지속적 개선의 과정으로 운영된다.

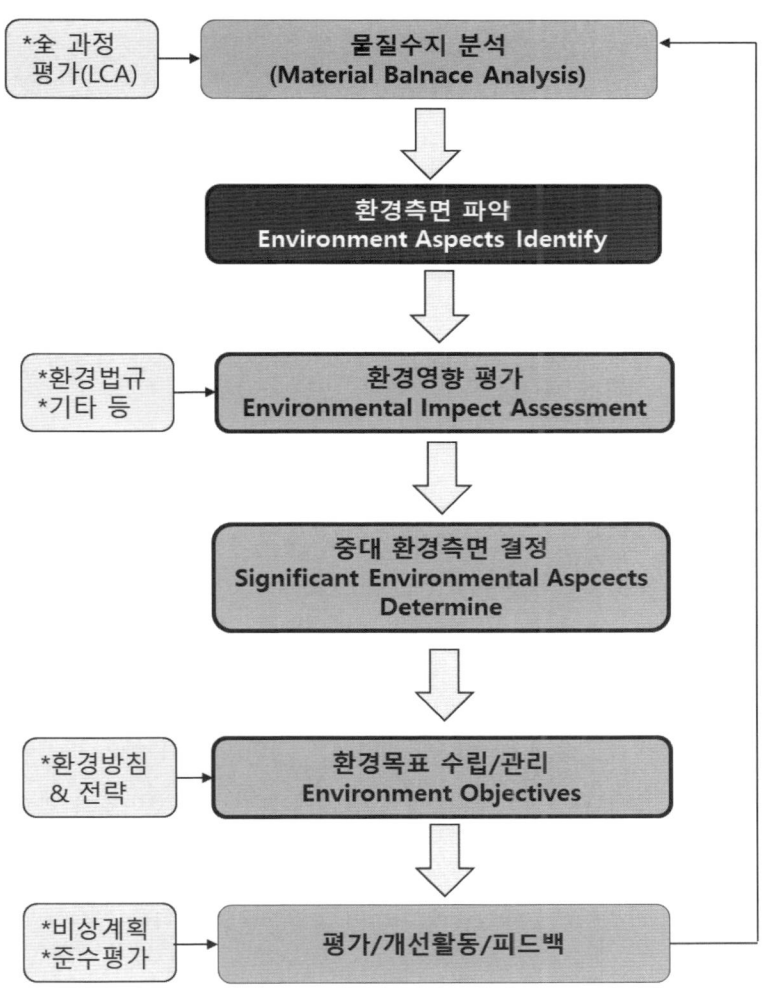

3. 물질수지 분석

　물질수지 분석은 투입(Input), 프로세스(Process), 산출(Output) 과정에서 투입 물질량 및 발생되는 물질량, 에너지 사용량에 대하여 분석한다.

　물질수지이론은 물질과 에너지는 투입하는 양과 나오는 양은 변함이 없다는 물리학적 원칙 즉 'Material and Energy Balance'에 근거한다. 예를 들어 자재가 투입되면 공정에서 제품과 스크랩으로 변환되며 투입량과 산출량은 같게 된다. 화학반응의 경우도 수산화나트륨과 염산이 반응하면 염화나트륨(소금)과 물로 변하는데 투입물의 양과 산출물의 양은 같게 된다. 에너지의 경우도 전기를 사용하여 가열하면 사용한 전기량과 발생한 열의 양을 같게 된다.

　따라서 이와 같은 근거로 물질수지(物質收支)를 분석하게 된다. 즉 자재와 에너지를 사용하여 제품생산을 하면 가스로 배출되고, 폐수로 스며들고, 제품과 부산물 또는 폐기물이 발생한다.

　이와 같은 투입물과 산출물에 대하여 일정한 기간 동안의 발생량을 산출한다. 특히 환경과 관련된 물질과 에너지에 대한 투입량과 발생량을 면밀히 검토하여 산출할 필요가 있다. 다음의 사례는 도금시설에 대한 투입물, 공정/업무, 배출물에 대하여 물질수지를 분석한 사례다.

도금시설 물질수지 분석 사례

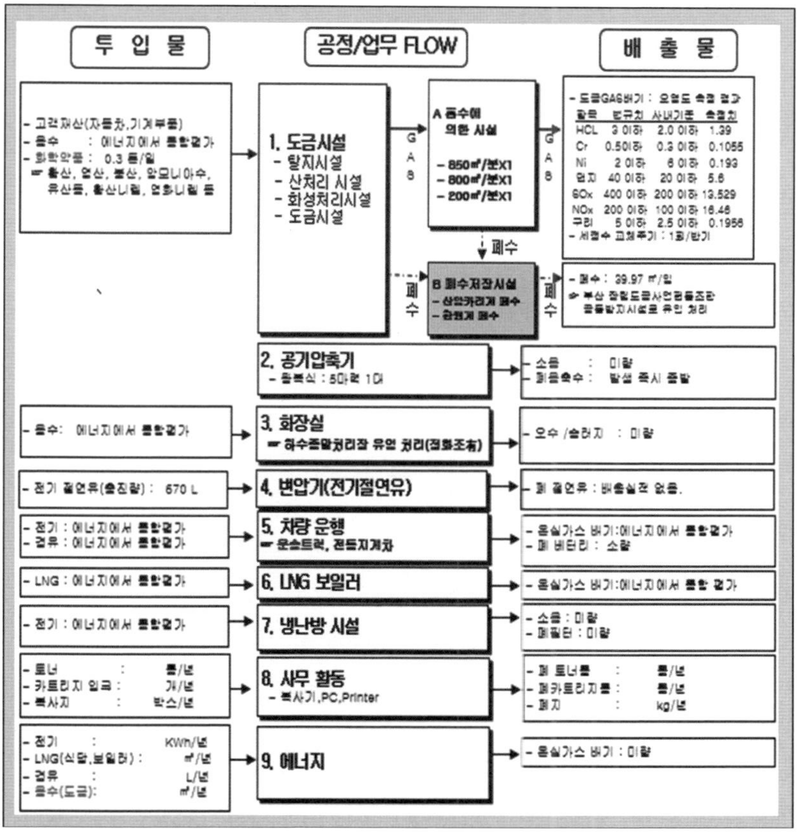

4. 환경측면 파악 및 영향평가

환경측면 파악은 물질수지 분석 결과를 근거로 파악한다. 환경측면(Environment aspect)은 명사 + 동사로 정의한다. 즉 '-사용, -발생, -배출'로 표현할 수 있다.

환경측면을 예시하면 철판자재 사용, 철광석 사용, CO_2 배출, NOx 배출, 폐수 발생, 중금속 발생, 폐기물 발생 등을 들 수 있다. 이와 같은 환경측면이 파악되면 각각의 환경측면에 대하여 환경영향을 평가하게 된다. 환경영향은 천연자원 고갈, 대기 오염, 지구온난화, 수질 오염, 폐기물 오염, 토양 오염 등으로 표현한다.

환경부하는 환경측면 발생량과 환경측면의 치명도에 의하여 결정된다.

환경부하 = 환경측면 발생량 x 환경측면 치명도

환경측면 발생량은 물질수지 분석에서 파악되고, 환경측면 치명도의 경우에는 온실가스[01], 유해화학물질, 중금속 등이 일반적으로 치명도가 높다. 환경영향평가에서 환경적 관점은 환경부하의 정도에 따라서 평가 점수를 결정하는 것이 바람직하다.

---

01 6대 온실가스: CO_2, CH_4, N_2O, $HFCs$, $PFCs$, SF_6

또한 환경 평가에서 사업적 관점으로는 법규 기술적, 경제적, 이해관계자, 파급효과를 고려하여 평가한다. 환경평가 결과에 따라 '중대 환경측면(Significant environment aspect)'을 결정하고 중대 환경측면은 '환경영향등록부'에 등록하여 관리한다. 중대 환경측면은 중점관리 대상이 되며 환경목표로 설정하기도 한다. 따라서 환경영향평가는 중대 환경측면 결정이 핵심이다.

환경측면 파악 및 영향평가

세부공정(활동)/제품/서비스	환경측면 (ASPECTS)	환경영향 (IMPACTS)	환경영향의 중대성 평가							평가등급(상태)	환경영향등록여부	목표수립
			환경적 관점	법규	기술적	경제적	이해관계자	파급효과	소계			
1. 용해주조라인	1. AL 잉곳트, 스크랩의 사용	1. 천연자원 고갈	3	1	0	0	1	0	5	C(정상)	X	X
		2. 유해성(제품)	2	1	0	0	1	0	4	C(정상)	X	X
	2. 작동유,그리스,이형제, 형광액의 사용	1. 천연자원 고갈	2	1	0	0	1	0	4	C(정상)	X	X
		2. 유해성(제품)	2	1	0	0	1	0	4	C(정상)	X	X
	3. 용수의 사용	1. 수자원 고갈	에너지에서 통합평가										
	4. AL, 산화피막 드로스의 발생	1. 폐기물 오염	3	1	0	0	1	0	5	C(정상)	X	X
	5. 폐유(액상,고상)의 발생	1. 폐기물 오염	2 가공에서 통합평가										
	6. 폐함성 수지의 발생	1. 폐기물 오염	2 가공에서 통합평가										
	7. 소음의 발생	1. 소음에 의한 불쾌감	2	1	0	0	1	0	4	C(정상)	X	X
	8. 사고에 의한 폐액유출 가능성	1. 수질 오염	3	1	0	0	1	0	5	C(비상)	X	X
A.집진시설 •원심력,세정,흡수	1. 대기오염물질의 배기	1. 대기 오염	3	1	0	0	1	0	5	C(정상)	X	X
	2. 분진폐기물의 발생	1. 폐기물 오염	2	1	0	0	1	0	4	C(정상)	X	X
	3. 폐수의 발생	1. 수질 오염	3	1	0	0	1	0	5	C(정상)	X	X
	4. 비정상운영에 의한 대기오염 물질의 배출허용기준 초과	1. 법규위반	2	1	0	0	1	0	4	C(비정상)	X	X
	5. 사고에 의한 폐수유출 가능성	1. 수질 오염	3	1	0	0	1	0	5	C(비상)	X	X
2. 가공/조립/세척	1. 절삭유,작동유,세척액의 사용	1. 천연자원 고갈	2	1	0	0	1	0	4	C(정상)	X	X
		2. 유해성(제품)	2	1	0	0	1	0	4	C(정상)	X	X
	2. 용수의 사용	1. 수자원 고갈	에너지에서 통합평가										
	3. 부쉬의 사용	1. 천연자원 고갈	2	1	0	0	1	0	4	C(정상)	X	X
		2. 유해성(제품)	2	1	0	0	1	0	4	C(정상)	X	X
	4. AL 합금Chip의 발생	1. 폐기물 오염	2	1	0	0	1	0	4	C(정상)	X	X
	5. 폐수의 발생	**1. 수질 오염**	**3**	**1**	**1**	**1**	**1**	**0**	**7**	**B(정상)**	**O**	**O**
	6. 폐유(액상)의 발생	**1. 폐기물 오염**	**3**	**1**	**1**	**1**	**1**	**0**	**7**	**B(정상)**	**O**	**O**
	7. 폐유(고상)의 발생	**1. 폐기물 오염**	**3**	**1**	**1**	**1**	**1**	**0**	**7**	**B(정상)**	**O**	**O**
	8. 폐합성수지의 발생	**1. 폐기물 오염**	**3**	**1**	**1**	**1**	**1**	**0**	**7**	**B(정상)**	**O**	**O**
	9. 폐세척액의 발생	1. 수질오염	2	1	0	0	1	0	4	C(정상)	X	X
	10. 소음의 발생	1. 소음에 의한 불쾌감	2	1	0	0	1	0	4	C(정상)	X	X
	11. 사고에 의한 폐액 유출 가능성	1. 수질 오염	2	1	0	0	1	0	4	C(비상)	X	X
3. 공기압축기	1. 소음의 발생	1. 소음에 의한 불쾌감	2	1	0	0	1	0	4	C(정상)	X	X
	2. 폐응축수의 발생	1. 수질 오염	2	1	0	0	1	0	4	C(정상)	X	X

> **환경영향의 중대성 평가 요소**
> 1) 환경적 관점: 환경물질 발생량 x 치명도
> 2) 사업적 관점: 법규, 기술적, 경제적, 이해관계자, 파급효과

5. 환경측면과 목표관리

환경목표는 어떻게 설정해야 하나? 환경측면 파악 및 영향평가 결과 중대 환경측면(Significant environment aspect)을 결정하게 되며, 중대한 환경측면을 반영하여 환경목표를 정하는 것이 바람직하다. 물론 환경목표 설정 시에는 환경방침, 환경전략 등도 고려한다.

환경목표는 핵심성과지표(KPI)와도 연관성이 있으며 KPI(Key Performance Index)는 산출식, 관리주기, 조치한계, 책임자를 명확히 정하여 운영하여야 한다.

BSC 체계에서는 미션, 비전, 전략, 전략과제, 핵심성공요인(CSF), 핵심성과지표(KPI)로 체계화하고 KPI는 핵심성공요인의 달성 여부를 측정하는 계량적 지표다.

환경 관련 KPI로는 원부자재 사용량, 재생원부자재 사용량, 온실가스 배출량, 에너지 사용량, 재생에너지 사용 비율, 용수 사용량, 재생용수

비율, 폐기물 배출량, 폐기물 재활용 비율, 대기 오염물질 배출량, 수질 오염물질 배출량 등을 들 수 있으며, 각 기업의 상황에 따라서 중대 환경측면을 고려하여 KPI를 정하면 될 것이다. 또한 경영시스템의 KPI 개념과 환경경영시스템의 KPI 관리는 근본적으로 유사하며 다만, KPI 항목에서 지향하는 바가 다를 뿐이다.

KPI에 대한 이해를 돕기 위하여 스마트공장에서 권고하는 KPI의 예를 다음 표에서 보여 준다.

KPI 사례: 스마트공장의 경우(PQCD)

분야	NO	KPI	구분	단위	산출식	관리주기	비 고
생산 (P)	1	시간당생산량	망대	개	Σ생산량/Σ투입시간	월	
	2	제조리드타임	망대	시간	Σ리드타임/Σ생산Lot수	월	
	3	영업이익률	망대	%	영업이익/매출액×100	분기	
	4	생산품목수	망대	개	Σ생산품목	분기	생산품목증가
	5	매출액	망대	원	Σ제품별 매출액	월	매출액 증가
	6	설비가동율	망대	%	Σ실가동시간/총가동시간×100	월	
품질 (Q)	7	공정불량율*	망소	%	Σ불량수량/Σ생산수량	월	
	8	완제품불량율*	망소	%	Σ완제품불량수/Σ생산수량×100	월	
	9	검사불량율	망소	%	Σ검사불량수/Σ검사수량×100	월	
	10	반품율	망소	%	Σ반품수량/Σ납품수량×100	월	
	11	Claim 건수	망소	건	Σ크레임건수	월	
원가 (C)	12	재공재고금액*	망소	원	Σ재공재고금액	월	재공재고
	13	작업공수	망소	MH	Σ작업공수	분기	
	14	제품원가	망소	원	제품원가	월	
	15	재고비용	망소	원	Σ재고비용	월	
납기 (D)	16	납기준수율*	망소	%	Σ납기준수건수/Σ납품건수	월	납기단축
	17	수주출하리드타임	망소	일	Σ수주출하리드타임/Σ출하Lot수	월	

> **Key Note. 조직의 성공과 KPI**
> 조직의 성공(成功): Y=F(X1, X2, X3, ⋯, Xn)
> (단 X1, X2, X3, ⋯ Xn은 성공요인)
> → 즉 성공요인 중에서 Y에 크게 영향을 미치는 요인이 핵심성공요인(CSF)이며 KPI는 핵심성공요인을 측정하는 잣대다.

6. 환경경영시스템 구축

환경경영시스템 구축 시에 환경측면 파악이 중요하며, 중대 환경측면을 고려하여야 할 것이다.

환경경영시스템의 ISO 표준은 1항에서 10항으로 구성되어있으며, 이는 「ISO/IEC Directives, Part1」, 「Annex SL9-Appendix 2」의 경영시스템 HLS(High level structure)를 근거로 한다.

즉 HLS는 1장 용어의 정의, 2장 인용표준, 3장 용어와 정의, 4장 조직의 상황, 5항 리더십, 6장 기획, 7장 지원, 8장 운용, 9장 성과평가, 10장 개선이다. 이 중에서 ISO 표준의 요구사항은 4장부터 10장까지다.

환경경영시스템은 환경영향을 줄이기 위한 체계적인 목표관리시스템이라고 할 수 있으며 핵심적인 내용은 다음과 같다.

- 조직의 상황, 내·외부 이슈와 이해관계자의 니즈 기대를 반영하여 환경경영시스템을 구축한다.
- 리더십과 의지 표명을 반영하여 환경방침을 설정과 조직화를 한다.
- 리스크, 환경측면, 환경법규 등 준수의무사항을 반영하여 환경목표를 설정한다.
- 환경목표를 달성하기 위하여 인적자원, 물적자원을 지원한다.
- 환경목표와 관련하여 환경 운용 및 기획을 하고 비상사태 대비 및 대응을 한다.
- 환경경영시스템의 운용 결과에 대한 평가를 한다. 평가는 준수평가, 내부심사, 경영검토를 실시한다.
- 환경경영시스템의 운용 결과 부적합에 대한 시정조치 및 시스템에 대한 지속적인 개선을 한다.

환경경영시스템의 요지

❖ **EMS란?** : "환경영향을 줄이기 위한 체계적인 목표관리 시스템"

4. 조직의 상황(Context of Organization)

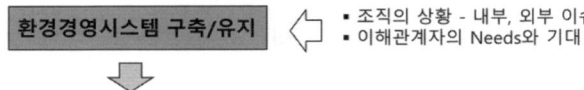
- 조직의 상황 - 내부, 외부 이슈
- 이해관계자의 Needs와 기대

5. 리더십(Leadership)

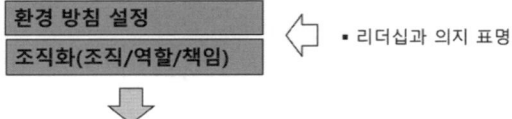
- 리더십과 의지 표명

6. 기획(Planning)

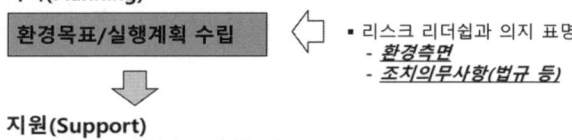
- 리스크 리더쉽과 의지 표명
  - *환경측면*
  - *조치의무사항(법규 등)*

7. 지원(Support)

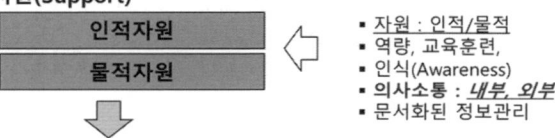
- 자원 : 인적/물적
- 역량, 교육훈련,
- 인식(Awareness)
- 의사소통 : *내부, 외부*
- 문서화된 정보관리

8. 운용(Operation)

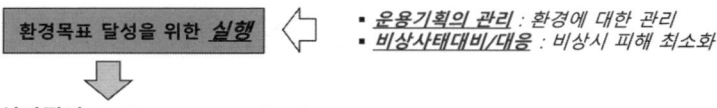
- *운용기획의 관리* : 환경에 대한 관리
- *비상사태대비/대응* : 비상시 피해 최소화

9. 성과평가(Performance Evaluation)

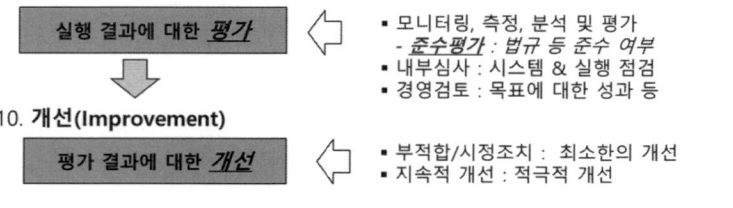
- 모니터링, 측정, 분석 및 평가
  - *준수평가* : 법규 등 준수 여부
- 내부심사 : 시스템 & 실행 점검
- 경영검토 : 목표에 대한 성과 등

10. 개선(Improvement)

- 부적합/시정조치 : 최소한의 개선
- 지속적 개선 : 적극적 개선

7. 마무리

환경(E) 분야의 시작은 '환경측면 파악'이다. 환경경영시스템을 효과적으로 도입하기 위한 기업이 중점적으로 실행하여야 할 사항은 다음과 같다.

첫째, 환경측면 파악의 명확한 이해와 실행이다. 먼저 환경측면 파악을 명확히 하고 환경측면 파악 프로세스에 따라 환경영향을 평가하여 중대 환경측면을 결정하여야 한다. 또한 환경측면에 대한 이해와 환경경영에 대한 강력한 의지가 있어야 한다.

둘째, 경영자의 환경경영에 대한 강력한 의지가 중요하다. 경영자는 이해관계자에게 환경경영방침의 선언을 비롯하여 환경경영을 실천하기 위한 기업의 체계를 정비하고 환경경영시스템을 적극적으로 추진하여야 한다.

셋째, 전 종업원이 참여해야 한다. 모든 계층의 인원은 환경경영의 필수 요소다. 따라서 전원이 참여하여 그들의 능력을 발휘함으로써 조직에서의 환경경영 목표를 성공적으로 달성할 수 있다.

넷째, 환경경영을 전략적으로 접근하고 실천해야 한다. 환경경영은 한시적인 행사가 되어서는 안 되며, 환경경영의 목표를 정하고 장기간에 걸쳐 단계적으로 전략을 수립하고 추진하여야 한다.

다섯째, 환경경영시스템을 효과적으로 구축해야 한다. 환경경영을 지속적으로 유지하고 개선해나가기 위해서는 조직에 맞는 환경경영시스템을 구축해야 한다. 환경경영시스템은 조직의 한정된 자원과 현재의 자원과 능력을 감안하여 실행 가능한 적절한 시스템을 구축하고 점진적으로 수준을 높여나가야 할 것이다.

여섯째, 환경 관련 전문인력을 양성해야 한다. 환경 관련 교육훈련을 통하여 전 직원의 환경경영에 대한 의식을 높임과 동시에 환경경영을 핵심적으로 이끌어나갈 환경전문인력으로 양성해야 한다.

일곱째, 환경경영은 환경기술이 뒷받침되어야 한다. 환경경영시스템은 친환경 설계와 친환경 생산기술과 같은 환경기술에 대한 인프라가 구축되어야 그 가치를 높여 나갈 수 있다. 이를 위해 환경기술전문가 확보는 물론, 친환경 개발 체계화 환경기술정보시스템을 구축하여 기술축적을 통한 환경기술 개발력을 높여 나가야 할 것이다.

여덟째, 환경경영 성과가 파악되어야 한다. 환경경영시스템에 대한 성과를 정기적으로 파악하고 평가하여 환경 성과가 달성되도록 해야 할 것이다. 환경경영 성과평가 결과는 지속적인 개선의 기회로 활용하고, 인센티브 제도를 통해서 종업원에게 동기 부여할 수 있는 기회를 마련함으로써 환경경영시스템을 더욱 효과적으로 수행할 수가 있다.

아홉째, 환경법규, 정부정책 및 지원제도 등 최신 환경 관련 정보를 파악하고 활용해야 한다. 환경법규와 국제 환경규제사항 등 기업과 관련된 환경정보의 최신본을 파악하여 이에 대처해야 한다. 또한 정부의 환경정책과 각 부처의 지원제도를 잘 파악하고 이를 기업의 환경경영에 반영한다. 이렇게 하면 환경경영의 성공 가능성을 더욱 높일 수가 있으며, 기업에 실질적인 도움이 되는 기회가 될 수 있다.

환경경영을 이미 대기업뿐만 아니라 중소기업에서도 피할 수 없는 현실이 되고 있다. 환경경영의 핵심은 환경측면 파악이라고 해도 과언이 아니다. 자! 시작은 E-Start 환경측면 파악이다.

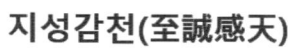

- 이학춘 외 4인, 『ESG 경영의 이론과 실제』, 도서출판서림, 2022.
- 이준호, 『환경경영, ESG 경영의 초석』, 책과나무, 2022.
- 관계부처합동, 「K-ESG 가이드라인 v.1.0」, 2021.12
- 아오키 마사미츠, 『환경규제 QA555, 공업조사회』, 2010.
- 김현진, 『녹색경영』, 민음사, 2010.
- 김길수, 『지속발전을 위한 패러다임, 녹색경영』, ㈜영진닷컴 2010.
- 한국표준정보망(www.kssn.net)
- 환경부 홈페이지(www.me.go.kr)
- 국가법령정보센터(https://law.go.kr)

남기선(NAM KEY SUN)

학력
· 부산대학교 경영대학원 경영학 석사
· 충북대학교 화학공학과 공학사

경력
· 한국창업진흥원(소장)
· 해밀원격교육원 운영교수(생산관리,경영통계학)
· iMBC교육원 운영교수(리더십, 중급회계학)
· 한양대학교/경희대학교 사회교육원 겸임교수(전)
· ㈜지지비씨 근무(전)
· 대우정밀/대우전자 근무(전)
· 국방부 조명창 근무(전)

자격
· 공장관리 기술사(한국산업인력공단)

· 경영지도사(한국산업인력공단)

· ISO심사원(KAR: 품질, 환경, 안전보건)

· 품질경영기사(한국산업인력공단)

· 스마트마이스터(대한상공회의소)

· 스마트공장수준확인 심사원(대한상공회의소)

· AI Master(KOSMO)

· 스마트공장 평가위원(KOSMO)

· 기술개발 평가위원(기정원, 중기유통센터, 경기도)

· KIBO 외부 전문가

· KMAC Expert

· 대한민국산업현장교수(스마트공장)

저서

· 『생산운영관리』, 동방의빛, 2013.

· 『강소기업 17가지 경영노하우』, 청록출판사, 2012.(공저)

· 『제4차산업 HAII 예지와 실천』, 진한M&B, 2016.(공저)

· 『행복한 P&Q 이야기』, 북메이크, 2018.

· 『공공기관 합격 로드맵』, 브레인플랫폼, 2019.(공저)

수상

· 국무총리 표창(품질관리공로, 1988.11.11.)

· 표창장-한국데이터산업진흥원장(빅데이터우수프로젝트팀 표창, 2019.8.1.)

4장

사회적경제와 ESG

김권수

1. 들어가며

최근 언론이나 논문, 세미나 등에서 ESG 경영에 대한 키워드가 자주 등장하고 있다. 오늘날 기업경영의 화두는 ESG 경영이다. 이러한 현상을 ESG 열풍 또는 폭풍이 불고 있다고 표현해도 과언이 아닐 정도다. 유럽의 경우 10년 전부터 ESG 이슈가 대두되어 유럽연합(EU) 차원에서 그 중요성을 인지하고 실행함으로써 다른 지역보다 관심이 가장 높은 지역이며, 미국의 경우 트럼프 행정부가 2017년 파리기후협약을 탈퇴하면서 다소 주춤하였으나, 바이든 행정부가 들어서면서 투자자와 기업의 입장에서 ESG에 대한 논의가 급물살을 타고 있다. 우리나라의 경우 불과 2~3년 전부터 ESG에 대한 관심이 부쩍 증가하고 있는 실정이다.

ESG 검색량 구글트렌드

출처: 구글이미지 캡처

구글트렌드 분석에 의하면 ESG에 대한 검색이 급격하게 우상향 방향으로 증가하는 것으로 보아 ESG에 대한 전 세계의 관심을 짐작할 수 있다. 기업, 금융기관, 소비자, 투자자, 정책당국자 등 기업의 내외부 환경의 구성원들인 이해관계자들 간에 활발하게 논의가 전개되고 있다는 방증이다. 이런 점으로 미루어 ESG에 대한 문제는 일시적으로 유행하는 담론이 아니라 거스를 수 없는 대세인 것만은 분명해 보인다. ESG는 우리 기업과는 관련 없는 이슈나 무관심하게 지나쳐 버릴 수 있는 화제가 아닌 것이다.

우리나라의 경우 유럽 등 선진국과 수출입을 통한 비즈니스를 수행하는 수출기업이나 대기업들은 직접 피부에 와 닿는 영향권에 있으나 중소기업이나 사회적경제기업들은 아직 ESG에 대한 개념 정립이나 수행방법론에 대해 준비가 덜 되어있다. 대한상공회의소가 2021년 12월에 실시한 우리나라 기업 공급망 ESG 관리 준비실태에 대한 조사에 의하면 매우 잘 준비하고 있다는 응답 비율은 2%에 불과하며, 다소 잘 준비하고 있다는 응답이 19%, 보통이라는 응답에는 33%, 별로 준비하고 있지 않다는 응답이 28%이며, 전혀 준비하고 있지 않다고 응답한 비율이 18%로서 보통을 포함하여 준비를 하지 않은 비율이 80%에 육박하는 것으로 나타나 기업들이 아직 ESG에 대한 대처가 미흡한 것으로 나타났다.

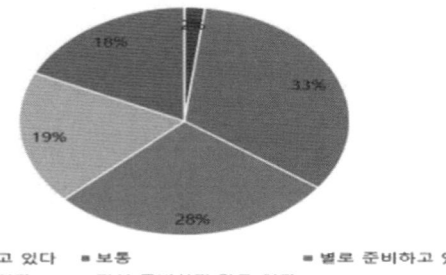

출처: 대한상공회의소, 「ESG 확산 및 정착을 위한 기업 설문조사」 2021.12.

그렇다면 사회적경제기업을 포함한 중소기업들에게는 ESG 경영이 생태계를 확장하는 기회일까? 위협하는 위기일까? 중소기업의 입장에서는 우리 기업에게 이득이 되는 것이든, 해로운 것이든 밀려오는 물결에 대한 대처를 해야 하는 것은 명확한 현실이다. 환경(E), 사회(S), 지배구조(G) 중 환경(E)에 관한 논의가 최근에 가장 주목받는 이슈이지만, 필자는 사회적경제기업의 설립 취지인 사회적 가치 추구와 맥을 같이하는 사회(S)측면에 논의의 초점을 두고 ESG 경영에 대하여 살펴보고자 한다. 이해관계자 자본주의가 등장하면서 사회(S)가 중요한 이슈가 되었고, 이해관계자에 대하여는 스파이스 모델(SPICE Model)이 자주 인용되는데 S(Society)는 정부, 지역사회의 영향력과 조화, P(Partner)는 협력사와의 대금지급 문제, 평등한 계약관계, I(Investor)는 주주와 투자자와의 배당문제, C(Customer)는 고객, 소비자에 대한 편의 제공, E(Employee)는 직원, 종업원에 대한 복지, 고용안정을 의미하며, 이들과의 상호작용으로 사회적 문제들을 해결해야 하는 과제를 안고 있기 때문이다 필자가 사회적경제기업의 ESG 경영에 주목하는 것을 그들에게 ESG 경영은 투자자의 관점에서 볼 것이 아니라 공급망과 연결되어있다는 점이다. 즉 그들은 대기업이 생산하는 제품의 제조공정에 참여하기 위해서는 ESG 경영의 실천이 필수라는 점이다. 외국으로 수출하는 우리나라 대기업들은 바이어가 요구하는 환경적 이슈, 사회적 이슈, 지배구조 이슈 등을 실현해야만 지속적인 거래관계를 유지할 수 있으니 대기업에 부품을 납품하는 사회적경제기업을 포함한 중소기업들은 원청업체로부터 ESG 경영 실천에 대하여 당연히 요구받을 것이다. 따라서 공급망 유지를 위해서는 ESG 경영이 필수적으로 수행되어야 하는 것이다. 다시 말하면 수출 중소기업의 경우 글로벌기업이 납품 기업에 대한 ESG 경영 성과 요구수준을 강화하면서 납품 배제, 거래중단의 위험에 직면하게 될 것이며, 국내 B2B 중소기업들도 대기업의 협력사를 망라하는 공급망에서 전반적인 ESG 위험관리 분위기에 대응하지 않을 수 없는 상황이 닥쳐올 것이다.

예를 들면 원청사인 대기업들은 협력업체인 중소기업에 직원의 인권 중시, 복지정책, 작업현장 안전, 윤리적 경영, 환경보호 등에 대한 실천 여부를 점검하게 될 것이므로 미리미리 자체적으로 항목별 준비가 필요한 것이다. 사례를 보면, 인도네시아에 현지공장을 운영 중인 A사는 최근 공장 내에 기도시설을 신축하였다. 왜냐하면 글로벌 고객사가 근로자의 종교적, 문화적 특성을 배려해줄 것을 요구하여, 종교시설을 갖추지 않으면 거래가 단절될 우려가 있었기 때문이다. 결국 상당한 비용을 투입하여 기도시설을 지을 수밖에 없었기 때문이다. 이처럼 잘 대처한다면 새로운 거래를 개척할 기회도 될 것이지만, 미리 준비하지 않으면 공급망에서 배제되어 기업의 지속가능성에 심각한 결과를 초래하는 위험에 처할 것이다.

2. 사회적경제의 이해

1) 사회적경제

사회적경제에 대한 정의는 사회적경제의 이념적 지향성과 실천방향성, 연구목적, 지역별 그리고 그 사회의 현재 상황 등에 따라 다양하게 제시되고 있다. EU에서는 참여적 경영시스템을 갖춘 협동조합, 상호공제조합, 사단, 재단 등이 사회적 목적을 추구하기 위한 경제적 활동으로 정의하며, 경제협력개발기구(OECD)는 국가와 시장 사이에 존재하는 조직에 내재된 것으로 사회적 요소를 동시에 추구하는 것이라고 정의하고 있다. 우리나라의 경우 한국사회적기업진흥원에서 구성원 간 협력, 자조를 바탕으로 재화와 용역의 생산 및 판매를 통해 사회적 가치를 창출하는 민간의 모든 경제적 활동으로 정의하고 있다. 또한 사회적경제의 한 축인 사회적기업에 대해서는 '영리기업과 비영리기업의 중간형태로서, 사회적 목적을 우선적으로 추구하면서 재화와 서비스를 생산, 판매 등의 영업활동을 수행하는 기업(조직)이며, 영리기업이 주주 또는 소유주를 위해 이윤을 추구하는 목적과 달리 사회적기업은 사회서비스를 제공하며, 취약계층에 일자리를 창출하는 등 사회적 목적 달성을 조직의 주된 목적으로 추구한다'[01]라고 정의하고 있다.

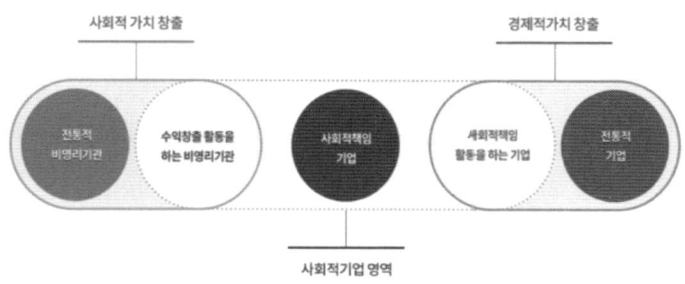

출처: 한국사회적기업진흥원 홈페0 지

2) 사회적경제의 특징과 역할

우리나라 사회적경제의 특징은 경제적인 효율성보다 구성원의 자발적인 참여, 1인 1표 등 민주적인 의사결정을 통한 자율경영을 통해 운영되어야 한다는 점이다. 자율과 민주, 영리 추구보다 구성원 간 이익공유, 취약계층 일자리 창출, 지역사회 기여 등 사회적 가치를 우선 추구한다는 사회통합, 시민들이 자발적으로 사회적 문제해결과 사회적 가치를 실현하기 위해 공동체를 구성하여 상호 협력하는 연대와 협력, 일반영리기업과 경쟁하면서, 사회문제해결에 있어 시장과 정부의 실패를 보완하는 제3의 섹터로서 하이브리드적인 특징, 즉 자본주의가 내세우는 주주이익 극대화라는 경제적·논리적 한계를 극복하는 대안인 조직적

01　출처: 한국사회적기업진흥원 홈페이지

정체성이 있다. 캐나다에서는 구성원·공동체의 필요 충족, 국가로부터의 자율성, 민주적 지배구조, 경제적 성과 추구, 출자액에 비례한 배당 금지, 해산 시 잔여재산 타법인 양도 등의 특징을 제시하고 있다.

영국의 통상산업부(DTI, Department of Trade and Industry)에서는 사회적기업에 대한 특징을 다음과 같이 제시하고 있다. 첫째, 사회적기업은 혁신적이며, 위험을 감수하는 조직이다. 둘째, 사회적기업은 상업적인 활동을 통해 자율성과 독립성을 가진다. 셋째, 사회적기업은 유연한 조직형태를 가진다. 넷째, 사회적기업은 고객 및 구성원, 공동체에 초점을 둔다. 다섯째, 사회적기업은 내외적 이해관계자가 개입된다. 여섯째, 사회적기업은 의사결정이 민주적이고 구성원이 참여적 권리를 가진다. 일곱째, 사회적기업은 상업적, 환경적, 사회적 서비스를 제공한다. 여덟째, 사회적기업은 제품과 서비스의 판매를 통한 수익을 창출한다.

사회적경제기업의 역할은 경제적 역할과 사회적 역할로 구분해볼 수 있다. 경제적 역할은 취약계층 등 사회적 소외계층에게 일자리 제공, 사회적기업의 인증 후 3년 고용유지율이 91.8%로 안정적인 고용유지, 경력단절여성, 장애인 등의 노동시장 유입을 통한 부가가치창출로 경제활동 참여인력 확대 등이 있다. 또한 사회적 역할은 취약계층에게 일자리를 제공하여 소득을 창출케 함으로써 빈부격차 등 사회 양극화 해소에 기여하고, 보건, 문화 등 복지 분야에서 사각지대를 해소하고 새로운 사회서비스 요구에 유연하게 대처하면서, 지역주민의 참여와 기업의 수익을 지역사회에 환원함으로써 상호작용을 통한 공동체 의식함양을 해야 한다.

3) 사회적경제의 유형

우리나라 사회적경제는 다음과 같이 4가지 유형의 조직형태를 갖는다. 「사회적기업육성법(2007)」에 근거하며 고용노동부가 관장하는 사회적기업, 「협동조합기본법(2012)」에 근거하며 기획재정부 소관의 협동조합, 「마을기업육성지침 시행령(2012)」에 근거하고 행정안전부 소관인 마을기업, 「국민기초생활법(2012)」에 근거하며 보건복지부 소관인 자활기업이 있다.

4) 사회적경제기업 현황

아래 그래프와 도표에서 보는 바와 같이 우리나라 사회적경제 조직은 자활기업의 경우 다소 기복이 있으나 사회적기업, 협동조합, 마을기업의 경우 꾸준한 증가세를 유지하고 있다.

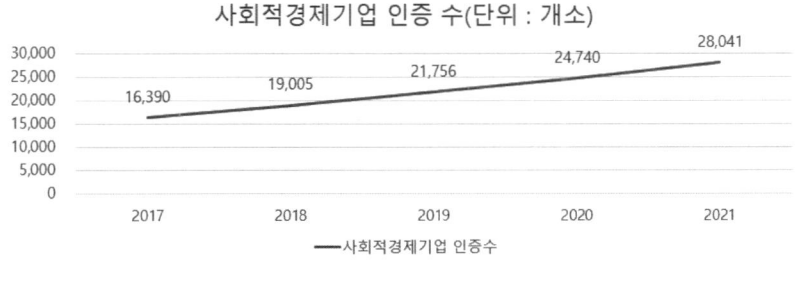

출처: 한국사회적기업진흥원

구분	2017	2018	2019	2020	2021
사회적기업	1,817	2,122	2,435	2,777	3,215
협동조합	12,039	14,158	16,589	19,249	22,132
마을기업	1,442	1,514	1,556	1,652	1,697
자활기업	1,092	1,211	1,176	1,062	997

출처: 한국사회적기업진흥원

3. 사회적경제와 사회(S)

전 세계적으로 기후변화와 탄소중립으로 환경(E)에 대한 중요성을 강조하는 만큼이나 사회(S)도 간과할 수 없는 부문이다. 2021년 유럽에서는 소셜 택소노미(Social Taxonomy) 초안을 발표하였고, 미국에서는 코로나19와 흑인사망사건(Black Lives Matters) 등 사회적으로 큰 파장을 일으킨 사건을 계기로 DE&I(Diversity(다양성), Equity(평등), Inclusion(포용성))에 대한 관심이 증폭되고 있다.

「Time to Rethink the S in ESG(2020)」에 의하면 사회(S)는 과거 20년간 그 범위가 점진적으로 확대되어왔으며 기업과 시장이 더욱더 상호의존적인 관계임을 반영하고 있다고 하였다. 다시 말해 종업원의 인권문제, 작업장의 보건안전, 품질 등 기업의 사회(S) 문제는 기업문화의 척도로서 자리 잡았다고 주장한다. 따라서 사회(S)는 기업의 리스크 관리 부문에서 중요한 역할을 하면서 자본비용을 절감하는 요소이므로 기업들은 사후적인 대응에서 전향적인 자세로 전환해야 하며, 이해관계자에 대한 투자는 단기적으로는 비용이 될 수 있지만 장기적으로는 기업에 궁극적으로 이익을 준다는 것이다.

최근 ESG가 각각 분리되어 논의되어야 한다는 주장이 있지만, 세계 1위 자산운용사인 블랙록(Black Rock)의 래리 핑크(Larry Fink) 회장도 2021년 주주 서한에서 환경(E)과 사회(S)가 상호의존적임을 강조하였다. 이는 ESG는 분리된 것이 아니라 서로 밀접하게 연결되어있어 통합적인 고려가 필요하며 효과적인 리스크 관리로 기업의 지속가능성을 추구해야 함을 의미한다. 래리 핑크 회장이 주장하는 이해관계자 자본주의의 개념은 주주에게 지속적이고 장기적으로 이익을 제공하고, 장기 수익성이야말로 시장이 기업의 성공을 판단하는 궁극적인 척도라는 점에서 기업은 지속가능하기 위해 수익성이 뒷받침되어야 함을 강조하고 있다.

1) 사회(S)의 중요성

사회(S)의 개념은 1950년대 기업의 규모가 양적으로 성장함에 따라 사회 전반에 걸쳐 기업의 영향력이 확대되었고 기업이 획득한 이윤을 사회에 환원해야 한다는 사회적 책임에 대한 문제가 대두되면서 1960년대에 기업의 사회적 책임(CSR)과 관련된 연구가 시작되어 학문적 틀이 마련되었다. 1970년대에는 기업의 사회적 반응(Corporate Social Responsiveness), 기업의 사회적 성과(Corporate Social Performance) 등의 개념이 제시되었고, 1980년대와 1990년대에 진입하여서는 이해관계자

이론, 기업윤리, 기업시민(Corporate Citizenship) 등의 주제가 등장하면서 기업의 경제적 책임뿐만 아니라 사회적 책임도 다하여야 한다는 인식이 대두되었다. 초기의 사회적 책임 활동은 기부 행위, 금전적 기부 활동, 사회적 약자 지원 등에 중점을 두었으나 오늘날에는 기업의 지속가능경영을 위해 전략적인 차원에서 이를 활용해야 한다는 인식이 확산되었고 최근에는 ESG에 대한 개념과 결부되어 논의되고 있다.

Friedman(1970), Freeman(1984)은 경영자는 주주가치의 극대화가 최우선적인 목표인데 사회적 책임활동(CSR)으로 인해 불필요한 지출이 발생함으로써 기업의 순이익을 감소시켜 궁극적으로 주주가치를 훼손할 것이라고 부정적인 주장을 하였으나, CSR 개념이 CSV를 거쳐 ESG, 특히 사회(S)와 연결되어 기업의 사회적 책임 부문에 대한 논의가 이어지고 있다. 이러한 기업의 자선적 책임활동은 법적·윤리적 책임활동 결부되어 Friedman(1970)이 주장한 주주자본주의를 훼손하지 않는 범위까지 고려되었다.

2) 사회(S)와 지속가능성

기업의 지속가능성은 조직적 관점과 기업적 관점에서 각각 견해를 보면, 조직적 관점에서는 조직의 활동이 보다 더 나은 상태를 위해 장기적으로 번영해 나가는 것이고, 기업적 관점에서는 경제적인 수익창출과 함께 윤리적인 측면까지 고려하여 사회적 책임을 다하는 것이라 해석된다(Bebbington & Gray, 2000). 사회적기업에서 지속가능성은 시간적 경과의 의미를 부여하여 사회적 가치창출을 유지하면서 일자리를 제공하고, 취약계층이나 지역사회에 사회서비스를 지속적으로 제공하는 것을 의미한다.

1972년 유엔인간환경회의에서 'Only One Earth'라는 슬로건으로 인간환경선언과 6개 분야에서 행동계획을 채택한 것이 지속가능발전에 관한 개념이 공식적으로 거론된 시점으로 볼 수 있다. 1987년 세계환경개발위원회(World Commission on The Environment and Development)가 「우리의 공동미래(Our Common Future)」라는 제목의 보고서에서 지속가능발전을 인류의 생존과 발전을 도모하기 위해 '다음 세대가 필요로 하는 여건을 존중하면서 지금 세대의 욕구에 부응하는 수준의 발전'이라고 정의하였다.

1992년 브라질 리우에서 개최된 리우환경회의에서는 지속가능발전에 대한 개념을 더욱 강화하였는데 '환경적으로 건전하며 지속가능한 발전(Environmentally Sound and Sustainable Development)'을 제안하였다. 이러한 국제협약들이 글로벌 표준으로 받아들여지면서 그 기준이 환경에 국한된 것이 아니라 사회, 에너지, 경제, 기후변화, 문화 영역까지 지속가능성 개념이 확대되었다.

존 엘킹턴(John Elkington)은 지속가능경영의 개념을 3대축(Triple Bottom Line), 즉 사회적 차원, 경제적 차원, 환경적 차원을 바탕으로 경제적으로 생존 가능하고, 환경적으로 건전하며, 사회적으로 책임을 갖는 조화로운 노력을 하는 상황으로 정의하였다. 존 엘킹턴이 주장한 지속가능성과 사회(S)의 연결고리는 사회구성원 모두에게 자원이 공평하게 분배되고, 구성원 모두가 신체적으로나 심리적으로 안전하게 보호받아야 한다는 것이며, 또한 인종, 민족, 연령, 종교, 지위 등으로 인해 소외되지 않아야 한다는 의미다. 결국 사회(S)는 DE&I를 실천함으로써 기업의 고유 존재 이유였던 주주자본주의가 이해관계자 자본주의로 전환되는 시대적 흐름과 연결된다. 2020년 다보스포럼에서 주주자본주의를 탈피하고 종업원과 고객, 협력업체, 지역사회 등 이해관계자의 이익에 부합하도록 해야 된다는 주장이 곧 사회(S)가 자본주의를 견인하는 역할임을 강조한 것이다.

4. ESG 방법론

1) ESG 경영의 중요성

지금 기업환경을 살펴보면 ESG를 강조하고 있으나 ESG를 잘 실천하면 돈이 될까? 이를 실행하기 위해서는 당장 돈이 필요하다. 중소기업에게는 리스크요, 규제로 인식되고 있는 것이 사실이다. 문성후 박사는 『ESG 에센스(2022)』에서 ESG 경영이 기업에게 이익인가에 대한 물음에 다음과 같이 서술하고 있다.

첫째, 서구 사회는 ESG에 대한 논의가 상당히 진전되었다. 블랙록의 래리 핑크가 ESG 경영을 주장한 것도 2018년 무렵이며, 우리나라의 경우 2~3년에 불과하다. ESG 경영을 실천한 기업이 과연 좋은 성과를 실현할 수 있는지에 대해서는 두 변수 간의 상관관계에 대한 통계치나 데이터가 부족한 실정이다. 둘째, 지금 ESG 경영 우수 사례로 소개되는 기업들을 보면 자금이나 인력이 풍부한 글로벌기업으로 한정되어있어 이를 일반화하기는 다소 무리가 있다. 즉 ESG 경영을 잘하다 보니 좋은 성과가 난 것인지, 좋은 성과를 내다보니 ESG 경영을 잘한 것인지에 대한 결론을 내기는 아직 이른 단계다.

그렇지만 ESG 경영을 잘 실천하면 다음과 같은 이점이 있어 기업의 평판 제고에 기여할 것은 분명해 보인다. 첫째, 제품과 서비스를 지속가능의 관점으로 지향하면서 사회적 가치를 제고하는 서비스를 고객에게 제공하면 소비자에게 선택을 받게 될 것이다. 둘째, ESG 경영 실천은 정부, 지역사회와의 관계를 개선시켜 우호적인 여론이 형성되어 정부로부터 각종 지원 혜택도 받을 것이고 규제도 덜 받게 됨으로써 기업경영에 집중할 수 있을 것이다. 셋째, ESG는 비용을 절감시켜 준다. 제조과정에서 발생하는 탄소를 감축시키고, 폐기물 배출을 줄이기 위해서는 불필요한 자원의 투입을 줄이는 것에서 ESG는 출발한다. 넷째, 생산성이 향상되고 기업성과가 좋아지면 우수한 인재가 자연스럽게 영입될 것이다.

2) 슈어(SURE) 경영

　기업의 규모가 크면 재무제표 등 계량적인 자료로 이해관계자들로부터 평가를 받게 되고, 작은 규모의 기업이라면 외부로부터 인식이나 홍보자료로 판단을 받게 된다. 사회적경제기업의 경우도 기업 규모와 상관없이 작은 항목이라도 ESG 경영을 실천해 나가야 할 단계이다. 작은 기업의 경영자라면 ESG에 대한 전략과 실천에 대해 설명할 수 있는 모델을 문성후 박사의 『ESG 에센스』를 인용하여 소개한다. 곧 슈어(SURE) 경영 모델이다. S는 Self, U는 Upgrade, R은 Report, E는 Evaluation의 이니셜이다. 먼저 스스로(Self) 현재의 위치를 정확히 진단하고 분석하여 앞서나간 기업과의 격차를 인식해야 한다. 그리고 기존의 경영방식을 업그레이드(Upgrade)하는 것이다. 좀 더 나은 ESG 실천 방향을 모색하고 문제해결에 집중해야 한다. 다음은 보고(Report) 단계로 ESG 경영을 실천했다면 이해관계자들에게 진행 상황과 그 결과를 보고하고 소통해야 한다. 마케팅의 일환으로 좋은 결과에 대해 기꺼이 결과를 공유해야 한다. 마지막은 평가(Evaluation) 단계로 리스크를 점검하고 평가를 받아 평판을 높이는 결실을 거두어야 한다.

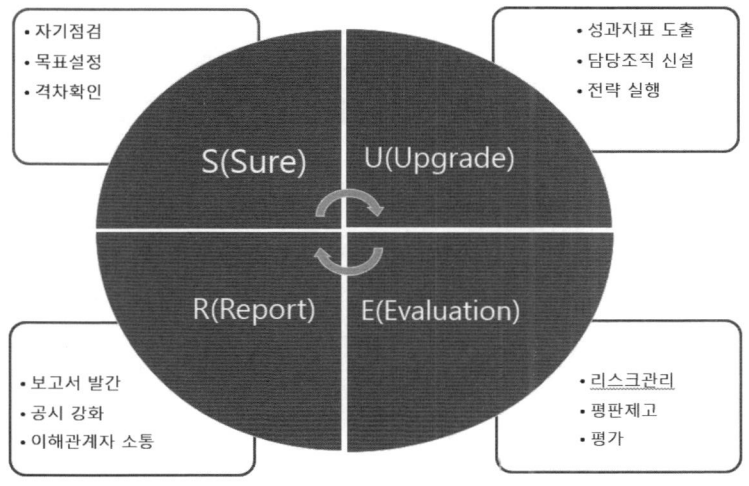

출처: 문성후, 『ESG 에센스』, KSAM, 2022.

3) 사회(S)의 실행방안 K-ESG 가이드라인 v1.0

2021년 말 정부관계부처합동으로 「K-ESG 가이드라인 v1.0」이 마련되었다. 「K-ESG 가이드라인 v1.0」은 세계적인 ESG 이니셔티브를 근간으로 한국기업의 특수성을 고려해서 만들어졌다. 단일민족으로 구성되어 인종의 다양성이 외국기업 대비 적다는 점, 코리아 디스카운트에 대한 우려 등을 3천 개 이상의 지표와 측정항목 61개 항목으로 재분류하여 작성되었다. 대기업과 중소기업에 중요하다고 판단된 「K-ESG 가이드라인 v1.0」은 4개 대분류로 구성되어있는데 정보공시 5개 항목, 환경 17개 항목, 사회 22개 항목, 지배구조 17개 항목 등이다. 이 장은 사회(S) 부분에 대한 기술임을 감안하여 사회(S)와 관련된 항목 22개 항목 중 중요한 8개 항목에 대하여 설명할 것이다.

(1) 정규직 비율

정규직 근로자를 많이 채용한 기업이 좋은 평가를 받는다. 이는 근로자 입장에서 보아 고용안정성 증진에 기여한 부분의 평가로 이해된다.

(2) 결사의 자유 보장

노동관계법에 따라 근로자의 이익을 대변하고 건전한 노사관계 유지를 위한 협의 기구가 있는지를 확인하는 항목으로 근로자의 합리적인 결사의 자유가 보장되는지를 평가한다.

(3) 여성 근로자 비율

이 항목은 전체 근로자 중 여성근로자의 비율과 여성 임원의 비율을 평가한다. 소위 '유리천장'의 두께에 대한 평가로 인식된다.

(4) 여성 급여 비율

사회적 취약계층, 단순한 신체적 차이로 인해 급여나 직급에 차별을 두는 인사제도와 고용 관행에 대한 평가지표이다.

(5) 장애인 고용률

장애인 의무 고용제는 1990년 처음 시행되었다. 국가, 지자체, 상시 근로자 50명 이상의 공공기관, 민간기업이 일정 비율 이상의 장애인을 고용하도록 의무화한 제도다. 이 비율에 못 미치는 사업체는 부담금을 내야 한다. 2021년 기준 적용된 장애인 의무 고용률은 정부·지자체·공공기관 3.4%, 민간기업 3.1%였다. 이는 장애인 고용률을 준수하지 않는 기업에 의무 고용률을 준수하도록 유도하는 ESG 진단항목이다.

(6) 산업재해율

근로자가 업무와 관련한 건설물, 설비, 가스, 분진 등에 의하거나 작업 중 사망 또는 부상을 당하거나 질병이 발생하는 경우로 대표인 관련 법률은 2022년도부터 시행된 「중대재해처벌법」이 있다.

(7) 사회공헌활동

ESG 가이드라인에서 요구하는 사회공헌활동은 기업의 사회적 책임 활동(CSR)에서 요구하는 자선활동보다는 공유가치창출(CSV)에 가깝다. CSV는 기업이 비즈니스 기회를 창출하면서 사회적 문제를 해결하는 개념이기 때문이다. 경제적 가치 추구보다는 사회적 가치창출이 우선시되는 사회적경제기업의 경우 일반 영리기업보다 이 항목을 더욱더 잘 실천해야 하는 항목이다.

(8) 조직구성원의 봉사활동 참여

조직구성원들이 자발적으로 지역사회 봉사활동에 참여하는 분위기 조성이 목적이다. 인력이 부족한 중소기업에서는 봉사활동에 투입할 여건이 부족하겠지만 경영자의 의지에 따라 실천 가능하리라 여겨진다. 구성원들의 봉사활동 참여 시간 등의 관리가 필요하다. 그 외 협력사의 ESG 경영 지원, 개인정보 관리 및 개인정보 보호시스템 구축, 복리후생비에 관한 지침, 교육훈련비에 관한 내용, 근로자 인권보호 등이 있다.

5. 나가며

　ESG에 대한 폭발적 관심 속에서 우리나라 사회적경제기업들도 이에 대응하기 위하여 우려와 함께 분주한 모습을 보이고 있다. 우리나라의 경우 2025년부터 자산 규모 2조 원 이상 그리고 2030년부터 전 코스피 상장사들은 ESG 관련 지속가능경영보고서를 의무적으로 공시해야 한다. 경제적 가치를 추구하는 성장지상주의 일변도가 무너지고, 자본주의의 산물인 소득 불평등, 계층 간 갈등 심화, 높은 실업률 등 우리 앞에 놓인 과제들을 사회적경제기업들이 공익 실현, 사회적 가치창출, 지속가능경영, 포용성장이라는 새로운 가치 전환을 이루어낼 수 있는 기회가 ESG 경영의 물결에서 그 힘을 발휘할 때가 온 것이다.

　ESG 경영을 실천하려면 자금이 필수적으로 동반되어야 한다. 이는 곧 기업은 고유의 목적인 수익창출이 선행되어야만 ESG를 실행할 수 있다는 의미다. 특히 사회적경제기업이 경우 사회적 목적 달성을 위해서는 경제적 이익창출이 우선되어야만 하는 것은 당연하다. 경제적인 목적이 달성된 상황에서 사회적 가치가 실현되는 시너지가 발휘될 때 선순환 구조를 이루어 지속가능성이 담보될 수 있다. ESG 경영도 마찬가지로 환경(E), 사회(S), 지배구조(G) 항목을 각각 구분하여 생각할 수 없다. 세 개의 테마가 어우러져 작동될 때 그 효과를 기대할 수 있을 것이다.

- 문성후, 『ESG 에센스』, KSAM, 2022.
- 고역심, 「기업의 사회적 책임활동이 소비자 반응에 미치는 영향: 따뜻한 이미지와 능력 이미지를 중심으로」, 전남대학교대학원 박사학위논문, 2017.
- 박내영, 「사회적기업의 지속가능성 영향요인에 관한 연구: 전남지역 사회적기업을 중심으로」, 전남대학교대학원 박사학위논문, 2014.
- 박소라, 「기업의 사회적 책임이 지각된 기업이미지와 직업 존중감에 미치는 영향, 조직 동일시 조절 효과를 중심으로」, 경기대학교 관광전문대학원 박사학위논문, 2020.
- 조애리, 「항공사의 사회적 책임활동이 신뢰와 고객지향성과의 관계 연구, 호남대학교 대학원 박사학위 논문」, 2017.
- Bebbington, J., & Gray, R, 「An Account of Sustainability : Failure, Success and A Reconceptualization Critical Perspectives on Accounting」, 12(5), 557–587, 2000.
- Elkington, J, Cannibals with Forks 「The Triple Bottom Line of 21st Century Business, Gabriola Island, Canada」, New Society Publishers, 1998.
- Maignan, I., & Ferrell, O. C., 「Corporate Social Responsibility and Marketing: An Integrative Framework, Journal of The Academy of Marketing Science」, 32(1), 3–19, 2004.
- Neillan, J., Reilly, P., Fitzpatrick, G., 「Time to Rethink the S in ESG」, viewed February 10, 2021.
- 대한상공회의소, 「ESG 확산 및 정착을 위한 기업 설문조사」 대한상공회의소, 2021.12.
- 경기도경제과학진흥원, 「경기도중소기업 ESG 인식확산 교육」, 2022.
- 사회적가치연구원·임팩트온, 『S in ESG』 파라프로젝트, 2022.
- 한국사회적기업진흥원 홈페이지(www.socialenterprise.or.kr).
- 유튜브 사회적협동조합 사람과세상, 「사회적경제와 ESG경영」 2022.

김권수(KIM GWON SOO)

학력
· 서울벤처대학원대학교 경영학 박사
· 고려대학교 경영대학원 마케팅전공 경영학 석사
· 국민대학교 경영학 학사

경력
· 하나은행 지점장
· 하나저축은행 여신심사부장
· 한국사회적기업진흥원 자문위원
· 창업진흥원 창업멘토
· 전라북도경제통상진흥원 컨설턴트
· 대전일자리경제진흥원 컨설턴트
· 한국경영기술지도사회 컨설턴트
· 한국생산성본부 정책자금사후관리 멘토
· 충북테크노파크 기술닥터

· 한국디자인진흥원 제조혁신 컨설턴트
· 서울산업진흥원 소상공인 코디네이터
· MBN생생정보마당 노후생활 설계코너 7회 출연
· 충남도립대학교 사회적경제 강의
· 인천세무고·성동글로벌경영고 취업특강
· 한국콘텐츠진흥원 평가위원
· 충남경제진흥원 평가위원
· 서울산업진흥원 평가위원
· 경기도경제과학진흥원 평가위원
· 안양시경제진흥원 평가위원
· 용인시산업진흥원 평가위원
· 중소기업유통센터 평가위원
· 한국데이터산업진흥원 평가위원
· 중소기업유통센터 평가위원
· 대전일자리경제진흥원 평가위원

자격

· 경영지도사
· 데이터분석준전문가
· 창업보육전문매니저
· 기업기술가치평가사
· 회생기업경영관리사
· 외환전문역 1종, 2종
· 파생상품투자상담사
· 펀드투자상담사

저서

· 「우리나라 신용카드 사용자의 구매행동에 관한 실증적 연구」 고려대학교 석사학위논문, 1991.

· 「사회적기업의 지속가능성에 관한 연구」, 서울벤처대학원대학교 박사학위논문, 2021.
· 「사회적기업의 지속가능성에 미치는 영향요인에 관한 연구」, 한국상품학회, 2021.

수상
· 지식경제부장관 표창(2012, 중소기업육성공로)

5장

자동차기업의 ESG 경영이해

최대붕

1. 들어가며

국제사회는 지구의 대재앙 팬데믹의 종식과 더불어 혹독한 겨울이 닥쳐오고 있다. 러시아-우크라이나 전쟁의 장기화와 달러환율 강세로 전세계 물가가 천정부지로 치솟고 있다. 장바구니 물가가 폭등한 스코틀랜드에서는 한 번 요리해서 나흘을 버티는 가족들도 있고, 독일과 프랑스에서는 겨울 전력공급에 차질이 생길 것을 우려해 땔감을 준비하는 사람도 많다고 한다.

피에르-올리비에르 고린차스 국제통화기금(IMF) 수석은 최근 발표한 세계경제전망보고서에서 "최악은 아직 오지 않았다"고 경고하고 있다. 이러한 세계경제 침체 속에서도 우리나라 자동차가 코로나19 확산과 차량용 반도체 수급난의 위기 속에서도 선제적으로 전동화 전략을 전개하여 2022년 상반기 글로벌 판매량 329만9000대를 달성하여 '글로벌 톱3' 자동차 메이커로 끌어올리는 쾌거를 달성했다. 당연히 친환경차라 일컫는 전기차 판매가 견인 역할을 하였고 전기차 퍼스트 무버(First mover)가 통한 결과라 하겠다.

출처: 박용선 기자, 「12년간 5위→3위로…공급망 관리 선방·전기차 호조 덕」, 이코노미조선, 2022.8.24.

이러한 가운데 기후위기의 시계는 빨라지면서 세계 곳곳은 세계경제의 침체와 함께 인류가 저질러 놓은 부메랑, 즉 기후재난의 시대를 맞이하고 있다. ESG 경영은 이제 선택이 아닌 진실로 필수로 자동차기업체에 다가오고 있다. 특히 조 바이든 미국 대통령은 지난 9월 16일 의회를 통과한 이른바 「인플레이션감축법(The Inflation Reduction Act)」에 서명을 함으로써 한국 자동차업계는 또 다른 커다란 시험대에 서게 되었다.

2. 급변하는 글로벌 자동차 시장의 환경

현재 글로벌 자동차 시장에서는 100여 년 자동차산업의 근간을 흔드는 파괴적인 변화가 진행 중이다. 그것을 살펴보면 첫째, 탄소중립의 기치하에 미국·EU·중국 등 주요국이 공격적으로 친환경차 보급을 가속화하고 있다.

2030년 친환경차 판매 비중(49.6%)은 내연차와 비슷한 수준으로 확대 예상

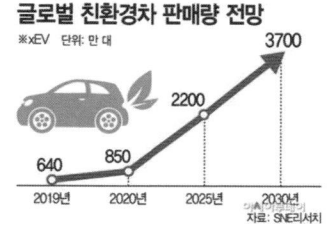
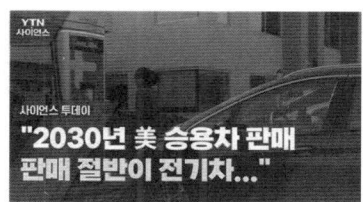

출처: SNE리서치, YTN사이언스

둘째, 코로나19, 러시아-우크라이나 전쟁 등을 거치면서 차량용 반도체, 원자재 등에서 공급망 불안이 일상화되고 있고, 이는 생산물량과 제조원가 등에 직접적인 영향을 미치고 있다.

셋째, 미-중 갈등으로 미국「인플레이션감축법(IRA)」을 비롯한 보호무역주의와 자국중심주의 기조가 확산되고 있다.

넷째, 자동차의 핵심 경쟁력을 좌우하는 중심축이 파워트레인(엔진·동력)에서 배터리와 소프트웨어·반도체 등으로 이동하면서 배터리·IT기업 등과의 수평적 분업구조가 확대되고 있고, 이에 대응한 주요 완성차 기업의 핵심 공급망 내재화 노력도 점차 강화되고 2050 탄소중립을 선언한 한국정부의 고뇌도 깊어가고 있다.

이러한 와중에 다소 흥미로운 놀라운 자동차 발전의 역사 두 가지를 소개하면 첫째는 주 이동 수단이 마차에서 자동차로 대체되는 기술, 산업 혁신에는 불과 7년이 소요되었다는 사실이다.

| 뉴욕시 5번가 : 1890년, one motor vehicle | 뉴욕시 5번가 : 1914년, one horse |

불과 7년 만에 마차에서 자동차로의 대변화가 일어남. 상기 그림상의 빨간색을 주목하면 신기하다. (뉴욕시 5번가)

둘째로는 전기차가 내연기관보다 30년 빨리 발명되었지만 가솔린 차량의 대량생산, 배터리 무게 등 기술적 제약으로 상용화를 못하고 쇠퇴하다 지금에야 기술적 제약을 극복 및 ESG 추구와 맞물려 전기차 발전에 가속도를 내고 있다는 사실이다.

1832년 가솔린 자동차보다 30년 일찍 발명된 전기차
발명자: 헝가리 안요스 예틀리크(Anyos-Jedlik)

3. ESG 중심으로의 자동차 기술 대전환

지난 경기도 킨텍스에서 개최된(2022.8.31.~2022.9.3.) 'Meet 2022' 수소전기차 전시회에서 향후 수소전기차의 미래와 한국의 수소전기차 선두주자로서의 면모를 살폈다. 최근의 급격한 신장세를 보이고 있는 전기차로 인한 본 대회가 예년에 비해 다소 관심도가 떨어지는 느낌을 받았고, 무엇보다 점점 발전해 가는 친환경차의 흐름을 읽을 수 있었다.

출처: 킨텍스 Meet 2022 전시된 수소전기차 트럭과 대회 참여한 필자, 2022.9.3.

미래차의 ESG 관련 기술의 방향은 기후변화로 인한 친환경차의 필요성에 초점이 맞추어져 있다. 첫째로는 구동장치의 엔진 기계장치에서의 모터 전장장치, 둘째로는 연료를 휘발유·경유에서 전기·수소로, 셋째로는 편의사양 중 자율주행, 인포테인먼트로의 전환이라 하겠다. 특히 연료에 있어서 전기, 수소를 만들 때 또다시 화석연료 등의 사용으로 탄산가스를 다량 발생시킨다면 진정한 친환경차라고 할 수 없을 것이며 우려스럽다.

다음은 미래형 자동차 기술에 대해 정리한 것으로 4차 산업혁명과 미래차시대, 그리고 ESG시대를 접목하는 자동차 기술로 봐야 할 것이다.

구분	분야	상세 기술내용
미래형 자동차 기술	자율 주행차	• 주행상황 인지센서 기술 • 주행지능 정보처리통합시스템 기술 • 주행상황 인지기반 통합제어 시스템 기술 • 자율주행 사고원인 규명 기술 • 탑승자 인지 및 인터페이스 기술
	전기 구동차	• 전기 동력 자동차의 에너지저장 시스템 기술 • 수소연료 저장·공급 장치 제조 기술 • 수소 충전소의 수소생산·압축·충전설비 부품제조 기술 • 전기 동력 자동차의 전력변환 및 충전시스템 기술 • 전기 동력 자동차의 구동시스템 고효율화 검토 • 전기차 초고속·고효율 무선충전 기술

출처: 국가법령정보센터, 「조세특례제한법 시행령(별표7) - 신성장·원천기술의 범위」, 2022.2.15.

상기 관련 기술 중 기술발전과정 내용의 일부를 소개한다.

1) 자율주행

100년 가까이 지속된 자율주행차의 시도는 아직도 많은 경우의 조건(數)을 만족시키지 못하면서 자율주행기술의 한계를 보이고 개발 목표 시한이 늦춰지고 있다.

테슬라 자율주행차량이 전방에 누워있는 자동차를 인지 못 해 그대로 충돌한 사례(좌측그림)로 자율주행차의 발전 한계를 노출했다. 당시 테슬라 차량의 센서는 차량이 서 있는 상태로만 인식, 판별하여 작동했다.

출처: Future Mobility, 삼성리서치센터, 2021.

2) 전기차, 수소전기차

전기차, 수소전기차가 일반 대중이 생각하는 친환경적이라 인식하는 사실도, 전기차에 주유하는 발전 전기를 생산할 때에 원초적인 화석연료의 사용을 제어하지 못한다면 지금의 내연기관과의 전과정평가(LCA: Life Cycle Assessment)를 했을 때 보듯이, 탄소 배출량 저감에 획기적 차이를 나타내지 못하고 허구인 것이다.

구분	합계	Vehicle Cycle		Well-To-Wheel	
		조립·폐차·재활용·부품·윤활유 등	배터리 (NMC111)	동력원 생산 (Well-To-Tank)	주행 중 배출 (Tank-To-Wheel)
전기차(40kWh)	22.8 ~ 24.2	5.4	2.6 ~ 4.0*	14.8**	
전기차(80kWh)	25.4 ~ 28.2	5.4	5.2 ~ 8.0*	14.8**	
내연기관차	34.3	6.0		4.6	23.7
하이브리드차	27.5	6.2	0.3	3.4	17.6
수소전기차	27.5	9.5	0.3	17.7***	

[자동차 동력원별 생애 CO_2 배출량 (중형 승용차, 10년 사용시 기준; 단위: t CO_2-eq)]

※ 자료: Global EV Outlook 2020(IEA) 변용
※ 주요가정: * 공정효율 차이 반영 ** '18년 전세계 평균 발전원 조합 기준 *** 개질 기준
※ 주의: 자동차 LCA 결과는 분석방법 및 가정(전기·수소 등 동력원 생산방식, 배터리 생산 효율 등)에 따라 각 연구별로 상이하기 때문에 논쟁의 여지가 있을 수 있음

친환경이라는 개념은 완성차에서 발생하는 탄산가스 배출량뿐만 아니라 전(全) 과정에서 발생하는 것도 고려해야 한다.

출처: 한국자동차연구원, 「산업동향 Vol.52」, 2021.1.25.

전기차의 경우 제일 핵심 부품인 2차전지, 즉 배터리의 중량, 가격, 주행거리, 폐기된 배터리 처리방법, 배터리의 내구성 검증 등의 여러 숙제들이 남아있으며 최근 많이 팔린 전기차의 경우 5~7년 후에 배터리 성능, 수명에 대한 소비자의 평가가 실로 주목된다.

차량용 배터리는 제조원가의 30~40%, 전 중량의 1/4 정도 차지하며 내구수명에도 큰 관심의 요소다.

그 와중에 테슬라는 산업계에서의 Digital Transformation을 추구하면서 단숨에 전기차 시장의 최우위를 점하게 되었고, 그로 인하여 전기차의 혁신적 발전을 기하게 되었다.

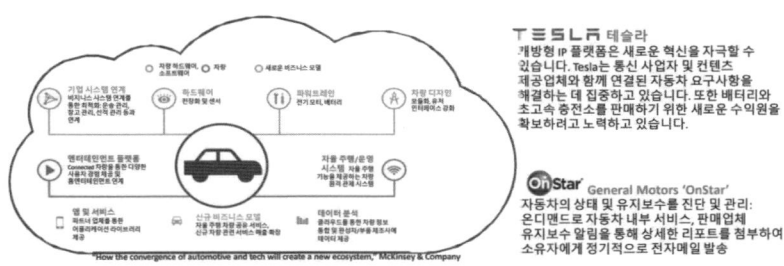

테슬라는 기존 자동차의 기계적인 요소를 훨씬 능가하는 디지털화로 변화시키면서 새로운 패러다임을 창출했다.

전기자동차의 회생제동시스템 단맛이 신선하게 다가와 주행거리를 늘리는 효자 역할을 하고 있다.

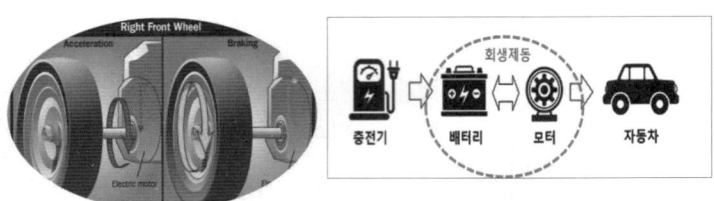

회생제동시스템의 충전기능은 운전자가 감속 시 제동을 하면 바퀴의 회전에 의한 모터에서 전기가 발생되어 배터리에 충전된다. 회생제동 시 바퀴의 운동에너지가 모터를 거쳐서 전기에너지로 변환된다.

4. 대기업들의 ESG로의 경영전환

'지속가능보고서'를 살펴보면 한국대표기업들의 ESG 추진 방향과 아울러 산하 협력사들에 대한 공급망 실사에 대해 면면히 알 수 있다.

1) 현대자동차

현대자동차는 공급망 실사 관련하여 5대 영역(윤리, 환경, 노동/인권, 안전/보건, 경영시스템)을 확정하고 평가지표로 155개 항목을 선정하여 지속적으로 추진하고 있다. 각 협력사에서는 155개 항목에 대한 자체 점검 및 필요시 컨설팅 요청을 해야 한다.

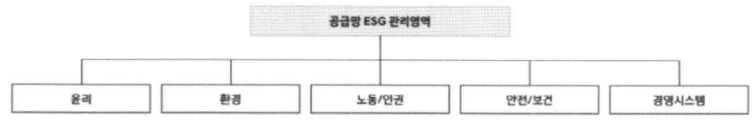

출처: 현대자동차 2021 지속성장보고서

현대자동차 그룹은 ESG 관련해서 2040년 유럽·중국·북미 등 핵심 시장 전 차종 전동화, 2025년 전기차 56만대, 수소전기차 11만대 판매 목표 등을 세워놓고 있다.

2) LG

LG는 최근 2022년 9월에 'Responsible Business Sustainable Future'에서 "모든 비즈니스 과정에서 책임 있는 고객가치 실현으로 미래의 경쟁력 확보하여 모두의 더 나은 삶 추구"한다는 LG의 ESG에 대현 경영철학을 발표하였다.

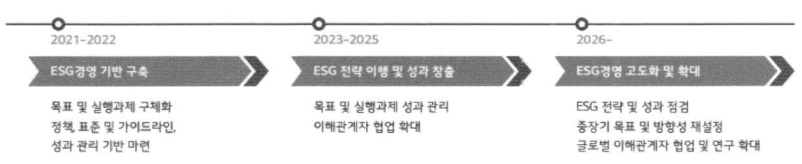

출처: LG 2022 지속성장보고서

LG그룹은 ESG 관련해서는 기술 특허 중소기업에 무상 개발, 부품개발지원, 계열사 준법감시 전담하는 컴플라이언스 조직운영 등 LG그룹 계열사 8곳에 동반지수에서 '최우수' 평가를 받았다.

3) 삼성전자

  삼성전자는 공정(Fairness), 개방(Openness), 상생(Win-win)의 이념을 바탕으로 전 세계의 약 2,200여 개 협력회사와 함께하는 공급망을 운영하고 있다. 모든 협력회사가 '삼성전자 협력회사 행동규범'에 명시된 기준을 준수하고 관련 현지 법률 및 국제표준에 맞춰 운영할 수 있도록 지원하며, 협력회사 진단을 통해 환경, 인권, 재무 등 지속가능성측면을 고려한 공급망 리스크를 관리하고 있다.

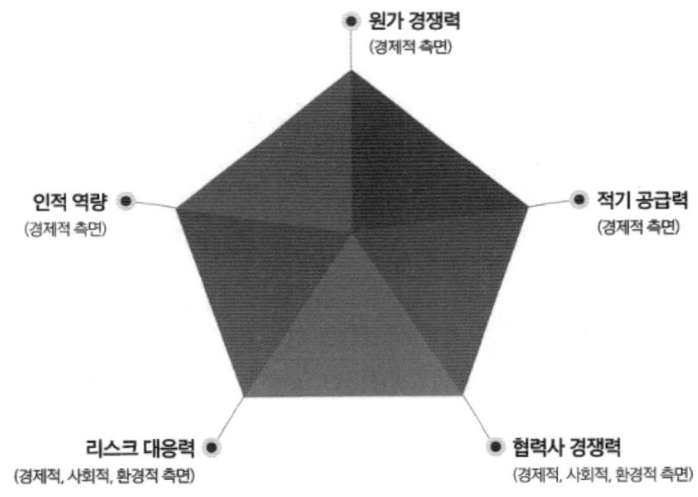

신뢰 기반의 가치창출 구매

출처: 삼성전자 2022 지속성장보고서

4) SK 이노베이션

SK 이노베이션은 'Innovate the world with sustainable GROWTH'라는 Vision 아래, 체계적·지속적으로 ESG 성과를 창출할 수 있는 ESG 종합 추진체계를 수립하였고 SK이노베이션만의 차별적인 ESG Story인 GROWTH를 통해 이해관계자와 소통하고 있다.

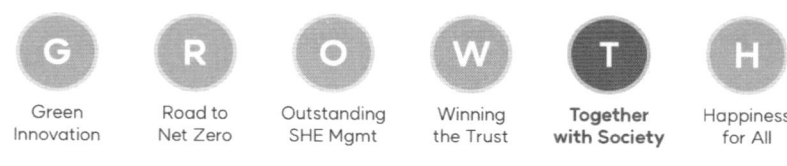

SK이노베이션 2022 지속성장보고서

SK그룹은 ESG 반영 기업회계 기준 도입 주도, 그룹 내 ESG 각 부문 전담부문 운영, 계열사 평가 시 사회적 가치와 경제적 가치 동시 평가 등을 진행 중이다.

상기 5대 대표기업의 ESG 경영의 필요성은 날로 커지고 관련 계열사 및 협력사까지 전파되고 있다.

현대차 계열사 사례

- 총 1053개 협력사 중 765개사 대상 ESG 평가 진행
- 2019년 442개사 평가보다 70% 이상 평가 협력사 늘어

현대자동차그룹 계열사들이 ESG(환경·사회·지배구조) 경영에 박차를 가하며 협력사들에도 동참을 적극 독려하고 있다.

30일 업계에 따르면 현대차그룹 계열사들이 핵심 협력사들의 ESG 상황 점검에 집중하고 있다. 현대글로비스의 '2021 지속가능보고서'에 따르면 현대글로비스는 지난해 총 1053개 협력사 중 765개사에 대해 ESG 평가를 진행했다. 전년인 2019년 442개사 평가보다 70% 이상 평가 협력사가 늘었다.

평가를 통해 등급이 저조한 업체는 고위험군으로 분류하고 벌점을 부과하는 등으로 개선을 요구하고 있다. 현대글로비스는 2025년까지 모든 협력사에 대해 ESG 평가를 시행한다는 목표다.

현대글로비스는 협력사 평가 제도를 통해 안정적인 협력사 선정뿐만 아니라 윤리경영 문화를 확대하겠다는 계획이다. 이를 위해 평가뿐만 아니라 교육 지원에도 나섰다. 물류산업진흥재단과 연계해 2018년 190개, 2019년 212개, 지난해 242개 협력사에 대중소기업 상생 윤리·환경 교육을 무료로 제공했다.

출처: 류혜경 기자, 「현대차 계열사 "협력사도 ESG 경영 합시다"…평가 참여 독려」, 아주경제, 2021.7.31.

5. 자동차 중소기업들의 ESG 경영방향

이렇게 소용돌이치는 자동차 변혁기에 과연 국내 자동차 중소기업체는 ESG 파고를 넘어가야 하는 문제가 '점점 뜨거워지는 물 안에서의 개구리'처럼 그 운명이 다가오고 있음에 마음이 급하다.

처음 ESG를 접하는 중소기업에서는 무엇보다 K-ESG에 대한 탐구가 필요하겠다. K-ESG는 산업통상자원부 등 관계부처에서 2022년 12월 1일에 국내외 ESG 평가시장 확산에 따라 다음과 같은 목적으로 개발되

었다. 첫째 시장혼란 해소, 둘째 평가신뢰도 제고, 셋째 기업 대응부담 축소를 위해 한국 산업표준 ESG 기준지표로 거발된 것이다. 총 4개 영역 27개 범주 61개의 진단항목으로 구성되어있다. 참으로 잘된 일이라 하겠으며 그 세부 진단항목에 대해서는 각 기업에서 그 기업의 특성에 맞게 평가시트를 하나하나 준비해나가야 하겠다.

K-ESG 가이드라인 구성

구 분	주요 항목
정보공시 (5)	• ESG 정보공시 방식·주기·범위 등
환경 (17)	• 환경경영 목표 및 추진 체계, 친환경 인증, 환경 법규위반 등 • 온실가스 배출량, 폐기물·오염물질 배출량, 재활용률 등
사회 (22)	• 사회책임경영 목표, 채용, 산업재해, 법규위반 등 • 채용·정규직, 산업안전, 다양성, 인권, 동반성장, 사회공헌 등
지배구조 (17)	• 이사회 전문성, 이사회 구성, 주주권리 등 • 윤리경영, 감사기구, 지배구조 법규위반 등

출처: 산업통상자원부 보도자료 2021.12.1.

현대자동차(주)의 경우 지속성장보고서(2021)를 먼저 숙지하고 세부 155개 항목에 대해 체크리스트를 작성하여 평가에 대응해야 한다. 자동차 중소기업에서 누구나 품질경영시스템으로 「ISO9001」, 「IATF 16949」와 환경경영시스템에서의 「ISO14001」에 대해서는 익숙해 있지만 본 ESG에 관련된 사회적 책임경영시스템 「ISO26000」에 대해서는 생소할 수 있기 때문에 언급하고자 한다.

「ISO26000」이란, 세계화에 따른 빈곤과 불평등에 대한 국제사회의 문제해결, 경제성장과 개발에 따른 지구환경 위기 대처 및 지속가능한 생존과 인류번영을 위한 새로운 패러다임의 요구에 따라, 2004년 국제표준화기구에서 표준개발이 결정되었고 2005년 3월 1차 총회부터 2010년 5월 8차 총회까지 5년에 걸쳐 개발된 사회적 책임에 관한 7개 핵심 주제를 담고 있는 국제표준이다.

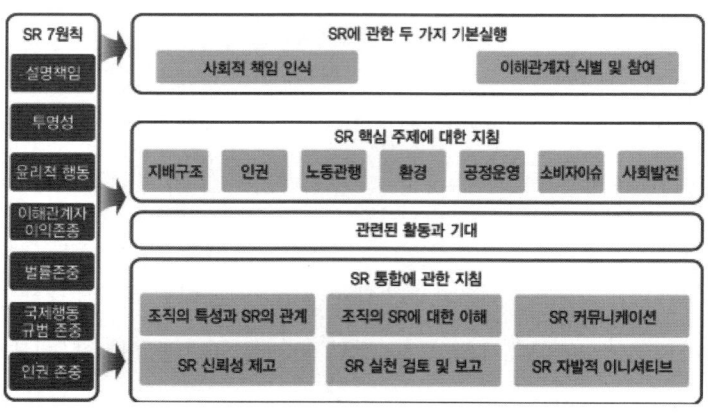

출처: 황상규, 『지속가능한 경영과 투자』, 한솜미디어, 2005.

「ISO26000」에 따르면 기업은 지금까지의 소극적이고 수세적인 자세에서 보다 사회책임(SR) 논의에 있어서 적극적인 자세로 대응할 필요가 있다.

하기 내용은 ESG 관련 인증이며, 인증을 취득한다는 것은 이해관계자들에게 기업의 ESG 경영체계를 증명할 수 있는 확실한 수단이기 때문에 중소기업에서는 깊이 참조해야 할 일인 것이다.

ESG 관련 인증

구분	각종 규격
Environment	• ISO 14001 환경경영시스템 • ISO 50001 에너지경영시스템 • KSI 7001/7002 녹색경영시스템
Social	• ISO 26000 사회적책임경영시스템 • ISO 9001 품질경영시스템(IATF16946) • ISO 45001 안전보건경영시스템 • ISO 22000 식품안전경영시스템 • ISO 27001 정보보안경영시스템 • ISO 22301 비지니스연속경영시스템
Governance	• ISO 37001 반부패경영시스템 • ISO 37301 준법경영시스템

출처: 현대, 「자동차 협력사 동반성장 실무과정」 KAP, 2022.9.26.

끝으로, 자동차 중소기업에서 ESG 경영을 위한 준비사항으로써 다음과 같이 실시하기를 추천한다.

```
┌─────────────────────────────┐
│   ESG 담당자 선정 (혹은 채용)   │
└─────────────────────────────┘
              ↓
┌─────────────────────────────┐
│ ESG 평가항목별 체크리스트 작성( o,x) │
└─────────────────────────────┘
              ↓
┌─────────────────────────────┐
│   전문 ESG보고서 작성을 위해 외부  │
│     지원(정부,대기업 등)활용      │
└─────────────────────────────┘
              ↓
┌─────────────────────────────┐
│  클라이언트(정부,대기업)요구에 맞는 │
│        ESG보고서 작성          │
└─────────────────────────────┘
```

6. 마무리하며

지금까지의 내용들을 정리하고 미래를 설정하면, 글로벌 급변하는 자동차 시장과 ESG 경영에의 이해는 전체적 큰 틀에서의 흐름을 이해하고 효율적으로 대응하는 길이라 하겠다. 다시 한번 강조하면 "ESG는 선택이 아니고 필수"라는 사실이다. 선택의 여지가 없다. 기업운영에 있어 ESG가 걸림돌이 아니고 디딤돌, 주춧돌이 되어야 할 것이다.

최근에 필자는 '강남 부근의 두 주유소의 모습'을 눈여겨보고 있는데 처음에 똑같이 시작했는데, 한 주유소는 옛날 그대로 서비스의 변화 없이 사람이 수작업으로 주유를 하고 있고, 또 다른 한 주유소는 전기차 충전소를 같이 설치하면서 주유소를 완전 리모델링하고 서비스의 질을 개선한 듯했다.

필자가 보기에 전에는 비슷하게 손님들이 주유를 했는데 요즘 관찰한 결과 주유하는 손님의 차이는 확연하다. 요즈음 우리 주변에서 상점이 흥하고 망하는 경우를 수없이 보고 또 본다. 가슴이 애절하다.

'변하는 시대에 우리도 빠르게 변해야 살아남는다'. 아무쪼록 본 내용이 ESG 경영을 시작하려는 기업인들에게 조금이나마 도움이 되길 바라며 ESG 경영의 방향을 잡고 본격적인 시동을 걸 수 있기를 희망한다.

아직 수작업에 의한 주유를 실시함에 기름가격이 비싸고 전기차 충전설비가 없다.
→ 손님이 적다.

셀프 주유 및 전기차 충전 설비 등 쾌적하게 꾸몄다.
→ 손님이 많다.

- 유승한, 「전기차/자율주행차로 변화함에 따른 차량샤시 기술 변화」, 한국기술대학교, 2022.6.25.
- 조형찬, 「자동차 AI와 자동차 실차 실습」, 대한상공회의소 전북인력개발원, 2021.10.16.
- 황상규, 「지속가능한 경영과 투자」, 한솜미디어, 2005.
- 현대자동차·삼성전자·LG·SK이노베이션, 「지속가능보고서」, 2021.~2022.
- 한국자동차연구원, 「차 환경규제의 새 길잡이, 전과정 평가(LCA)」, 산업동향Vol.52, 2021.1.25.
- 자동차부품진흥재단(KAP), 「현대자동차 협력사 동반성장 실무 과정」, 2020.9.6.
- 박용선 기자, 「12년간 5위→3위로…공급망 관리 선방·전기차 호조 덕」, 이코노미조선, 2022.8.24.
- Future Mobility, 「기술, 산업의 진화 속도」, 삼성증권리서치센터, 2019.
- 산업통상자원부, 「K-ESG 가이드」, 보도자료, 2021.12.1.
- 류혜경 기자, 「현대차 계열사 "협력사도 ESG 경영 합시다"…평가 참여 독려」, 아주경제, 2021.7.31.
- 김재필, 『ESG 혁명이 온다』, 한스미디어, 2021.
- 이영섭, 『ESG경영의 이론과 실제』, 인피니티컨설팅, 2022.
- 김영기 외, 『ESG경영』, 브레인플랫폼, 2021.
- 윤종원, 「중소기업을 위한 ESG가이드」, IBK기업은행경제연구소, 2021.8.30.
- 대한상공회의소, 「ESG A to Z」, 2022.7.
- 정용욱 외, 『쉬운 친환경 전기차』, GS인터비전, 2021.

최대붕(CHOI DAE BOONG)

학력
· 울산대학교 공과대학 기계공학과
· 현대차그룹 T3-Expert 품질부문 전임교수

경력
· (현) 한국품질재단(KFQ) 경영품질교육원/전문위원
· (현) 대한상공회의소 스마트마이스터
· (현) 한국스마트컨설팅협회 스마트공방 과제기획전문가
· (현/전) 기업체 및 대학생, 훈련기관 컨설팅 및 강의
· (현) 서울시 노인복지복지센터 공헌활동(노인취업상담)
· (전) 현대기아차 생산품질 36년

자격
· ISO9001/14001 선임심사원
· NCS 확인강사

· DX 1급 컨설턴트

· 직업능력개발훈련교사

· 6시그마 BB(블랙벨트)

· 사회복지사 1급

· 직업상담사 2급

· 요양보호사

저서
· 『자동차 샤시 시스템』, 현대기아차, 2019.
· 『협력사공정진단 방법』, 현대기아차, 2018.
· 『자동차 도장기술』, 현대기아차, 2017.
· 『자동차 차체 부품품질 검증』, 현대기아차, 2017.
· 「자동차 경계 부품 품질 개선방안」, 현대기아차, 연구과제 완성, 2017.
· 「자동차 개발단계에서 조기 품질확보」, 현대기아차, 연구과제 완성, 2016.
· 『SQ품질 확보방안』, 현대기아차, 2016.
· 『자동차 용접기술』, 현대기아차, 2016.

수상
· 현대기아차 36년 정년퇴임 공로상
· 현대기아차 품질본부강사 공로상
· 2022년 스마트마이스터 우수자 선정

6장

중소기업 ESG 경영, 탄소중립 실천부터

최효근

1. 탄소중립의 필요성

탄소중립이란 배출한 이산화탄소의 양만큼 다시 이산화탄소를 포집해 실질적 배출량을 '0'으로 만드는 것을 말한다. 즉 우리는 대기 중으로 배출한 이산화탄소의 양을 상쇄할 정도의 이산화탄소를 다시 흡수하는 대책을 세움으로써 이산화탄소 총량을 중립 상태로 만들어야 한다는 것이다.

탄소 배출 감축을 위한 국제사회의 노력이 활발하게 이루어지면서, 정부·금융권·민간기업 차원에서 탄소중립을 선언하고 이행 방안을 구체화하고 있다. 특히 주요 글로벌기업들은 탄소중립 달성을 위한 이행 방안 중 하나로 공급망 중소기업의 탄소중립을 요구하고 있고, 이에 따라 중소기업은 상위 공급망 요구사항에 대응하고 경쟁력을 확보하기 위해서 탄소중립에 대해 이해하고 대응전략을 마련해야 한다.

금융기관의 투자 기업 인게이지먼트를 통한 기후변화 정보공개요구를 강화하고 있고, 국내·외 주요 기업들이 고객 및 투자자들의 요구에 잇달아 탄소중립을 선언하고 있다. 또한 주요 기업들은 탄소중립 이행을 위해 적극적인 공급망 관리로 협력을 강화하고 있다.

파리협정과 '기후변화 정부간 협의체(IPCC)' 6차 특별보고서의 채택에 따라 유엔기후변화협약 당사국들은 2050년까지 탄소중립을 달성하고 산업화 이전 대비 기온상승을 1.5~2℃ 이하로 유지하기 위해 장기

저탄소발전전략(LEDS)과 국가온실가스감축목표(NDC)를 제출하고 있다. 설정된 감축목표에 대한 1차 이행 현황을 2023년 글로벌 차원에서 점검할 예정인데, 우리나라는 아직 IPCC 요구수준과 국가 NDC 설정 수준 간의 정책적 격차(Policy gap)와 NDC 설정 수준과 국내기업 이행 현황 간의 격차가 모두 심각한 수준이다.

이에 향후 국제사회의 대한민국 정부에 대한 탄소 배출 규제 강화 요구와 이에 따른 국내기업 탄소 처리비용 인상은 필연적이라고 볼 수 있다. 이는 중소기업에도 생산단계 및 제품 사용단계의 탄소영향 감축 부담을 가중시킬 것이다. 그러나 곧 다가올 현실에 비해 아직까지 국내 중소기업의 온실가스감축에 대한 인식과 준비도는 매우 낮은 수준이다. 중소기업은 탄소중립 전환에 대한 전문성을 가진 인력 부족으로 해외바이어나 국내대기업이 요구하는 것에 대응하기 어렵다. 그로 인해 중소기업뿐만 아니라 중소기업과 거래하는 기업 모두에게 피해가 예상된다.

이에 따라 중소기업의 탄소중립 전환을 돕기 위해 이번 저술을 통해 탄소중립의 필요성과 해외의 탄소중립 적용 정책이 무엇이고, 이에 대한 대비는 어떻게 해야 하며, EU를 비롯한 주도 국가의 공급망 실사법은 어떤 것이 있고, 공급망 실사에 어떻게 대비해야 하며, 이런 대비를 위한 정부 정책은 어떤 것이 있는지 소개하고자 한다.

2. 해외의 탄소중립 적용 정책

가속화되는 기후위기에 대응하기 위해 국제사회는 파리협정을 채택하고, 이를 실천하기 위해 '2050년 탄소중립'을 공동목표로 설정하였다. 기후목표 상향동맹 출범, 장기저탄소발전전략(LEDS)의 UN 제출(2020.12.)을 계기로 세계 주요국들이 2050년 탄소중립 선언을 하였다. RE100(Renewable Energy 100%)은 기업이 사용하는 전력량의 100%를 2050년까지 재생에너지로 충당하겠다는 캠페인으로 현재 애플, 구글 등 376개 글로벌기업이 참여하고 있다. 영국은 2019년 6월에, 유럽연합은 2019년 12월에, 중국은 2020년 9월에, 일본은 2020년 10월에, 미국은 2021년 1월에 선언을 하는 등 글로벌기업들이 RE100을 선언하고, 운용사·투자은행들도 온실가스감축을 투자에 반영하는 등 민간 차원의 탄소중립 참여도 확산되고 있다.

또한 국제기구 및 금융·감독기구의 기후변화 공시 의무화 등 규제 강화로 인해 금융기관의 탄소 배출량 산정 및 온실가스감축목표 수립 요구가 증가하고 있고, 이에 따라 금융기관들은 금융자산 배출량을 산정하고 탄소중립 달성을 위해 투자대상 기업에 기후변화 정보공개를 요구하고 있다.

탄소중립을 위한 각국의 규제 강화 및 금융기관·고객사의 환경 요구 기준 강화 등의 이유로, 글로벌 선도 기업들은 탄소중립을 기업의 중요한 사안으로 인식하고 있다. 특히 수출 지향적인 국내기업의 경우 이러한 변화에 많은 영향을 받을 수밖에 없어, 산업계 전반적으로 기후위기 대응을 위해 적극 참여하고 있다.

글로벌 탄소중립 추진 사례를 보면 해외 주요국이 저탄소 발전전략을 수립하고, EU '탄소국경세 도입' 등 기후대응 이슈 중심으로 ESG 논의를 확산하고 있는데, 프랑스의 에어버스사는 환경데이터 공개, 2035년까지 수소 연료로 한 기후중립 비행기 생산을 추진하고 있다. 미국 세브론사는 2028년까지 오일 생산에서 탄소집약도 40% 감소 추진 및 탄소 배출 저감 기술에 2028년까지 30억 달러 투자를 계획하고 있다. 프랑스의 까르푸사는 전통적 대형마트 모델에서 탈피하여 '로컬', '유기농' 매장을 확대하고 있고, 영국의 로이드뱅크는 그린 프로젝트용 대출 시 우대금리를 적용하고 있다. 대한민국 네이버는 '2040 카본 네거티브' 계획을 발표하고 데이터센터를 친환경으로 운영하고 있다.

3. 공급망 ESG 관리 요구 확산

환경뿐만 아니라 사회, 지배구조 측면의 리스크 관리 강화 요구도 확산되고 있는데, 이를 가속화하는 대표적인 요인의 예시로 EU의 공급망 ESG 관리 의무화를 들 수 있다. 21년 3월 발의되어 22년 말 Directive 형태로 채택이 예상되는 이 법안은 EU 역내 대기업 및 상장사 또는 고위험 중소·중견기업, 금융기업을 대상으로 자사의 협력사에 대한 ESG

관리 원칙 협의와 해당 원칙에 대한 협력사 이행 여부의 정기 검증을 요구하고 있다.

규제 대상이 되는 기업은 ESG 실사를 기반으로 공급망 ESG 실사 방법론과 실사에 따라 확인된 잠재 ESG 부정 영향, 공급망 ESG 관리 우선순위를 '실사전략보고서'의 형태로 매년 공시해야 하며, 공급망 ESG 실사를 미이행하거나 공급망에서 주요 ESG 이슈가 발생했을 경우 벌과금부터 공공조달 입찰 배제, 정책적 지원 박탈과 수입 제재에 이르는 페널티를 받을 수 있다. 이와 같은 공급망 ESG 실사 의무화 움직임은 중소기업으로 하여금 고객사의 ESG 평가 확대로 파생되어 비즈니스 관점의 ESG 관리 필요성에 대한 기폭제로 작용한다. 이미 국내외의 다국적 기업들은 자사 제품을 생산하는 데 발생 가능한 사회·환경적 리스크에 대해 공급망 전반으로 범위를 확대하여 관리하기 시작하였다. 전통적인 공급망 ESG 리스크 관리는 아동노동, 강제노동, 인신매매나 생산공정 내 불법적인 유해물질 배출과 같이 가치사슬 내 존재할 수 있는 규제위반 가능성에 대해 최소화할 것을 요구하였다.

<주요국 공급망 실사법 현황>

국가	법안명	시행연도
EU	EU, 기업지배구조 및 공급망 실사에 관한 법률 (Corporate Sustainability Due Diligence)	2024
독일	독일, 제품 공급망 실사 및 보고 의무화법 (Act on Corporate Due Diligence)	2023
영국	영국, 강제노동 방지 위한 현대노예법 (UK Modern Slavery Act)	2015
프랑스	프랑스, 인권침해 방지 위한 기업경계법 (Corporate Duty of Vigilance Law)	2017
네덜란드	네덜란드, 아동노동 근절 위한 아동노동실사법 (Child Labor Due Diligence)	2022
미국	미국, 노예제근절기업인증법 (Slave-Free Business Certification Act) 매년 '신장 공급망 비즈니스 자문 보고서'를 통해 중국의 위구르족 탄압행위를 근거로 신장지역 관련 공급망과 투자에 대한 제재 조치를 취함. * 日 의류기업 유니클로, 신장 위구르산 면화 사용의혹으로 미국에서 수입 금지	2020 발의

출처: 대한상공회의소, 「제151회 최고경영자 조찬강연회 자료」, 2022.

그러나 최근의 공급망 ESG 리스크 관리는 자사 제품 생산에 소요되는 전력을 신재생에너지로 조달할 것을 요구하거나, 제품 생산 과정과 그 공급망에 어떠한 환경·사회적 리스크가 발생하지 않았는지 추적하고 이를 협력사가 스스로 관리할 것을 요구한다.

이와 같이 ESG를 둘러싼 정책 급변과 고객사의 ESG 요구 강화는 곧 ESG에 대한 사회적 관심이 증가하고, ESG를 바라보는 기준이 높아지고 있음을 의미한다. ESG로 인해 중소기업에 발생가능한 기회 요인과 리스크 요인은 향후 더욱더 증가할 것이다. 이에 중소기업은 늦지 않게 ESG 경영체계를 도입하고 정부 규제와 고객사 및 소비자의 관련 요구사항에 대응할 준비를 시작해야 한다.

4. 국내의 탄소중립 대응방안

우리나라도 기후위기 극복에 동참하고, 글로벌 패러다임 전환에 능동적·선제적으로 대처하기 위해 2020년 10월에 '2050년 탄소중립'을 선언하였고, 후속조치로 중간목표인 2030년 국가온실가스감축목표(NDC)를 40%로 상향 조정하고, 이와 연계한 탄소중립 시나리오를 2021년 10월에 발표하였다. 또한「기후위기 대응을 위한 탄소중립·녹색성장기본법」은 '2050 탄소중립'이라는 국가목표 달성을 위한 법정 절차와 정책 수단을 담은 법률로서 2021년 9월 24일 제정·공포되었으며, 2022년 3월 25일부터「기후위기 대응을 위한 탄소중립·녹색성장 기본법 시행령안」이 시행되었다. 법 시행으로 우리나라는 2050 탄소중립 비전을 법제화한 14번째 국가가 되었다.

이에 따라 기후변화영향평가, 온실가스감축인지예산 등 국가재정 및 계획 전반에 탄소중립을 주류화하기 위한 새로운 제도적 수단을 마련되었고, 중소기업도 탄소중립 전환과정에서 어려움을 겪을 수 있는 부분을 지원받을 수 있게 되었다.「기후위기 대응을 위한 탄소중립·녹색성장 기본법」시행에 따른 주요 내용은 다음과 같다.

1) 2050 탄소중립 비전과 이행체계

2050 탄소중립 비전을 명시하고 중장기 국가온실가스감축목표(NDC)를 2018년 대비 40% 감축으로 명시하였으며, 제조업 비중이 높은 국내 여건을 고려할 때 쉽지 않은 목표이나, 탄소중립 실현과 온실가스감축을 위한 정부의 강력한 의지를 반영하였다. 2020년 기준으로 GDP 대비 제조업 비중은 한국이 26.1%, 일본이 19.5%, EU가 14.0%, 미국이 10.6%로 타국에 비해 높은 편이다.

이러한 NDC 상향안을 2021년 10월 탄소중립위원회 전체회의와 국무회의 심의를 거쳐 동년 12월 유엔기후변화협약 사무국에 제출한 바 있다. 감축목표 달성을 위해 국가 전체와 지역 단위까지 기본계획을 수립하여 점검하도록 하는 등 탄소중립 이행체계를 확립하였는데, 2023년 정부는 20년을 계획 기간으로 하는 국가탄소중립기본계획을 수립(수립주기 5년)하고, 지방자치단체는 국가기본계획을 고려하여 10년을 계획 기간으로 하는 시·도 및 시·군·구 기본계획을 차례로 수립하도록 하였다.

또한 탄소중립에 대한 사회 각계각층의 의견을 모으는 협치(거버넌스)인 '2050 탄소중립녹색성장위원회'도 새롭게 구성하고, 국가비전, 중장기감축목표 등 탄소중립 기본방향과 주요 계획 및 정책에 대해 심의·의결하고, 추진현황과 성과를 점검하는 등의 역할을 수행할 예정이다.

2) 온실가스감축

국가 주요계획과 대규모 개발사업, 국가재정 전반에 온실가스감축을 유도하는 '온실가스감축인지예산'과 '기후변화영향평가'가 도입된다. 국가 예산이 온실가스감축에 미칠 영향을 분석하여 예산편성에 반영하고 결산 시 적정 집행되었는지 평가하는 '온실가스감축인지예산'은 기획재정부와 환경부 주관으로 2023년 회계연도부터 적용한다.

온실가스를 다량 배출하거나 기후위기에 취약한 계획·사업에 대해 기후변화 영향을 사전에 평가하는 '기후변화영향평가'는 올해 시범사업을 실시하고 단계적으로 도입되는데, 2022년 9월부터 에너지·수자원·산지·도시 개발, 산업단지 조성, 하천의 이용·개발, 항만 건설에 적용되고, 2023년 9월부터 도로·공항 건설, 폐기물 처리시설에 도입될 예정이다.

수송부문에서도 산업통상자원부, 환경부, 국토교통부, 해양수산부 등 관계부처가 협업하여 온실가스감축목표를 설정하고, 대중교통 활성화, 전기·수소차 전환, 철도·항공·선박의 친환경화 등 녹색교통을 활성화해나갈 예정이다.

3) 기후위기 적응 및 전환, 녹색성장

심화되는 기후재난에 선제적으로 대비하고, 기후위기에 적응하기 위한 시책도 강화된다. 대기 중의 온실가스 농도 변화를 상시측정, 조사 및 공개하고, 기후위기 감시·예측의 정확도를 높이기 위한 기상정보관리체계를 구축하는 한편, 기후위기가 생태계, 대기, 물 등 환경에 미치는 영향을 조사·평가하기 위한 기후위기적응 정보관리체계도 구축·운영한다.

국가 차원에서 취약성 평가, 취약계층·지역 재해예방을 포함하는 '기후위기적응대책'을 5년마다 수립하여 점검해나가고, 시·도 및 시·군·구 단위까지 확대해나갈 예정이다.

또한 기업의 녹색경영과 녹색기술의 개발 및 사업화를 촉진하기 위해, 체제 전환을 위한 기술지원, 금융지원 등의 방안을 마련하고, 기후위기 대응을 위한 금융상품 개발 등의 시책을 수립할 예정이다. 녹색기술·산업의 표준화 기반을 구축하고, 녹색일자리를 창출하는 한편, 녹색 재화·서비스를 촉진하는 방향으로 조세제도를 운영하는 등 사회·경제 전반의 녹색전환을 추진할 계획이다.

4) 탄소중립 재정 및 실천기반

탄소중립 정책의 안정적 추진과 산업구조 개편 등에 필요한 재원을 마련하기 위한 '기후대응기금'도 신설하여 2022년 1월부터 운영 중에 있다. 2022년에는 총 2.4조 원 규모로 편성되었으며, 첫째로 온실가스 감축, 둘째로 신유망·저탄소 산업 생태계 조성, 셋째로 공정한 전환, 넷째로 제도·기반구축 등 4대 핵심분야에 중점적으로 지원한다. 향후 온실가스감축 효과를 극대화하는 감축사업을 최우선 지원하고, 녹색금융·기술개발 사업 등에도 투자 규모를 지속적으로 확대해, 탄소중립을 뒷받침하는 대표적인 재정 프로그램으로 안착·발전시켜 나갈 계획이다.

5. 중소기업 탄소중립 전환을 위한 지원

탄소중립은 주요 업종, 대기업뿐 아니라 모든 업종, 중소기업이 동참하여 탄소 배출 감축을 위해 노력해야 달성이 가능하다. 글로벌기업들이 저탄소 공급망을 구축하고, 주요국에서 탄소국경세 부과가 논의되는 등 이제 탄소중립은 중소기업 생존과 직결되고 있고, 더 나아가 신 경제질서에 맞춰 기업의 체질을 선제적으로 개선하고, 그린수소 등 탄소중립 신산업의 선점 기회로 적극 활용이 필요하다.

최근 들어 중소기업의 ESG 경영 확산을 위한 정책적 지원과 대·중소 협력사업이 활성화되고 있다. 이는 ESG 경영 도입 또는 성과창출 확대를 희망하는 중소기업에게 좋은 기회가 될 수 있다.

국내기업의 탄소중립 선언 현황

구분	업종	기업명
금융기관	금융공기업/ 민간기업 포함 112개 금융기관	
민간 제조기업	철강 · 비철	포스코, 현대제철, 동국제강, KG동부제철, 세아제강, 심팩, 고려아연, 에스엔엔씨, 영풍, LS-Nikko동제련, 풍산, 노벨리스코리아
	정유 · 석유화학	SK이노베이션, GS칼텍스, S-Oil, 현대오일뱅크, SKC, SKGC, 한화토탈, 롯데케미칼, LG화학, YNCC
	시멘트	한일현대시멘트, 아세아시멘트, 성신양회, 한라시멘트, 삼표시멘트, 데코페이브
	반도체 · Display	삼성전자, SK하이닉스, LG전자, 삼성디스플레이, 삼성전기, LG이노텍, LG디스플레이, SK실트론
	기타	LS전선, 인텍전기전자, 삼성SDI, LG에너지솔루션, 풀무원, SK머티리얼즈, SK텔레콤, SK브로드밴드, SK아이테크놀로지

출처: KEA 에너지 이슈 브리핑 제163호(2021),
WWF 세계자연기금 탄소중립 선언 예정 한국 기업 리스트(2021),
SBTi 탄소중립 선언 기업 리스트(2021)

현재 진행/발굴되고 있는 주요 중소기업 ESG 지원사업은 크게 금융 지원과 ESG 역량 지원 두 갈래로 분류 가능한데, 전자는 주로 ESG 성과 우수 중소기업에게 인센티브를 제공하는 관점에서 자본조달 시 여신에 가점을 부여하는 형태로 대출·지원 한도 증액 및 금리우대 등의 금융혜택을 부여한다.

예컨대 중소벤처기업부에서는 중소기업 ESG 진단을 통한 인증기업 대상 정책자금 융자 우대 혹은 중소기업 사업 지원 시 가점을 부여하는 혜택을 도입·추진 중에 있다. 시중은행은 기업의 ESG 경영활동에 등급을 부여하여 우수 중소기업 대상 별도 지수를 구성하거나, 우수 기업을 대상으로 0.2%p에서 많게는 1.5%p까지 우대금리를 제공하는 대출 상품을 운영 중이다.

ESG 우수기업뿐만 아니라 우수기업이 추천한 협력사도 대출 이용이 가능한 상품도 생겨나고 있다. 특히 탄소중립 이행 가속화를 위한 민·관의 친환경사업 투자 확대 흐름을 주목해야 하는데, 실제로 기업의 온실가스감축 여건과 감축 역량, 기대효과 등을 고려한 우대금리 제공이나 신재생에너지 사용 확대 등에 대한 자본조달이 급격히 확대되고 있다. 단적인 예시로 산업은행은 지난 2년간 친환경산업을 영위하는 중소·중견기업에 약 7천억 원을 투입한 바 있다.

후자는 대기업의 주도로 ESG 경영을 희망하나 관련 자원 또는 기술이 부족한 중소기업을 선정하여 대기업의 관련 인프라를 공유하거나 ESG 관련 교육을 제공하는 동반성장형 모델이다. 국내 반도체 제조사인 A사는 협력사의 친환경경영 이행에 필요한 역량 공유 및 산업 내 ESG 생태계 활성화를 위한 파트너십을 운영 중으로, 협력사와 환경가치창출을 위한 아이디어를 공모하고 공유하거나 유망 기술에 대한 자금지원을 이행한다. ESG 경영 역량이 부족하여 고위험 협력사로 판별된 중소기업에 대해서는 ESG 역량지원 및 컨설팅을 실시하기도 한다.

그러나 아직까지 국내에서 이러한 형태의 중소기업 ESG 정책지원이나 육성사업의 경우 ESG 경영 도입기거나 혹은 ESG 경영에 대한 필요성을 체감하지 못하는 중소기업보다는 어느 정도 ESG 추진에 대한 의지를 보유하고 이미 관련 역량을 축적하기 시작한 ESG 성숙기 중소기업의 육성에 초점이 맞추어져 있다는 한계가 존재한다. 실질적으로 ESG에 대한 개념 인지가 부족하거나 ESG 경영을 막 시작하고자 하는 단계의 중소기업은 앞서 언급된 정책지원 및 육성사업의 대상이 되지 못하는 사각지대가 존재하는 것이다.

중소벤처기업부는 2021년 초부터 탄소중립 전담조직(TF, 중기정책실장)을 운영해왔으며 중소기업의 자발적 탄소감축을 촉진하고 탄소중립 경영을 중소기업 전반에 확산시키고자 현장·전문가 등 의견수렴을 거쳐 4대 추진전략 및 16개 세부과제를 마련하였다. 세부내용을 보면 다음과 같다.

4대 추진전략 및 16개 세부과제

비전	2050 탄소중립을 위한 중소기업 저탄소화 및 그린분야 新성장동력 창출		
전략	중소기업 유형별 맞춤형 저탄소화 지원·확산 및 그린 혁신 생태계 조성		
정책 방향	【감축】 ① 고탄소 업종 중소기업의 저탄소 전환 지원	【육성】 ② 그린분야 혁신 벤처·스타트업 육성	【확산】 ③ 중소기업 전반의 탄소중립 경영 확산 촉진
세부 과제	❶탄소중립 선도모델 개발 ❷저탄소 경영전환 패키지 지원 ❸공정혁신을 통한 효율화·저탄소화 ❹저탄소 신산업 사업전환 지원	❶그린경제 선도 유망기업 발굴 ❷탄소중립 벤처투자 생태계 조성 ❸중소기업 특화 그린기술 R&D 지원 ❹규제특구를 통한 그린기술 상용화 ❺그린스타트업 타운 등 친환경 창업 거점 조성	❶중기 지원사업 개편을 통한 정책 패러다임 전환 ❷탄소중립 경영의 지역 확산 거점 구축 ❸녹색금융을 통한 탄소중립 공정전환 뒷받침 ❹교육·홍보를 통한 탄소중립 인식 개선 및 확산
거버 넌스	④ 중소기업 탄소중립 지원 거버넌스 구축 ❶중기 탄소중립 지원 특별법 제정 ❷중기 탄소중립 통계·정보체계 마련 ❸민간·지역 중심 추진체계 구축		

출처: 중소벤처기업부, 「중소벤처기업 탄소중립 대응 지원방안」, 2021.12.

2022년에 실시되고 있는 '탄소중립 전환지원사업'과 '탄소중립 경영혁신바우처사업'의 주요 내용은 다음과 같다.

1) 탄소중립 전환지원

중소기업의 온실가스 저감 및 에너지 효율화를 통한 저탄소 경영체계 구축을 지원하기 위해 올해부터 새롭게 도입된 제도로, 저탄소 공정전환이 시급한 중소기업의 탄소감축설비 투자를 지원하여 저탄소 공정전환 선도사례 창출 및 탄소중립 분위기 확산을 목적으로 도입된 사업이다. 지원은 크게 세 가지 절차로 구분되어 지원하고 있다. 첫째로 탄소중립 수준진단, 둘째로 탄소중립 전략수립 및 최적 온실가스감축설비 도출(실시·설계 지원), 셋째로 설비 도입을 패키지로 지원한다.

수준진단은 온실가스 배출현황 진단 및 감축 수단 발굴을 토대로 잠재감축량이 큰 중소기업 중심으로 선정·지원을 하고, 실시·설계 지원은 탄소중립 전략수립 및 최적 온실가스감축설비 도출을 위한 기술·경영 컨설팅, 공정분석, 시장조사 등 지원하는데, 모든 지원업체가 필수 수행하여야 하며, 실시설계지원 수행사를 통해 1천단 원 내 수행(보조율 50%, 부가세 제외)해야 한다.

설비도입 지원은 온실가스감축설비 구입비, 공사비, 시운전비 및 추가 컨설팅 등을 지원하는데, 기업별 국고보조금 지원은 최대 3억 원까지 지원 가능(보조율 50% 이내, 부가세 제외)하다.

지원대상은 「중소기업기본법」에 따른 중소기업으로 저탄소 공장전환이 시급한 자발적 감축 기업이 대상이며, 탄소국경세 도입 검토 국가에 수출하는 기업, 탄소중립을 선언한 대기업협력사, 탄소다(多)배출업종[01] 영위기업 등은 우대 지원대상에 해당한다.

2022년 중소기업 탄소중립 전환지원사업 현황

지원단계	지원 프로그램		지원내용
	대분류	분류	
수준진단			· 에너지 사용량 및 온실가스 배출현황 파악, 잠재감축량 산정 등
실시설계	실시지원	기술컨설팅	· 탄소저감 도입설비 관련 공정 효율화 및 애로사항 해결
		경영컨설팅	· 탄소중립 장단기 전략, 원가기획 컨설팅 등
		배출권거래	· 탄소 배출권 거래시장 진입 및 참여방안, 성과측정 등
	설계지원	공정분석	· 업체별 최적 온실가스 감축을 위한 적정 도입 설비 분석·컨설팅
		시장조사	· 적정 탄소저감 장비(설비) 시장현황 및 도입단가 조사
		벤치마킹	· 유사 공정업체의 탄소배출 설비 도입 현황 및 성과 등 제공
설비도입 지원			· 탄소저감 생산설비, 유틸리티 및 탄소포집장치 등 비생산설비 등

출처: 중소벤처기업부 「2022년 중소기업 탄소중립 전환지원사업 공고」 2022.

다만 배출권거래제 할당기업 또는 목표관리업체에 해당되는 기업은 신청이 불가능하다. 또한 금융기관으로부터 불량거래처로 규제 중인 기업이나 국세 및 지방세 체납 기업·대표자, 휴·폐업 기업, 불건전 오락용품 제조업 등에 해당하는 경우에도 지원대상에서 제외된다.

2) 탄소중립 경영혁신바우처

지원대상은 「중소기업기본법 제2조」에 따른 중소기업으로, 제조업(중

---

01 화학제조업, 비금속제조업, 1차금속제조업, 식료품제조업, 제지업, 금속가공업 등

소기업기본법 시행령 제8조1항 별표3 산업표준산업분류 'C' 해당 기업)을 영위하며 평균(3년) 매출액 120억(중소기업기본법 시행령 제7조(평균매출액등의 산정) 기준 적용) 이하의 소기업이다.

지원내용은 중소기업 저탄소 경영체계 구축을 위해 컨설팅, 기술지원 2가지 분야(컨설팅, 기술지원), 6개 프로그램(탄소중립 경영혁신 컨설팅, 시제품 제작, 에너지 효율 향상, 시스템 및 시설구축, 친환경·저탄소 관련 인증, 친환경·저탄소 제품 시험, 탄소 저감 관련 설계 기술지원)을 이용할 수 있도록 바우처 형태로 제공한다. 탄소중립 경영혁신 컨설팅 최소 10백만원 이상 필수이며, 기술 지원 분야는 선택이다. 기술지원 분야는 기업당 지원 한도 내에서 2개 이상 프로그램 신청이 가능하다.

고탄소 배출 10개 업종 중점 지원

1. 1차 금속 제조업
2. 자동차 및 트레일러 제조업
3. 비금속 광물제품 제조업
4. 섬유제품 제조업(의복제외)
5. 고무제품 및 플라스틱제품 제조업
6. 음료 제조업
7. 펄프, 종이 및 종이제품 제조업
8. 코크스, 연탄 및 석유정제품 제조업
9. 화학물질 및 화학제품 제조업(의약품 제외)
10. 금속 가공제품 제조업(기계 및 가구 제외)

프로그램별 세부지원 내용은 혁신바우처플랫폼(mssmiv.com) 자료실에서 확인 가능하다.

선정기업 바우처 이용 절차

1. 2자 협약 → 2. 바우처 발급 → 3. 3자 협약 → 4. 사업수행 → 5. 사업비 정산

보조율은 90%(정부지원금), 10%(기업분담금)이며, 바우처 사용기간은 협약일로부터 1년(최대 차년도 상반기 이내)이다.

평가절차는 서면심사 → 탄소역량평가 → 지역별위원회 → 최종 선정 순으로 진행되며, 서면심사로 고탄소 배출업종, 탄소저감 계획 및 준비의 적정성, 지원효과 등 심사 후 고득점순으로 현장평가 대상을 선정한다. 탄소역량평가는 사업 필요성, 참여의지, 에너지관리체계 등으로 평가하고, 탄소역량평가 60점 이상 기업 중 지방중소벤처기업청, 중진공 및 외부전문가들로 구성된 지역별위원회 심의를 통해 고득점순으로 지원기업이 선정된다.

6. 맺는말

중소기업은 사업의 지속가능성에 대한 예측이 어렵고 경기변동에 대한 민감도가 상대적으로 높아 아직까지는 ESG를 재무성과와 상충되는

또는 본업과는 거리가 있고 추가적으로 부담해야 하는 규제라고 인식하는 경향이 있다. 이는 중소기업의 경영환경과 인력 등 자원 규모를 고려했을 때 필연적으로 발생할 수 밖에 없는 현상이다.

다만 최근의 ESG 경영에 대한 요구는 비단 환경·사회적 가치창출을 통한 기업의 평판 및 이미지 제고에서 비롯된 것이 아님에 유의할 필요가 있다. 우리는 기후변화가 생존을 위협하고 사회 구성원의 다양성과 존엄성에 대한 논의가 지속적으로 고도화되는 시대에 살고 있다. 앞으로 기업에 대한 환경, 사회적 규제 강화와 이해관계자 요구 증가는 정권이나 이념의 변화와 관계없이 계속해서 강화될 것이다.

이에 중소기업에도 ESG 경영은 기업의 생존과 지속가능성 확보를 위해 필수적으로 추진해야 하는 경영 현안으로 자리 잡았다. 그러나 아직까지 중소기업이 실질적으로 ESG 추진에 있어 무엇을, 어디부터, 어떻게 접근해야 하는지 그 방향에 대한 제시는 정부와 민간기관을 막론하고 절대적으로 부족하다고 판단된다. 이에 본 저술이 ESG 경영을 바라보는 중소기업의 시야를 조금이나마 명료하게 하고, 정부의 각종 지원사업을 통해 ESG 경영을 탄소중립으로 실천하는 데 도움이 되기를 희망한다.

- 나수미, 「ESG 확산이 중소기업에 미치는 영향 및 지원 방향」, KOSI중소기업포커스, 31권 09호, 중소벤처기업연구원, 2021.8.
- 이순호, 「중소기업에 대한 ESG 경영지원 방안」, 한국금융연구원, 금융브리프, 31-09, 2022.5.7.
- 대한상공회의소·삼정KPMG, 『중소기업 ESG 추진전략 연구보고서』, 2021.8.
- 산업통상자원부, 『K-ESG 가이드라인 v1.0』, 2021.12.
- 중소벤처기업부, 『중소기업용 탄소배출관리 가이드라인』, 2022.
- 한국표준협회, 『ISO·IEC 국제표준 100選 가이드』, 2022.
- 중소벤처기업진흥공단, 「2022년 중소기업 탄소중립 전환지원사업 공고」, 2022.1.20.
- 중소벤처기업부, 「중소벤처기업 탄소중립 대응 지원방안」, 2021.12.15.
- 중소벤처기업부, 「중소기업을 위한 탄소중립 실천방안」, 2021.12.8.
- 중소벤처기업부, 「중소기업 탄소중립 대응을 위한 핵심기술 및 설비투자 지원」, 2022.5.26.
- 국무조정실 대한민국 정책 브리핑·보도자료, 「탄소중립기본법 시행」, 2022.3.22.
- 김경종 기자, 「중소기업 ESG 준비 알고 싶나요?」, 대한전문건설신문, 2022.6.2.
- 이신형 기자, 「국내 수출기업 EU 공급망 실사법 대응 처참한 수준…절반 이상 대응체계 못 갖춰」, ESG경제, 2022.7.19.
- KRX ESG포털(https://esg.krx.co.kr/)

최효근(CHOI HYO GEUN)

학력
· 캐나다크리스천대학원 상담코칭학 박사
· 숭실대학교 정보과학대학원 이학석사
· 공학사, 문학사, 행정학사, 사회복지학사

ESG 관련 경력
· ESG진단평가사/ESG교육지도사
· 사회적경제 전문가(가천대학교)
· 중소기업 CSR 전문가(한국경영기술지도사회)
· 광명자치대학 기후에너지학과 수료
· 중앙대학교 표준고위과정 ESG PBL 수료
· 광명시 자치분권네트워크 환경분과 위원
· 탄소중립 광명 RE100 시민클럽 회원
· 기후위기 대응 광명시민헌장 제정 FGI
· 광명시지속가능발전협의회 제11기 위원/SDGs 정책탐정단 단원

· (현) 청운대학교 교양대학 창의력개발 교수
· 한밭대학교 경제학과 산학겸임교수 역임
· 안산대학교 금융정보과 산학겸임교수 역임
· (현) 한국폴리텍V대학 신중년과정 강사
· (현) 국가기술자격정책심의위원회 전문위원
· (현) 대한민국산업현장교수
· (현) 대한민국스타훈련교사
· (현) 디지털산업정보학회 이사
· (현) 한국취업진로협회 이사
· 신협중앙회 연수원장 역임(1996~2016)

저서
· 『ESG경영』, 브레인플랫폼, 2021.(공저)
· 『메타버스를 타다』, 브레인플랫폼, 2021.(공저)
· 『창직형 창업』, 브레인플랫폼, 2021.(공저)
· 『신중년 도전과 열정 2021』, 브레인플랫폼, 2021.(공저)
· 『공공기관 채용의 모든 것』, 브레인플랫폼, 2021.(공저)
· 『빛과 시간의 공간』, 등대지기, 2021.
· 『4차 산업 혁명 시대 및 포스트 코로나 시대 미래 비전』, 브레인플랫폼, 2020.(공저)
· 『신중년 도전과 열정』, 브레인플랫폼, 2020.(공저)
· 『오늘도 빛은 그곳에 머무네』, 등대지기, 2020.
· 『빛 닮은 그림자』, 등대지기, 2019.
· 『끊임없이 도전하고 자기개발을 멈추지 마라』, 테리안, 2017.
· 『열정有삶』, 고용노동부, 2015.(공저)

수상
· 직업능력개발유공 고용노동부장관표창(2014)
· 스타훈련교사 고용노동부장관표창(2013)

· 독도사랑공모 국토해양부장관표창(2008)
· 기록문화유공 국가기록원장표창(2007)
· 청운대학교 대학발전부문 공로상(2020)
· 한국과학창의재단 교육기부 우수활동자 표창(2021)
· 한국산업인력공단 숙련기술인 우수활동자 표창(2021)
· 청운대학교 혁신교수법 포트폴리오 공모 최우수상(2021, 2022)
· 대한민국산업현장교수단 우수교수표창(2020, 2021)

7장

중소벤처기업의 혁신바우처에 미치는 ESG 경영 실천방향

김현영

1. 중소벤처기업의 혁신바우처

1) 중소벤처기업의 혁신바우처의 역사

중소벤처기업의 경영기술컨설팅 지원은 IMF를 겪은 이후 본격적으로 중소벤처기업의 육성을 위한 지원제도가 있었다. 지원제도에는 부처별로 다양하게 지원이 있었고, 중소벤처기업부는 특히 경영기술컨설팅에 2000년 이후 쿠폰제컨설팅, 경영컨설팅 등 여러 제도로 지원하였다.

그중에서도 중소벤처기업의 혁신바우처 제도는 제조 중소기업의 경영혁신과 원활한 회생과 재기 활동을 지원하기 위해 컨설팅, 기술지원, 마케팅 서비스를 제공하는 사업으로 일반 및 재기컨설팅이용권(바우처)과 탄소중립 경영혁신 지원으로 나누어 2020년부터 지원하고 있다.

2020년 처음 지원할 때는 컨설팅에서는 기술컨설팅, 경영컨설팅, 규제대응컨설팅, 재기컨설팅, 기술지원에는 시제품제작, 기술개발 인프라 구축, 기술이전 및 지재권 획득, 규격인증, 제품시험, 설계, 마케팅에는 마케팅 및 시장조사, 패키지디자인 개선, 브랜드 지원, 홍보지원에 서비스를 제공하였다. 해를 거듭하면서 지원제도를 다양하게 하여, 2021년에는 탄소중립 경영혁신바우처를 신설하여 고탄소 배출 10개 업종 중점 지원하게 되었다.

2022년에는 급변하는 경영환경에 선제적으로 대응하고, 중소벤처기업의 혁신역량 강화를 위해 새로운 유형의 ESG 및 IP 컨설팅 등 2개 서비스 프로그램을 신설했다. ESG 컨설팅은 전세계 글로벌 및 국내시장의 경영체계(패러다임) 변화로 인해 ESG 경영 도입 요구가 확산됨에 따라 제조 중소벤처기업의 ESG 경영체제 전환을 지원하기 위해 2022년 처음으로 도입한 컨설팅 프로그램이다. 또한, 재기컨설팅의 경우에는 코로나19 확산이 지속되고 있는 상황을 감안해 경영위기 기업인을 위한 개인회생컨설팅을 신설해 중점 지원한다. 바우처 지원을 받을 수 있는 대상은 최근 3개년 평균 매출액 120억 원 이하의 제조 중소벤처기업으로 컨설팅, 기술지원, 마케팅 등 3개 분야 18개 서비스로 이뤄진 메뉴판에서 원하는 서비스 분야와 수행기관을 선택해 맞춤형 이용권(바우처) 서비스를 지원받을 수 있다.[01]

2) 혁신바우처별 지원대상

혁신바우처는 2020년부터 제조 중소기업혁신역량을 강화하기 위해 일반 및 재기컨설팅 바우처와 탄소중립 경영혁신바우처 지원으로 나눠 컨설팅, 기술지원, 마케팅 서비스를 제공하고 있다. 지원대상은 최근 3개년 평균 매출액 120억 원 이하의 제조 소기업이며, 2022년 2차 사업은 새로운 지원으로 고도화서비스 바우처, 지역단위자율형 바우처를 신설하였다. 고도화서비스 바우처는 2020~2021년 혁신바우처 사업, 시제품 제작지원을 받은 업체 대상으로 고도화서비스 바우처를 통해 원하

---

01   출처: 중소벤처기업부

는 서비스 프로그램, 수행기관 선택하면 맞춤형 서비스 지원한다. 한편 지역단위자율형 바우처도 신설하여 13개 지방청, 지원대상(업종 등) 및 서비스 프로그램 등 자율적 설계 후 지원하고 있다.

최종 선정된 기업은 기업당 최고 5천만 원 한도에서 평균매출액 규모에 따라 바우처 발급 금액 50~90% 차등 지원한다. 시제품 제작 프로그램에 참여하였더라도 신청일 현재 혁신바우처 사업을 수행 중(바우처 잔액 보유)인 경우에는 신청대상에서 제외된다. 중소기업혁신바우처 사업 지원은 중소기업 경쟁력 제고를 위하여 지원하며, 기업 성장 가능성이 높은 중소기업을 대상으로 진단을 통한 기업 특성별 맞춤형 지원으로 중소기업의 경쟁력 강화를 위함이다.

서비스 세부적인 지원내용은 수행기관에 따라 변경될 수 있으며, 프로그램별 세부지원 내용은 혁신바우처플랫폼(mssmiv.com) 자료실에서 확인 가능하다. 분야별 1개씩 최대 3개 프로그램 신청 가능하며, 매칭 이후 분야별 바우처 협약금액 한도 내 잔액이 있을 경우 분야별 1회 추가사용 가능하다.

3) ESG 컨설팅

전 세계적으로 탄소중립, 지속가능성장 등이 기업경영의 이슈로 떠오르면서, 사회 전반적으로 ESG 경영에 대한 관심이 높아지고, 도입 요구 또한 높아지고 있다. 기업 ESG 경영 활성화 지원사업을 통해 기업의

ESG 경영 도입 활성화와 관련 규제 대응력 강화를 위해 기업 규모와 산업 특성에 맞는 ESG 경영진단이 필요하다. 기업별 ESG 경영 우수사항과 미흡사항을 도출하고, 이에 맞는 집중컨설팅을 통해 기업의 ESG 경영 도입이 필요하다.

ESG 컨설팅은 ESG 경영전략 수립이 필요하며, 내외부 환경 분석을 바탕으로 ESG 전략과제 도출, ESG 전략체계 수립, ESG 성과관리 방안, ESG 추진체계 구축 등의 절차를 통해 추진된다.

ESG 컨설팅에서 전략과제 도출을 위한 방법론으로 가치창출 접근법과 전략연계 접근법을 기반으로 한 ESG Strategy Matrix 분석이 필요하다. 전략연계 접근법 기업의 사업 및 전략과 ESG 가치를 연계한 기존 전략 고도화 방식과 이니셔티브 대응 및 벤치마킹을 통해 신규 전략을 도입하는 방식으로 전략과제를 도출하는 방법론이 필요하다.

전략과제 도출 절차는 환경(E), 사회(S), 지배구조(G)부문별 ESG Strategy Matrix 분석을 통해 예비 전략과제를 도출하고, 이해관계자 관심도와 비즈니스 영향도를 바탕으로 중대성 평가를 실시하여 중점 전략 과제를 선정한다.

한편 ESG 성과관리는 ESG 경영전략과제의 성공적인 이행을 위한 계획(Plan), 실행(Do), 점검(Check), 환류(Act), 보고(Communication) 프로세스 구축으로 완료보고(Communication)를 통하여 ESG 성과 공유를 통한 이해관계자 신뢰를 확보하는 ESG 컨설팅이 되어야 한다.

PDCAC 기반 이행관리체계

계획 (Plan)
- ESG 전략과제별 세부 실행 계획 수립
- 실행과제별 추진 계획 및 목표 설정
- ESG 경영 연간 사업계획 수립
- 예산 및 인력 배분

환류 (Act)
- ESG 추진 성과 종합 평가
- 전략과제 및 실행과제별 성과 평가
- 조직 및 개인 성과 평가 연계
- ESG 우수과제 선정 및 포상(격려)
- 성과 평가 결과 분석을 통한 전략 개선 방안 검토

보고 (Communication)
1. ESG 경영성과 공시 (알리오스 등)
2. ESG 우수성과 사례 외부 PR
3. 지속가능경영보고서 발간
4. ESG 시상 대회 참여

실행 (Do)
- 전략 이행을 위한 단위조직 및 개인의 업무 분장
- 단위 조직별 세부 실행과제 추진 및 이행
- 세부 실행과제 추진 성과 DB 구축
- 전략과제별 성과 목표 달성 노력

점검 (Check)
- 전략과제별 중간 성과 점검
- 분기별 성과 공유회 개최
- 중간점검을 통한 Feedback 제공
- 전략과제별 달성 목표 조정

출처: 시앤피컨설팅(주), 「ESG 경영컨설팅 용역보고서」

4) 혁신바우처 ESG 컨설팅 절차

바우처를 발급받은 수요기업은 메뉴판에 등록된 서비스와 수행기관을 선택하여 계약체결 후 서비스를 지원받을 수 있다.

수요기업은 바우처 발급일로부터 2개월 이내에 분야별 발급받은 바우처를 사용하여야 하며, 화재 및 천재지변 등 관리기관이 인정하는 사유가 발생하였을 경우, 관리기관의 승인을 받아 협약 종료일 3개월 이전까지 최초 바우처 최초 사용기한을 연장할 수 있다.

컨설팅 분야의 계약금액은 수행인력의 등급별 단가와 투입일수로 산정한다. 투입인력의 등급 및 단가 기준은 컨설턴트 등급 및 단가 기준에 따른다. 수행기관은 수행인력의 등급평가를 위해 컨설턴트 자체 등급평가 확인서 및 증빙서류를 운영기관에 제출하여야 한다.

운영기관은 수행계획서를 점검 후 수요기업 및 수행기관과 3자 계약을 체결한다. 수행기관은 체결된 계약서 및 수행계획서에 따라 서비스를 수행한다.

컨설팅 분야의 경우 수행기관은 계약기간 1/2의 경과일로부터 10영업일 이내에 수행계획의 진행 정도 및 향후 추진내용 등이 포함된 중간보고서를 작성하여 '혁신바우처 플랫폼'에 제출하여야 한다.

수행기관은 계약기간 내에 서비스 제공을 완료하고 계약기간 종료일로부터 10영업일 이내에 동 지침 제3조 제16호에서 정하는 '최종성과물'을 '혁신바우처 플랫폼'에 제출하여야 한다.

완료점검 결과에 따라 운영기관은 승인·감액·탈락 여부 등의 정산결과를 결정하여 완료점검일로부터 7일 이내에 수요기업 및 수행기관에게 통보하여야 한다.

2. 중소벤처기업의 ESG 컨설팅 세부내용

1) ESG 컨설팅 수행계획서

ESG 컨설팅 수행계획서는 프로젝트를 수행하기 전에 계획을 세우는 단계에서 작성하는 문서로 수행기관과 수요기업이 서로 협의된 내용에 근거하여 진행할 프로젝트의 개요, 목표, 사업범위, 사업수행 일정 등의 내용을 정리하는 문서다.

수행계획서 내용에는 ESG 컨설팅에 투입되는 등급별 인원을 확정하고, 투입되는 M/D의 인건비를 산출하여야 한다. 참여 인원에는 상근과 비상근이 구분되어야 하며, 수행계획서상에 구성 항목에 따라 각각 세분해서 누락 없이 작성하고 기술적인 설명자료 등의 내용이 많을 경우에는 별지를 사용하여 작성하여야 한다.

사업수행계획서의 내용은 명확한 용어를 사용하여야 하며, 제출된 수행계획서의 기재 내용은 혁신바우처 운영기관의 요청이 없는 한 수정, 삭제, 대체할 수 없다. 또한 ESG 컨설팅 수행계획서 작성에는 수요기업 소개에 기본정보 외에 경영여건, 생산품 등을 간략히 소개하고, 서비스 대상 정보의 서비스 수행대상 제품 혹은 주제에 대한 상세사항을 양식 및 내용은 자유롭게 작성한다.

ESG 컨설팅 수행계획서의 서비스 수행계획(안)은 수행목적, 현(現)

애로사항 및 어려움, 개선사유, 개선방향 등을 서술하고, ESG 경영체계 구축을 어떻게 할 것인가의 내용을 기록한다.

수행분야에 대한 현재 상황, 문제점과 이를 해결하기 위한 개선방안을 서술하여야 하며, 특이사항 및 사업추진 일정을 산정하고, 동 서비스 수행과 관련한 특이점, 주안점들을 자유롭게 서술하고, 사업추진 일정을 세부적으로 작성하여야 한다.

2) ESG 컨설팅 수행일지 작성

컨설팅 수행과정은 전반적인 컨설팅의 수행절차를 의미하며, 착수, 진단, 계획, 실행, 종료의 단계로 구분되고 있다.

컨설팅 착수단계는 수진기업을 예비로 진단하고 컨설팅 수행계획을 수립하여 계약을 체결하는 단계다. 진단은 조직의 목표와 당면한 문제의 규명 및 문제해결에 필요한 정보수집과 정보를 토대로 현상을 분석하는 단계다. 다음으로 계획단계에서는 문제해결을 위한 종합계획과 실행계획을 구축한다. 실행단계에서는 컨설팅 업무의 수행과 함께 조직에 대한 교육훈련 실시 등 필요한 지원과 해결방안을 조정하고 컨설팅 목적을 달성하기 위한 조직의 변화를 유도한다. 종료단계에서는 보고서작성, 결과발표 등에 의하여 컨설팅 결과에 대한 경영층의 승인을 획득하고 유지보수와 후속 작업에 대한 계획을 수립하게 된다.

특히 ESG 컨설팅 수행일지 작성은 수행일자별로 정리, 압축하여 원본으로 별첨하여 제출하여야 한다. 수행일자별 사진은 수행일자별로 정리, 압축하여 원본을 별첨 제출하고, 같은 수행일자에 2인 이상의 컨설턴트가 투입된 경우, 회차 구분하여 각각의 수행업무 내용과 산출물을 별도 기재하여야 하고, 완료보고 시 전체회차(1회차부터)의 요약서를 제출해야 한다. 칸이 부족한 경우, 칸을 추가하여 전체 M/D의 요약표를 제출해야 한다.

3) ESG 컨설팅 수준진단보고서

기업의 사회적 책임에 대한 요구는 지속가능성을 추구하는 과정에서 나타났다. 기업이 단기적인 이익과 편의만을 생각할 것이 아니라, 사회에 미칠 장기적인 영향까지 고려해야 한다는 요구가 ESG 경영으로 이어져 지속가능성을 위한 기업의 실천에는 소비자의 역할도 중요하다. 소비자의 요구와 선호에 맞춘 제품을 생산하기 위해 기업은 기술개발이나 경영방식의 변화 등을 시도할 것이기 때문이다.

ESG는 기업의 비재무적 요소인 '환경(Environment), 사회(Social), 지배구조(Governance)'의 약자로, 기업이 고객 및 주주·직원에게 얼마나 기여하는가, 환경에 대한 책임을 다하는가, 지배구조는 투명한가를 다각적으로 평가하는 것이다. 단순히 재무적 이익만을 추구하는 것이 아니라 윤리적인 책임을 다하는 기업에게 투자할 수 있는 '사회적 책임투자'를 위한 지표가 된다.

ESG는 기업 재무제표에는 드러나지 않지만, 중장기적 기업가치에 막대한 영향을 미치는 지속가능성 평가지표다. 막연히 환경과 사회, 지배구조의 기준에 부합하는 좋은 일을 해야 한다는 당위성이 아니라 기업의 지속가능성을 개선하는 기준으로 볼 수 있다. 과거엔 기업의 이익 중 일부를 좋은 일에 사용하는 것이 최선이었다면, 지금은 착하게 버는 과정을 투명하게 공개하고 준수하는 것이 더욱 중요해진 것이다. ESG 평가가 높을수록 단순히 사회적 평판이 좋은 기업이라기보다 리스크에 강한 기업이라 할 수 있다. 기업이 직원과 고객, 환경, 사회단체 등 모든 이해 관계자들을 위한 가치를 만들어냄으로써 기업의 가치를 높이고, 위기 상황에서도 충분히 대처할 수 있는 경쟁력을 갖추게 된다.

ESG 경영의 주된 목적은 착한 기업을 키우는 것이 아니라 불확실성 시대의 환경, 사회, 지배구조라는 복합적 리스크에 얼마나 잘 대응하고 지속적 경영으로 이어나갈 수 있느냐 하는 것이다. 지속적인 성장을 보장받을 수 있는 기업은 환경과 사회문제의 해결을 위해 앞장서며 투자자들의 장기적 수익을 추구하고, 기업 활동이 사회적 이익에 긍정적인 영향을 줄 수 있는 기업이다. 그러므로 각 기업은 ESG에 대한 올바른 이해와 이를 어떤 방식으로 경영에 접목하고 투자에 활용해야 할 것인가를 고민해야 한다.

조직문화 개선과 이해관계자와의 협력을 통해 가치를 창출해낼 수 있는 선순환 구조를 갖춘 기업의 가능성을 중요하게 여기는데, 이와 함께 예측할 수 없는 미래 환경에 대비해 적극적으로 디지털 기술을 도입하여 리스크를 효과적으로 관리해야 한다. 이를 위해서는 보다 정확하고 체계적인 ESG 경영활동을 통해 다양한 방식으로 ESG 성과를 수치로 나타낼 수 있는 ESG 컨설팅 수준진단보고서가 필요하다.

4) ESG 경영체계 구축을 위한 컨설팅보고서

최근 ESG에 대한 우리나라의 동향을 보면 매우 '급격한' 변화를 볼 수 있다. 우리 정부는 2019년 10월, 2050년까지 탄소중립을 실현하겠다는 내용의 '2050 탄소중립계획'을 밝힌 후 이와 관련한 '2050 탄소중립 추진 전략'과 '2050 장기저탄소발전전략(LEDS)' 및 '2030 국가온실가스감축목표(NDC)'를 지난해 12월에 확정했다. 정부가 총 13조 원을 투자하기로 결정한 그린뉴딜 정책도 궁극적으로는 탄소중립과 맞물려 있다.

이에 따른 ESG 경영체계 구축을 위한 컨설팅보고서에서는 수행 가능한 KPI를 선택하여, KPI 선택 시 예상하는 수행내용과의 일치성을 검토하여야 하고, 수행계획서에 기록된 KPI 기준으로 각 KPI와 수행내용 및 실적이 매칭되도록 하여야 한다.

경영전략 유효성에는 원론적인 경영이론을 배제하여 미션, 비전, 경영전략 도출은 진단결과와 기업상황을 고려하여 도출하여야 한다. 수행활동 증빙으로 현장사진, 교육사진 등을 컨설팅 내용대로 반영 후 촬영하여 원본으로 제출하여야 한다. 또한 수행일자별 산출물 외 전반적인 컨설팅완료보고서를 제출하고, 전반적인 수행내용이 각 KPI로 어떤 실적을 거두었는지 매칭하여 기록된 컨설팅보고서를 작성하여야 한다.

본인이 컨설팅한 ESG 경영체계 구축을 위한 컨설팅보고서의 목차에는 기업현황, 컨설팅개요, 지속가능경영, ESG 개념 및 최신 Trend, ESG 평가지표 진단 및 현황분석, 이해관계자 및 중요이슈 파악, 개선과제도출, 실행계획수립, 컨설팅 성과 및 사후관리의 순서로 완성하였다.

5) ESG 컨설팅 지속가능보고서

오늘날 자원고갈, 기후변화, 환경오염, 빈곤 및 인권문제 등과 같은 전 지구적 문제들이 대두되면서 기업을 둘러싼 다양한 이해관계자들로부터 보다 책임 있는 활동을 요구하는 압력의 수위가 높아지고 있다.

지속가능경영은 기업이 이러한 요구에 적절히 대응할 수 있는 새로운 패러다임을 제시하고 있으며, 경제, 환경, 사회적 요소에 대한 위험을 최소화하고 동시에 새로운 가치창출을 이루고자 하는 경영철학이자 전략이다. 과거 기업 이미지 제고 측면에서 사회공헌활동 위주의 활동을 도입하였다면, 오늘날은 지속가능경영이 기업경영전략과 동일시되어 기업이 가지고 있는 가치와 목표를 현실화할 수 있는 수단이 되고 있다.

현재 지속가능경영 관점에서 기업을 둘러싼 이해관계자는 산업별 혹은 회사별로 매우 다양하다. 이러한 이해관계자들은 기업의 사회적 책임측면을 의사결정 시 주요 판단 기준으로 여길 정도로 중요시하고 있다. 최근에는 재무정보와 비재무정보를 통합하여 진정한 기업가치를 표현하고자 하는 새로운 기업정보공개기준인 통합보고체계가 빠르게 진행되고 있는바 국내기업의 니즈가 증가하고 있다.[02]

ESG 컨설팅 지속가능경영보고서(Sustainability Report, SR)는 기업의 환경, 사회, 지배구조 등의 정보를 담은 보고서를 말하는 것으로 사회공헌 혹은 CSR, ESG 탭에서 주로 볼 수 있으며 기업의 경영활동 전 과정에서 추진된 노력성과를 투명하게 공개하는 보고서다.

조직의 경제적 성과, 환경적 성과 및 사회적 성과는 다양한 이해관계자(고객, 지역사회, 주주, 금융기관, 관공서 등)가 있는데, 지속가능경영보고서는 제품 및 서비스와 관련된 이해관계자들의 요구를 파악할 수 있는 수단의 보고서다.

지속가능경영은 모든 기업이 추구해야 할 필수적인 경영방침으로 자리 잡고 있으며, 투자자들은 투자 대상회사의 지속가능경영 성과에 어느 때보다 높은 관심을 보이고 있다.

---

02   출처: 삼일회계법인, 「지속가능 리포팅 및 평가대응」

3. 중소벤처기업의 ESG 이해

1) ESG 경영이해 및 최신동향

　ESG는 환경(Environmental), 사회(Social), 지배구조(Governance)의 영문 첫 글자를 조합한 단어로 Environmental은 기업의 친환경경영, Social은 기업의 사회적 책임, Governance는 기업의 투명한 지배구조 등을 의미한다. 기업 입장에서 보면, 이러한 ESG의 직관적인 의미보다는 ESG가 기업에게 어떠한 영향을 미치는지 그 실질적 의미가 더 중요하다.

　ESG는 재무제표에는 직접적으로 보이지 않아도 기업의 중장기 기업가치에 막대한 영향을 주는 비재무적 지표로 정의하고, ESG는 환경, 사회, 지배구조라는 단어의 조합이지만, 숨은 키워드는 바로 기업의 지속가능성, 기업가치 그리고 비재무적 성과지표라고 할 수 있다.

　환경, 사회적 가치를 중시하는 방향으로 변화될 전 세계적인 패러다임 전환하에서, ESG는 기업의 장기적인 생존과 번영에 직결되는 핵심적인 가치로 자리매김할 것이다. ESG는 환경, 사회, 지배구조의 세 가지 하위 요소로 먼저 환경에서 가장 핵심적인 사안은 기후변화와 탄소배출 관련 이슈다. 사회측면에서는 기업이 인권 보장과 데이터 보호, 다양성의 고려, 공급망 및 지역사회와의 협력관계 구축에 힘써야 한다. 지배구조측면에서는 이러한 환경과 사회 가치를 기업이 실현할 수 있도록 뒷받침하는 투명하고 신뢰도 높은 이사회 구성과 감사위원회 구축이 필요하다. 또한 뇌물이나 부패를 방지하고, 로비 및 정치 기부금 활동에서 기업윤리를 준수함으로써 높은 지배구조가치를 확보할 수 있다.

2) ESG 정의 및 등장 배경

2020년을 전후하여 기업경영에서 ESG가 큰 화두로 떠올랐지만, 사실 ESG가 어느 날 갑자기 등장한 개념은 아니다. ESG를 정확히 이해하기 위해서는 보다 근원적인 개념인 지속가능발전에서 출발해, 기업가치에 영향을 주는 지표로 ESG가 부상하게 된 역사적인 흐름을 함께 살펴볼 필요가 있다.

1997년에는 기업이나 기관이 발간하는 지속가능경영보고서에 대한 가이드라인을 제시하기 위해 비영리단체인 GRI(Global Reporting Initiative)가 설립되어, GRI는 2000년에 첫 번째 가이드라인을 발표한 데 이어 수차례의 개정을 거쳐 2016년에는 GRI 표준(GRI Standards)을 정립했다. 2006년에는 현재 ESG 투자의 출발점이 되는 UNPRI(Principles for Responsible Investment, 책임투자원칙)가 결성되었다. UNPRI는 환경, 사회, 지배구조와 관련된 이슈를 투자정책 수립 및 의사결정, 자산운용 등에 고려한다는 원칙을 발표했고, UNPRI에는 우리나라 국민연금을 포함해 2020년 3월 말 기준으로 전 세계 3,038개의 투자사 및 투자 기관이 가입되어있다.

ESG 관련 또 다른 중요 이벤트는 2017년 기후변화 관련 재무정보공개 태스크포스(TCFD, Task Force on Climate-related Financial Disclosures)에서 발표한 재무정보공개 권고안이다. TCFD는 기후변화와 관련된 리스크와 기회 요인을 분석하고, 거버넌스, 전략, 리스크 관리, 지표 및 목표의 4가지 측면에서 재무정보공개 권고안을 제시했다. 그리고 최근 기업의 ESG 경영 논의에 불을 지피게 된 본격적인 계기로 볼 수 있는 이벤트는 바로 2019년에 있었던 BRT(Business Round Table) 선언이다. BRT는 애플, 아마존, 월마트, 블랙록과 같이 미국에서 가장 영향력이 있는 기업 CEO가 참여하는 연례회의로 2019년 진행된 연례회의에서 글로벌 비즈니스 리더들은 기업의 전통적 목적인 주주 이익 극대화 원칙을 폐지하고 모든 이해관계자의 가치가 통합된 새로운 기업의 목적(Purpose of a Corporation)을 선언하게 된다.

3) ESG 주요이슈와 현황

코로나19 위기로 기업가치에 대한 평가 관점과 투자에 대한 의사결정에서 더욱 철저하게 공급망과 기후환경 리스크, 인권 및 안전·환경에 연계된 리스크가 중대 이슈로 부각되고 있다. 기업들은 현시점에 투자와 수익, 매출과 함께 고객과 투자자로부터 요구되는 ESG 관련 리스크 관리 및 경영체계 등에 대한 투명한 공시 요구가 높아짐에 따라 지속가능경영에 대한 재조명이 불가피한 상황이다.

ESG 재조명 시대에 공급망 리스크가 크게 변수로 작용하지 않는 기업들의 기업가치가 높아지는 현상은 당분간 지속되리라 예상된다. 그러나 이런 기업들도 ESG 경영의 내재화가 기업가치를 유지함에 있어서 핵심 동력(Driver)이라 판단하고 있고, 이미 비즈니스 특성에 맞춰 적용 방안을 모색하기 시작했다. 기업들에게 지속가능경영, ESG 경영은 어떤 의미일까, 언택트(Untact) 비즈니스 시대 기업의 지속가능경영은 '윤리'와 '책임' 그리고 '가치'를 넘어서 이제 '통합'이라는 키워드를 가지고 수행하는 ESG 경영의 전략적 실천을 의미한다.

통합의 주요 요소는 신사업 기회(Opportunity), 리스크 관리(Risk), 파트너십 전략(Business Partnership)이 핵심이다. 아래 그림에서와 같이 통합 경영(Integrated ESG)의 영역은 올해 눈에 띄게 변화하고 있는 관점이고, 이러한 변화는 당분간 훨씬 더 가속화될 전망이다.

4) ESG 기업사례

삼성이 ESG 경영 중에서도 전사적으로 중점을 두고 있는 부분은 환경이다. 삼성전자는 2009년 '녹색경영 비전과 중기목표'를 발표한 이후 제조 단계에서 친환경공정을 강화하고 있다. 대표적으로 재생플라스틱 사용이 있는데, 2009년에서 2018년까지 10년 동안 22만 톤의 재생 플라스틱을 사용했다. 또한, 생산시설에 대한 친환경투자를 확대하고 수원에 있는 종합기술원 내 '미세먼지연구소'를 설립하는 등 환경개선 활동을 추진 중이다.

SK 최태원 회장은 일찍이 ESG 경영을 강조해와 오래전부터 ESG 관련 조직을 만들고, 이에 대한 투자에 나서는 모습을 보였다. 특히 SK는 친환경에너지원으로 주목받고 있는 수소 사업에 본격 진출했다. 전문인력 20여 명으로 구성된 '수소 사업 추진단'을 출범시키고 미국 수소 기업 플러그파워에 1조 6,000억을 투자해 지분 9.9%를 확보하는 계약을 맺었다. 네이버는 올해 ESG 경영을 강화한다. 지난해 10월 국내 최초로 탄소제로를 넘어선 '2040 카본네거티브' 계획을 발표하며 강력한 기후변화 대응의지를 나타냈고 네이버 주요 ESG 이슈와 관리현황을 담은 지속가능경영보고서를 발간했다.

핵심은 데이터센터의 친환경운영이다. 네이버 데이터센터는 2016년 말 기준 국내 총 전력사용량의 0.02%를 사용할 정도로 많은 전력소모를 했고 앞으로도 늘어날 전망이다. 이에 네이버는 자연풍을 이용한 냉각시스템, 에너지 고효율 서버 자체제작 등 에너지 소비를 줄이기 위해 노력 중이다.

4. 중소벤처기업의 ESG 경영 실천방향

1) 중소기업 ESG 경영 필요성

국내외 ESG 경영 트렌드 확산에 따라 대기업뿐만 아니라 중소기업

ESG 경영에 대한 관심도 증대되었다. 실제로 EU 공급망 실사 법안 도입이 논의되고 국내에서도 대기업의 협력사 ESG 관리 요구가 증가함에 따라 중소기업의 자발적인 ESG 경영을 촉진하기 위해 어떠한 준비와 지원이 필요한지에 대한 논의와 해답이 요구되고 있다.

특히 공급망 ESG 관리 요구 확산에는 환경뿐만 아니라 사회, 지배구조 측면의 리스크 관리 강화 요구도 확산되고 있는데, 이를 가속화 하는 대표적인 요인의 예시로 EU의 공급망 ESG 관리 의무화를 들 수 있다. '2021년 3월' 발의되어 '22년 말' Directive 형태로 채택이 예상되는 이 법안은 EU 역내 대기업 및 상장사 또는 고위험 중소·중견기업, 금융기업을 대상으로 자사의 협력사에 대한 ESG 관리 원칙 협의와 해당 원칙에 대한 협력사 이행 여부의 정기검증을 요구하고 있다.

2) 중소기업 ESG 추진 환경 분석

최근 들어 중소기업의 ESG 경영 확산을 위한 정책적 지원과 대·중소 협력사업이 활성화되고 있다. 이는 ESG 경영 도입 또는 성과창출 확대를 희망하는 중소기업에게 좋은 기회가 될 수 있다.

예컨대 중소벤처기업부에서는 중소기업 ESG 진단을 통한 인증기업 대상 정책자금 융자우대 혹은 중소기업 사업 지원 시 가점을 부여하는 혜택을 도입 추진 중에 있다. 시중은행은 기업의 ESG 경영활동에 등급을 부여하여 우수중소기업 대상 별도 지수를 구성하거나, 우수기업을 대상으로 0.2%p에서 많게는 1.5%p까지 우대금리를 제공하는 대출 상품을 운영 중이다.

특히 탄소중립 이행 가속화를 위한 민·관의 친환경사업 투자 확대 흐름을 주목해야 하는데, 실제로 기업의 온실가스감축 여건과 감축 역량, 기대효과 등을 고려한 우대금리 제공이나 신재생에너지 사용 확대 등에 대한 자본조달이 급격히 확대되고 있다.

5. 마무리

최근 전 세계적으로 ESG, 즉 환경(Environment), 사회(Society), 지배구조(Governance)에 관심이 급증하면서 이에 대한 논의가 활발히 이루어지고 있음을 인지하였다. ESG는 근본적으로 투자자들을 위한 투자지침이나, 기업경영전략의 개념을 넘어서 인류 공동체의 지속가능한 번영을 위한 가치체계를 현실 세계에 실천하려는 의지로 이해할 수 있다.

ESG 문제는 오늘날 사회경제 공동체가 직면하는 현실 전반에서 점점 더 직접적인 위협요인으로 작용하는 동시에 성장 및 문제해결의 기회로서 다방면에 걸쳐 활발히 탐구되고 있다.

이러한 관점에서 중소기업 경쟁력 제고를 위한 중소기업혁신바우처 지원사업은 기업 성장 가능성이 높은 중소기업을 대상으로 진단을 통한 기업 특성별 맞춤형 지원으로 중소기업의 경쟁력 강화를 위하여 2020년에 시작한 사업에서 2022년에는 ESG 컨설팅 지원사업을 신설하여 수준진단 및 평가, 공급망 실사 컨설팅, ESG 관련 인증 등에 2,000만 원의 한도로 지원을 신설하였다.

ESG 경영활동으로 좋은 성과를 가지면 그 자체가 경쟁우위를 발휘하는 자원의 역할을 한다고 생각하고, 또한 ESG 경영활동으로 인해 재무성과에 긍정적인 영향을 미친다고 생각하는데 많은 중소벤처기업이 ESG 경영활동을 이제부터 체감으로 인지하고 있어 혁신바우처 지원에도 정부에서 적극적인 홍보와 안내가 필요할 것이다.

ESG 컨설팅에도 혁신바우처에서 요건을 제시하여 이를 충족하는 형식적인 컨설팅보다는 중소벤처기업이 ESG 경영활동에 체감으로 느끼고, 기업의 비재무적인 부분에 혁신이 필요할 것이다.

- 대한상공회의소, 「중소기업 ESG 추진전략 연구보고서」, 2021.8.
- 대한민국 정책브리핑(www.korea.kr)
- 백인규 한국딜로이트그룹 ESG센터장, 「2021년 국내 ESG 경영 동향 및 2022년 전망」, 2021.
- ㈜시앤피컨설팅·한국산업인력공단, 「ESG 경영 로드맵 수립 컨설팅 용역 결과보고서」, 2021.11.
- 이준희 이사 딜로이트 안진회계법인, 「한국기업들의 ESG 경영을 위한 변화 I ESG 경영의 개념과 접근 방법」 No.16, 2020.
- 임형철·정무섭, 「국내외 ESG 사례를 통해 본 중소기업 ESG 경영 활성화 방안」, Vol.12, No.4 p179~192, 2021.12.
- KDI, 「지속가능한 성장을 위한 기업의 노력, ESG 경영」, 2021.7.
- 중소벤처기업부, 「2022년 중소기업혁신바우처 사업 지원계획 공고」, 2022.
- 중소벤처기업부, 「중소기업혁신바우처 사업 관리지침」, 2022.
- 중소벤처기업진흥공단, 「중소기업혁신바우처 사업 운영지침」, 2022.
- 중소벤처기업부, 「중소벤처기업진흥공단, ESG_경영안내서(이해편)」, 2021.11.23.
- 중소벤처기업부, 「2022년도 중소벤처기업 지원사업 안내 책자 1권」, 2022.
- 한상범·권세훈·임상균(대외경제정책연구원), 「글로벌 ESG 동향 및 국가의 전략적 역할」, 2021.12.30.
- 김영기 외 23인, 『ESG 경영』 브레인플랫폼, 2021.

김현영(KIM HYOUN YOUNG)

학력
· 건국대학교 일반대학원 경영공학박사
· 한양대학교 경영대학원 경영학석사

경력
· 퓨전경영 컨설팅 대표
· ㈜네이카(경영.기술컨설팅) 대표이사
· 경기공업대학 외래교수
· 협성대학교 외래교수
· 상명대학교 외래교수
· 한국산업기술평가관리원 평가위원
· 중소기업기술정보진흥원 평가위원
· 한국디자인진흥협회 평가위원
· 중소기업유통센터 MRO/마케팅 평가위원
· ㈜샤인정보통신 外 경영컨설팅(경력23년)

- ㈜에버켐텍 外 기술컨설팅(경력20년)
- ㈜삼형금속 外 시제품 기술컨설팅(경력03년)
- ㈜해여름 外 연구설비 기술컨설팅(경력03년)
- ㈜삼형금속 外 탄소중립컨설팅(경력03년)
- ㈜유로 外 ESG 경영컨설팅(경력03년)
- ㈜동해종합건설 外 건설 경영컨설팅(경력05년)
- ㈜에이치에스 外 소상공인 경영컨설팅(경력13년)
- ㈜유로 外 현장클리닉 경영컨설팅(경력15년)
- ㈜유로 外 MRO 경영컨설팅(경력10년)

자격
- 경영지도사 중소기업청장 1999.10.22.
- 유통관리사 대한상공회의소 2004.7.20.
- ESG진단평가사 자격증 한국사회공헌연구원 2022.9.30.
- 기업가치평가사 한국능률사회교육원 2003.6.20.
- 기업.기술가치평가사 한국기업기술가치평가협회장 2003.3.1.
- 정보보호관리사 한국사이버진흥원 2019.4.11.
- PIA사설탐정사 대한공인탐정연구협회 2022.5.15.

저서
- 「經營指導를 통한 中小企業의 企業價値 提高에 관한 硏究」 한양대학교 석사논문
- 「중소벤처기업의 경영컨설팅 프로세스가 조직역량과 경영성과에 미치는 영향」 한국경영공학회
- 「중소벤처기업의 경영컨설팅 품질과 기업역량 간의 관계분석을 통한 균형성과지표 향상방안」 건국대학교 경영공학박사 논문

수상
- 한국을 빛낸 21세기 한국인상 기술컨설팅 CEO 공로 부분 2011.12.5.

산업재산권

· 「기어 감속기와 동축 연결형 비엘디씨(BLDC) 모터」 특허출원 2021.1.12.

8장

유통정글과 ESG 환경 속에서 편의점 살아남기 (Saving CVS)

박찬혁

1. 들어가기

2021년 이후 국내 지속가능경영보고서 발간기업이 폭발적으로 증가하고 있다.[01] 2023년부터 개정된 GRI Standards 2021, ISSB 초안, CSRD 초안 등이 이해관계자들의 의견 수렴과정을 거쳐 최종기준으로 공표가 되면 ESG 공시기준이 표준화됨에 따라 공시수준이 지속적으로 높아지므로 대기업 입장에서는 지금도 마찬가지이지만 ESG 경영에 한시도 눈을 뗄 수 없는 상황이다.

아울러 EU 의회의 탄소국경조정제도(CBAM) 입법에 따라 빠르면 2023년부터 도입되는 탄소국경세로 Scope 3 emissions에 해당되는 우리 주위의 모든 중소기업들에게 ESG는 그야말로 발등의 불이 될 수 밖에 없는 현실이 되었다.

이에 ESG 경영과는 전혀 상관없을 것 같은 편의점 산업에서의 ESG 실행사례들을 발판으로 하여 현재의 조직에서 즉시 실행할 수 있는 아이디어 또는 타산지석(他山之石)이 되었으면 하는 작은 바람으로 이 글을 작성하게 되었으니 참고하셨으면 한다.

---

01 2021년 179건, 출처: 「한국공인회계사회 공개자료」, 2021.

2. 편의점 산업의 환경과 현황

1) 유통시장의 경쟁과 포화상황

2021년에 주요 유통업체매출은 코로나19 영향에 대한 기저효과와 소비심리 회복으로 오프라인업체 중 백화점매출(24.1%)과 편의점(6.8%)만 유일하게 증가하였다. 이중 편의점은 1인가구 등의 근거리·소량구매, 혼술·홈술 트렌드의 지속 등과 함께 점포 수와 매출이 폭발적으로 증가했다.

구 분	2020년 매출비중	2020년 매출증감률	2021년 매출비중	2021년 매출증감률
대형마트	17.9%	△3.0%	15.7%	△2.3%
백 화 점	15.2%	△9.8%	17.0%	24.1%
편 의 점	16.6%	2.4%	15.9%	6.8%
S S M	3.8%	△4.8%	3.1%	△9.1%
오프라인 합계	53.5%	△3.6%	51.7%	7.5%
온라인 합계	46.5%	18.4%	48.3%	15.7%
전 체	100%	5.5%	100%	11.3%

출처: 산업통상자원부, 「2020~2021년 온·오프라인 유통업체 매출 비중 및 증감률」 2021.

'슬세권'[02]으로 대표되는 편리한 접근성에 힘입어 2021년 편의점 수는 42,277개로 우리나라 인구 1,297명당 1개꼴이며, 이는 일본(2,292명당 1개)을 추월하여 과밀화되었다.[03]

---

02 슬리퍼와 세권을 합친 말로, 슬리퍼와 같은 편안한 복장으로 집 옆 카페나 편의점 같은 생활편의시설을 이용할 수 있는 주거 권역을 말한다. '역에서 반경 500m 내외 지역'을 뜻하는 역세권에서 파생된 단어다.
03 통계청, 「메리츠증권 리서치센터」, 2022.

편의점 점포당 월매출액은 2021년 48,633,000원으로 전년 대비 2.9% 증가했지만 5년 전에 비해서는 0.3% 증가에 그쳤다.

2) 강력하고 다양한 '유통경쟁자'의 등장

코로나 이전에 뒤처져 있던 e커머스[04] 등 온라인쇼핑업체는 유통환경의 변화로 인해 2021년 기준 '온라인 > 백화점 > 편의점 > 대형마트 > 수퍼'의 매출순위를 기록했으며[05], 특히 쿠팡은 상장 첫날(2021.3.12.) 국내 주식시장 시총 2위에 오르기도 했다.

쿠팡과 마켓컬리 등의 전통적인 e커머스 업체들뿐만 아니라 SSG닷컴(신세계그룹의 통합 온라인 쇼핑몰)의 경우 성장과 수익이라는 두 마리 토끼를 한 번에 잡으면서 '오프라인기반 유통 대기업의 온라인 전환 성공사례'로 평가된다.

다른 업종의 다양한 '카테고리킬러'[06]업체들의 도전이 가속화되는 상황에서 '올리브영(2021년 매출 2조1천억)'은 한국시장 상황에 맞게 진화한 드러그스토어로 가성비 높은 화장품을 찾는 젊은 여성소비자들의 큰 호응을 얻어 '언니들의 편의점'으로 알려졌으며 최근에는 '옴니채널' 전

---

04 e커머스(E-commerce): 전자상거래의 약자로 온라인 네트워크를 통해 상품과 서비스를 판매 및 구매하는 것을 말한다

05 출처: 산업통상자원부

06 'Category Killer'는 백화점 같은 종합 유통망에서 취급하는 상품 가운데 한 계열의 상품군을 선택해서, 해당 상품을 특화하여 전문매장을 구성해 판매하는 소매형태를 일컫는 말로 이케아, 토이저러스, 다이소, ABC마트 등이 대표적이다.

략을 통해 온라인과 오프라인 어디에서든 편하게 상품을 구매하고 교환할 수 있는 시스템을 구축했고 식음료까지 전방위적으로 상품군을 확장하고 있다.[07]

3) 언택트 소비에 따른 고객이탈 가속화

코로나 이전부터 진행되었던 점진적인 온라인시장의 확대로 오프라인 시장은 지속적으로 위축되고 있으며 온라인/모바일 시장거래액이 지속적으로 증가하여 오프라인 고객의 이탈이 시간이 지날수록 가속화되고 있다.

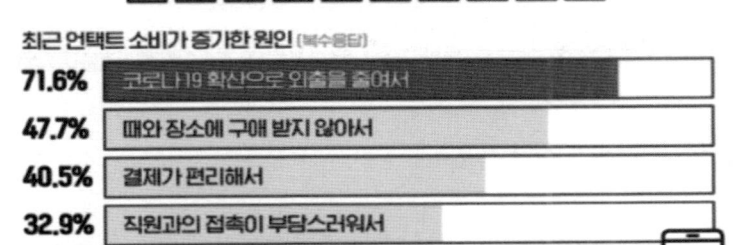

출처: 경기연구원, 「20년 4월 언택트 소비 증가 현황과 증가원인(사람인)」 2021.

언택트 소비는 외출 축소에 따라 증가하는 반비례 경향이 있으며, 비

---

07   출처: 한경경제, 2021.12.6.

대면 소비습관의 고착화는 오프라인매장이 고객에게 선사하는 '체험의 기쁨'을 넘어 장기적으로는 점포의 생존성을 지속적으로 감소시키고 있다.

또한 구독, 라이브커머스[08] 비대면 서비스 확대로 '구독행위'는 단순한 소비활동에 그치지 않고 '당신이 무엇을 구독하는지 알면 어떤 사람인지 알 수 있다'와 같이 '구독하는 것'을 정체성이 입혀지는 행위로 인식하고 있다. 시장규모가 2020년 약 40조 원에 이르고 있는 만큼 해당 업체들은 구독서비스를 통해 고객과 정기적인 관계(CRM)를 맺고 Data를 축적해 새로운 상품과 서비스를 개발하고 있다.[09]

3. 편의점 산업의 도전과 변화

1) 차별화된 서비스·상품 도입

(1) '맛'과 '재미'를 더한 다양한 '콜라보' 상품에 집중

편의점은 일반 마트에 비해 유행에 민감한 MZ세대(밀레니얼+Z세대)가 주된 소비층으로 '맛+재미'를 더한 콜라보 상품출시를 통해 높은 만

---

08 라이브커머스(Live commerce): 라이브 스트리밍(Live streaming)과 전자상거래인 e커머스(E-commerce)의 합성어로 실시간 동영상 스트리밍을 통해 온라인에서 상품을 소개하고 판매하는 방송을 말한다. 예로 먹방이 있다.

09 출처: 전자신문, 2021.9.15.

족도를 이끌어내고 있다. 맥주를 예로 들면, '곰표밀맥주', '말표흑맥주', '구단주맥주', '금성맥주', '노르디스크캠핑맥주', '유동골뱅이맥주', '쥬시후레쉬맥주' 등이 있다.

이와 같은 브랜드 협업은 타사와 차별화를 둘 수 있는 콘텐츠로 각 브랜드가 지닌 인지도를 앞세워 상품에 대한 신뢰와 관심을 높일 수 있을 뿐만 아니라 최근 소비트렌드가 '가성비'와 함께 맛을 따지는 것을 넘어서 화제성이 있는 상품을 과시적으로 소비하는 경향과 '가잼비'(가객대비 재미추구) 성향도 보인다. 이러한 협업상품은 SNS를 통해 유명해지고 이어 입소문(바이럴마케팅)을 타면서 꾸준한 수요 유지와 함께 기성세대에게는 젊은 날의 향수를 불러일으켜 두세대의 '취향저격'에 유리한 측면이 있다.

(2) 경험소비의 부활
'슬세권'로 표현되는 접근성은 편의점의 최대 장점 중 하나로 '2020년 주세법개정'으로 온라인을 통한 주류주문 후 편의점에서 고객의 직접 수령이 가능해졌다.

편의점의 경우 공간문제로 다양한 와인을 비치해 놓기 어렵지만 온라인에서는 여러 종류의 와인을 비교, 선택할 수 있으므로 굳이 대형마트나 와인전문점을 방문할 필요가 사라졌다.

특히 코로나 이후 홈술, 혼술족 사이에 와인의 인기가 높아지면서 와

인을 앱으로 예약하고 가까운 편의점에서 찾아갈 수 있는 '스마트 오더 서비스'가 가능해지면서 편의점에서 와인을 구매하는 소비자가 급증하고 있으며 이는 온라인으로 옮겨간 고객들의 '경험소비' 증가를 통한 추가구매를 유도해 객단가(1인당 구매금액) 향상에 집중하고 있다.

(3) 숍인숍(Shop in shop/협업매장)

숍인숍은 '가게 안의 가게'라는 뜻으로 소비자의 다양한 수요에 맞춰 등장한 비즈니스 모델이며, 미용실 안에 네일숍, 자동차 대리점 안에 커피 전문점 등이 대표적인데 코로나 사태 이후 신규 출점이 어려워지는 상황에서 최근까지 각광을 받았으며, 이마트24의 경우 음료제조업체인 '스무디킹'과 협업한 사례가 있다.

(4) AI 및 4차 산업혁명에 기인한 배달앱 업체들과의 치열한 경쟁

'배달의민족'은 2019년 말부터 라면 한 개도 일부 지역에 30분 안에 배달(B마트 서비스)해주며, '요기요'도 '요마트'를 운영하는 등 배달플랫폼 업체를 중심으로 배달업과 유통업의 경계가 점차 무너지고 있는 상황이다.

1~2인 가구가 국내 핵심 가구층으로 자리 잡으면서 접근성과 편리함을 바탕으로 경쟁력을 유지해왔던 편의점이지만 배달앱 업체들 역시 이런 점을 똑같은 장점으로 마켓쉐어를 확대하고 있다. 편의점 업체들은 기존 배달앱(요기요) 업체를 인수하는 등 공격적인 행보를 이어가고 있다.

(5) 건강/면역에 관련 시장의 폭발적 증가

코로나 이후 건강에 관한 관심이 높아지면서 건강과 간편함의 니즈가 공존하여 편의점에서도 면역력 강화상품을 필두로 건강기능식에 대한 소비자 수요가 증가하고 있으며 이는 편의점 전용상품의 접근성 용이와 소용량, 소포장이라 소비자들이 느끼는 가격부담도 낮은 부분이 경쟁력으로 작용한다. 실제로 GS25의 '2020년 1월~9월 건강기능식품 매출이 전년 동기대비 80.9% 증가했고 특히 면연력 강화에 도움이 되는 홍삼상품 매출이 92.3%, 유산균 관련 제품이 111.5% 증가했다고 밝혔다.[10]

2) 새로운 수익원 창출

편의점은 카드사 협업을 통한 맞춤형 빅데이터 개발 및 마케팅 실시와 데이터 분석을 통한 수익향상을 추구하고 있는데 이는 판매수량 및 제조사별 점유율 등을 통해 소비자에 대한 판매, 소비 패턴을 분석하고 이러한 유통데이터 정보에 카드 관련 데이터를 합해 새로운 데이터유형을 개발하여 이 데이터를 필요로 하는 기업 및 기관에 맞게 상품화하고, 한국데이터거래소(KDX)를 통해 소비재 제조업체, 광고기업, 공공기관 등에 판매하는 것이다. 편의점과 카드사 모두 데이터 분석을 통해 고객 맞춤형 마케팅도 진행하고 있다.[11]

---

10 출처: 조선비즈 2020.10.21.
11 출처: 매경, 2020.10.19.

CU는 2020년 트렌드 분석팀의 명칭을 '빅데이터팀'으로 변경하고 빅데이터를 활용한 점포 컨설팅 역량의 강화 차원에서 대표적으로 '점포분석보고서'를 활용하고 있는데, 상품별 시간대별 매출분석, 멤버십 고객분석 등을 통해 가맹 경영주가 해당 점포 운영현황을 정밀하게 진단할 수 있도록 하는 나침반 역할을 수행하고 있다.

3) 메타버스[12] 기술을 활용한 가상인간 마케팅

메타버스가 활성화되면서 편의점 업계도 주요 소비계층으로 떠오른 MZ세대를 타깃으로 한 '가상인간' 마케팅에 나서고 있다.

GS25는 가상인간 '로지(싸이더스스튜디오엑스가 만든 가상인간, 팔로워 11만)'를 앞세워 2021년 12월부터 인기상품을 50% 할인판매하는 '오로지 GS25 Day' 행사를 진행했으며, 2022년 3월부터는 업계 최초로 실제 구매가 가능한 메타버스 편의점을 오픈하여 가상세계 공간을 통해 MZ 고객들에게 온·오프라인을 넘나드는 새로운 소비경험을 제공하고 있다.

---

12 메타버스(Metaverse, meta+universe): '초월+우주'라는 뜻의 '가상의 세계'라는 의미를 가졌으며, 현실과 비현실(가상) 모두 공존할 수 있는 3차원의 가상공간을 의미한다. VR(Virtual Reality)과 AR(Augmented Reality)도 메타버스의 한 종류다.

출처: 강민호 기자, 「메타버스 편의점에서도 진짜 물건 살 수 있어요」, 매일경제, 2022.3.14.

4. 편의점 산업의 ESG 경영사례

편의점 업계는 '2+1', '1+1' 같은 전통적인 마케팅에서 이제는 생존과도 직결되는 ESG 경영강화를 통해 브랜드 이미지 상승효과뿐만 아니라 이를 통해 최대의 미래 고객인 MZ세대의 선택을 받기 위해 사활을 걸고 있다.

1) 환경

(1) 비건 식품

지구온난화의 주범인 온실가스(메탄) 감축과 탄소중립을 위한 작은 실천으로 비건(완전한 채식주의자) 식품에 상품 라인업을 확대한 영향으로 2021년 1월부터 10월까지 GS25의 비건 식품 매출은 작년 같은 기간

보다 23배, CU는 21.1배 상승했다.[13]

한국채식협회에 따르면 국내 채식인구는 2008년 약 15만 명에서 2020년 150만 명으로 10배 증가했지만 채식주의자들이 갈만한 식당은 아직도 매우 부족한 상황이다. GS25는 2021년 기준 비건 상품 개수를 20종으로 2020년(3종)보다 6배, CU도 2020년 3개에서 2021년 10여 개로 확대했다. 편의점 업체들은 고객들이 보다 쉽게 '가치소비'를 할 수 있는 상품을 개발하는데 역량을 집중하고 있다.

(2) 친환경 택배서비스

택배서비스 경우 편의점 업체들이 기구축한 물류체인을 활용한 생활밀착형 서비스다. 미래의 핵심고객인 MZ세대에게 강하게 어필할 수 있는 집객요인으로 더욱더 서비스를 발전시키고 있으며 타 유통채널에서는 모방할 수가 없는 차별화 마케팅 수단으로 집중하고 있다.[14]

특히 택배노조파업 등으로 배송지연이 발생하는 경우나 MZ세대들은 '당근마켓' 같은 중고거래 등을 이유로 소형택배를 주로 이용하므로 특별히 인기가 많은 상황이다. 그런 가운데 기존의 방식과는 다른 시각으로 접근하여 배달서비스의 틈새시장[15]을 개척하여 새로운 서비스도 런칭하고 있다.

---

13 한영대 기자, 이투데이, 2021.11.23.
14 예시(택배): CU끼리 택배, GS25 반값 택배
15 예시: GS25 우리동네 딜리버리(우딜)

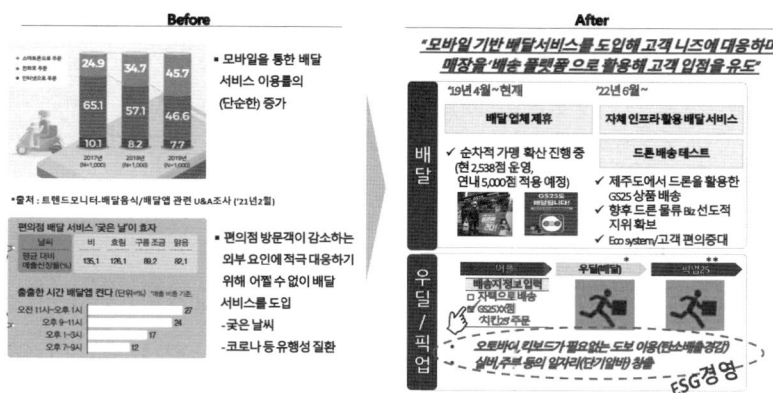

* 우딜: '우리동네 딜리버리(배송기사)'의 약자, 5kg 이내의 물건을 도보나 자전거 등으로 배달한다.
** 픽업25: 고객이 어플을 이용해 인근 편의점 상품(어플에만 있는 1+1 상품 등)을 구매 및 결제한 후 해당 편의점을 직접 방문해 가져가는 서비스다. 고객은 배달비 부담없이 인기상품을 저렴하게 구매해서 좋고, 점포입장에서는 고객이 직접 점포를 방문했다가 추가로 다른 상품을 구매할 가능성(객단가 상승)을 기대할 수 있고 다른 상품들도 직접 홍보할 수 있어 이득이다.

출처: 서울경제, 2022.7.20.

'우리동네 딜리버리'는 '가까운 동네에서 언제, 어디서나 이용할 수 있는 친근한 배달'이라는 서비스 컨셉으로 도보를 이용한 '친환경 배달 서비스'를 표방하고 있다.

구분	'우딜'이 ESG 경영과 연계된 내용들
환경보호 (E)	오토바이, 킥보드가 필요 없는 도보를 통한 친환경배달서비스로 탄소 배출경감에 기여한다.
근로환경 (S)	원하는 시간에 자유롭게 배달에 참여 가능하다. 필요시 점포에서 근무자가 직접 배달 가능해 서비스향상 및 추가수익창출 가능하다.
강제성 없음 (S)	배달 관련 강제배차 및 배달원(우친)의 배달거절 시 불이익 없다. 보증금, 고정비, 별도 장비 없이 언제든지 참여 가능하다.

비용발생 (S)	도보 배달 기반 모델로 보험가입이 필요 없다(배달원이 원할 경우 보험 가입 가능하다).
지역사회상생 (S)	시니어, 주부 등의 일자리(단기 알바) 창출에 기여한다. 기존 배달서비스에 비해 점포 경영주의 비용(배달수수료) 절감 가능하다.

(3) 기타 친환경활동

이밖에 모든 PB생수 제품패키지를 무라벨 투명페트병으로 전면 교체, 친환경봉투 전면 도입, 종이컵의 경우 100% 미표백 펄프로 만들어 재활용을 쉽게 하거나 파우치 음료 구매 시 증정하는 빨대를 전량 PLA 소재의 친환경생분해빨대로 교체하고 얼음컵 소재도 재활용이 용이한 PET-A수지로 교체하는 등 친환경경영활동을 강화하고 있다.

2) 사회

(1) 기존 메이저 제조업체 대신 중소 제조업체들과의 상생협력

요즘 편의점 업체들은 메이저 제조업체들이 생산하는 NB제품[16]이 아닌 중소 제조업체들이 생산하는 PB상품[17]에 집중하고 있다. 그 이유는 중소 생산업체에 대한 지속적인 관리를 통해 안정적인 생산과 판매가 가능하기 때문이다.

---

16 NB(National Brand): 전국 단위의 브랜드 파워와 유통지배력으로 제조업체가 생산 및 판매를 관리하는 상품이다. 예시로 농심의 '새우깡'이 있다.

17 PB(Private Brand): 유통업체가 독자적으로 상품기획을 하되 생산만 제조업체에 의뢰 및 판매하는 상품으로 제조업체로부터 상품을 저렴하게 받아 유통업체가 자체 상표를 붙여 판매하는 상품이다. 예시로 이마트의 '피코크'가 있다.

편의점 업체들은 제조업체들과 달리 소비자들의 성향과 구매패턴 등의 데이터를 쉽게 축적하고 분석할 수 있어 이 같은 빅데이터 분석을 통해 소비자 취향에 맞는 PB제품 개발을 시도할 수 있고, 자신들의 유통망을 이용해 NB제품 대비 가격경쟁력을 확보할 수 있다.

또한 추가적인 광고나 마케팅 비용이 발생하지 않는 이점이 있고 중소 생산업체로서는 장기적인 공급망을 확보할 수 있어서 안정적인 수익 확보가 가능하다. 이처럼 서로 Win-win할 수 있는 장점을 바탕으로 '상생협력'에도 집중하고 있다.

(2) 지역사회 연계활동

세븐일레븐은 삼일절 및 보훈의 달을 맞아 해병대 위문품 전달, 유엔 참전용사 후손 장학금 전달, 제대군인 창업지원 활동, CU는 태극기 인증샷 이벤트와 독도의 날을 기념한 독도지킴이 활동, GS25는 독도사랑 라면 출시, 삼일절과 대한민국 임시정부 수립 100주년 기념 현수막 게시와 독립유공자 32인 홍보 도시락 판매 등 적극적인 애국 마케팅을 실시해왔다.

(3) 사회취약계층 지원활동

시니어고객의 증가에 발맞춰 맞춤형 상품도입뿐만 아니라 사회취약계층의 일자리 창출을 확대해나가는 활동도 활발히 진행해오고 있다.

편의점의 50대 이상 고객은 꾸준히 증가하고 있는데 그 이유로는 편의점에 익숙해져 있던 기존 소비층의 연령이 올라가고 있음을 의미하며, 진열공간이 협소한 편의점 업체들도 디펜드기저귀 등 신규 고령층 고객을 끌 수 있는 상품군의 다변화를 꾀하고 있다.

또한 시니어들이 편의점 창업에 대한 의지를 내비칠 경우 가맹비 할인 및 보증금 등을 지원하고 있는데 근로의욕 고취 및 경제적 자립을 통한 생산적 복지실현에 나서는 '시니어스토어', 사회취약계층과 자활근로자 자립을 돕는 '내일스토어', 장애인 고용 및 취업을 지원하는 '늘봄스토어' 등의 신규오픈점 지원활동을 통해 경제적 자립과 일하는 즐거움을 동시에 드리고자 적극적으로 진행 중이다.

5. 맺는말

편의점을 '집 주위에 많이 산재해 있는 작은 구멍가게'로만 인식하고 있지만 사실 코로나19로 인해 가장 수혜를 많이 입은 동시에 고객에게 많은 편리함도 제공한 대세 유통업체다. 거대 유통업체인 e커머스 시장으로의 고객 유출이 지금도 심한 상황에서 현재 타 유통업체와도 치열하게 경쟁하고 있다.

사실 마진율이 상대적으로 높은 비식품(생활용품, 잡화)쪽은 e커머스 업체와의 경쟁에서 많이 밀렸고 인구 대비 점포수 증가에 따른 과밀화

우려가 현실로 다가와 고객수, 성장률과 점당 매출액 모두 감소하고 있는 어려운 상황에 있다.

하지만 이러한 난관 속에서도 작은 소매업체인 편의점도 크고 넓고 깊게 생각하며 앞으로의 지속가능한 성장을 위해 새롭고 차별화된 CSF(핵심성공요소)[18]를 찾아 생존하려고 처절하게 몸부림치고 있는 상황이다.

아직은 신규출점 여력이 남아있지만 장기적으로는 예전보다 확장성이 축소되었기 때문에 특히 고객들을 많이 잠식한 e커머스 업체와 경쟁할 수 있는 새로운 성장동력(상품, 서비스)을 찾는 것이 매우 중요해진 상황이다. 1인 가구의 증가에 따른 소비패턴의 변화로 인해 향후에도 배달서비스는 지속적으로 성장할 것으로 예측되는 가운데 편의점 산업에서도 기존에 구축되어있는 물류, 영업, 지원조직을 바탕으로 e커머스 업체와는 다른 '차별화된 배달서비스' 등을 런칭하는 등 미래의 먹거리 찾기에 올인하고 있다.

이뿐만 아니라 친환경활동 및 중소 제조업처와의 상생활동, 지역사회 연계활동, 사회취약계층 지원활동 등을 통해 아직은 거대 플랫폼업체와의 매출 및 시장점유율에 있어서는 비교가 안될 정도로 미비하지만 'ESG 경영'과 연계해서 MZ세대를 비롯한 모든 세대로부터 호응을 얻

---

18 CSF(Critical Success Factor): 달성하고자 할 경영목표를 위해 필요불가결한 요소들을 지칭하는 단어이자 개념이다(출처: 나무위키).

고 사랑받는 유통업체가 되기 위해 지금도 고군분투하고 있고 또 진화하고 있다.

마지막으로 ESG 경영을 공부하면서 개인적으로 느낀 부분을 아래의 3가지 한자성어로 표현해보았다.

(1) 한단지보(邯鄲之步)

우리나라의 ESG 경영은 초보단계로 서둘러 시행하거나 선도기업을 무조건 따라 하는 것은 금물이며, 기업의 현재 상황을 잘 분석해 '잘할 수 있는 영역'과 '잘해야만 하는 영역'을 구분하여 실행해야 한다.

(2) 공행공반(空行空返)

해당 기업과 그 기업이 속한 산업군에서 실천 가능한 ESG 경영요소를 찾는 것이 중요하며 작은 활동이라도 ESG 경영목표를 세우고 방향을 수립하여 실천해야 한다.

(3) 솔선수범(率先垂範)

스스로의 내·외부환경을 파악하여 다른 회사보다 앞장서서 자율적이면서도 적극적인 ESG 활동들을 선제적으로 실천해야만 업계를 선도할 수 있다.

- 이정문 기자, 「하나금융경영연구소 "코로나19확산 후 5060세대 온라인 결제액 크게 증가"」, 인사이트코리아, 2021.8.4.
- 김서현 기자, 「최첨단 기술로 무장한 무인 편의점, 대안될까?」, 메트로신문, 2021.11.30.
- 김수식 기자, 「2022 유통산업 대전망」, 2파이낸셜이코노믹 TV, 2022.1.9.
- 경기연구원, 「언텍트 소비 증가 현황과 증가원인」, 2020.
- 리테일매거진, 「편의점 2020 결산과 전망」, 2020.1.
- 홍미원, 「편의점 서비스 편의성이 HMR제품에 대한 태도 및 구매의도에 미치는 영향: 편의점 이용빈도 조절효과를 중심으로」, 2019.
- 김소형, 「편의점 PB상품의 차별화 전략에 대한 연구」, 한국유통과학회, 2017.6.11.
- 상공회의소 세미나, 「포스트 코로나 유통산업 변화와 기회」, 2020.7.21.
- 김소연, 「편의점의 간편식 특성이 지각된 가치와 재구매 의도에 미치는 영향」, 한국교육학술정보원, 2017.
- 신기동, 「편의점 근접출점 실태 및 규제정책 연구」, 경기연구원, 2019.12.
- 월간노동리뷰, 「프랜차이즈 거래관계 실태 연구: 편의점을 중심으로」, 한국노동연구원, 2015.10.
- 류미현, 「소비자 독특성 및 편의점 관련 특성에 따른 편의점 재이용의도: 지각된 즐거움의 조절효과를 중심으로」, 한국소비문화학회, 2017.

박찬혁(PARK CHAN HYUK)

학력
· 중앙대학교 경영대학 무역학과 졸업
· 세종사이버대학교 대학원 MBA학과 재학중

경력
· GS리테일 편의점사업부 지역팀장 재직 중(1997.08~)
· 중앙대학교 ESG교육과정 1기 수료
· 중앙대학교 표준고위과정 8기 수료
· 화성산업진흥원 자문위원(2022~)

자격
· 경영지도사(36기, 마케팅)
· ISO9001
· ISO14001
· 창업보육전문매니저

· 유통관리사 1급

이메일

lgmvpch3@naver.com

9장

기업경영의 ESG와 개발협력의 SDGs와의 만남

최영미

1. 들어가며

코로나 팬데믹 이후 세계는 전례 없는 도전에 직면하고 있다. 이러한 새로운 도전들은 상호불가분의 관계로 어느 한 주체가 단독으로 처리할 수 있는 문제가 아니라는 인식이 높다. 세계 메가트렌드인 ESG는 기업뿐만 아니라 정부, 공공기관 및 시민사회단체 등 모두의 중요한 정책이 되고 있다. 개발협력분야에서도 ESG 이슈는 예외가 아니다. 공여국 및 개발협력기관들은 자체적인 재원만으로는 지속가능발전목표(Sustainable Development Goals, SDGs) 달성이 점점 어려워지는 상황 속에서 민간재원 및 참여에 대한 필요성을 절감하고, 개발협력사업 내 민간기업과의 협력이 중요하다는 인식이 확대되고 있다.

이에 따라 주요 개발협력기관들은 민간의 자본과 투자가 필요한 국가 간의 니즈를 연결하는 협력을 통해 단독으로 달성할 수 있는 것보다 더 큰 영향력을 만들기 위해 노력하고 있다. 또한 기업 역시 환경·사회·지배구조(Environmental·Social·Governance, ESG)를 중시하는 경영의 궁극적인 목적이 개발협력기관이 목표로 하고 있는 지속가능한 미래 즉 지속가능발전목표의 달성과 방향이 같다고 할 수 있다. 이러한 가운데 정책 입안자, 투자자, 기업경영진 등은 지속가능한 사회를 위한 상호협력의 필요성을 강조하고 있으며, 민간기업의 사회적 책임 및 ESG 실천에 대한 사회적 요구도 높아지고 있다. ESG의 급격한 부상으로 이익만을 추구하던 기업과 자본주의의 중심이 '사람, 사회, 환경'으로 이동하며, 이윤을 추구하는 기업 가치와 사회적 가치의 조화에서 지속가능한 해결책을 찾아보고자 하는 공동의 노력으로 볼 수 있다.

최근 ESG가 더욱 주목받는 이유는 ESG가 투자자와 자본시장으로부터 촉발되어 실제로 투자자들이 ESG를 중시하는 방향으로 활동하고 있기 때문이다. 실제로도 많은 국제적 기업이 지속가능성을 위해 ESG가 필요하다는 것을 인지하는 경향을 보이며, ESG를 핵심경영전략으로 삼고 기업의 목적을 지속가능성과 SDGs에 맞추고 있다. EU, 독일을 비롯한 각국 정부들의 기업 대상 ESG 의무공시 추세도 뚜렷하고, 우리나라 역시 2030년까지 순차적으로 모든 한국거래소 상장사에게 ESG 공시를 의무화할 예정이다.

우리나라의 경우, 2050 탄소중립 달성과 포용·공정 경제로의 대전환을 추진하고자 ESG 도입을 추진하고 있다. 특히 정부는 민간기업의 ESG 이행을 유도하기 위해 공공기관의 선도적인 역할이 중요하다고 인식하며, 매년 시행되는 기재부 경영평가에 공공기관의 ESG 관련 평가를 강화하고 있다. 최근에는 공공기관 및 전문가의 의견 수렴을 거쳐 「공공기관의 통합공시에 관한 기준」 개정안을 마련하였으며, 국내 ESG 평가지표 등을 참고하여 공개가능한 ESG 항목을 추가하였다. 정부는 이러한 ESG 공시 강화가 공공기관의 ESG 경영을 촉진하고, 나아가 민간 ESG 경영을 선도할 수 있기를 기대하고 있다.

이에 따라 개발도상국과의 경제협력과 우호협력관계 증진을 통해 협력대상국의 빈곤감소 및 삶의 질 향상, 지속가능한 발전 및 인도주의를 실현하기 위해 1991년에 외교부 산하기관으로 설립된 한국국제협력단 (Korea International Cooperation Agency, KOICA, 코이카)은 2021년 ESG 경영전략을 수립한 바 있다. 다만 본래의 ESG가 이윤추구 목적의 투자사를 중심으로 지속가능한 경영을 목적으로 하는 개념이라면, 코이카의 경우 영리목적이 아닌 준정부기관으로서 정부에서 제시하는 공공기관의 ESG 경영방침과 개발협력기관으로서 개발도상국의 경제사회발전을 지원하기 위한 개발협력사업을 수행하고 있는 기관의 특성에 따라, ESG 이행에 대해 다양한 시각에서 융복합적인 검토가 요구된다. 코이카는 국내에서 조직을 운영하지만 대부분의 업(業)이 SDGs를 달성하기 위한 해외, 특히 개발도상국에서 사업을 수행하고 있는 기관의 특성에 따라 코이카의 조직 운영 차원에서 국내 환경, 임직원, 파트너사, 봉사단원 등 수많은 이해관계자를 대상으로 하는 공공기관으로서의 ESG 경영과 개발협력사업 수행 시 ESG의 적용 사례 및 실행전략으로 나누어 살펴볼 필요가 있다.

따라서 본 원고에서는 현재 코이카가 개발협력사업에 적용하여 수행하고자 하는 기업, 시민사회 등을 위해 ESG와 SDG와의 연관성, 개발협력에서 ESG 기반의 기업협력사업, 코이카의 기업협력사업을 통한 기업의 ESG 실현방안 등을 소개하여 이를 통해 많은 기업들이 SDGs를 달성하기 위한 실천으로서 개발협력사업으로 ESG 경영을 추진하는 데 도움이 되었으면 한다.

2. ESG와 SDGs와의 연계성

2015년 'UN의 지속가능발전목표(Sustainable Development Goals/SDGs)'가 만장일치로 채택되고 경제·사회 전반의 이슈에 대해 국제적으로 공유할 수 있는 일관성 있는 로드맵으로 제시되었다. SDGs는 2015년 당시 2016~2030년 향후 15년간 각국의 정부가 선진국이든 개발도상국이든 간에 세계적인 우선순위가 되는 경제·사회 전반의 문제를 위해 목표를 정하고 노력해야 할 사항을 도출한 것이다.

SDGs의 5P 개념의 구조화

출처: United Nations, 「Do you know all 17 SDGs?」, 2018.4.21.

SDGs는 인간(People), 지구(Planet), 번영(Prosperity), 평화(Peace), 파트너십(Partnership)이라는 5개 영역에서 인류가 나아가야 할 방향성을 17개 목표와 169개 세부목표로 제시하였다. 다만 지속가능한 목표는 폭넓고 다소 추상적인 개념이다 보니 이를 달성하기 위한 구체화된 수단이

ESG라고 볼 수 있다.

이러한 SDGs와 ESG와 관련하여 각국 정부는 다양한 정책들을 마련하고 있다. 우리나라는 「지속가능발전기본법」이 지난 2020년 5월 시행되었다. 동법은 우리 정부의 SDGs 달성을 위한 근거 법률이다. 동법 「제26조 제4항」[01]과 「제5항」[02]은 우리 정부가 제3세계 즉 개발도상국과의 현지 지속가능발전 협력체 구축 및 협력 프로그램 운영에 대한 근거 및 의무 규정으로 볼 수 있다.

국제사회는 지속해서 기업이 SDGs를 달성하기 위해 주도적인 역할을 하도록 요구하고 있으며, 이미 기업들이 제시하는 다양한 솔루션들은 사회문제해결 및 SDGs 달성에 중요한 열쇠가 되고 있다. 전 세계적으로 SDGs를 기업전략에 내재화하는 추세이며, 기업은 SDGs를 비즈니스와 연계하고 이행해나가면서 새로운 성장 및 비즈니스 기회를 발견하고 법, 평판, 사업리스트를 줄이는 한편, 이해관계자와의 커뮤니케이션도 매우 유용한 툴로 사용하고 있다.

SDGs는 목표 달성을 위해 민간부문 특히 기업의 역할을 기술하고 있다. SDGs의 17개 목표가 ESG의 주요 항목과 모두 관련이 있다.

---

01 국가와 지방자치단체는 외국 및 국제기구 등과 지속가능발전목표 이행에 관한 정보교환, 기술협력 및 표준화, 공동조사, 연구 등의 활동에 참여하여 국제협력을 도모하기 위한 시책을 수립, 시행하여야 한다.

02 국가와 지방자치단체는 개발도상국이 지속가능발전목표를 이룰 수 있도록 필요한 지원을 하는 등 개발도상국의 지속가능발전 추진에 적극적으로 협력함으로써 국제사회의 기대에 맞는 국가적 책무를 성실히 이행하고 국가의 외교적 위상을 높일 수 있도록 노력하여야 한다.

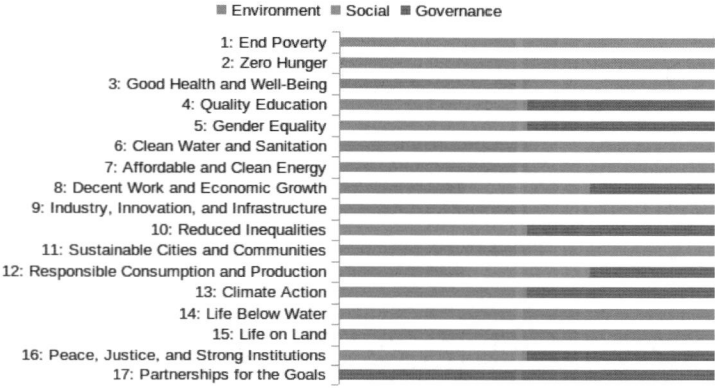

출처: SustainoMetric. ESG to SDGs: Connexted Path to a Sustainable Future

특히 SDGs의 17개 목표 중, 목표 5(성평등), 목표 8(경제성장 촉진 및 양질의 일자리), 목표 12(지속가능한 소비와 생산), 목표 13(기후변화 대응), 목표 14(해양자원 보존), 목표 15(육상생태계 보호), 목표 16(강력한 제도 구축)은 최근 기업의 ESG 활동과 연관이 높다고 할 수 있다.

SDGs는 기업경영에 직접적인 목표는 아니지만 이제 SDGs 목표 달성을 위해 기업의 역할이 매우 중요하다. 또한 기업 역시 환경과 사회 문제를 생각하는 MZ세대를 중심으로 하는 소비자 인식변화와 환경과 사회문제 리스크에 대응하지 않는 기업에 투자할 수 없다는 블랙록 래리핑크 서한으로 대표되는 투자환경에 직면하고 있다. 즉 ESG를 매개로 기업에 기업경영목표와 전 세계 사회적 및 환경적 목표는 접점을 찾을 수 있다. 또한 SDGs의 성공적인 결실을 위해서는 ESG와 같은 다수가 적용할 수 있는 구체적인 전략과 평가가 도움이 된다. SDGs는 전 세계 기업이 직면한 지속적인 딜레마인 '위험의 내재화' 및 '기회 실현의 시간과 범위의 불확실성'을 해결하는 기준점이 된다는 점에서 기업에 SDGs와 ESG가 결합된 비즈니스 접근 방식은 충분한 유인이 된다고 할 수 있다.

3. 개발협력에서 ESG 기반의 기업협력사업

전 세계적으로 지속가능경영을 가장 잘하는 기업으로 선정된 유니레버의 사례가 좋은 모델이 된다고 볼 수 있다. 영국 국적의 세계적인 생활용품 다국적 기업인 유니레버의 '샥티 프로젝트'는 기업의 지속가능경영과 제3 세계 여성인권 및 빈부격차해소 그리고 UN SDGs 실행의 대표적인 사례다. 유니레버는 기업의 목표를 단순 이윤추구가 아닌 10억 명 이상의 보건과 복지향상, 환경에 대한 충격을 절반으로 줄이고, 1백만 명을 위한 일자리를 제공을 설정하고 있다. 유니레버는 샥티 프로젝트를 통해 차상위 빈곤층을 핵심이해관계자로 설정하고 이들이 구매 가능한 친환경 향균 비누제품(Lifebuoy)을 만들어 이들에게 여성을 위한 일자리를 제공하면서 보건위생 향상과 환경보호 성과를 달성하였다. 이는 SDGs 1, 2, 3, 13 목표를 향해 활동하고 있는 것이다.

코이카도 그간 다양한 기업협력사업을 실시해왔다. 기업의 사회적 책임(CSR) 활동과의 연계로 시작한 기업협력사업은, 이후 기업의 가치공유창출(CSV) 활동으로 발전하였으며, 현재 혁신적 기술 프로그램(Creative Technology Solution, CTS)과 포용적 비즈니스 프로그램(Inclusive Business Solution, IBS)으로 진화하였으며, 2022년 코이카는 기업 ESG와 연계를 강화한 4기 기업협력사업을 진행하고 있다.

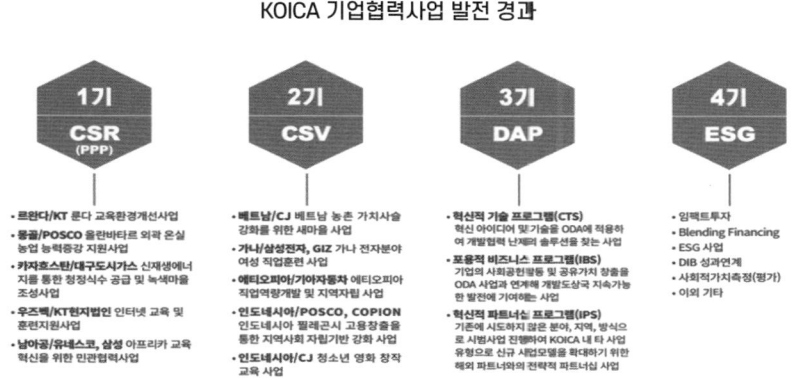

출처: KOICA 내부자료

4기 모델은 지금 시행하고 있는 프로그램으로 글로벌 투자/경영 트렌드인 ESG2.0이라는 기업의 수요를 통해 대기업과의 파트너십 확대와 SDGs 달성에 기여하는 프로그램이다. 이 IBS 모델은 포용적 비즈니스라는 포괄적인 개념으로 동 프로그램을 통해 중소기업의 포용적 비즈니스 모델뿐만 아니라 개발도상국에 공급망을 두고 있는 대기업의 ESG 경영과 연계할 수 있는 프로그램이다. 대기업·중견기업의 경우, 특히 IBS 내의 신규 이니셔티브인 ESG 이니셔티브를 통해, ESG 경영을 이행할 수 있는 사업을 실행기관을 두고 기획하여 제안하면 코이카가 이를 심사하여 1:1 매칭으로 최근 1백억 원 규모의 ESG 프로그램을 시행할 수 있다. 이러한 사례로 LG전자와 협업한 LG-KOICA TVET College 지원사업이 있다. 기업의 경우 해외사업장과 연계된 CSV사업을 추진함과 동시에 에티오피아 현지에서는 양질의 일자리를 제공하고, 청소년들에게 직업훈련 교육을 제공하는 ESG S(사회적 가치)와 관련된 사업이라고 할 수 있다.

즉 개발도상국의 공급망을 보유하고 있는 대·중견기업의 개발도상국의 ESG 투자 수요 매칭형 사업으로 기존의 CTS, IBS, IPS(임팩트투자/혼합금융모델)을 융합, E(탄소 배출 저감, 용수 및 폐기물 처리, 청정기술 등), S(현지 공급망, 고용 및 인권, 코로나 대응 등)와 관련된 활동 프로그램으로 기획되었다.

현재 진행 중인 코이카의 포용적 비즈니스 프로그램(IBS), ESG 기반의 기업협력사업 사례를 첨부하니 참고하기 바란다.

4. 코이카의 기업협력사업을 통한 기업의 ESG 실현

개발도상국의 경제사회발전에 기여하는 동시에 기업의 비즈니스 요구를 충족시키고자 코이카와 민간기업이 협력하는 기업협력사업을 코이카는 ESG 이행 방안의 하나로 추진하고 있다. 그리고 2022년, 민간기업들의 ESG 기반 신사업 추진 수요와 잠재력이 큰 개발도상국 시장

진출 수요를 더하여 기업협력사업은 'KOICA-대기업 플랫폼 이니셔티브 모델'을 수립하며 본격적으로 개편되었다.

이는 민간개발 재원 유치의 필요성 대두, ESG 관련 국내외 수요의 증가, 중소기업 지원을 통한 동반성장 도모 등 빠르게 변화하는 상황 속에서 ESG를 기반으로 하는 사업모델이 등장하게 된 것이다. 본 사업의 협력모델은 기존의 '기업제안 공모형'과 주요 정부정책 및 코이카 사업전략에 부합되는 사업을 발굴하는 '코이카 제안공모형'에 더해 'ESG 공동기획 사업형'과 'ESG 공동기획 투자형'의 총 4개 모델이 있다.

'ESG 공동기획 사업형'은 KOICA와 대기업이 사업을 공동기획하고 이행기관을 선정하여 사업을 추진하는 방식이다. 먼저 대기업이 사업을 제안하고 코이카와 공동기획하는 방식으로 사업심사 및 재원분담도 공동으로 진행한다. 이행기관은 비영리법인, 시민사회단체, 중소기업 등이 참여 가능하며, 공모를 통해 선정하고, 코이카는 대기업과 이행기관이 함께 코이카의 협력국인 개발도상국에서 사업을 진행할 수 있도록 지원한다.

이를 통해 이행기관은 개발협력사업 참여 저변확대와 자금 안정성 확보, 대기업은 사업재원 부담 완화와 코이카 플랫폼을 활용하여 우수 이행기관과의 협력이 가능하다는 점에서 기대효과로 작용한다. 또한, 코이카는 민간의 트렌드와 수요를 적극 수용하고 사업 공모 방식의 다양화를 도모하며, ESG 기반 사업성과를 도출할 수 있다는 점에서 시너지를 기대해볼 수 있는 방식이다.

　코이카와 포스코건설이 약정체결을 통해 KOICA로부터 사업비를 지원받아 2021년부터 추진하고 있는 '방글라데시 마타바리 취약계층 청년 대상 직업역량 강화를 위한 건설기능인력 양성사업'은 포스코 마타바리 건설현장 인근 지역에서 거주하는 청년들을 대상으로 온라인 건설기능 교육 플랫폼을 구축하고 이론과 실습 교육을 지원한다. 마타바리 지역은 방글라데시에서 외진 곳에 있고 대부분 사람들이 어업에 종사하고 있으며, 많은 청년이 일자리가 없어 방황하고 있었다. 그런 청년들을 위해 본 사업을 통해 건설기능인력 양성교육을 진행하였고, 방글라데시 마타바리 지역의 청년들은 교육을 받고 양질의 일자리를 얻었으며, 포스코건설은 현지 기능인력의 수요를 충당하게 되었다. 코이카는 이러한 대기업과의 다양한 형태의 협력사업을 바탕으로 개발도상국의 사회적 가치창출을 통해 ESG 달성에 기여하고 있는 것이다.

　2021년 포스코건설 기업시민보고서(Build Value Together)에 의하면, 기업시민 5대 브랜드 활동 중 하나인 Life 면에 SDGs 목표 3과 목표 4의 달성과 연계하여 방글라데시 마타바리 청년기능인력 양성사업과 82쪽에 '기업시민 경영이념을 바탕으로 한 비즈니스 특성 반영'란에 개발도상국 건설기능인력 양성사업(코이카 IBS사업)을 기술하고 있듯이 코이카의 기업협력사업을 다양한 실적으로 지속가능경영보고서에 잘 활용하고 있는 것으로 확인할 수 있다.

다른 방식인 'ESG 공동기획 투자형'은 ESG 수요를 기반으로 한 주제로 코이카와 대기업이 함께 사업을 기획하여 공동펀드(위탁운용)를 조성해 국내와 현지의 소셜벤처를 지원하는 사업이다. 코이카의 증여와 대기업 및 중견기업의 투자를 통해 펀드가 구성되고 이 펀드를 국내 벤처캐피탈(Venture Capital, VC)과 엑셀러레이터(Accelerator, AC)에 위탁 운영하는 구조로 구성되어있다. 투자형 협력모델은 다양한 대기업들의 참여를 통해 대규모의 개발협력 ESG 임팩트 펀드를 조성하여 투자를 통해 재무성과 도출을 목표로 하며, 이를 통한 ESG 가치 실현과 SDGs 달성에 기여하고자 한다.

이처럼 코이카는 ESG 환경 변화와 대기업의 ESG 경영 수요에 부응하기 위해 대기업이 개발협력을 통해 보다 더 다양한 ESG 경영 달성에 기여할 수 있도록 참여 플랫폼을 확대하였다. 이와 같은 방식의 협력을 통해 코이카는 SDGs 달성에 기여하고, 기업은 코이카의 개발도상국 ODA 사업 노하우와 경험을 활용하는 기회가 될 수 있고, 기업별 비즈니스 분야에 따른 ESG 사업 발굴을 통해 두 분야의 시너지가 있을 것으로 본다.

공공기획형 대기업 – 코이카 협력 모델(안)

	ESG 공동기획 사업형	ESG 공동기획 투자형
주제	ESG 주제 중 SDGs 달성에 기여하는 세부 주제	
규모	총 100억 원 내외(1:1 매칭 기준)	총 50억 원 내외(1:1 매칭 기준)
운영	별도 이행기관 선정	국내 운용사 선정 및 펀드 운용 위탁 (벤처캐피탈, 엑셀러레이터)
협력 모델	KOICA + 대기업 → 이행기관	KOICA(Grant) → 공동펀드(ESG SDGs 펀드) ← 대기업(LP/투자) 성과관리기관, 운용기관(GP) 국내 소셜벤처, 개도국 소셜벤처, 국내 소셜벤처

출처: KOICA 내부자료 2021.

대기업협력 모델뿐만 아니라 ESG 임팩트 투자사업도 함께 살펴보면, 이는 2021년 신규 도입한 사업으로 개발도상국의 난제 해결 솔루션을 보유한 현지 소셜벤처를 발굴하여 코이카 사업비 및 민간 파트너의 투자를 지원하여 현지 소셜벤처 생태계 성장과 민간 파트너의 개발도상국 진출에 동시 기여할 수 있으며, 개발도상국 기업성과 관리 시 환경(E), 사회(S), 지배구조(G) 개별적 관점으로 사회적 가치 관리를 실행한다.

2021년 시범 추진한 ESG 임팩트 투자사업(2건) 개요

파트너	대상국가	총예산	사업명 및 추진내용 요약
임팩트 스퀘어	베트남, 캄보디아	30억 원 (KOICA: 21억, 파트너: 9억)	– 베트남–캄보디아 ESG 임팩트 투자 사업: 메콩임팩트브릿지 　(2021–2026) – 소셜벤처 60개사 대상 KOICA 9억 지원(grants), 　파트너사 9억 투자(equity&loan)
MYSC	베트남	22억 (KOICA: 15억, 파트너: 7억)	– 베트남 혼합금융 기반 ESG 임팩트 투자 사업(2021–2025) – 소셜벤처 40개사 대상 KOICA 6억 지원(grants), 　파트너사 6억 투자(equity&loan)

출처: KOICA 내부자료 2021.

5. 끝내며

개발협력기관의 ESG 이행은 민간기업에서 추구하는 ESG 철학과는 다소 차이가 존재할 것이다. 그 이유는 개발협력기관의 목적은 이윤창출이 아니며, 이미 SDGs 이행을 목표로 사업을 진행하고 있고, 이를 통해 개발도상국의 지속가능성을 고려하고 있기 때문이다. 따라서 ESG로 인해 특별히 목적하는 바가 달라지지는 않지만, ESG와 SDGs는 궁극적인 지향점이 동일하기 때문에 ESG에 대한 관심이 고조됨에 따라 보다 다양한 참여자들의 지속가능성에 대한 관심과 참여를 유도할 수 있다.

또한 개발도상국 내 환경, 사회, 지배구조 3가지 지속가능성을 위한 핵심요소들에 대해 효과적으로 전달할 수 있으며, 민간기업이 글로벌 ODA 사업을 수행하면서 ESG를 실천할 수 있도록 유도하고 지원할 수 있다. 특히 최근 기후변화 대응에 세계적인 관심이 모아지고 있는 가운데 어떻게 이를 지원, 모니터링, 평가할지에 대해 많은 논의가 이루어지고 있다. 이에 많은 개발협력기관의 ESG는 환경분야에 관심과 대응이 있을 것으로 사료된다.

ESG는 전 세계적으로 활동하는 기업뿐만 아니라 정부, 공공기관, 시민사회 등 모두에게 광범위하게 급부상하는 화두가 되었다. 특히 한국에서는 기업의 ESG 이행과 적극적인 참여를 유도하기 위해 공공기관의 선도적 역할을 기대하며 정부 방침이 정해진 만큼 국내 공공기관 및 공기업들은 ESG 경영 및 전략에 더욱 촉각을 세울 것으로 예상된다.

물론 ESG에 대한 세계적인 요구에 비해 개발협력에서의 ESG 논의는 SDGs 논의에 비하면 상대적으로 낮다. ESG가 기업의 지속가능한 경영을 위한 철학적 개념이라는 점과 ESG와 SDGs의 시발점이 지속가능발전이라는 점을 고려할 때 개발도상국의 SDGs 달성을 지원하는 개발협력에서 별도의 ESG 논의 필요성은 크지 않을 수 있다. 그러나 ESG에 대한 논의가 빠르게 확산되고 있고 개발협력사업에 참여하는 기업과 시민사회 등과의 협업, 공공기관으로서 ESG 선도적 도입 의무 등으로 인해 ESG 이행을 위해 사전에 대응할 필요가 있다.

이에 코이카는 포용적비즈니스프로그램(Inclusive Business Solution, IBS)을 통해 국내기업들의 개발도상국 내 활약이 가시화되고 있으며, 변화하는 정부 방침을 적용하고 국민의 기대에 부응할 수 있도록 기업과 협력하는 것은 코이카의 사회적 책임일 수 있다.

코이카 사업 분야는 국제개발협력으로서 이는 개발도상국의 경제사회발전을 도우며 협력을 강화하고 국제사회의 평화와 안정에 기여하는 역할이다. 코이카의 사업을 통해 개발도상국 내 ESG 도입으로 인한 환경, 사회, 지배구조분야의 지속가능발전을 이루는 동시에 우리나라 기업의 글로벌 ESG 실천을 지원하며 모두가 상생하는 개발협력사업을 기획하고 수행할 수 있도록 지속적인 고민이 필요하다.

본 글은 코이카의 동료들이 작성한 각종 자료들을 참고하여 작성한 글임을 밝히며, 이 글을 통해 많은 기업들이 개발협력사업에 참여하여 다양한 ESG를 실천함과 동시에 SDGs 달성에 기여하고 기업의 지속가능경영을 실적화하기를 기대해본다.

- 김재필, 「혁명이 온다」, 한스미디어, 2021.
- 조신, 「좋은 ESG 경영의 출발점」, 이로운넷, 2021.9.13.(https://www.eroun.net/news/articleView.html?idxno=25885)
- 기업윤리 브리프스, 「SDGs 달성을 위한 기업의 역할」, 2019.6.
- SustainoMetric, 「ESG to SDGs: Connexted Path to a Sustainable Future」
- 문상원, 「개발협력 관점에서 본 KOICA의 ESG경영과 지속가능개발 목표(SDGs)」, 『한국행정학회 하계학술발표논문집』, 2022권0호, p.1781-1796, 2022.6.
- 한국국제협력단, 「개발협력 관점에서 본 ESG」, 『개발과 이슈』 제74호, 2022.8.
- 최윤형·이기호·이상명, 「지속가능경영보고서의 중요성 분석을 통해 바라본 지속가능경영 이슈와 10년 변화」, 『KBR』 제26권 제1호
- 2021년 기업시민보고서(Build Value Together), 포스코건설, 2022.7.
- KOICA, 내부문서, [제도개선] 「ESG기업 KOICA 대기업협력 강화/개선방안」, 2021.
- UN, 「Do you know all 17 SDGs?」(https://sdgs.un.org/goals)

현재 진행 중인 코이카 IBS 사업목록

No.	사업명
1	베트남 유통산업 상생발전 역량강화 2차사업
2	한국 스마트 농업기술에 기반한 베트남 북부 소수민족 지역 고부가가치 딸기재배 및 가치사슬 구축사업
3	베트남 서비스 특화교육을 통한 여성인력양성 및 서비스 훈련체계 개선사업
4	베트남에서의 효율적인 결핵&폐렴 진단 모델 확립
5	베트남 병원 스마트콜센터 구축 및 직업훈련센터 설립사업

6	베트남 원격화상진료서비스 구축사업
7	베트남 디지털 한국어교육 역량강화사업
8	인도네시아 술라웨시 양계 가치사슬 강화 사업
9	KF(Kyrgyzstan Friends) 실크로드 문화관광 사업
10	채소 계약재배가공단지를 통한 미얀마 핀우린 지역 지속가능한 농업생산기반 구축 사업
11	네팔 장애인, 고아 여성 등 취약계층 CG(Computer Graphic) 전문가 양성을 통한 괜찮은 일자리(Decent Work) 창출
12	우간다에서 작물가공 자원화설비 구축을 통한 시어산업 가치사슬 강화 사업
13	몽골 자동차 재활용 제도개선 및 시스템 구축, 재활용시범사업
14	몽골 캐시미어 산업 가치사슬 강화사업
15	탄자니아 기생생물자원 바이오뱅킹을 통한 이익공유 비즈니스 모델 구축 사업
17	필리핀 시설팜 구축을 통한 토마토 생산 최적화 및 고품질화 지원사업
18	캄보디아 몬둘키리 주 마을 자립화를 위한 공정무역 커피 사회적기업 설립 사업
19	캄보디아 팜슈가 비즈니스 가치사슬 구축
20	미얀마 타운지 아보카도 농장개발 및 가공생산을 통한 농촌 지역경제 활성화 사업
21	인도네시아 플라스틱 폐기물 재활용 기술 보급 및 고도화를 통한 자원순환 비즈니스 모델 구축 사업
22	필리핀 소규모 섬지역 물-에너지 NEXUS 사업
23	동티모르 용접기술인력 양성을 통한 취업기회 확대 사업
24	라오스 청년동맹 IT 교육센터의 지속 운영과 청년 취업 지원사업
25	동티모르 아따우로 섬 에너지 불평등 해소를 위한 청정에너지 접근성 향상 사업
26	라오스 K-Fashion 직업훈련 및 한라 신진패션브랜드 개발 사업
27	탄자니아 아루샤 지역 음용수 불소처리 사업
28	베트남 농산물 콜드체인과 농업협동조합을 활용한 소농의 소득증대 사업
29	라오스 직영 채소 종자 생산지 구축 및 종자 생산 기술 보급 사업

30	글로벌 사회적기업 스케일업 액셀러레이팅 사업
31	가나의 AI 데이터 라벨링 인력 양성을 통한 양질의 ICT 교육과 비대면 일자리 창출 사업
32	과테말라 산마르코스 소외계층 포용을 위한 핀테크 적용 소액금융 사업
33	에티오피아 직업기술대학 운영사업(4차)
34	캄보디아 전자·전기·ICT 분야 청소년 직업훈련을 통한 가치사슬 강화 사업
35	방글라데시 마타바리 빈곤지역 청년대상 직업역량 강화를 위한 건설기능인력 양성 사업
36	베트남 나트랑 대학교 온·오프라인 사이버보안 훈련플랫폼 구축 사업
37	인도네시아 디지털 교육 확산을 위한 비즈니스 가치사슬 구축 사업
38	우간다 농촌가치사슬 구축을 위한 사료공장 중심의 곡물 경작 및 양돈 계열화 사업
39	에듀테크 기술과 STEM 교육을 통한 캄보디아 과학 기술 인재 육성 및 취·창업 지원 사업
40	한국 그린뉴딜 기술 기반 캄보디아 프놈펜 지역 e-Mobility 탄소저감순환경제 구축 사업
41	베트남 혼합금융 기반 ESG 임팩트투자 사업
42	베트남 하노이 AI교육을 통한 인력 양성 및 일자리 창출 사업
43	캄보디아 농산물 가치사슬 강화 및 확대를 통한 포용적이고 지속가능한 팜슈가 비즈니스 사업
44	베트남 북부 디지털 에듀허브 및 마을IT공방을 통한 디지털 교육콘텐츠 접근성 향상과 IT기술역량 강화
45	아클란주 친환경 양식 기반 치패종묘장 및 가공시설 지원을 통한 지역경제 활성화 사업
46	베트남-캄보디아 ESG 임팩트 투자 사업 : 메콩 임팩트 브릿지
47	캄보디아 황폐산림 복원 및 농촌 소득 증대를 위한 300 ha Giant Bamboo 조림(시범사업)

최영미(CHOI YOUNG MEE)

학력
- 건국대학교 일반대학원 교육학 박사
- 숙명여자대학교 일반대학원 문헌정보학 석사
- 문학사, 평생교육사

경력
- (현) 한국국제협력단 경영관리실 운영지원팀장
- (현) 건국대학교 일반대학원 겸임교수
- (현) 교육부 시민감사관
- (현) 서울특별시 청렴정책 자문위원
- (현) 성남시 외국인주민 및 다문화가족협의회 위원
- (현) 국민권익위원회 청렴연수원 등록 청렴교육강사
- (전) 한국국제협력단 글로벌인재교육원 부원장
- (전) 한국국제협력단 서아프리카 실장
- (전) 한국국제협력단 감사실 부실장

· (전) 한국국제협력단 스리랑카사무소 부소장

자격
· ESG 지도사(2022, 한국사회공헌연구원)
· ESG 진단평가사(2022, 한국사회공헌연구원)
. 하브루타 진로취업지도사 2급, 진취적교육협동조합(제2022-09-108호)
· 채용면접관(1급, 브레인플랫폼, 2022), KMR한국경영인증원(DRI-0116호)
· PRINCE2 Foundation(2016)
· 정사서(1988)

저서
· 「DAC가입을 전후한 한국 ODA정책변동과 교육 ODA의 변화분석」 박사논문, 2020.2.
· 「한국국제협력단 20년(1991-2010)」 한국국제협력단, ODA연구실, 2011.(공저)
· 「개발도상국 전자도서관 구축 지원과 평가지표개발에 관한 연구」 석사논문, 2010.2.
· (KOICA 학습동아리 연구모임 발간자료) 「교육과 국가발전 상관관계 고찰을 통한 한국형 원조방향」 2005.12.(공저)

10장

ESG 경영수준진단평가

박영일

1. K-ESG 개론

1) 필요성

'ESG'는 환경(Environmental), 사회(Social), 지배구조(Governance)의 영문 첫 글자를 조합한 단어로 핵심 요소기업의 비재무적 요소를 뜻한다. 'ESG 경영'이란 기업의 지속적인 성장 및 생존과 직결되는 핵심가치를 장기적인 관점에서 친환경, 사회적 책임경영 및 투명한 지배구조 경영을 통해 지속가능한 발전을 추구하는 것이다.

과거에는 '재무적'인 정량지표를 기준으로 기업을 평가하였으나 현재는 투자자와 소비자들이 기업의 사회적 책임경영에 대한 요구가 커지면서 재무적 가치가 아닌 비재무적 가치에 대해 중요성이 높아지고 있다. 산업통상자원부가 중심이 되어 국내·외 요구사항을 만족하면서 한국적 ESG 경영성과 수준을 객관적으로 평가할 수 있도록 「K-ESG 가이드라인 v1.0」을 제시하였다.

2) K-ESG 구성

GRI 등 국내·외 주요 13개 ESG 평가기관이 사용하는 수많은 평가지표와 측정 항목을 분석하여 산업통상자원부에서 「K-ESG 가이드라인」 항목으로 분류체계, 개별항목 정의, 공통개념에 대한 정의 및 특징으로 구성되었다.

평가방법 중 하나가 중견·중소기업의 ESG 경영추진을 위한 가이드를 제시하였으며 국내 ESG 평가·검증기관과 투자 기관이 국내기업 ESG 경영성과 수준 비교기준으로 활용한다.

구성	내용
항목구성	K-ESG 가이드라인 분류체계, 기본진단항목 정의서 구성체계, 추가 진단항목 정의서 구성체계
기본진단항목 정의서 구성	분류번호, 항목설명, 성과점검, 점검기준, 적용방안, 점검기준유형
진단항목 정의서 주요 공통개념	(원 단위(per unit), 추세, 연평균 성장률(CAGR), 산업 평균
진단항목 정의서 특징	기본진단항목의 단계별 상세 기준 및 방향성 제시 자가진단을 위한 기본진단항목에 대한 상세설명 제공 기본진단항목 외 추가/대체 활용 가능한 추가 진단항목 제시 다양한 이해관계자가 활용할 수 있는 활용방안 제시

3) 진단항목체계

ESG 경영요소와 평가기관에서 가장 많이 다루는 평가항목 제시하기 위해 K-ESG 가이드 진단항목은 정보공시(P, 5개 문항), 환경(E, 17개 문항), 사회(S, 22개 문항), 지배구조(G, 17개 문항)로 총 4개 영역, 27개 범주, 공통적이고 핵심적인 61개 진단항목으로 구성되어있으며, 범주 및 상세 진단항목은 아래 표와 같다.

- **영역**
  - ESG 관련 정보 공개여부 측정 항목 추가
  - 정보공시(Public)
  - 환경 (Environmental)
  - 사회(Social)
  - 지배구조(Governance)
- **범주**
  - 국내외 ESG 공시/평가기준에서 공통 제시 이슈 기반
  - 조직이 ESG경영을 통해 추구해야 하는 사회적 가치(Social Value)로 설정
- **진단항목**
  - 가이드라인 각 '범주'에서 추구하고 있는 '사회적 가치'를 정성·정량적으로 진단하기 위한 세부 항목

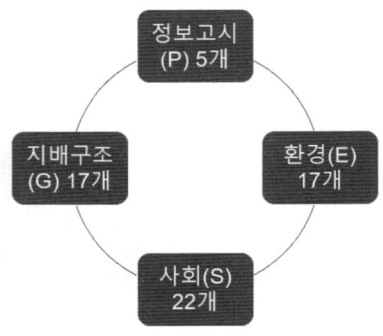

영역(4)	범주(27)	진단항목(61)
정보(P)	정보공시 형식	ESG 정보공시 방식
		ESG 정보공시 주기
		ESG 정보공시 범위
	공보공시 내용	ESG 핵심이슈 및 KPI
	정보공시 검증	ESG 정보공시 검증
환경(E)	환경경영목표	환경경영목표 수립
		환경경영추진체계
	원부자재	원부자재 사용량
		재생 원부자재 비율
	온실가스	온실가스 배출량(Scope1 & Scope2)
		온실가스 배출량(Scope3)
		온실가스 배출량 검증
	에너지	에너지 사용량
		재생에너지 비율
	용수	용수 사용량

분류	항목	세부 지표
환경(E)	용수	재생에너지 사용 비율
	폐기물	폐기물 배출량
		폐기물 재활용 비율
	오염물질	대기오염물질 배출량
		수질오염물질 배출량
	환경법/규제위반	환경법/규제위반
	환경 라벨링	친환경인증제품 및 서비스 비율
사회(S)	목표	목표 수립 및 공시
	노동	신규 채용 및 고용 유지
		정규직 비율
		자발적 이직률
		교육훈련비
		복리후생비
		결사의 자유 보장
	다양성 및 양성평등	여성 구성원 비율
		여성 급여 비율
		장애인 고용률
	산업안전	안전보건 추진체계
		산업재해율
	인권	인권정책 수립
		인권 리스크 평가
	동반성장	협력사 ESG 경영
		협력사 ESG 지원
		협력사 ESG 협약사항
	지역사회	전략적 사회공헌

사회(S)	지역사회	구성원 봉사참여
	정보보호	정보보호 시스템 구축
		개인정보 침해 및 구제
	사회법/규제위반	사회법/규제위반
지배구조 (G)	이사회 구성	이사회 내 ESG 안건 상정
		사외이사 비율
		대표이사 이사회 의장 분리
		이사회 성별 다양성
		사외이사 전문성
	이사회 활동	전체 이사 출석률
		사내이사 출석률
		이사회 산하 위원회
		이사회 안건 처리
	주주권리	주주총회 소집 공고
		주주총회 개최일
		집중/전자/서면 투표제
		배당정책 및 이행
	윤리경영	윤리규범 위반사항 공시
	감사기구	내부감사부서 설치
		감사기구 전문성(감사기구 내 회계/재무 전문가)
	지배구조법/규제위반	지배구조법/규제위반

4) 점검기준 적용

항목별 특성을 반영하여 3단계와 5단계로 구분하여 점수를 부여하고 있다.

3단계	1단계	2단계	3단계
	0점	50점	100점

5단계	1단계	2단계	3단계	4단계	5단계
	0점	25점	50점	75점	100점

2. K-ESG 기본진단항목

1) 필요성

중견·중소기업에는 조직, 비용, 인력 등 현실적 어려움으로 인해 관련 정보 및 노하우 확보에 어려움과 한계성이 존재하므로, ESG 경영수준 확인을 위한 진단항목 및 진단 기준에 대한 정보가 없어 ESG 관련성과 데이터의 체계적 관리가 필요하여 중견·중소기업의 ESG 경영추진 위한 기본 점검 진단항목을 「K-ESG 가이드라인」에서 제시하였다.

이를 통해 ESG 경영추진 및 개선을 할 수 있는 기본진단항목을 제시하여 중견·중소기업의 ESG 대응역량을 확보하고자 한다.

2) 기본진단항목

61개 진단항목에서 중견·중소기업의 ESG 경영에 꼭 필요한 항목을 선별하였으며 분야별로 정보공시(P, 5개 → 4개 문항), 환경(E, 17개 → 9개 문항), 사회(S, 22개 → 9개 문항), 지배구조(G, 17개 → 5개 문항)로 범주(27개 → 17개, 총 진단항목(61개 → 27개)로 K-ESG 기본진단항목이 구성되어 있다.

영역(4)	범주(27)	진단항목(61)
정보공시(P)	정보공시 형식	ESG 정보공시 방식
		ESG 정보공시 주기
	정보공시 검증	ESG 정보공시 범위
		ESG 정보공시 검증
환경(E)	환경경영목표	환경경영목표 수립
	원부자재	원부자재 사용량
	온실가스	온실가스 배출량(Scope1 & Scope2)
	에너지	에너지 사용량
	용수	용수 사용량
	폐기물	폐기물 배출량
	오염물질	대기오염물질 배출량
		수질오염물질 배출량
사회(S)	노동	정규직 비율
		결사의 자유 보장
	다양성 및 양성평등	여성 구성원 비율
		여성 급여 비율

사회(S)	다양성 및 양성평등	장애인 고용률
	산업안전	안전보건 추진체계
		산업재해율
	지역사회	전략적 사회공헌
		구성원 봉사참여
지배구조(G)	이사회 구성	이사회 내 ESG 안건 상정
	이사회 활동	전체 이사 출석률
		이사회 안건 처리
	주주권리	주주총회 소집 공고
	윤리경영	윤리규범 위반사항 공시

3. 중견·중소기업을 위한 K-ESG 기본진단항목

1) 정보공시

정보공시(P)의 범주는 정보공시 형식(1개)과 정보공시 검증(1개)이며 4개 진단항목으로 구성되어있다.

(1) ESG 정보공시 방식
· 정보공시 동향에 맞추어 정보 수요자의 접근성을 고려한 ESG 정보공시 방식을 점검하고 채널 운영 및 공시 정보의 접근성을 확인
· 5단계 평가

· 참조자료: 사업보고서, 홈페이지

(2) ESG 정보공시 주기
· 이해관계자(투자자, 고객 등)에 필요한 최신 ESG 정보 제공 및 정기적(1년)으로 정보공시를 설정
· 3단계 평가

(3) ESG 정보공시 범위
· ESG 활동 및 성과정보(재무정보) 및 조직 영향력과 통제력이 미치는 사업장 정보공시
· ESG 정보공시 최대범위(조직의 직접 소유 및 관리 사업장, 지분율이 상당한 영향력을 행사하는 조직(자회사 등), 상당한 통제력을 행사하는 연결법인 등)
· 5단계 평가

(4) ESG 정보공시 검증
· ESG 정보가 타당성/신뢰성/투명성을 확보해야 하며, 제3자 기관으로부터 검증
· 일반적으로 통용되는 ESG 검증표준(AA1000AS(2018), ISAE3000)
· 5단계 평가

2) 환경

환경(E)의 범주는 환경경영목표(1개), 원부자재(1개), 온실가스(2개), 에너지(1개), 용수(1개), 폐기물(1개) 및 오염물질(2개)이며 9개 진단항목으로 구성되어있다.

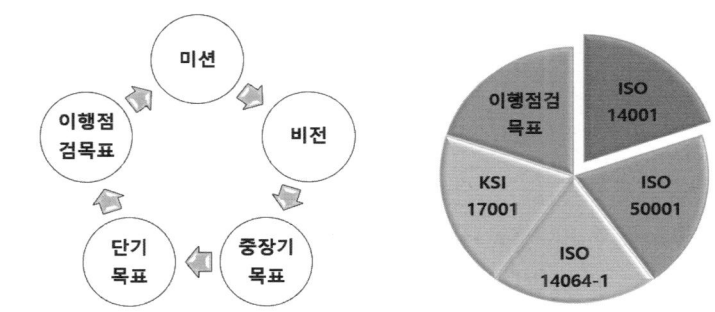

(1) 환경경영목표 수립

· 환경분야 단기/중장기 목표 구체성과 내재화 수준
· 목표사례(2050 탄소중립, 수질오염물질 법적 허용기준 준수, 동종산업 평균에 맞춘 수준인지, 산업 내 최고 기업을 지향하는 수준 등)
· 환경분야 목표와 관련된 핵심이슈 확인
· 5단계 평가

(2) 원부자재 사용량

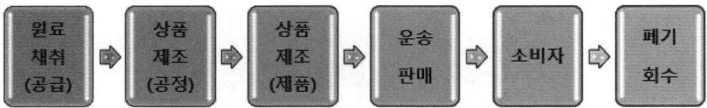

- 생산하는 과정에서 필요한 원부자재(재생/재활용 원부자재, 천연 원부자재) 사용량을 '원 단위' 기반으로 점검

항목	계산식
총 원 단위 원부자재 사용량	총 원부자재 사용량(재생 불가능한, 재생 가능한, 재생·재활용) / 원 단위 활용 분모(매출액 등)

- 홈페이지, 한국환경공단의 자원순환정보시스템
- 3단계 평가

(3) 온실가스 배출량(Scope1 & Scope2)

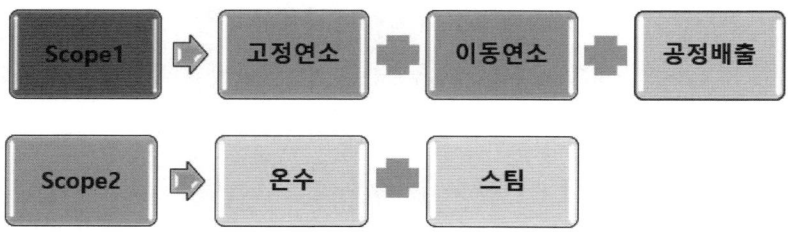

- 조직이 소유, 관리, 통제하는 물리적 경계(사업장 등) 내에서 에너지 사용으로 인해 발생하는 온실가스 배출 Scope1(고정연소, 이동연소, 공정배출, 탈루배출, 폐기물처리)과 Scope2(구매전기, 구매 열(온수, 스팀 등))량을 '원 단위' 개념을 기반으로 확인

항목	계산식
원 단위 실가스 배출량	총 온실가스 배출량 / 원 단위 활용 분모
Scope1 온실가스 배출량 산정방법	Σ(고정연소, 이동연소, 공정배출, 탈루배출, 폐기물처리)
Scope2 온실가스 배출량 산정방법	Σ(구매전기, 구매 열(온수, 스팀 등))

· 국가온실가스종합관리 시스템
· 3단계 평가

(4) 온실가스 배출량 검증

· 온실가스 배출량 데이터에 관해 제3자 기관으로부터 검증
· 2021년 7월 2일 관리업체 고시 기준 온실가스·에너지 목표관리 대상은 총 350개

구분		관리업체 기준(2014.1.1.부터 현재까지)	
		업체 기준	사업장 기준
온실가스 (tCO₂eq)		50,000	15,000
에너지소비 (TJ)		200	80
용어 정의	온실가스(GHG) 검증의견서	교토의정서에서 정의한 6대 지구 *. 온실가스 (CO_2, CH_4, N_2O, HFCs, PFCs, SF_6)의 배출량을 측정하고 인증하는 검증의견서	
	tCO_2eq	Carbon dioxide equivalent(이산화탄소 환산 톤). 온실가스 종류별 지구온난화 기여도를 수치로 표현한 지구온난화지수(GWP, Global Warming Potential)게 따라 이산화탄소 등가량으로 환산한 단위	

· 5단계 평가

(5) 에너지 사용량

· 사업장 등 내에서 직접 생산하거나, 외부로부터 구매하는 에너지 사용 총량

항목	계산식
원 단위 에너지 사용량	총 에너지 사용량 / 원 단위 활용 분모
에너지 사용량	조직에서 직접 사용한 화석연료' + '조직에서 직접 사용한 재생연료' + '외부로부터 구매한 전기, 열 등' + '조직에서 생산한 전기, 열(스팀) 등' - '조직에서 사용하지 않고 외부로 판매한 전기, 열 등'
(고체, 기체, 액체 연료) 에너지 사용량 환산방법	연료 사용량 × 총 발열량
(전기) 에너지 사용량 환산방법	전력 사용량 × 발열량
종류	전력, 휘발유, 경유, 부탄(차량용 LPG), 프로판(가정용 LPG), 실내등유, 도시가스(LNG/CNG), 도시가스(LPG), 천연가스

· 한국에너지공단 홈페이지

· 3단계 평가

(6) 용수 사용량

- 용수 총량(신규 취수량, 내부 재사용량 확인)

항목	계산식
원 단위 용수 사용량	총 용수 사용량 / 원 단위 활용 분모
용수 사용량	환경에서 유입한 취수량 + 조직 내 재사용량 + 다른 조직에서 전달받은 폐수량

- 한국에너지공단 물정보포털
- 3단계 평가

(7) 폐기물 배출량

- 사업장 내에서 사업 및 영업 활동에 따른 폐기물 배출량

항목	계산식
원 단위 폐기물 배출량	총 폐기물 배출량 / 원 단위 활용 분모

- 폐기물 배출량은 산업분류, 사업특성, 생산 규모에 따라 상이함
- 자원순환정보시스템, 폐기물적법처리시스템(Allbaro)
- 3단계 평가

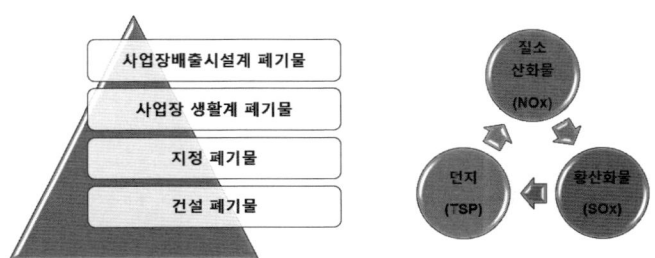

(8) 대기오염물질 배출량

- 사업장 등 내에서 발생하는 대기오염물질 발생량
- 사업장 대기오염물질 총량관리제도에서 규정한 관리대상 대기오염물질(질소산화물(NOx), 황산화물(SOx), 먼지(TSP))
- 대기오염물질 배출 = 질소산화물, 황산화물, 미세먼지의 배출농도 (PPM, mg/㎥)
- 에어코리아 시스템
- 3단계 평가

(9) 수질오염물질 배출량

- 사업장 등 내에서 발생하는 수질오염물질 발생량

항목	계산식
수질오염물질 배출	생물화학적 산소요구량(BOD) + 화학적 산소요구량(COD) + 부유 물질량(SS)의 배출농도(PPM, mg/l)

- 물환경정보시스템
- 3단계 평가

3) 사회

사회(S)의 범주는 노동(2개), 다양성 및 양성평등(3개), 산업안전(2개), 지역사회(2개)로 구성되어있으며 9개 진단항목으로 구성되어있다.

(1) 정규직 비율

· 조직의 전체 인력 대비 정규직 비율확인이며, 비정규직(한시적 근로자, 시간제 근로자, 비전형 근로자인 파견·용역 등)은 제외

항목	계산식
정규직 비율	(해당연도 말 기준 총근로자 수 - 한시적 근로자 또는 기간제 근로자 - 단시간 근로자 - 파견·용역·호출 등의 형태로 종사하는 근로자) / 해당연도 말 기준 총근로자 수

· 5단계 평가

(2) 결사의 자유보장

· 근로자 이해 대변 및 협력적 노사관계 형성·유지를 위한 노사협의회가 설치 및 운영
· 5단계 평가

(3) 여성 구성원 비율

· 조직의 남성 구성원 대비 여성 구성원이 차지하는 비율을 직급별 확인

항목	계산식
여성 구성원 비율	직전 회계연도 말 여성 구성원 수(전체, 미등기임원) / 직전 회계연도 말 총구성원 수(전체, 미등기임원)

· 5단계 평가

(4) 여성 급여 비율

- 조직의 남·여 구성원 중 평균 급여액 미만의 급여를 받는 집단을 기준으로 급여 차이를 확인(1인 평균 급여액 대비 여성 1인 평균 급여액)

항목	계산식
여성 급여 비율	(직전 회계연도 여성(또는 남성) 1인 평균 급여액 / 직전 회계연도 조직의 1인 평균 급여액) X100

- 산업, 성별 임금 및 근로조건 현황
- 5단계 평가

(5) 장애인 고용률

- 매년 고용노동부에서 공시하는 장애인 의무고용률과 비교하여 고용 여부 및 해당 사회적 책임을 이행 확인

항목	계산식
장애인 고용률	Σ(월별 장애인 상시근로자 수) / Σ(월별 상시근로자 수)

- 고용노동부' 장애인 의무고용 현황
- 5단계 평가

(6) 안전보건 추진체계

- 안전 리스크 저감 및 건강·복지 증진 등 안전보건 성과 개선을 체계적으로 추진하기 위한 안전보건추진체계 확인

- 안전보건경영시스템, 안전보건 정책, 안전보건 관리 규정
- ISO45001, KOSHA-MS 등
- 5단계 평가

(7) 산업재해율

- 안전보건 추진체계가 효과성 확인

항목	계산식
산업재해율	(재해자 수 / 연평균 근로자 수) × 100

- 산업재해 현황분석, 산업재해통계업무처리규정
- 3단계 평가

(8) 전략적 사회공헌

- 지역사회 일원으로서 공동의 환경·사회문제해결에 필요한 활동에 앞장서는 등 전략적 사회공헌(사회공헌 미션, 비전, 슬로건 등) 여부 확인
- 사회공헌을 추진하려는 조직의 노력 수준을 측정
- 5단계 평가

(9) 구성원 봉사참여

- 다양한 형태의 봉사활동 참여 인센티브 제도가 운영되고 있는지 확인

· 5단계 평가

4) 지배구조

지배구조(G)의 범주는 이사회 구성(1), 이사회 활동(2), 주주권리(1) 및 윤리경영(1)이며, 5개 진단항목으로 구성되어있다.

(1) 이사회 내 ESG 안건 상정
· 최고의사결정기구(이사회)가 ESG 관련 안건(ESG 위원회, 사회책임위원회, 투명경영위원회, 거버넌스위원회, 경영위원회, 감사위원회 등)을 보고 및 심의·의결 등 활동 여부
· 운영규정
· 3단계 평가

(2) 전체 이사 출석률
· 이사회 구성원이 이사회에 참가하여, 주요 안건에 대한 의사결정 활동확인
· 이사회 구성 현황, 이사회 회의록 등
· 5단계 평가

(3) 이사회 안건 처리
· 상정된 안건에 대해 독립적이고 전문적인 시각으로 수정 및 보완 의견을 제시 활동

- 이사회 구성 현황, 이사회 회의록 등
- 3단계 평가

(4) 주주총회 소집 공고
- 주주에게 주주총회 소집 공고를 다양한 채널로 전달하고 있는지 확인
- 주주총회 소집 통지서, 사업장 게시판, 홈페이지, 명의개서 대행사, 일간지(신문), 전자공시시스템 등
- 5단계 평가

(5) 윤리규범 위반사항 공시
- 구성원의 윤리규범 위반행위가 재발하지 않도록 내부개선 활동
- 5단계 평가

4. 중소벤처기업진흥공단 ESG 경영수준진단

고객사의 공급망 실사 시 ESG가 반영된 협력업체 평가대응, 투자자의 ESG 우수기업에 대한 우선 투자 및 자금 공급 시행 그리고 MZ세대를 중심으로 한 가치소비가 증가함에 따라 제품 선택 및 기업 선호도 결정에 주요한 요인이다. 중소벤처기업진흥공단에서는 이러한 요구 조건을 만족하기 위해 중소벤처기업의 ESG 경영수준을 4개 평가영역 및 26

개 세부 평가항목에 따라 전문가가 객관적으로 평가 및 진단을 수행하고 있다.

1) ESG 경영수준진단평가항목

영역	세부항목	배점
정보공시(P)	ESG 정보공시 형식	50
환경(E)	환경경영목표, 온실가스 배출량, 에너지 사용비율, 용수 사용량, 폐기물 배출량, 오염물질배출량, 환경법	425
사회(S)	목표 수립, 교육훈련비, 복리후생비, 취약계층고용, 안전보건추진체계, 공정거래, 지역사회공헌, 사회법	425
지배구조(G)	이사회 구성, 윤리경영, 지배구조법, 규제위반	100
총점		1,000

2) 상세 평가항목

(1) 정보공시(1개)

범주	평가항목
정보공시형식	ESG 정보 공시방식

(2) 환경(11개)

범주	평가항목
환경경영	환경경영목표 수립
	환경경영추진체계

범주	평가항목
온실가스	온실가스 배출량(Scope1, 2)
	온실가스 배출량 검증
에너지관리	에너지 사용량
	재생에너지 사용 비율
용수사용	용수 사용량
폐기물	폐기물 배출량
오염물질	대기오염물질 배출량
	수질오염물질 배출량
환경적·규제위반	환경적·규지위반

(3) 사회(11개)

범주	평가항목
목표	목표 수립 및 공시
노동	신규 채용 및 고용 유지
노동	교육훈련비
	복리후생비
양성평등 및 취약계층 고용	여성 구성원 비율
	취약계층 고용률
산업안전	안전보건 추진체계
	산업재해율
공정거래	공정거래
지역사회	전략적 사회공헌
사회법 및 규제위반	사회법 및 규제위반

(4) 지배구조(3개)

범주	평가항목
이사회 구성	이사회 내 ESG 안전상정
윤리경영	윤리규범 위반사항공시
지배구조법 및 규제위반	지배구조법 및 규제위반

5. ESG 관련 인증

ESG 경영과 관련된 주요 인증은 다음 표와 같다.

분야	인증
환경	ISO14001 환경경영시스템 ISO50001 에너지경영시스템 ISO14064-1 온실가스산정 등
사회적 책임	ISO26000 사회적 책임 ISO45001 안전보건경영 ISO22301 비즈니스연속성경영 ISO/IEC27701 개인정보보호 등
지배구조	ISO37001 부패방지경영 ISO37301 준법경영 ISO41001 시설관리 등

- 산업통상자원부, 「K-ESG 가이드라인」, 2021.
- 중소벤처기업진흥공단, 「ESG 경영수준진단」, 2022.
- 「GRI Standards」, Global Reporting Initiative
- 「SASB Standards」, Sustainability Accounting Standards Board
- 한국기업지배구조원, 「ESG 모범규준」, 2021.
- 한국거래소, 「ESG 정보 공개 가이던스」, 2021.
- 「ISO45001」, International Organization for Standardization, 2018.
- 고용노동부, 「산업안전보건법」, 2021.11.19.
- 환경부, 「온실가스·에너지 목표관리 운영 등에 관한 지침」, 2021.3.11.
- 법무부·환경부·고용노동부·산업통상자원부·국토교통부·공정거래위원회, 「중대재해 처벌 등에 관한 법률」, 2022.1.27.
- 한국표준협회, 「ESG 경영·평가 대응을 위한 ISO·IEC 국제표준 100선 가이드」, 2022.

박영일(PARK YOUNG IL)

학력
· 동신대학교 환경공학과 학사
· 숭실대학교 일반대학원 재난안전관리학과 석사

경력
· ESG 전문위원(한국ESG경영지원협회)
· 재난대응 안전한국훈련 중앙평가단(2017~현재)
· 재해경감 우수기업인증평가 위원(행정안전부)
· 민간 다중이용시설 매뉴얼 훈련자문단(2017~현재)
· 중소기업기술개발지원사업평가위원(2015~현재)
· 재해경감우수기업인증 시범사업(에너지, 유틸리티 분야)
· 기업재난관리사 강의(실무·대행·인증 분야)
· 연구사업 수행(중앙부서·지자체·공공기관)

자격

· ESG진단평가사

· 기업재난관리사(실무·대행·인증 분야)

· ISO9001/ 14001/ 22301/ 45001 심사원

· CFEI(미국 화재폭발 조사관)

· 안전교육 전문인력(자연재난/생활안전 분야)

· 학교안전교육전문인력(재난 분야)

저서

· 「재난시 사업연속성확보를 위한 리더십이 조직의 리질리언스에 미치는 영향 연구」 숭실대학교대학원, 2017.

· 『미래 유망 기술과 경영』 브레인플랫폼, 2021.(공저)

· 『안전기술과 미래 경영』 브레인플랫폼, 2021.(공저)

지식재산권

「전기접촉 단자(Electric contact terminal)」 외 4건

11장

기업의 ESG 경영과 소비자 행동

박종현

1. 들어가면서

1) 글로벌기업경영의 메가트렌드

우스갯소리로 우리나라 기업의 오너(대주주)들 사이에서 ESG 경영은 'E'는 이것저것 할 게 너무 많아서 싫고, 'S'는 돈이 많이 들어서 싫고, 'G'는 그냥 하기 싫다는 말들이 있다고 한다. 물론 웃자고 하는 얘기일 것이다. 그러나 이제 ESG는 싫든 좋든 기업경영에 있어서 선택의 여지가 없는 최우선 경영전략 과제가 돼버렸다. ESG를 하지 않는 기업은 수출, 투자자, 평가기관, 심지어 소비자에게도 외면받을 수 있는 위기에 직면해 있다고 해도 과언이 아니다. 그만큼 기업경영에서 외부 환경이 빠르게 변화하고 있는 것이다. 또한, 지구 곳곳에서 발생하는 기후위기의 원인인 온실가스 배출이 지구온난화를 가속화시키면서 ESG는 기업경영의 핵심요소로 굳혀지고 있다.

종전엔 돈을 얼마나 벌었는지 차원의 재무적 성과만이 기업의 존재가치로 생각되었다면, 이제는 기업이 어떤 과정을 거쳐 수익을 창출하고 있는지, 비재무적 관점에서 기업을 바라보는 시각이 점점 더 강화되고 있다. 한마디로 지구온난화로 인한 기후위기가 계속되는 한 ESG 경영은 한때 유행이 아닌 글로벌기업경영의 메가트렌드로 자리매김할 것으로 보인다.

2) 선택이 아닌 필수 전략

　삼성, SK, LG그룹을 비롯한 대기업들은 ESG를 경영의 주요 핵심가치로 삼고 발 빠르게 움직이고 있다. 국민연금도 ESG 경영에 미온적인 기업에 대해서 투자를 제외한다는 기조를 유지하고 있다. 또한, 일반기업뿐만 아니라 공기업, 공공기관, 지방자치단체까지도 ESG 경영에 합류하고 있다. 'ESG 공시 의무화 제도'가 시행되면서 자산규모 2조 이상 기업은 2025년까지, 모든 코스피 상장기업은 2030년까지 의무적으로 이행해야 한다. 한마디로 ESG 경영은 글로벌경영의 트렌드로 무역하는 기업과 투자를 유치해야 하는 기업, 또 소비자로부터 지속적인 사랑을 받으며 성장하기 위해서는 국가의 모든 조직체가 선택이 아닌 필수요소로 인식하고 있다.

　글로벌 대기업들은 협력사에 ESG 요구를 강화하고 있고, 대기업과 협력 관계를 유지하고 있는 협력사들도 ESG 경영을 요구받고 있다. 이들과 협력 관계를 유지하며 지속적인 성장을 하기 위한 중소·중견기업조차도 시간의 문제일 뿐 선택의 여지가 없는 녹록지 않은 경영 환경은 계속될 전망이다.

3) 핵심가치는 지속가능성

　ESG는 환경(Environment), 사회적 책임(Social), 지배구조(Governance)를 의미하는 기업의 지속가능성(Sustainability)을 평가하는 프레임이다.

이것은 기업활동에 매출, 이익 등의 재무적 요소만이 아니라, 환경과 윤리, 사회문제 등 비재무적 요소를 함께 고려한다면 지속가능한 발전을 이룰 수 있다는 가치를 담고 있다(손광표, 황원경, 2021).

'지속가능성'이란 현재 세대의 필요를 충족시키기 위하여 미래세대가 사용할 경제, 사회, 환경 등의 자원을 낭비하거나 여건을 저하시키지 아니하고 서로 조화와 균형을 이루는 것으로 정의하고 있다(지속가능발전법 2020.5.26. 제정).

4) 소비자도 ESG에 가세

소비자 측면의 ESG 역할과 중요성을 강조한 실증 연구에서는 ESG 자체가 제품이나 서비스의 가격 형성과 직접적인 연관이 없는 기업활동임에도 기업 이미지 형성을 통해 가격에 대한 공정성 지각으로 연결되어 기업에 대한 태도 및 충성도에 긍정적인 영향으로 작용한다는 것을 확인하였다.

특히 소비자와 맞닿아있는 유통산업은 4차 산업혁명 기반 기술 중심의 이른바 '리테일테크(Retail tech)'로 유통 서비스가 고도화되는 유통 4.0 시대를 맞이함과 동시에, 코로나19 영향으로 비대면·언택트(Untact) 경제로의 전환으로 디지털 전환이 가속화되고 있다. 이러한 변화로 온라인 채널이 폭발적으로 증가하면서 '리테일 아포칼립스(Retail apocalypse: 오프라인 소매업의 종말)' 현상(삼정 KPMG, 2021)과 함께 옴니

채널(Omni-channel) 등의 등장으로 온-오프라인 경계 융화 등 유통산업의 카테고리 경계가 사라지는 '빅블러(Big blur: 기존에 존재하는 것들의 경계 융화)' 현상까지, 무한경쟁의 시대로 접어들면서 유통 패러다임은 급격하게 변화하고 있다(박윤나·한상린, 2021).

따라서 본 고에서는 ESG가 글로벌경영 트렌드의 핵심가치로 떠오르는 상황에서 기업의 ESG 경영과 소비의 주체인 소비자 행동 관점에서 간략하게 살펴보고자 한다.

2. ESG의 이론적 배경

1) ESG 개념

ESG란 기업의 비재무적 요소인 환경(E), 사회(S), 지배구조(G)의 머리글자로, 사회적 책임 혹은 지속가능성의 관점에서 투자의사 결정 시 기업의 재무적 요소와 함께 고려하고 있는 핵심요소다.

환경(Environment)은 기업의 경영활동 과정에서 발생하는 환경영향 전반을 포괄하는 요소들이 포함되며, 최근 기후변화와 관련된 탄소중립, 재생에너지 사용 등이 중요한 요소로 부각하고 있다. 사회(Social)는 임직원, 고객, 협력회사, 지역사회 등 다양한 이해관계자에 대한 기업의 권리와 의무, 책임 등의 요소가 포함되고, 최근에는 인권, 안전보건에 대한 이슈가 화두가 되고 있다. 지배구조는(Governance) 회사의 경영진과 이사회, 주주, 및 다양한 회사의 다양한 이해관계자의 권리와 책임에 대한 영역으로 이사회의 다양성, 임원 급여, 윤리경영 및 감사기구 등이 강조되고 있다.

2) 등장 배경과 확산

ESG의 등장은 경제사회가 성숙해지면서 지난 20세기까지 경험해온 것과 같은 시장의 확대는 어려워진 반면, 지금까지 인류의 경제활동이 기후변화를 일으키고, 성장의 결과로 나온 격차가 사회의 불균형을 일으키고 있는 상황 속에서 '어떻게 성장을 이룰까'로부터 '어떻게 성장을 지속할까'로 사람들의 관심과 아젠다가 변했기 때문이다(서용구 외, 2022).

특히 ESG는 코로나19의 팬데믹 경험과 기후변화 문제가 맞물리면서 국제사회의 위기와 함께 사회문제에 대한 심각성이 대두되면서 기업경영의 새로운 가치관이 필요해졌다. 그 결과로 ESG는 급속하게 확산하였다. 아울러, 주력 소비자로 떠오른 MZ세대의 '미닝아웃(Meaning-out: 신념을 표출시키는 소비행위)'과 같은 가치소비의 확산과 환경, 사회, 공정성 이슈 등이 기업의 실질적인 ESG 실행을 가속화시키고 있다. ESG는 어느 날 갑자기 등장한 새로운 개념이 아니다. ESG를 관통하는 근원적 가치는 '지속가능성'이라 할 수 있으며, 이것은 이미 오래전부터 국제사회에서 논의되어온 개념이다.

'지속가능성'은 1987년 유엔환경계획(UNEP)의 세계환경개발위원회(WCED)가 발표한 브룬트란트보고서(The Brundtland Report)「우리 공동의 미래」에서 '지속가능한 발전'이 중요한 의제로 등장하면서 광범위한 논의가 시작되었다. 이후 1992년 유엔환경개발회의(UNCED)의 글로벌 지속가능성 회의에서 환경, 사회를 아우르는 경영활동이 필요하다는 인식이 형성되면서, 2004년 UN 글로벌 콤팩트(UNGC)의「Who Cares Wins」보고서에서 'ESG'라는 용어가 처음으로 등장한다(정승환, 2021).

2005년 UNEP의 재정 이니셔티브(UNEPFI)가 글로벌 로펌인 프레쉬필즈 브룩하우스 데링거(Fresh fields Bruckhaus Deringer)와 협력하여 ESG와 투자의 기준 관계에 관한 법적해석보고서를 발간했다. 이 보고서는 투자전략에 환경, 사회, 지배구조 요소를 어떻게 내재화할 것인가에 대한 본격적인 논의로 투자 기준 분석에 ESG 요소를 포함하는 것이 정당할 뿐만 아니라 투자를 위탁받은 이의 수탁 의무에 해당한다는 규범을 정립하는 신호탄이 되었다. 이는 곧 글로벌 규검으로 해석되기 시작했고 기관투자자들을 중심으로 ESG 중심의 투자가 가능하게 된 계기가 되었다.

2006년 UN은 전 세계 주요 금융기관과 함께 유엔책임투자원칙(UNPRI)을 제정하고 공론화되면서 많은 국제기관에서 ESG 관련 국제표준 및 이니셔티브(Initiative)를 출범하며 발전해왔다. 시장에서 ESG의 도입과 본격화는 2006년 UNPRI(UN Principles for Responsible Investment, 유엔책임투자원칙)를 기점으로 볼 수 있다.

3) 유사한 개념들(CSR, CSV, SDGs)

CSR은 평판 리스크 대응을 위한 비교적 소극적인 기업의 사회적 책임으로 이익과 무관한 사회를 위한 활동이다. 1953년 Howard Bowen의 '기업가의 사회적 책임'에서 CSR의 개념을 본격적으로 제시하며, 기업가의 사회적 의무를 체계적으로 설명하였다(김성훈, 2006). 주주만이 아닌 종업원, 고객, 거래처, 지역사회 등 이해관계자를 고려한 사회적 책임을 다하기 위한 활동을 경영에 반영한 것이다.

CSV는 CSR에서 한 단계 더 진화한 개념으로 2011년 하버드대 경제학과 Michael Porter 교수가 주장한 개념으로, 기업의 목적인 경제적 수익과 사회적 가치를 동시에 창출하는 공유가치창출의 경영전략이다(최재천 외, 2021). 경영의 대가 Philip Kotler 는 "소비자의 이성에 호소하던 마켓 1.0 시대와 감성 공감에 호소하던 2.0의 시대에서, 소비자의 영혼에 호소하는 마켓 3.0의 시대가 도래하였다"라고 주장 하며, CSV 기반 미래 시장의 경영전략을 제안했다. CSV는 '기업의 핵심역량을 통해 사회적 책임을 다하는 것이 비즈니스 성과로 연결된다'는 개념으로 경제성측면에서 ESG와 맥을 같이 한다고 볼 수 있다. CSV의 발상은 2015년 발표된 UN SDGs로 이어졌다(서용구 외, 2022).

SDGs는 지속가능발전목표를 말하며 2015년에 UN이 채택한 '인류 공통의 해결 의제'다. UN은 2000년부터 2015년까지 시행된 밀레니엄 개발목표(MDGs)를 종료하고, 2016년부터 2030년까지 달성을 목표로 SDGs를 새로 시작했다. 인류의 보편적 문제(빈곤, 질병, 교육, 성평등, 난민, 분쟁 등)와 지구 환경문제(기후변화, 에너지, 다 내·외경제 등) 17개 목표(Goal)와 169개 실행 목표(Target)들을 해결하고 이행하려는 국제사회의 공동목표라고 할 수 있다(강신봉, 2022). ESG 경영의 선두 기업들은 SDGs의 여러 세부 목표들을 지침서로 활용하여 지속가능경영목표를 설정하고, 정량 지표로 관리한다. ESG 각 항목에 대해 달성할 목표를 숫자로 제시하고, 매년 지속가능경영보고서를 통해 업데이트하고 있다(이현주, 2021). 한마디로 CSR은 기업의 이해관계자 관점, CSV는 기업의 관점, ESG는 투자자의 관점에서의 경영 트렌드로 개념과 범주, 관점에서 명확하게 구분되며, ESG는 지속가능성이란 측면에서 주목받는 개념이라 할 수 있다.

3. ESG가 기업경영에 중요한 이유

기업경영에서 ESG는 이제 선택이 아닌 필스적 고려사항이 되고 있다. 왜일까? "사회적, 환경적으로 좋은 영향을 미치는 기업에 대한 시장의 평가가 우수하고, 이에 따라 경영전략과 경쟁력 및 기업 신용도에 중요한 비중을 차지하기 때문이다"(이경수, 2020).

한마디로 기업가치의 패러다임이 바뀌고 있기 때문이다. ESG는 1987년 발간한 브룬트란트보고서에 언급된 지속가능한 발전에서 시작돼 2006년 UNPRI를 통해 구체화 되었다. 국내에서는 2025년부터 의무화가 예정된 지속가능경영보고서 '공시'는 UNPRI 실행과 TCDD 재무 정보공개 권고안 발표, 각국의 ESG 공시 의무화 일정에 맞춰서 준비되고 있다. 여기에 더해 2019년 BRT 선언이나 2020년 세계경제포럼에서 이해관계자를 고려한 기업경영과 자본주의가 강조되면서 ESG의 중요성은 더욱 주목받고 있다(강신봉, 2022).

따라서 ESG 활동이 기업경영에 중요한 이유는 크게 4가지로 보고 있다. 첫째는 ESG 규제강화, 둘째는 투자자의 ESG 요구 증대, 셋째는 기업평가에 ESG 반영, 넷째는 고객의 ESG 요구가 증대되고 있다는 점이다. 즉 기업은 ESG가 이제 선택이 아닌 기업의 지속가능성장을 위해서 필수적 고려사항이 돼버린 것이다.

ESG 규제가 강화되면서 기업은 ESG 정보공시 의무가 강화되고, 2050년 탄소 배출 넷 제로(NET-ZERO)달성을 위한 탄소 감축 규제강화 및 기업의 준수 노력이 요구되어진다. 투자자의 요구는 기업지배구조 개선을 도모하는 스튜어드십 코드 강화, 연기금과 자사 운용사 등의 책임투자 및 ESG 투자전략 활용이 확대된다. 게다가 ESG 경영이 기업평가에 중요한 화두로 주목받고 있는데 글로벌 신용평가사라든가 국내 평가기관이 ESG 요소를 신용평가에 적극적으로 반영하고 있다.

마지막으로 고객의 ESG 요구가 증대됨에 따라 기업은 공급망 관리와 협력업체 선정에 과거보다 더 중요한 잣대로 들여다볼 것이고, 친환경 제품을 생산하는 기업 중심으로 소비자 구매 행동이 이루어질 것이다. 사실 ESG는 투자자 관점에서 시작되었다고 볼 수 있다. 하지만 우리나라 기업이 눈여겨 볼만한 것은 MZ세대 중심으로 기업의 ESG 경영을 강하게 요구하고 있는 징후가 이곳저곳에서 '착한소비'나 '불매운동'으로 표출된다는 것이다.

결국 ESG는 기업가치의 '뉴 패러다임' 전환을 이끌 것으로 전망된다. 기존 재무적 관점의 경영전략에서는 재무성과를 창출하는 데 주력하며 재무제표 공시를 통해 성과를 외부에 공표해왔다. 그러나 ESG는 대표적인 비재무 성과로 지속가능경영보고서 공시와 ESG 콘텐츠를 통해 그 성과를 외부에 알려야 한다. 앞으로는 이러한 재무 및 비재무 성과가 기업의 경영전략과 공시보고서에 통합되는 방향으로 패러다임이 변화할 것으로 예측하고 있다.

4. ESG의 명과 암

ESG와 기업가치와의 영향을 분석한 연구들에서 ESG 활동은 기업이 환경과 사회에 초래할 수 있는 불이익을 최소화하고, 지배구조의 효용성을 극대화함으로써 기업의 지속가능성과 장기적 가치에 큰 영향을 주는 요소로 인식되고 있다(강원·정무권, 2020). 따라서 기업은 경영 과정에서 경제적, 사회적, 환경적 부분을 모두 고려하지 않을 경우 지속가능한 경영을 할 수 없다고 주장하고 있다(조대형, 2021).

ESG와 재무성과와의 실증분석 연구에서도, ESG는 장기적으로 기업가치와 기업의 지속가능성에 큰 영향을 주는 요소임을 실증적으로 주장하였으며(장승욱, 김용현, 2013), 또한 기업의 ESG 평가정보 및 이익관리가 기업가치에 미치는 영향과 ESG 평가정보의 일부가 기업가치에 양(+)의 영향을 미치는 것을 확인한 ESG 평가와 기업가치의 상관관계에 관한 실증분석 연구도 있다(임종옥, 2016).

ESG 경영을 잘하는 기업에 대한 소비자의 생각

설문 항목	응답률
이미지가 좋아진다.	84.9%
응원하고 싶어진다.	82.6%
신뢰감이 생긴다.	80.9%
해당 기업의 제품/서비스 이용하고 싶다.	76.5%

출처: 글로벌리서치/한경 ESG 조사(소비자 4천 명, 2022)

한편 유통산업에서 유통기업은 고객과의 직접적인 접촉을 맺고 있기 때문에 기업의 사회적 책임 활동 관련 성과와 더불어 사회 전반에 미치는 영향력이 크고(전광호, 김성진, 2014), 소비자 관점에서 기업의 사회적 책임 활동의 효과를 실험한 연구에서는 지역사회, 환경문제, 기부활동 및 제품과 관련된 윤리성 등이 다뤄지고 있었다(김해룡 외, 2005). 기업의 사회적 책임에 대한 소비자의 기대와 기업의 환경보호 및 사회공헌 활동의 실제 평가 결과가 관성적 구매와 같은 소비 의사결정에 영향을 미친다는 연구도 있다(전유정, 유현정, 2018).

그러나 기업의 ESG 경영과 관련한 다양한 연구가 국내·외에서 활발히 이루어지고 있으나, 유통산업에서의 ESG 연구는 타 업종 대비 매우 부족한 실정이다. 따라서 유통산업 생태계의 모든 이해관계자가 ESG 활동과 실천 중 어디에 관심을 두고, 지속가능한 사회적 책임을 이행해야 하는지에 대한 논의가 조속히 이루어져야 할 시점이다(서용구 외, 2022). 아울러, 현재 ESG에 대한 평가도 국내·외 평가기관에 따라 그 기준이 다르고, 제한적, 정량적으로 공개한 정보만으로 평가하고 있기 때문에 ESG를 도입하고 실행하려는 많은 기업에게 혼선을 주고 있기도 하다. 대표적인 국내 평가기관으로는 한국기업지배구조원, 한국거래소, 국민연금, 서스틴베스트, 지속가능발전소가 있고 해외의 대표적인 평가기관으로는 MSCI, S&P CSA, 서스테이널리틱스 등이 있다.

이에 정부에서도 기업의 ESG 경영의 필요성과 ESG 경영추진 평가대응에 대한 기업의 애로가 증가하고 있고, 중소·중견기업은 ESG 경영 도입을 위한 역량과 지식이 부족하기 때문에 해결방안으로「K-ESG 가이드라인」을 만들었다. 산업통상자원부에서 만든 K-ESG 기준(2021. 12. 제정)은 기업의 ESG 경영과 평가대응방향 그리고 국내 상황을 고려한 ESG 요소를 제시하고자 했으며, 산업 전반의 ESG 수준 제고를 위한 범용적 가이드라인을 제시했다.

5. ESG 경영의 변화(유통업)

《한국경제신문》이 2022년 시가총액 상위 100대 기업의 ESG 실무자들을 대상으로 설문조사한 결과, ESG 경영을 담당하는 별도 조직을 운영하는 곳은 전체 기업의 89%에 달했다. 1년 전에는 54% 기업만이 '별도의 ESG 조직을 꾸리고 있다'라고 답했다. ESG 조직을 책임지는 총괄자의 직급은 팀장급(42%)이 가장 많았다. 사장급 이상이라고 답한 비율도 20%에 달했다.

ESG 경영과 관련된 연간 목표 및 계획을 수립했다고 답한 비율은 지난해 78%에서 올해 94%로 늘었다. 연간 목표에 포함된 항목도 달라졌다. 2021년 5위였던 '안전사고 예방' 항목은 올해 2위를 차지했다. 산업현장에서 사고 발생할 시 최고경영자(CEO)를 처벌하는 것을 골자로 한 「중대재해처벌법」이 시행된 영향으로 풀이된다. 10곳 중 7곳(68%)은 이사회 내 별도의 'ESG 위원회'를 두고 있다고 답했다. 2021년에는 37%만 별도 'ESG 위원회'가 있다고 했다. ESG 경영 계획을 짜기 위해 외부 컨설팅을 받은 비율도 지난해 49%에서 올해 64%로 15% 포인트 증가했다.

1) 현대백화점

국내 3대 메이저 백화점인 현대백화점은 2022년 6월부터 100% 재생용지로 만든 친환경쇼핑백을 전국 16개 점포에 도입했다. 이를 통해 기존에 매년 800만 장 이상 쇼핑백 제작에 사용되는 나무 약 13,200그루를 보호하고, 이산화탄소 배출량을 약 3,300톤 줄일 수 있을 것으로 전망하고 있다(한국경제신문 2022.5.23).

2) 롯데백화점

롯데백화점은 지난 몇 년간 대표적 사회공헌 캠페인 '리조이스'를 중심으로 ESG 캠페인 활동에 앞장서고 있다. 2017년에 론칭한 사회공헌 캠페인 '리조이스'는 여성 우울증 인식 개선을 목적으로 시작해 총 4개의 심리상담 제공 전문시설을 운영하고 있으며, 2,000건 이상의 상담을 진행했다. IGDS(대륙간백화점협회)가 주관하는 '세계 최고 지속가능성·CSR 캠페인' 어워즈에서 최우수 캠페인 10개 중 하나로 롯데백화점의 사회공헌 캠페인인 리조이스가 선정됐다. 또한 롯데백화점은 2021년 롯데쇼핑이 발표한 통합 ESG 캠페인 브랜드 '리얼스'를 고객들이 참여하는 환경 캠페인 브랜드로 론칭하고 6월부터 본격적인 활동을 시작했다(한경비즈니스 2022.7.6).

3) 신세계그룹

신세계그룹은 2021년 4월 주요 계열사인 이마트와 신세계에 ESG 위원회를 설립한 데 이어 5월에는 신세계인터내셔날, 신세계푸드, 광주신세계, 신세계아이앤씨, 신세계건설에도 ESG 위원회를 신설해 그룹 내 7개 전 상장사에 ESG 위원회 설치를 완료했다. 신세계그룹은 향후 각사별로 ESG 경영을 담당할 전담조직을 구성하고 ESG 경영을 위한 기틀을 잡아간다는 전략이다. 또한, ESG 위원회 설치에 이어 향후 ESG 경영에 대한 비전과 전략을 수립해 이를 실천하는 실행전략도 세울 예정이다. 실행 내용을 바탕으로 지속가능경영보고서를 발간하는 등 그룹사 전반에 ESG 경영수준을 높이는 것을 목표로 하고 있다.

신세계그룹이 ESG 경영을 확대하는 이유는 ESG 경영이 외부 투자, 주가 등 기업활동에 직접적으로 영향을 미치는 '뉴 패러다임'으로 자리 잡은 만큼, 그룹 전체의 경영활동에 중요한 고려 요소로 삼기 위함이다(녹색경제신문 2022.9.20). 이처럼 오프라인 소비의 최대 플랫폼인 국내 메이저 백화점들이 앞다투어 ESG 경영에 박차를 가하는 것은 기업의 ESG 경영을 바라보는 소비자의 인식과도 무관하지 않음을 방증하는 것이다.

6. ESG와 소비자 행동

코로나19 팬데믹으로 기후변화의 위험을 일상으로 체감하고, ESG 경영 확산으로 다양한 기업정보를 접하게 되면서 소비자의 소비 형태와 기업에 대한 요구도 변화하고 있다. 대표적인 변화로 꼽을 수 있는 게 '미닝아웃(MeaningOut)'이다. 미닝아웃은 정체성을 드러낸다는 의미의 '커밍아웃(ComingOut)'과 '신념(Meaning)'이 합쳐진 말로, 소비를 통해 자신의 가치관이나 신념을 표출하는 행위를 말한다. 기업이 환경보호에 기여하는지, 제품이 윤리적으로 생산되는지 등을 고려해 구매를 결정하는 '착한소비'를 의미한다.

시장조사 전문기업 엠브레인 트렌드모니터가 2020년 실시한 '착한소비 활동' 설문조사에 따르면, 소비자 10명 중 7명이 '착한소비를 실천하는 사람이 늘 것이다', '착한소비에 동참할 의향이 있다'라고 답했다. 또한 '착한소비는 친환경소비를 의미한다'라는 응답이 59%로 가장 많았다. 소비 행태가 착한소비, 친환경소비로 바뀌면서 기업의 ESG 활동이 소비자의 구매 행동에도 영향을 주는 것으로 나타났다.

2021년 5월 대한상공회의소가 국민 300명을 대상으로 실시한 'ESG 경영과 기업 역할에 대한 인식' 설문조사에 따르면, 응답자의 63%가 '기업의 ESG 활동이 제품 구매에 영향을 준다'라고 응답했고, 70.3%는 'ESG 활동에 부정적인 기업의 제품을 의도적으로 구매하지 않은 경험이 있다'라고 답했다. ESG 소비문화가 정착되면서, 기업의 ESG 활동을 소비자에게 효과적으로 전달하고 공감을 얻는 소통전략의 중요성이 강조되고 있다.

2022년 《한경 ESG》에서 20대 이상 성인 남녀 소비자 4,000명을 대상으로 기업 'ESG 브랜드 조사'를 글로벌리서치에 의뢰했다. 2021년에 이어 두 번째 조사다. '2022 ESG 브랜드 조사'는 각 기업의 ESG 활동이 일반 소비자에게 어떻게 평가되는지 보는 지표다. 이번 조사에서 특이한 점은 ESG에 대한 용어 인지율이 69.2%에 달했고, ESG에 관한 내용까지 잘 안다는 응답이 20대가 11.7%로 다른 연령대 대비 가장 높았다. 또한, 응답자의 70%가 'ESG가 중요하고, 더 알고 싶다'라고 답했다. 그러나 20~30대 MZ세대의 경우 ESG 경영을 잘하는 것으로 알려진 기업의 진정성(Green Washing)에 대한 의구심이 다른 연령대에 비해 많다고 조사된 것은 ESG 경영을 하는 기업에 많은 시사점을 던져 주고 있다(한경 ESG 2022.8).

ESG에 대한 소비자의 관심은 중국도 예외는 아니다. 삼일 PWC가 발표한 '글로벌컨슈머 인사이트 서베이 2021' 조사 결과에 의하면 조사에 응한 중국 소비자 중 70% 이상이 환경친화적 포장, 친환경분해 가능 제품, 친환경회사의 제품에 대한 선호도를 묻는 질문에서 '그렇다'라고 응답했다고 한다. 기업이 지속해서 성장하기 위해서는 정통적인 기업관리의 패러다임인 재무적 성과가 ESG라는 비재무적 관점에서 기업의 리스크 관리를 통해 창출될 수 있다는 인식이 매우 중요하다고 할 수 있다.

최근 유통산업에 패러다임 변화를 가져온 두 가지 이유는 인구구조 변화와 기술의 진보라 할 수 있다. 고령화와 MZ세대의 부상으로 주력 소비층이 변하고, 1인 가구와 여성의 사회활동 인구 급증으로 생활 방식이 변화되고 있다. 또한 4차 산업혁명의 가속화로 소비자의 기대치와 니즈도 크게 변화하고 있다. 이에 대한 대응력을 높이기 위해 코로나19를 만나면서 비대면 온라인 플랫폼화 등 유통산업은 급격히 변화하고 있다.

소비자의 실생활과 밀접하고 접점이 많은 유통산업은 패러다임 변화와 함께 ESG 경영에 대한 사회적 요구가 커지면서 소비자의 기업에 대한 인식과 평가 역시 중요해졌다. 과거 소비자들은 양질의 상품과 서비스 자체를 중요시하였으나, 최근 소비자들은 사회적 가치에 대한 인식이 높아지면서 상품 자체의 가치 이외에 기업의 사회적 책임 활동이나 사회공헌 노력 역시 중요하게 여기고 있다(김수연 외, 2021). ESG가 유통산업에 있어 경영의 화두로 떠오른 것은 지속가능성의 보다 구체적인 실행의 개념인 동시에 지표로써 투자자는 물론 소비자에게 기업을 평가하는 중요한 요소로 인식되고 있기 때문으로 볼 수 있다.

딜로이트가 발표한 국내·외 비재무평가(DJSI, MSCI, CGS 등) 종합분석을 통한 산업별 ESG 우선순위 이슈에서 유통산업은 'E'와 'S'에서 경영 이슈가 집중되고 있음을 알 수 있다. 특히, 임직원들의 안정된 고용과 건강한 노동환경에 우선순위를 두고 ESG 경영을 해야 함을 강조하며, 투자자와 고객 입장에서는 비즈니스 윤리즉 가치가 있는 성장하는 기업에 매력을 느낄 수밖에 없으므로 기업 들은 끊임없이 경영환경 리스크를 센싱(Sensing)하고 재무적인 성장도 동시에 창출해야 한다고 비즈니스 특성을 기반으로 분석하고 있다(이준희, 2020).

7. 마무리하면서

　기업경영에서 '뉴 패러다임'으로 자리 잡은 ESG는 이미 세계 주요 기업이 경영의 기준이 되고 있다. ESG는 기업의 경제적 성과뿐만 아니라 기업활동의 친환경, 사회적 책임, 지배구조 개선의 비재무적 지표를 함께 고려해 지속가능한 발전을 모색하는 경영전략이다. ESG의 본질은 소비자, 직원, 투자자, 정부, 공동체, 주주 등 이해관계자를 만족시키며 경제적 가치와 사회적 가치를 동시에 추구하는 데 있다.

　또한 다양한 실증 연구에서도 ESG 경영을 하는 기업의 평가(정량적, 정성적)가 대체로 긍정적으로 나타나고 있다. 소비자 역시 ESG 기업에 대한 느낌이 호의적이고 해당 기업에 대한 상품과 서비스 이용에 대해서도 긍정적인 반응을 보이고 있다. 따라서 ESG를 규제 수단과 비용으로 인식하기보단 기업경영의 '뉴 패러다임'으로써 좀 더 적극적으로 태도 변화를 보일 필요가 있다.

　또한 기업의 ESG 경영에 대한 진정성만이 소비자의 행동을 긍정적으로 자극할 수 있다. 특히 MZ세대로 불리는 20~30대들은 디지털 환경에 매우 친숙한 세대다. 게다가 사회적 가치실현, 공정, 정의, 투명성에 큰 가치를 두고 있다. 따라서 기업은 MZ세대의 성향에 대한 정밀한 연구가 요구된다.

　마지막으로 상품과 서비스를 구매하는 유통현장은 온·오프라인의 경계가 허물어지고 있다. 소비자의 구매 행동도 e커머스가 오프라인을 추월했다. 따라서 기업들은 디지털 신기술(AI, 메타버스 등)을 활용한 비즈니스 혁신과 함께 ESG 경영에서도 디지털 기술을 기반으로 보다 미래지향적이고, 투명한 '디지털 ESG 경영전략'을 구사할 경영체계의 구축이 필요한 시점에 와 있다.

- 강원·정무권, 「ESG 활동의 효과와 기업의 재무적 특성」, 2020.
- 최재천 외, 「환경의 역전: ESG 경영의 과거, 현재, 미래」, 2021.
- 김수연 외, 「한·중 유통기업의 ESG 경영에 대한 2030 소비자 인식 연구」
- 서용구·이현이·정연승, 「유통산업의 ESG 전략과 사례-월마트, 아마존, 이마트, 쿠팡을 중심으로」, 2022.
- 한국경제신문, 『한경 ESG』, 2022.8.
- 손광표·황원경, 「소비자가 본 ESG와 친환경 소비 행동」, KB금융지주설영연구소트렌드보고서, 2021.
- 박윤나·한상린, 「기업의 ESG 활동이 기업 이미지, 지각된 가격 공정성 및 소비자 반응에 미치는 영향」, 2021.
- 정승환, 「2003년 유엔환경계획 FI서 첫 등장, ESG, CSR과 개념 달라」, 매일경제, 2021.4.21.
- 이현주, 「ESG 경영의 짧지만 긴 역사, 브룬트란트보고서에서 지속가능경영까지」, 한경비즈니스, 2021.3.30.
- 임종옥, 「ESG 평가정보 및 이익관리가 기업가치에 미치는 영향」, 2016.
- 이나경·임수연, 「산업 분야에서의 ESG 활용을 위한 기초적 연구 – 미국 시가총액 상위 5개 기업을 중심으로」, 2021.
- 이준희, 「한국기업들의 ESG 경영을 위한 변화」, 2020.
- 조대형, 「ESG 글로벌 추진현황과 사례」, 2021.
- 이호배·이철성·심경환, 「기업의 사회적 책임 활동이 구매 의도에 미치는 영향: 지각된 소비가치의 매개효과와 윤리적 소비성향의 조절효과를 중심으로」, 상품학연구32, 2014.
- 김해룡 외, 「기업의 사회적 책임에 대한 척도 개발」, 2005.
- 장승욱·김용현, 「기업의 ESG와 재무성과」, 2013.
- 김성곤, 「지속가능성장과 ESG 경영」, 한국경제, 2022.9.20.

· 산업통상자원부, 「K-ESG 가이드라인 v1.0」
· 양현석 기자, 「신세계그룹, 지속가능경영보고서 발간」, 녹색경제신문, 2022.9.20.
· 이현주 기자, 「롯데백화점, ESG 캠페인 대대적 개편」, 한경ESG, 2022.8.11.
· 한국경제신문, 2022.5.23.

박종현(PARK JONG HYUN)

학력
· 경제학사, 경영학 석사
· 경영학 박사과정

경력
· (현) 경기대학교 산학협력중점 교수
· (현) KCA(한국컨설턴트 사관학교) 전임교수
· (현) 서울데일리뉴스 취재국장
· (현) 공공기관 용역제안서 평가위원
· (현) NCS 공공기관 블라인드 채용 면접위원
· (현) 공무원 채용 면접위원
· (현) 한국산업인력공단 HRD 능력개발 전문위원
· (현) 경기도 경제과학진흥원 전문위원
· (현) 한국콘텐츠진흥원 전문위원
· (현) 충남경제진흥원 전문위원

- (현) 대구전통시장진흥재단 전문위원
- (현) 안양산업진흥원 전문위원
- (현) 중소기업유통센터 전문위원
- (현) (사)중장년고용협회 전문위원
- (현) KBS 스포츠예술과학원 전임강사
- (현) 서울신용보증재단 창업강사
- (현) (사)한국 동양사상연구회 학술위원
- (전) 대한민국 ROTC 23기 임관
- (전) 삼성그룹 공채 28기 입사
- (전) 신세계 백화점 상품본부 MD
- (전) 신세계 이마트 지점장
- (전) 삼성전자(판) 마케팅기획 그룹장
- (전) 전자랜드 마케팅본부장
- (전) SK네트워크스 IM총괄 MD 고문
- (전) HR 컨설팅그룹 컨설턴트

저서
- 『신중년 N잡러가 경쟁력이다』 브레인플랫폼, 2021.(공저)
- 『공공기관 채용의 모든 것』 브레인플랫폼, 2021.(공저)
- 『공공기관·대기업 면접의 정석』 브레인플랫폼, 2020.(공저)
- 『인생 2막 멘토들』 렛츠북, 2020.(공저)
- 『창업과 창직』 브레인플랫폼, 2020.(공저)
- 『공공기관 합격 로드맵』 렛츠북, 2019.(공저)
- 『이마트에서 배우는 장사 노하우』 무한, 2010.
- 『장사를 잘하려면 이마트 배워라』 무한, 2004.

자격
- 전경련 ESG 전문가(전경련국제경영원)

· AACPM(미국 상담심리치료학회) 인증 국제 조직코치
· Professional Interviewer(PI), 선발면접어세서(SIA)
· 심리상담사 1급, 창업지도사 1급, 창직컨설턴트 1급
· AI 역량검사(면접) 컨설턴트 1급, 노인심리상담사 1급
· 빅데이터 전문가, 방송SNS콘텐츠 전문가
· 사주애널리스트

SNS

· 블로그: 사주마케팅 전략연구소, 공공기관 취업 전략연구소
· 유튜브: 사주마케팅TV
· 이메일: eowhduddud@naver.com

12장

ESG 공급망 관리 - 중소기업 공급망 ESG 중요이슈 및 대응사례

구형기

1. 들어가며

경영은 환경에 따라 변화해간다. 최근 경영을 둘러싼 환경의 특징을 알아본다면 현재의 기업경영에 있어 어떤 것이 중요시되는지 파악할 수 있다. 최근에 시장 불확실성 증가로 인해 지속가능경영에 대한 필요성이 대두되고 있다. 또한 기업의 지속가능성을 평가하는 지표로서 ESG가 활용되고 있으며, 이를 경영에 반영하는 ESG 경영의 도입 필요성이 고조되고 있다. 이런 상황 속에 기업활동의 네트워크라고 볼 수 있는 공급망 ESG는 무엇인지, 또 ESG 경영을 위하여 앞으로 중소기업들이 어떻게 준비를 해야 하는지를 다음과 같이 알아보고자 한다.

첫째, 공급망 ESG의 개념과 범위에 대하여 알아본다. 둘째, 중소기업 공급망 ESG 중요이슈에 대해 알아본다. 셋째, 대기업과 중소기업의 공급망 ESG 기업 사례에 대해 알아본다.

2. 공급망 ESG의 개념과 범위

1) 공급망 ESG의 개념

전 세계적으로 글로벌산업구조는 점점 더 복잡해져 가고 경쟁도 치열해지고 있다. 이런 상황에서 ESG 측면에서는 공급망 내 지속가능성에 대한 이슈가 비즈니스에 직간접적으로 영향을 주는 사례들이 빈번히 나타나고 있기 때문에 기업에서는 이와 관련된 리스크 관리의 중요성이 매우 높아지고 있다. 그러면 공급망에 대하여 용어와 개념에 대하여 살펴보겠다.

공급망의 개념정리

용어	개념
공급망	-공급사슬(Supply Chain) -원자재조달에서 부터 중간재및 최종제품이 고객까지 전달되는 운송.사용후 폐기및회수까지의 전체 네트워크 흐름
공급망관리	-공급망관리(Supply Chain Management, SCM) -원자재공급처로 부터 생산자.배포자.고객에 이르는 물류의 흐름을 하나의 가치사슬관점에서 파악하고 필요한 정보가 원활히 흐르도록 지원하는 경영혁신시스템
공급망 CSR	-제품과 서비스의 생명주기 전반에 걸쳐 경제적.사회적.환경적 영향을 관리하는 활동으로 협력업체에 대해 일정수준이상의 CSR(사회적책임)활동을 요구하는것
공급망 ESG	-기존 공급망 CSR의 개념과 유사하며 최근 ESG경영이 대두되면서 E(환경).S(사회).G(지배구조)측면에서 공급망내 지속가능성과 리스크관리를 위한 네트워크시스템

공급망이란 공급사슬을 뜻한다. 원자재구매부터 완제품이 최종소비자가 사용 후 폐기 및 회수까지의 전체 네트워크의 흐름이라고 할 수 있다. 이러한 네트워크의 흐름을 관리하는 것이 바로 공급망 관리다.

공급망 관리는 SCM으로 주로 부르는데, 원자재업체에서 생산자, 배포자, 고객까지의 물류의 흐름을 가치사슬 관점에서 파악하고 필요한 정보가 원활히 흐르도록 지원하는 경영시스템이다.

이와 관련해서 공급망 CSR은 기존공급망 관리에 제품과 서비스의 전반에 걸쳐 경제적, 사회적, 환경적 영향에 대하여 사회적 책임을 요구하는 것이라고 할 수 있다. 또한 공급망 ESG는 환경, 사회, 지배구조측면에서 공급망 내에 있는 지속가능성과 비재무적 리스크 관리까지 포함시키는 네트워크시스템이라 할 수 있다.

2) 공급망 관리의 범위

이와 같이 공급망의 개념에 대하여 알아보았다. 다음으로는 공급망이 어디까지 적용되는지 공급망 관리의 범위에 대하여 알아보겠다. 최초로 원료채취, 중간재상품제조, 소비자가 사용하는 최종제품의 제조, 운송, 판매, 소비자의 사용, 폐기 및 회수까지 모두 아우르는 전체범위를 공급망으로 볼 수 있다.

공급망범위표

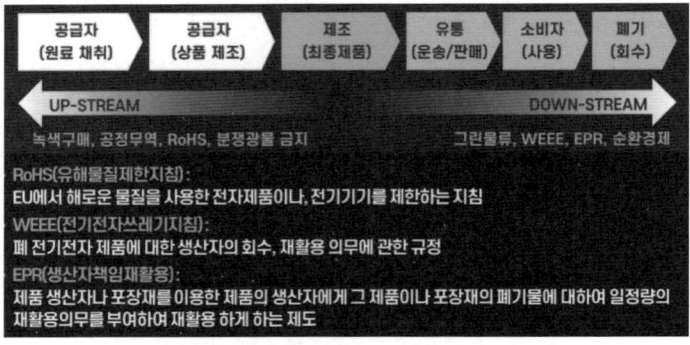

출처: 중소기업중앙회

그림과 같이 최종제품(완제품)을 기준으로 좌측을 'UP STREAM', 우측을 'DOWN-STREAM'이라고 한다. 이때 공급자에 해당하는 UP

STREAM의 경우에는 녹색구매, 공정무역, RoHS, 분쟁광물금지 등의 이슈가 나오고 있으며, DOWN STREAM의 경우에는 그린물류, WEEE, EPR, 순환경제 등의 이슈들이 떠오르고 있다.

RoHS(유해물질제한지침)는 전기·전자제품에 대한 제한지침을 말하고 있으며, 재활용 의무에 대한 규정을 얘기하고 있다. 또한, EPR(생산자책임재활용)은 제품이나 포장재를 사용하는 폐기물에 대해서 일정량의 재활용을 하도록 하게 하는 제도를 의미하고 있다.

3) 공급망 내 중소기업의 중간자 역할로서의 특수성

중소기업 같은 경우는 고객사와 하위 협력사의 중간에 다리역할을 하고 있으면서 고객사의 요구사항에 대응하여야 하고 협력사들도 관리해야 하는 이중고를 겪기 마련이다.

특히 ESG 측면에서 볼 때 대기업은 과거부터 ESG나 CSR을 도입하여 시스템적으로 협력업체에 대해서 ESG 평가지표를 가지고 체계적으로 관리를 하고 있는 반면에 중소기업은 ESG나 CSR에 대한 준비가 미흡한 상태여서 고객사가 요구하는 ESG 요구사항도 대응하기가 어려운 상황이다.

그런데 거기다가 상대적으로 ESG나 CSR에 대한 준비가 덜 되어있는 협력사들을 관리하여야 하기 때문에 어려움에 직면해 있다.

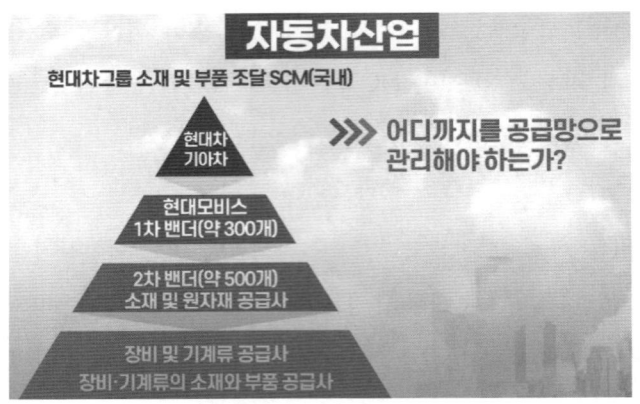

출처: 중소기업중앙회

또한 자동차산업 같은 경우 여러 단계의 협력사들이 있는데, 이 협력사들의 수준을 고려할 때 어디까지를 공급망으로 관리하고 이들의 수준을 맞춰야 할지가 앞으로의 과제라 할 수 있다.

3. 공급망 ESG의 중요이슈

1) 환경분야

(1) 기후변화정책과 공급망 관리

국내외적으로 기후변화와 관련된 정책 또한 공급망 ESG의 중요이슈다.

기후변화정책

구분	내용
유럽그린딜	- 2050년 탄소배출 제로(탄소중립달성) - 2021년 7월 탄소배출 관련 역내 법률을 재정비한 Fit for 55 초안을 발표
탄소세 탄소국경세	- 2023년부터 5개 분야(철강, 시멘트, 비료, 알루미늄, 전기)우선 적용 → 2026년 전면도입 - 제조업 비중이 높은 산업구조로 공급망 내 협력업체와 수출기업에게 어려움이 예상됨
탄소중립 기본법	- 2021.08.31 국회 본회의 통과(적응적 감축 → 능동적 대응) - 세계 14번째로 2050 탄소중립 이행 법제화, 2030 온실가스 감축 목표 2018년 대비 35% 이상 범위 설정
재생에너지	- 기업활동에 필요한 에너지를 100% 재생에너지로 공급 - 공급망 내 협력업체들의 재생에너지 사용량 정보공개와 사용 확대 추세

먼저, 2050년 탄소중립과 관련하여 「유럽그린딜」은 세계 각국의 탄소중립 정책에 가장 큰 영향을 끼친 법안이다. 2021년 7월 탄소 배출 관련해서 역내법률을 재정비하여 「Fit for 55」 초안을 발표하였다.

그 주요 내용은 1990년 대비 탄소 배출수준을 2030년에는 35%로 한다는 내용이다. 또한 탄소세 및 탄소국경세는 기업들의 당면과제인데 2023년부터 5개 산업군부터 우선 적용하여 2026년에 전면도입을 목표로 하고 있다.

국내의 경우 제조비중이 높은 산업구조이기 때문에 공급망 내 협력업체나 수출기업들은 어려움이 예상되고 있다. 우리나라의 경우도 한국판 그린뉴딜정책과 함께 2021년 8월 31일 국회를 통과한 「탄소중립기본법」이 있기 때문에 앞으로는 능동적 대응이라는 변화가 강하게 추진될 예정이다.

또한 탄소 배출을 줄이기 위한 노력으로 RE100이 회자되고 있는데, 이는 기업활동에서 필요한 에너지를 100% 재생에너지로 공급한다는 목표를 가지고 여러 기업들이 참여하고 있다. 최근에는 시화공단에서 소재부품, 전기전자, 자동차부품사들이 모여서 RE100 달성 협약식을 체결하기도 하였다. 이제는 공급망 내 협력업체들의 재생에너지 사용량 정보공개와 사용확대 추세에 접어들고 있는 것이다.

(2) 온실가스 배출과 공급망 관리

기후변화에 온실가스는 가장 큰 영향을 미치고 있다. 이 온실가스는 지구온난화에 가장 큰 영향을 미치고 있는데, 온실가스란 이산화탄소(CO_2) 메탄(CH_4), 아산화질소(NO_2), 수소불화탄소(HFCs), 과불화탄소(PFCs), 육불화황(SF_6)까지를 대표적인 6대 온실가스라고 부른다. 여기서 온실가스를 얘기할 때 지구온난화지수를 함께 얘기한다. 지구온난화지수란 온실가스가 발생할 때 지구의 온도를 상승시키는 역할을 하는 지수를 말한다. 즉 각 온실가스가 지구온난화에 기여하는 정도를 말하는데, 이산화탄소와 비교하여 수치로 나타낸 값을 말한다.

지구온난화지수표

	이산화탄소	메탄	아산화질소	수소불화탄소	과불화탄소	육불화황
배출원	연료연소	폐기물,농업,축산	비료,축산	냉매,스프레이	반도체 공정가스	반도체 절연체
온난화지수	1	21	310	140~11,700	6,500~9,200	23,900

출처: CDP

    위 그림처럼 같은 양의 가스가 발생했을 때 가스별로 온난화 지수를 나타낸 것이다. 예를 들어 이산화탄소와 육불화항이 같은 양을 기준으로 가스가 발생하였을 때, 이산화탄소가 온난화에 미치는 정도가 '1'일 때, 육불화황은 무려 '23,900'배 더 크게 영향을 미치고 있는 것이다.

온실가스 배출량 관리 범위 확대

영역	정의	내용
Scope 1 직접배출	기업이 소유하고 있는 시설에서 발생된 온실가스배출	보일러,화로,터빈,운송수단,소각로, 온실가스발생화학공정
Scope 2 간접배출	기업이 구입해서 소비된 전기와 스팀생산으로 인한 온실가스배출	구입또는 다른경로를 통해 기업으로 들어온 전기와 스팀
Scope 3 기타간접배출	공급망에서 발생하는 온실가스 배출	-임대 자산,프랜차이즈 -판매된 생산품과 용역의 이용 -아웃소싱활동,폐기물처분

    위 온실가스분류기준표에서 알 수가 있듯이 지금까지는 직접배출과 간접배출의 범위 내에서 관리하였다면 앞으로는 공급망 내에서 발생하는 온실가스도 관리범위에 포함되고 있는 것이다.

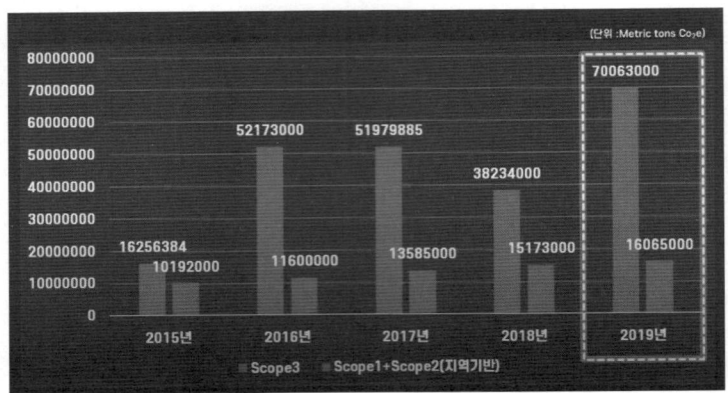

출처: CDP

    기업사례를 통하여 살펴보면 삼성전자의 경우 글로벌기업들은 탄소 중립의 목표달성을 위하여 협력업체의 탄소 배출량 관리를 하고 있다. 지금까지는 지역기반의 Scope1이나 Scope2 관리를 하였다면 이제는 Scope3까지 점차 확대하고 있는 추세다.

    2019년도 기준으로 살펴보았을 때, 삼성전자의 탄소 배출량은 1,600만t이었으나, 공급망에 대한 탄소 배출량은 7,000만t으로 4배 이상에 달하고 있다.

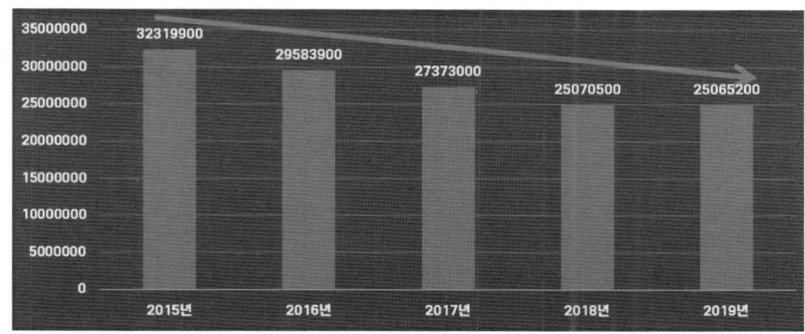

출처: CDP

　애플 같은 경우는 그래프에 있는 것처럼 지속적으로 2015년부터 2019년까지 공급망에서 배출되는 탄소 배출량을 꾸준히 감소시키고 있음을 나타내고 있다. 이처럼 앞으로는 국내기업 공급망 내의 중소기업들도 탄소 배출량 감소를 위하여 활동하지 않으면 안 되는 시기가 온 것이다.

(3) 폐기물과 재활용 정책에 따른 공급망 영향

① 폐기물부담제도

　폐기물부담제도와 폐기물처분부담금제도는 용어상으로는 비슷하기도 하고, 폐기물 처리 시 비용을 부담한다는 내용에서는 차이가 없지만 '폐기물부담금제도'는 제조업자나 수입업자에게 그 폐기물 처리에 드는 비용을 부담시키는 제도다.

② 폐기물처분부담금제도

소각·매립으로 폐기물을 처분하는 처리의무자에게 부담금을 부과시키는 제도로써 이것은 폐기물이 최대한 재활용되도록 유도하는 목적을 갖고 있다.

③ 생산자책임재활용제도(EPR)

제품 및 포장재를 이용하여 제품을 만드는 생산자에게 폐기물에 대하여 '일정량의 재활용의무'를 부여하는 제도다. 만약, 이를 이행하지 않을 경우에 재활용에 소요되는 비용 이상의 '재활용부과금'을 생산자에게 부과시키는 제도다.

④ 플라스틱세

해외의 경우에 해당되는 플라스틱세가 있다. 유엔에서는 2021년 1월 1일부터 재활용 불가능한 포장재 플라스틱 폐기물에 대하여 플라스틱세를 부과하기 시작하였다. 플라스틱 1kg에 0.8유로를 부과하는 것이다. 우리나라는 플라스틱제품이 5대 수출품목에 해당하기 때문에 우리 기업들에 타격이 불가피할 전망이다.

2) 사회분야

이번에는 공급망 ESG 중에서 사회분야 이슈에 대하여 알아보겠다. 대표적으로는 인권, 노동, 안전, 보건 등 4가지 영역에서 사람과 관련된 이슈들이 주를 이루고 있으며, 우리나라 산업구조상 중소제조기업의 경우에는 하청 구조가 많기 때문에 위험의 외주화 현상이 만연하고 있다.

특히나 환경(Environmental) 같은 경우에는 정부와 대기업에서 기술적인 문제를 해결하기 위하여 교육과 지원을 하고 있으며, 지배구조(Governance) 차원에서도 중소기업은 아직도 대기업처럼 공시 의무가 덜하기 때문에 아직은 해당 사항이 없는 상황이다. 하지만 사회책임(Social) 같은 경우에는 노동집약적 산업구조와 현장에 맞지 않는 규제 등으로 인하여 기업이 자체적으로 해결해야 하는 어려움을 안고 있는 상황이다. 이런 것들을 조금이나마 해결하기 위하여 정부에서는 2019년「인권경영표준지침」을 발간하여 기업들에 보급하고 있으며, 「중대재해처벌법」에 대한 자료집을 배포하고 있다.

또한 사회분야에서 빼놓을 수 없는 것이 분쟁광물이다. 분쟁광물이란 아프리카 등 분쟁지역에서 생산되는 산업용 광물로 금, 탄탈룸, 구리, 게르마늄 등의 광물을 일컫는 말이다. 이런 4대 분쟁광물들은 자동차, 휴대폰, 전기전자, 반도체, 우주산업 등 산업 전반에 두루 쓰이기 때문에 굉장히 중요한 이슈다. 미국에서는 분쟁광물 규제법안을 마련하여 제품생산에 분쟁광물을 사용하는 기업에 대한 생산 및 공급에 관한 정보 공개를 의무하다 보니(2012.8.) 많은 기업들이 분쟁광물에 대한 조달행위에 대하여 관심이 높아졌고 그것을 금지하는 상황까지 이르게 되었다. 또 시장은 실제 텅스텐 가격이 급등하면서 원자재가격이 기업에 부담되는 사례가 발생하게 되었다. 이제는 원료조달에 관련된 협력사에서 발생된 이슈가 기업 전체의 재무적인 영향까지 줄 수 있다는 그러한 움직임 때문에 각 기업들 공급망 내 협력사의 이슈에 대하여 많은 관심을 갖게 되었다.

실제로 OECD에서는 2012년에 분쟁지역 광물의 책임이 있는 공급망에 대하여 OECD 실사 가이드를 배포하고 있으며, 유엔집행위원회에서도 2021년 7월에 기업이 공급망에서 발생할 수 있는 잠재적 강제노동 및 인권침해의 위험성을 평가하기 위한 공급망강제노동가이드라인도 발표하고 있다.

3) 지배구조분야

이번에는 ESG의 마지막 지배구조이슈에 대하여 살펴보도록 하겠다. 중소기업특성과 여건을 고려할 때, ESG 위원회 수준의 지배구조 차원보다는 조직 전반의 리스크 관리와 고객사 평가에 대비할 수 있는 반부패 및 윤리강령기반의 정책수립이 우선시 되어야 할 것이다. 이와 관련해서는 「Fair Player Club 반부패준법 윤리경영지침서」, 「중소기업을 위한 반부패 준법·윤리경영지침서」 등을 UN에서 제작하여 중소기업들에게 배포하고 있다.

「Fair Player Club 반부패준법 윤리경영지침서」는 대기업 또는 리스크가 높은 산업에 속한 기업과 국제기준에 부합하는 컴플라이언스 시스템을 갖추고자 하는 기업이 참고할 수 있는 자료이며, 「중소기업을 위한 반부패 준법·윤리경영지침서」는 중소기업이 상대적으로 적은 자원을 가지고도 반부패정책을 수립하고, 이를 발전시켜 나갈 수 있도록 단계별 이행방안을 제시하고 있다.

반부패, 윤리경영

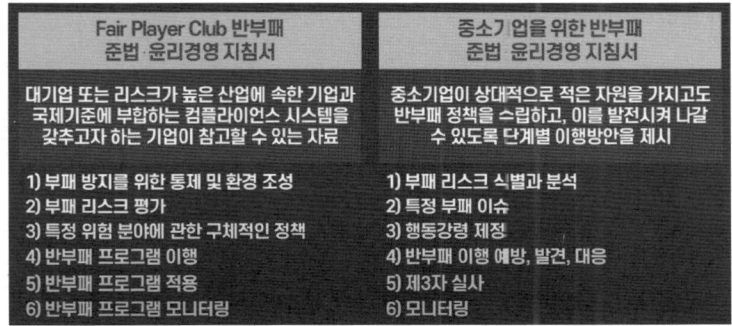

출처: 중소기업중앙회

4. 기업들의 ESG 공급망 대응사례

세계적 패션업체 H&M의 공급망인 제조공장의 온실가스는 무려 약 1,600만에 달하는데 공급망의 탄소 저감 없이 H&M의 탄소중립은 사실상 별 의미가 없다고 볼 수가 있다.

영국의 생활용품 회사 유니레버도 기업의 목적을 '지속가능한 생활환경을 만드는 것'이라고 선언하고 이를 달성하기 위해 수익률, 매출성장률, 배당금 증가율과 같은 경제적 목표와 함께 온실가스감축, 폐기물감축, 여성임원 비율, 장애인취업 비율, 공급업체 다양성 비율 등과 같은 환경적, 사회적 목표를 투명하게 이해관계자와 공유하고 있다. 다음은 이처럼 기업들의 ESG 경영과 관련된 기업들의 사례를 소개하고자 한다.

1) 파타고니아

파타고니아(Patagonia)는 칠레의 푸에르토몬트와 아르헨티나의 콜로라도강 남쪽 지역으로, 한반도 면적의 다섯 배 정도에 달한다. 암벽 등반을 사랑하는 환경주의자인 이본 쉬나드는 대자연의 신비를 보여주는 파타고니아의 이름을 따서 '파타고니아'라는 아웃도어 브랜드를 만들었고, 4조 2,000억 원 가치의 기업으로 성장시켰다.

파타고니아는 ESG 경영의 교과서로 불린다. 창업주 이본 쉬나드는 처음부터 기업의 목적을 '첫째도 환경, 둘째도 환경, 셋째도 환경'으로 삼고 환경 보호를 고수했다(아주경제, 2021). 1994년, 파타고니아는 면 생산 방식을 조사하면서 의류 생산에 사용되는 목화의 재배 과정에 환경을 심각하게 훼손하는 합성비료, 토양첨가제, 고엽제 등의 화학적 물질이 쓰임을 알아낸다. 면에 의존하는 회사였음에도, 파타고니아는 '유기농 목화'라는 중대한 결정을 내리게 된다. 그리고 2년 만에 그들의 목표를 이루어낸다. 그 목표 달성의 중심에 공급망 관리가 있었다(아주경제, 2021). 소수의 유기농 목화를 재배하는 농가를 찾아 공급 계약을 맺고, 물량을 확보하여 1996년부터 면 의류는 유기농 목화만 사용해 생산하고 있다.

2) 삼성전자

협력회사의 선정, 운영, 평가 등 모든 단계에서 지속가능성을 고려해 공급망 리스크와 기회를 관리하고 있다. 삼성전자는 신규 협력회사 선정 시 구매품질, 환경안전, 노동인권, 에코파트너, 재무현황의 5개 영역을 중점적으로 평가해 모든 영역에서 80점(100점 만점) 이상을 받은 경우에만 협력회사로 등록하며 환경안전, 노동인권 영역은 RBA 스탠다드를 준용한 체크리스트를 활용해서 점검하고 있다.

3) LG전자

협력회사 제품 및 부품에 포함된 4대 분쟁 광물(탄탈륨, 텅스텐, 주석, 금)의 원산지를 모니터링하고 있으며 공급망 내 제련소를 대상으로 RMAP(분쟁광물 미사용 제련소에 대한 실사 및 보증 프로그램) 인증을 요구하고 있다. 또한 협력회사를 대상으로 책임 있는 광물 사용에 대한 인식 개선 교육을 진행하고 있다.

4) SK하이닉스

협력사를 대상으로 무료 ESG 컨설팅을 진행하고 있다. ESG 컨설팅 결과 노동 및 SHE(안전·보건·환경) 분야에서 리스크가 발견되면 맞춤형 솔루션을 제안하고 안정적으로 솔루션이 실행될 수 있도록 모니터링까지 하는 제도로, 리스크가 발견된 협력사엔 재방문을 해 개선 여부도 지속적으로 검증하여 협력사가 희망하는 경우 해당 협력사에 ESG 툴과 전문가 교육 등을 제공해 협력사가 ESG 리스크를 명확히 인식하고 자체적으로 개선할 수 있도록 지원하고 있다.

5) 현대제철

현대제철은 국내 최초로 철강업계 글로벌 이니셔티브 '리스판서블 스틸'에 가입하였다. 리스판서블 스틸은 호주에 있는 다국적 비영리단체 '스틸스튜어드십위원회'가 운영하는 철강 분야 ESG 이니셔티브이다.

현대제철은 매년 '공급망 ESG 평가'를 통해 협력사의 노동인권, 환경관리, 윤리준법, 안전보건 등 잠재적인 리스크를 점검하고 있으며 공급망 ESG 평가 결과에 따라 고위험 협력사를 선정해 개선안을 수립하고, 이에 대한 개선 결과를 모니터링하고 있다.

6) 오뚜기 미역사건

2021년 3월, 오뚜기에 미역을 공급하는 업체 중 한 곳에서 중국산 미역 혼입 논란이 붉어졌다. 또한 공정 과정에서 미역이 국산이 아닌 중국산임을 은폐하기 위해 염화칼슘이라는 화학제품을 이용했다는 흔적이 발견되었다. 오뚜기 하청업체가 원산지 표시 위반 등 혐의로 수사받은 사실을 인지하고도 이를 소비자에게 알리지 않으면서 한때 불매운동까지 번졌다. 오뚜기 측은 뒤늦게 전액 환불과 공식 사과에 나섰지만 그동안 쌓아왔던 이미지 훼손은 피하지 못하고, 한때 착한 기업의 선두주자로 '갓뚜기'라는 별명을 얻었던 오뚜기도 높은 ESG 리스크에 시달리게 되었다.

5. 마무리하며

이제 ESG 경영이란 기업의 경영에서 환경, 사회, 지배구조의 리스크를 고려하는 경영전략으로 대두되고 있다. 기존의 경영방식이 투자자와 기업 간의 관계만을 중요시했다면, ESG 경영은 소비자, 노동자, 협력사, 지역사회, 자연환경 등 다수이해관계자들에 대한 사회적 책임을 다하는 것이다.

이러한 ESG 경영은 기업에 부담으로 다가오기도 하지만, 오히려 기업 입장에서 투자자들과 소비자들의 좋은 호응을 이끌어내 기업의 가치를 높일 수 있는 새로운 돌파구가 될 것이다.

최근 유럽연합(EU)이 '지속가능한 공급망 실사지침' 초안을 발표했는데 여기에는 글로벌 공급망에서 인권과 환경적 위험을 파악하고 이를 해결하는 노력이 기업의 경영전략과 통합돼야 한다는 원칙과 더불어 공급망 전반에 대한 실사 의무를 통해 인권과 환경에 미치는 영향을 파악하고 관련 내용을 공개토록 한 내용이 포함돼있다.

글로벌 공급망에 대한 기업의 책임을 요구하는 목소리가 높아지면서, 공급망의 윤리적 관리가 ESG의 경영의 핵심이슈로 떠오르고 있다. 이제 ESG 경영은 선택이 아니라 의무사항이 되어가고 있다. ESG 경영이 속도감 있게 확산되기 위해서는 공급망 관리가 중요한 역할을 한다. 환경, 인권, 안전 관련 문제는 대부분 공급망에서 발생하기 때문이다. 결국, ESG 경영의 확산은 환경과 사회에 대한 책임을 이행하는 공급망 구축과 궤를 같이한다고 볼 수 있다.

- 네이버금융홈페이지, 오뚜기일별시세, 3.10.~3.26.(https://finance.naver.com/item/main.naver?code=007310)
- 최남수, 「[최남수의 열린경제] ESG 우등생 되는 법? 기업 리더십에 달렸다」, 아주경제, 2021.7.6.(https://www.ajunews.com/view/20210705153557572)
- 김경선, 「파타고니아의 환경을 위한 지속적인 노력」, 아웃도어뉴스. 2020.10.8.(http://www.outdoornews.co.kr/news/articleView.html?idxno=32095)
- 최남선, 「[최남수의 열린경제] ESG와 수익률 엇갈릴때 투자자의 본심 드러난다」, 아주경제, 2021.6.8.(https://www.ajunews.com/view/20210606130104961)
- 삼성전자, 「지속가능경영보고서 2021」(https://news.samsung.com/kr/)

구형기(KOO HYUNGKI KI)

학력
· 고려대학교 사회학 학사

경력
· 중소기업기술정보진흥원개발사업 평가위원
· 스마트팩토리수준진단평가
· 탄소중립경영혁신 컨설팅
· 공급자품질관리시스템 컨설팅
· ㈜현대피에스 대표

자격
· ISO9001 심사원
· ISO14001 심사원
· ISO45001 심사원
· ESG진단평가사

13장

중소기업이 쉽게 이해할 수 있는 ESG 접근법

김현규

1. 시작하며

태어나서 처음으로 공동저자로서 출판원고를 제안받고 많이 고민하고 생각하고 망설였다. 그것도 전문지식이 필요하고 많은 경험을 통해 나만의 지식을 세상에 알려야 하는 게 사실인데 이렇게 공동저자로 참여하는 게 맞는 건지 누구나 망설이게 되는 거 같다.

하지만 저자는 이런 기회가 다시 오지 못할 것을 생각하면서 공동저자에 참여하기로 마음을 먹고 용기를 내어서 이렇게 원고를 쓰게 됐다. 이 저서를 쓰면서 나만의 생각을 독자들에게 공유하고 같이 생각할 수 있는 기회를 얻으면 좋겠다.

제목에서처럼 중소기업에서 쉽게 이해할 수 있는 ESG 접근법에 대해 집필을 하게 된 이유가 있다. 저자가 처한 환경이 중소기업에서 근무하고, 또한 중소기업에서 최근 쟁점이 되는 ESG에 대해 누구나 쉽게 접근할 수 있는 저자의 생각을 공유하면서 ESG란 무엇인지? 또한 중소기업에서 어떻게 접근하고 이해를 해야 하는지에 대해 조금이나마 도움이 되고자 한다.

본론에 들어가기 앞서 간략하게 나의 소개를 독자들에게 하려 한다. 현재 나는 중소기업에서 품질 차장으로 근무한다. 품질부서에 있으면서 ISO9001국제심사원 자격, ESG경영평가사 자격, VDA 6.3 PSCR 자격, SQ품질지도사자격 등 보유하고 있으며, 최근 ESG 경영에 대해 관심을 두고 있던 중 ESG경영평가사 자격에 도전하여 자격취득을 하게 되었고, 이를 발판으로 이 책의 공동저자로 참여하게 되었다.

그리하여 이 책에는 중소기업에서 누구나 쉽게 접근할 수 있는 ESG 접근법에 대해 나름 알려주려 한 목적도 포함이 되었다. ESG 경영에 대해 대기업에서만 할 수 있는 게 아니라 우리처럼 중소기업에서도 누구나 ESG 개념만 있고 조금만 관심이 있으면 정브와 지자체에서 운영하는 ESG 자가진단을 할 수 있는, 편리한 온라인 사이트를 통해 우리 회사의 현재 ESG 경영에 부족한 부분과 중소기업에서 해야 할 일들을 이 책을 통해 알리려 한다.

여기서 가장 중요한 건 ESG라는 생소한 내용이라고 생각하지 말고, 정부나 지자체에서 제공하는 온라인 Tool을 통해 조금씩 ESG에 대해 알아가는 것이다. 현재 우리가 앞으로 무엇을 해야 하고, 어떻게 해야 하는지 곰곰이 생각하면서 ESG 경영에 다가가견 좋을 거 같은 생각이 든다.

여기까지 간략히 서론을 마치고, 본론으로 들어가면서 3가지 측면으로 중소기업에서 쉽게 이해할 수 있는 ESG 접근법에 대해 이야기하려 한다.

- ESG에 대한 중소기업의 준비현황
- 중소기업에서 ESG 경영에 대해 쉽게 접근하는 방법

· ESG 자가진단을 통해 중소기업에서 해야 할 일

위와 같이 3가지에 관한 내용 공유를 통해 중소기업에서도 ESG를 쉽게 접근하면 좋겠다.

2. ESG에 대한 중소기업의 준비현황

1) ESG 경영을 준비하는 중소기업

최근 매스컴과 중소벤처기업에서 각 중소기업의 ESG 경영 준비에 대해 조사를 한 내용이 있다. 결과는 매우 참담했다. ESG 준비를 하는 중소기업은 단 25.7%뿐이라는 결과를 발표하였다(출처: 조선비즈, 중소벤처기업진흥공단).

출처: 조선비즈

중소기업 중 약 58%가 ESG(환경, 사회, 지배구조) 경영에 대해 필요하다고는 생각했지만, 실제 준비하거나 준비 중인 중소기업은 25.7%에 그쳤다.

왜일까? 중소벤처기업진흥공단에서는 조사한바, 가장 어려운 분야는 환경(47.7%), 사회(32.8%), 지배구조(15.1%) 순이었고, 특히 온실가스 저감과 에너지 저감 등은 절감을 할 수가 없고, 실천하기가 어려워하는 부분으로 나타났다. 또한, 절감 활동에 있어 비용부담과 전문인력양성, ESG 경영에 대한 인식 부족을 느끼고 있었다.

나 역시도 경영자 관점에서 보면 당연히 같은 생각을 할 수도 있지만, 글로벌시대를 살아가면서 생존경쟁에서 살아남기 위해서는 꼭 필요한 ESG 경영에 대해 곰곰이 생각을 하고, 실천가능한 것부터 찾아서 해야 할 것으로 보인다.

이처럼 중소기업의 ESG 경영을 준비하고자 중소벤처기업부에서는 민관협의회를 개최하고, 많은 중소기업 ESG 활성화를 할 수 있도록 도모하는 행사 및 실무협의회를 진행하고 있지만, 현실은 아직 걸음마 단계로 보인다.

중소벤처기업부에서는 중소기업 ESG 실무협의회를 발족하여 중소기업에서도 쉽게 ESG 경영에 다가설 수 있도록 민관 참여기관(컨설팅)을 지속 확대하여 ESG 경영에 대해 홍보 및 지속적 실무협의회를 진행하고 있다.

현재 중소기업에서는 서두에 말한 것처럼 준비하고 있고, 준비하는 비중이 25.7%로 매우 저조한 준비현황을 보여주는 지표가 되고 있다.

중소기업 ESG 실무협의회

1. 21년11월 발족 이후, 중소기업의 ESG경영도입 활성화 및 인식제고를 위해 분기별진행
2. 민간과 정부가 직접 소통해 현장의 의견을 정책에 반영
3. 이번 협의회는 참여기관을 기존 13개에서 29개로 확대
4. 참여 기관별 특성을 고려해 4개 분과로 구분해 운영 → 향후 운영방향에 대한 내용을 중점으로 회의 진행

출처: 중소벤처기업부, 2022.7.1.

본 저자 역시도 중소기업에 근무하지만, 저자가 근무하는 회사에서도 22년 8월부터 민관 참여기관(컨설팅업체)을 통해 ESG 경영에 대한 개념과 중소기업에서 해야 할 일들에 대한 컨설팅을 받고, 우리가 해야 할 일들을 선정해서 진행하려 계획 중이다. 하지만 사실 ESG 경영에 쉽게 다가서지 못하는 실정이다.

중소기업 역시 ESG 경영이 필요한 것에 대해서는 공감하지만, 선뜻 무엇부터 해야 하고, 어떤 실천을 해야 하는지는 몸소 체험하지 못하고 있다. 이런 것이 대기업 ESG 경영과 중소기업 ESG 경영 준비상태를 보여주는 하나의 선례로 보인다.

우리나라의 90% 이상이 중소기업으로 이루어져 있다. 이들이 ESG 경영을 깊이 있게 추진하려면 얼마나 많은 시간이 필요하고, 소요될지는 가름할 수가 없어 보인다.

이처럼 ESG 경영에 대해 중소기업에서 준비가 매우 저조하지만, 이 저조한 준비사항을 끌어올 수 있게 정부와 지자체에서 큰 노력을 하고 있다. 매스컴이나, 여론에서도 ESG 경영에 대해 홍보를 지속해서 한다면 중소기업에서도 많은 참여가 있을 것으로 보인다.

또한 중소기업에서 수출하는 기업일수록 해외 구매자 쪽에서 ESG 요구 동향이 높아짐에 따라서 준비하는 시간도 일부 단축될 수 있다는 생각이 든다.

2) 해외 ESG 요구 동향

이번 중소벤처기업진흥공단에서 조사한 ESG 대응동향 조사에서 28.5%가 수출기업에 해당된다. 미국, 중국, 일본 순으로 ESG 경영 요구가 많은 것으로 응답했고, 정부 정책을 통해 참여하여 진행한 것으로 보인다.

3) 지역별 참여율

중소기업 참여율에서는 경기, 서울, 인천 소재의 기업에서 절반 이상 차지하는 등(46.6%) 수도권 지역의 중소기업에서 참여율이 높았다. 당연히 저자의 회사도 여기에 속해있다.

단, ESG에 대한 교육이나, 홍보가 상대적으로 낮은 수도권 이외 지역에서의 참여율을 높이는 게 관건으로 보인다. 정부와 지자체에서는 지역별로 찾아가는 서비스를 통해 지속적 홍보와 지속적 관심을 통해서 참여율을 높이겠다는 계획을 가지고 있다고 한다.

이처럼 정부와 지자체에서 지역별 홍보와 설명회 그리고 교육을 개최하여 중소기업에서는 더 쉽게 ESG에 접근할 수가 있고 보다 쉽게 ESG 경영에 대해 준비할 수가 있을 것으로 보인다. 최근에는 민간기관(ESG 전문컨설팅기관)에서도 온라인·오프라인·SNS 홍보를 통해 보다 쉽게 ESG 경영에 대해 교육 및 사내 ESG 전문인력 구축을 위해 힘쓰고 있다고 해도 과언이 아니다. 또한, 대기업에서 공급업체로 지속적인 ESG 경영 구축을 요구하고, ESG 경영에 모사의 지원을 통해서 중소기업에서 준비할 수 있도록 확대하고, 중소기업에서 ESG 실천에 동참하며 절감 실천을 위해 다 같이 노력한다면 중소기업에서도 더 쉽게 ESG 준비를 할 것으로 보인다.

온실가스 및 에너지절감을 위해 대기업 지원프로그램을 통해 사회공헌으로 에너지효율이 높은 설비구매를 유도하고, 온실가스가 적게 나오는 제품을 개발할 수 있도록 중소기업과 합동으로 개발 및 연구한다면 중소기업에서도 실천가능한 일들을 하나씩 찾아서 할 수가 있을 것이다.

처음부터 ESG 경영에 대해 쉽게 실천할 수가 있는 것은 아니지만, 정부와 지자체, 민간기관(ESG 전문 컨설팅 기관)과 대기업 그리고 중소기업에서 다 같이 동참할 수 있는 실천가능한 것부터 선정해서 진행한다면 지금보다 더 많은 중소기업에서 참여율을 높이고, 적극적 동참을 유도할 수 있을 것으로 보인다.

지금은 중소기업에서 ESG 경영을 준비하는, 또는 준비 중인 중소기업이 28.5%지만, 지금보단 더 적극적으로 홍보 및 지원을 통한다면 중소기업에서도 준비하는 비율이 높아질 것으로 기대한다.

3. 중소기업에서 ESG 경영에 대해 쉽게 접근하는 방법

서두에서는 현재 우리나라 중소기업의 준비현황을 알아봤다면 지금부터는 중소기업에서 어떻게 쉽게 ESG에 접근하는 방법과 어떻게 ESG에 대해 준비하고, 진단해야 하는지 알아보려 한다.

ESG에 쉽게 접근하는 방법에는 여러 가지가 있다. 첫째는 ESG란 무엇인지부터 알아야겠지만, 이 책을 읽는 독자들은 ESG에 대해 알고 있다는 가정하에 접근법을 공유하려 한다. 혹시나 ESG를 잘 모르거나 하면, 다음과 같이 우리 주변에서 쉽게 이해할 수 있는 매스컴이나, 유튜브 동영상 혹은 TV 프로그램으로 다양하게 접하면 될 것 같다.

최근 들어 정부나 지자체에서 ESG에 대해 여러 경로와 홍보로 중소기업에서도 쉽게 자가진단을 할 수 있는 프로그램을 제공하고 있다. 이에 필자는 중소기업에서 쉽게 자가진단을 통해 현재 우리 회사가 ESG 경영에 부족한 점이 무엇이고, 필요한 개선사항이 무엇인지 알아보려 한다.

1) ESG 자가진단 방법

인터넷이나 매스컴에서 쉽게 확인할 수 있는 방법 중 하나가 내가 아는 대기업 홈페이지나, 혹은 대기업 ESG보고서를 검색하는 것이다. 대기업의 보고서를 보면서 하나씩 ESG 경영에 대해 어떤 평가가 필요한지 알 수도 있겠지만, 그러기에는 중소기업 조직과 많은 차이가 보일 것이다.

그렇기에 중소기업에서 쉽게 평가를 할 수 있는 프로그램을 무료로 제공을 해주고 평가를 할 수 있는 정부에서 운영하는 사이트를 소개하려 한다.

첫째, 중소벤처기업진흥공단에서 제공하는 ESG 자가진단 프로그램이다. 'https://kdoctor.kosmes.or.kr'로 접속하면 ESG 경영에 대해 자가진단을 할 수 있도록 안내가 나와 있다. ESG에 대한 비대면진단, ESG 자가진단 등이 제공된다. 본 프로그램을 이용하려면 회원가입을 통해 중소기업의 정보를 입력하고, 회원가입을 진행하면 된다. 회원가입 후 아래 사진과 같이 ESG 자가진단을 할 수 있게 안내가 되어있어 클릭 후 접속하면 ESG 자가진단을 할 수 있게 중소기업에 제공하고 있다.

출처: 중소벤처기업진흥공단

둘째, 중소벤처기업부에서 제공하는 ESG 자가진단 프로그램이다. 'https://smes.go.kr'로 접속해보면 ESG(CSR) 성과관리 측정을 할 수 있게 나와 있고, 자가진단평가 후 컨설팅 신청까지 할 수 있게 연계가 되어있다. 중소기업에서 자가진단을 통해 평가하고, 이에 성과를 최대한 끌어올릴 수 있게 ESG 컨설팅까지 연계하는 평가시스템이 구축되어있어 중소기업에서 활용하기가 편리하다.

셋째, 관계부처합동(정부 및 민간기업)에서 발간한 'K-ESG 지침'을 내려받아 확인을 해보면 ESG에 대한 개념 및 논의 그리고 주요동향과 국내 ESG 대응현황 등 내용을 확인할 수도 있고 또한, ESG에 대해 지침을 제공함으로써 중소기업에서 보다 쉽게 ESG 경영에 접근할 수 있게 제공해준다.

출처: 중소벤처24

출처: 산업통상자원부

이처럼 중소기업에서 누구나 쉽게 ESG 경영에 접근할 수가 있게 여러 사이트를 통해 제공을 해주고, ESG 경영에 대한 개념 혹은 의미를 알게 되면 누구나 쉽게 접근할 수 있게 가이드를 제공을 해준다. 이렇듯 중소기업에서는 ESG에 대해 쉽게 접근하고, 쉽게 이해할 수 있으므로 이용해보면 좋을 듯하다.

2) ESG 자가진단평가

자가진단 방법을 소개했다면, 이제는 ESG 경영에 대한 자가진단평가를 어떻게 해야 하는지 설명하려 한다. 필자가 제공한 여러 사이트를 통해 자가진단 방법을 알았다면, 그 안에서 어떤 식으로 평가하고, 어떻게 해야 하는지 간략히 알아보자.

최근에 ESG 경영이 중요하게 여겨지고 있는 것을 알 것이다. 국가적으로, 대기업 중심으로 ESG에 대해 많은 관심과 보고서가 나오고 있다. 그리고 ESG 경영에서 말하는 공급망 관리가 또 하나의 이슈로 대두가 되면서 중소기업의 모기업(대기업)에서 공급망 관리인 협력사(중소기업)로 자체 점검표를 개발하여 고용하고, 자체평가를 유도하고 있다.

필자도 소속되어있는 업체도 ESG 경영컨설팅을 통하여 자체평가를 경험하며 ESG에 대해 중요성을 인지하고 있다. ESG 자가진단평가서를 받아보면 알 수 있듯이, 또한 아래 참고문헌을 확인하면 알 수 있듯이 자가진단평가에 대해서는 쉽게 이해를 할 수가 있을 것이다. 왜냐면 우리는 이미 ISO 표준에 대해 인증받고, 그것에 맞게 프로세스를 구축하여 실행을 하고 있기 때문이다(ISO14001, ISO45001, ISO9001 등).

ESG는 이미 알고 있듯이 환경경영, 사회(정규직 비율 및 안전 보건 경영), 지배구조(윤리 규범 및 이사회 활동) 등을 하고 있기에 더욱더 접근이 쉽고, 이해하기가 쉽다.

또한 저가 진단평가 시에도 환경, 사회, 지배구조 등 항목이 차례대로 나열되어 평가하게 만들어진 체크 씨로 자가진단 후 평가입력, 관련자로만 준비가 된다면 쉽게 자가진단을 통해서 우리 회사의 ESG 경영 점수화로 현 회사가 어느 시점까지 왔으며, 부족한 점이 무엇이고, 앞으로 해야 할 숙제를 보다 쉽게 한 눈으로 확인할 수 있는 평가서다. 다음과 같이 자가진단평가서에 대해 예시참고를 하면 더욱 쉽게 이해가 될 것이다.

■ 협력사 〈ESG 지속가능성 리스크〉 현장진단 결과 개선계획서

- 협력사 〈ESG 지속가능성 리스크〉 현장진단시 발행된 개선요구사항에 대한 개선계획을 수립하기 위함입니다.
- 각 개선요구사항별 협력사의 개선계획 및 추진일정을 상세히 작성하여 주시기 바랍니다.

순	영역	개선요구사항
1	윤리	윤리경영을 위한 윤리헌장 및 윤리강령 제정 권고
2	윤리	비윤리행위 발생 시 신고할 수 있는 채널(홈페이지, 전용 이메일 등) 운영 권고 * 처리 담당조직 또는 담당자, 신고자 익명성 보장, 불이익 금지, 사후 처리절차 명시
3	윤리	공정거래 관련 윤론 규정 제정 권고
4	윤리	영업비밀 등에 대한 보안관리규정 제정 및 보안관리 실시 권고
5	윤리	개인정보보호 규정 제정 및 시행 권고 * 최소 수집, 활용 동의(제3자 제공 동의 포함), 목적 내 사용, 안전성 확보, 목적 달성 후 파기절차 등 포함
6	윤리	분쟁광물 정책 제정을 통해 책임있는 원부자재 구매 시행 권고
7	환경	전사 차원의 환경정책 또는 방침 제정 및 세부 환경관리규정 제정 권고
8	환경	에너지 및 온실가스 관리규정 제정 권고
9	환경	정부지원사업 등 안내하여, 중소 기업 규모에서도 실시할 수 있도록 방법 등을 안내함
10	환경	월별 사용 에너지에서 배출되는 온실가스 배출량 관리 권고(Scope1, Scope2)
11	노동/인권	인권헌장 제정을 통해 인권보호 강화 권고
12	노동/인권	고충처리 규정 제정을 통한 고충처리제도 운영 권고 * 고충담당자 지정, 고충접수 방법, 접수 고충처리 프로세스, 통지방법 등 명시
13	노동/인권	차별금지 규정에 세부적 차별금지 사유 및 영역 명시 권고 * 차별금지 사유: 장애, 나이, 혼인, 임신, 출산, 육아, 정치적 견해 등 * 차별금지 영역: 모집 및 채용, 배치, 교육, 임금, 승진, 복리후생, 정년 퇴직, 해고 등
14	노동/인권	공식적인 직장 내 성희롱예방 지침 제정 권고 * 고용노동부 홈페이지 공지사항란의 표준 직장 내 성희롱 예방지침(안) 참고
15	노동/인권	공식적인 직장 내 괴롭힘 예방 및 대응 지침 제정 권고 * 고용노동부 홈페이지 공지사항란의 표준 직장 내 괴롭힘 예방 및 대응지침(안) 참고
16	안전/보건	안전보건관리규정 제정 권고
17	안전/보건	연 1회 이상 위험성평가 실시등의 사항을 이행 권고

출처: 현대모비스

대기업인 모비스처럼 큰 틀로 자가진단을 할 수 있게 한 체크리스트를 참조하여 보면 총 17개 항목으로 되어있고, 환경, 노동·인권, 안전·보건, 윤리영역으로 되어있으며, 각각 항목별로 현재 우리 회사에서 적용되고 있고 이행되고 있는 항목들을 나열하면서 체크를 할 수가 있다. 다음은 ESG 컨설팅 전문기업인 한컨설팅그룹에서 제공한 구체적인 ESG 자가진단평가서 일부를 확인해보자. 중소기업 ESG 수준진단 체크리스트 항목이다.

첫째, 정보공시 영역에 대한 항목이다.

정보공시 영역 진단리스트

분류번호	진단항목	진단기준		기준	평가
		단계	내용		
P-1-1	ESG 정보공시 방식	1단계	조직이 어떠한 방식으로든 ESG 정보를 공시하지 않는 경우	0	
		2단계	조직의 홈페이지 지속가능경영보고서, 사업보고서, 기타 간행물 등에 ESG 정보를 분산하여 공시하고 있는 경우	25	
		3단계	조직의 홈페이지 지속가능경영보고서, 사업보고서, 기타 간행물 등에 ESG 정보를 통합하여 공시하고 있는 경우	50	50
		4단계	ESG 정보를 통합한 조직의 홈페이지, 지속가능경영보고서, 사업보고서, 기타 간행물 등을 지정된 장소에 비치하거나, 특정 URL에 담고 있는 경우	75	
		5단계	ESG 정보를 통합한 조직의 홈페이지, 지속가능경영보고서, 사업보고서, 기타 간행물 등의 발행여부를 '전자공시시스템-자율공시' 사항으로 알리는 경우	100	
			소계		50
P-1-2	ESG 정보공시 주기	1단계	ESG 정보공시 주기를 특정할 수 없거나, 명시하고 있지 않는 경우	0	
		2단계	2년 단위로 보고서 발간 및 ESG 정보를 공시하는 경우	75	
		3단계	1년 단위로 보고서 발간 및 ESG정보를 공시하는 경우	100	100
			소계		100
P-1-3	ESG 정보공시 범위	1단계	ESG 정보공시 범위를 특정할 수 없거나, 명시하고 있지 않는 경우	0	
		2단계	조직의 법적으로 직접 소유하고 있는 사업장(ex. 별도재무제표 기준)의 일부 또는 모든 ESG 정보를 공시하고 있는 경우	25	
		3단계	조직의 영향력과 통제력 범위에 있는 곳(자회사, 종속법인, 연결실체 등)의 일부 ESG 정보를 공시하고 있는 경우	50	50
		4단계	조직의 영향력과 통제력 범위로 ESG 정보공시 범위를 확대한다는 계획을 제시하고 있는 경우, 단, 조직의 영향력과 통제력 범위에 있는 곳(자회사, 종속법인, 연결실체 등)의 일부 ESG 정보를 공시하고 있는 경우	75	
		5단계	조직의 영향력과 통제력 범위에 있는 곳(자회사, 종속법인, 연결실체 등)의 모든 ESG 정보를 공시하고 있는 경우	100	
			소계		50
			소계 평균		66.7

출처: 한컨설팅그룹

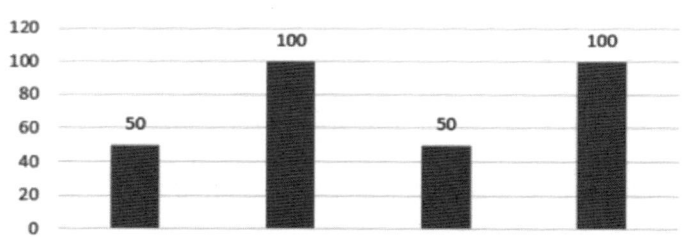

정보공시 평가점수

AI 메타버스시대 ESG 경영전략

둘째, 환경 영역에 대한 항목이다.

환경 영역 진단리스트

분류번호	진단항목	진단기준		기준	평가
E-1-2	환경경영 추진체계	요건 1	환경경영 추진을 위한 전사 거버넌스 체계를 구축하고 있는 경우 (전담조직, 실무협의회, 경영회의 및 내부점검체계 등)	1	
		요건 2	환경경영 추진을 위한 전사 전담조직을 운영하고 있는 경우 (전사 환경경영 기획, 점검, 성과관리 등 실행업무 담당)	1	
		요건 3	환경경영 과제 실행에 필요한 자원을 투입하고 있는 경우 (환경투자 예산, 역량강화 교육, 내외부 전문인력 등)		
		요건 4	환경경영 추진 현황을 점검/분석/평가하는 시스템이 있는 경우 (IT기반 모니터링 시스템, 과제점검 회의, 제3자 외견수렴 등)		
		요건 5	환경경영 과제 이행현황이 경영진 포함 관련 구성원의 성과평가지표(KPIs)에 반영되어 있는 경우		
		1개 이하 충족 0점 / 2개 충족 25점 / 3개 충족 50점 / 4개 충족 75점 / 5개 충족 100점			
		소계		25	
		소계 평균			25
E-2-2	원부자재 사용량	현재수준 (1/2)	1단계	직전 1개년 원단위 원부자재 사용량 당해년도 산업 평균 초과	0	
			2단계	직전 1개년 원단위 원부자재 사용량 당해년도 산업 동일	50	50
			3단계	직전 1개년 원단위 원부자재 사용량 당해년도 산업 평균 미만	100	
		추세 (1/2)	1단계	지난 5개년 원단위 원부자재 사용량 증가 추세	0	
			2단계	지난 5개년 원단위 원부자재 사용량 변동 없음	50	
			3단계	지난 5개년 원단위 원부자재 사용량 감소 추세	100	100
		• 원단위 원부자재 사용량을 관리하지 않는 경우 0점 적용 • 2개 영역의 단계별 점수 산출 후, 가중평균에 해당 항목의 점수를 산출 • 현재수준 점검 기준에 따른 점수 *1/2 + 추세 점검 기준에 따른 점수 *1/2				

출처: 한컨설팅그룹

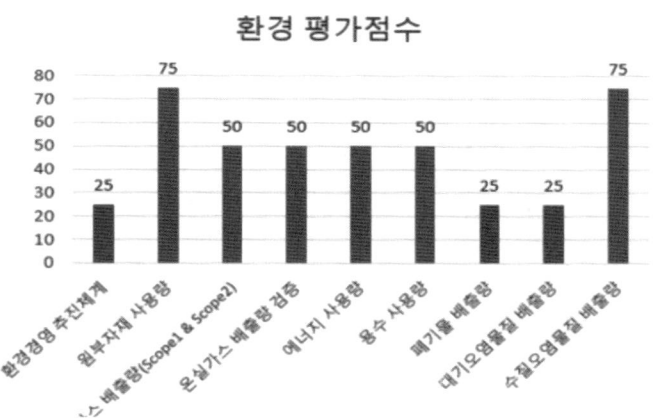

환경 평가점수

13장 중소기업이 쉽게 이해할 수 있는 ESG 접근법

셋째, 사회 영역에 대한 항목이다.

사회 영역 진단리스트

분류번호	진단항목	진단기준		기준	평가
		단계	내용		
S-2-2	정규직 비율	1단계	한시적 근로자, 기간제 근로자, 단시간 근로자, 파견용역호출 등의 형태로 종사하는 근로자 현황이 관리되지 않는 경우	0	
		2단계	조직의 정규직 비율이 40% 이하인 경우	25	
		3단계	조직의 정규직 비율이 40% 초과 60% 이하인 경우	50	
		4단계	조직의 정규직 비율이 60% 초과 80% 이하인 경우	75	
		5단계	조직의 정규직 비율이 80%를 초과하는 경우	100	100
			소계		100
S-2-6	결사의 자유 보장	1단계	노동조합 가입·설립, 노사협의회 설치 관련 정보가 모두 없음 (노조 가입·설립 관련 부당노동행위로 노동위 판정 또는 법원 판결이유로 확정된 경우)	0	
		2단계	노동조합 가입·설립 또는 상시근로자 30인 이상인 경우 노사협의회 설치 (위원 선임, 협의회규정 제정 등)	25	
		3단계	2단계 + 과거 또는 현재 적법한 교섭당사자로서의 노동조합과 단체교섭 진행 + 3개월마다 노사협의회 정기회의 개최 (회의록 작성·비치)	50	
		4단계	3단계 + 노동조합과 단체협약(임금협약 포함) 체결 + 노사협의회 정기회의 외 추가 임시회의(노·사 실무협의 포함) 개최	75	75
		5단계	4단계 + 체결된 단체협약의 성실한 이행(단체협약 위반 시 불이행으로 간주) + 노사협의 의결(합의) 여부	100	
		※ 노동조합 가입·설립 정보가 없는 경우에는 노사협의회 설치·운영에 한정하여 점검 기준을 적용			
			소계		75
					87.5

출처: 한컨설팅그룹

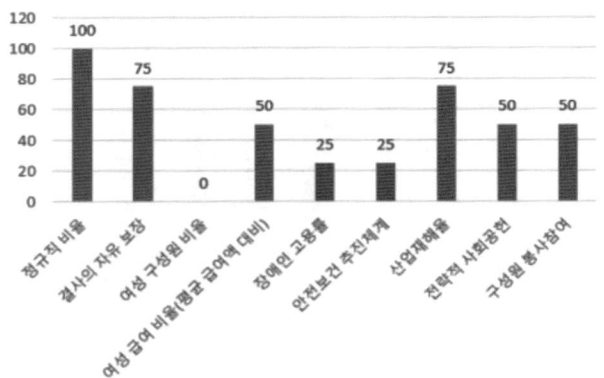

사회 평가점수

넷째, 지배구조 영역에 대한 항목이다.

지배구조 영역 진단리스트

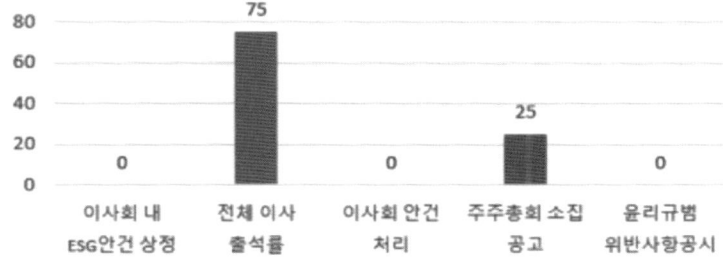

출처: 한컨설팅그룹

지배구조 평가점수

- 이사회 내 ESG안건 상정: 0
- 전체 이사 출석률: 75
- 이사회 안건 처리: 0
- 주주총회 소집 공고: 25
- 윤리규범 위반사항공시: 0

ESG 경영 자가진단 예시에서 보듯이 우리가 현재 실천하고, 실행하는 항목도 있고, 추가로 해야 하는 항목들도 있을 것이다. 특히 ESG 경영에서 사회(S) 분야에는 우리 중소기업에서 가지고 있는 ISO 표준시스템과 겹치는 항목들이 많아서 중소기업에서 적용되는 시스템들을 잘 이해하고, 실천한다면 사회(S) 분야에서는 큰 문제가 없을 것으로 보인다. 중소기업에서 적용되고, 적용하는 시스템들은 아래 예시를 보면 더욱 이해하기가 쉬울듯하다.

- 인증서범위
  · 품질경영시스템(ISO9001)
  · ISO 표준(22000, 27001, 22716, 14001, 45001)
  · KS, IATF 16949, HACCP, TL9000 등
  · 중소기업에서 인증한 시스템 참조

이처럼 중소기업에서도 ESG 경영에 대해 쉽게 접근하고, 자가진단을 통해 현재 우리 회사의 ESG 경영 현황을 보다 쉽게 알 수 있도록 하는 프로그램이나 체크리스트가 있어서 접근하기가 쉬울 것이다. 다만, ESG 경영에 대해 중소기업에서 최고경영층의 관심과 전사적인 참여가 무엇보다 중요하다.

· 최고경영자의 의지 및 ESG 경영에 적극적인 참여
· ESG 경영을 위한 지속적인 ESG 의미에 대한 교육
· ESG 경영을 점검할 사내 실무 구성팀 보강

- 중소기업에 전임직원 참가 및 주요 개선업무를 할 담당 인원 선정
- ESG 경영 개선항목에 대해 검증 혹은 지속 여부를 판단하고, 지속 이행토록 지원 등

필자 역시 서두에 말했듯이 팔자의 회사에서도 ESG 경영에 대해 시작하였고, 전사적인 참여를 통해서 지금은 자가진단평가 후 부족한 점, 개선해야 할 점들을 나열하여 개선 가능 영역부터 실천을 진행하고 있다. 이 글을 읽고 있는 중소기업의 대표 혹은 임직원들이 있다면, ESG 경영에 대해 접근을 더욱 쉽게 할 수 있기를 기대해본다.

4. ESG 자가진단을 통해 중소기업에서 해야 할 일

지금까지는 ESG 경영 자가진단평가를 어떻게 하고, 어떤 항목이 있는지 알아봤다면, 이제부터는 우리가 해야 할 일들을 한번 알아보자. 정부나 지자체, 모기업에서 제공하는 자가진단 체크 평가를 했다면, 평가 결과에 대해서 개선하고, 부족한 점들을 나열하여 개선 가능한 항목부터 우선 파악이 필요하다.

그중 가장 쉽게 접근을 하고, 가장 쉽게 개선을 할 수 있는 항목들을 찾아서 개선하는 게 가장 큰 목표가 될 것이다. 개선항목에 너무 어렵게 접근하지 말고, 우리 중소기업 측면에서 할 수 있는 항목으로 선정하여

개선하는 게 가장 바람직하다고 볼 수가 있다.

환경(E)측면에서는 전사 차원 환경정책에 대해 지속적 교육 및 세부 환경 관리 규정을 제정하고, 월별 사용 에너지에 대해 배출량 모니터링을 통해 온실가스 배출량 저감 활동을 실시하고, 외근 시 연료(경유, 휘발유)를 사용하는 차량에 대해서는 친환경차(하이브리드, 전기차)로 변경 검토를 하는 등 환경측면에서 조금이나마 도움이 될 수 있는 방향으로 지속가능성 있게 실천할 수 있도록 하는 것이 중요하다.

사회(S)측면에서는 최근 「중대재해처벌법」을 보듯이 안전보건관리규정에 대해 다시 한번 제정을 하고, 우리 회사 주변에 안전에 대해 문제가 없는지 확인을 해야 한다. 우리 직원들에 대해 인권 보호를 위해 추가할 사항이 있는지 자세히 검토하여 개선할 부분이 있으면 개선을 통해 노동인권에 문제가 없도록 지원이 필요하고, 직장 내 괴롭힘과 차별에 대해 문제가 없는지 고충처리제도 운영을 통해 우리 회사직원들에 대한 복리후생을 개선하는 검토가 필요하다. 조금 더 나아가서 중소기업 내 혹은 우리 회사 내 문제가 없으면 탄력적인 근무시스템을 도입하여 노동인권에 모범이 되는 회사로 개선할 수 있는 방법도 좋은 예시일 것이다.

지배구조(G)측면에서는 윤리경영을 위한 윤리헌장 및 윤리강령을 제정하고, 직장 내 윤리경영을 전사적 참여로 전환하여 윤리 인권경영을 위한 신고 채널을 구축하는 것도 바람직하다고 볼 수 있다. ESG 경영에 대해서도 정기적인 성과지표를 전임직원에게 공개하여 개선이 필요한 항목, 진행사항, 목표 등을 공유하는 것도 좋은 예시로 보인다.

이와 같이 ESG 경영에 대해 접근하는 방법 그리고 자가진단평가를 통해 현재 우리의 수준에 대해 측정하고, 측정한 지표에 대해 개선항목들을 나열하고, 가장 쉽게 개선할 항목들을 선정하고 실행한다면 그것이 ESG 경영의 발걸음이라고 생각한다.

누가 그랬던가. "시작이 반이다"라는 말처럼 ESG 경영에 대해 너무 어렵게 생각을 하지 말자. ESG 경영은 피해 갈 수 없는 시대의 흐름이라고 생각하고, 친환경적으로 다가갈 수 있는 항목들을 우리 스스로 생각하고 실천하면 그것이 ESG 경영이고, 중소기업에서 지속가능한 경영을 한다고 볼 수가 있을 것이다.

ESG가 무엇이고, ESG가 왜 쟁점이 되고 있는지는 누구보다 독자들이 잘 알고 있다고 판단이 된다. 그러기에 중소기업에서도 ESG 경영이 요즘 대두가 되고 있고, ESG 경영에 대해 자가진단을 통해 문제점을 파악하고 개선하는 게 중요하다고 느낄 것이다.

이 책에서는 ESG 경영을 중소기업에서 쉽게 접근하는 방법을 말했다. 설명을 다 하지는 못했지만, 조금이나마 중소기업에게 도움이 되었으면 한다.

· 산업통상자원부 http://www.motie.go.kr https://www.v-on.kr/contactus

· 중소벤처기업부 https://www.mss.go.kr

· 중소벤처기업진흥공단 https://www.kosmes.or.kr, https://kdoctor.kosmes.or.kr

· 중소벤처24 https://smes.go.kr

· 현대모비스 https://www.mobis.co.kr

· 한컨설팅그룹 https://hcg.kr

· 조선비즈 https://biz.chosun.com

김현규(KIM HYUN KYU)

학력
· 우송공업대학 전자정보통신학과 졸업

경력
· (현) 동아전장 품질본부 차장 재직 중
· (현) 직장 멕시코 주재 근무
· (현) 직장 중국 주재 근무

자격
· ISO9001심사원(품질)
· ISO14001심사원
· ESG진단평가사
· VDA6.3 PSCR
· SQ품질지도(사출, 전자)

14장

ESG와 디지털 트랜스포메이션

김재영

1. ESG와 디지털 트랜스포메이션

투자자 관점에서 ESG의 평가는 크게 기업 활동 내용을 수집·분석해 등급 매기는 방법과 회사의 가치를 높이기 위해 수행하는 활동에서의 기업 내부 ESG 경영활동으로 구분하고 있다. ESG 평가를 위해 수작업으로 데이터를 모으고 분석하는 데 소요되는 시간은 약 3개월 정도로 알려졌으며, 이러한 분석 결과는 3개월이라는 시간 차를 가지고 있기에, 기업평가의 신뢰도는 높다고 할 수 없다. 과거의 정보에 기반한 결과의 분석은 현재의 기업가치를 제대로 반영할 수 없는 문제점을 가지고 있었다. 그러나 최근에는 발달된 정보통신기술을 도입해 활용하려는 경향이 두드러지게 나타나고 있다. 수집된 막대한 양의 데이터를 처리하고 평가하기 위해 AI를 도입하는 기관들이 계속 늘어나고 있다.

환경(E)과 사회(S) 항목에서의 ESG 활동, ICT 도입이 활발하며, 지배구조(G) 항목에서는 이사회의 시스템 도입 등이 이루어지고 있다. 친환경에너지 관리와 탄소 배출 감소를 위해 AI 및 클라우드를 사용하며, 로봇을 활용하여 폐기물처리 등 환경분야에서의 ICT 이용은 4차 산업혁명시대에 중요한 큰 흐름 중 하나로 자리 잡아가고 있다. 또한 5G, AI, IoT 등의 적극적인 활용은 사회공헌활동과 코로나 사태로 확산된 일하는 방식의 혁신을 가져다주었으며, 이러한 기업들은 이미 사회적 개선에도 많은 도움을 주고 있다.

이와 같이 업무 효율성을 높이기 위해 ESG 관련 활동에 접목시킨

ICT 기술을 ESG 활동 결과에 대한 객관성, 정확성, 신뢰성 및 투명성을 제고하는 것이 ESG DX(Digital Transformation, 디지털 트랜스포메이션)이다. 디지털 트랜스포메이션은 스웨덴의 에릭 스톨터만 교수가 2004년에 발표한 개념으로, 원래는 '디지털 기술을 생활에 침투시킴으로써 생활을 더욱 풍요롭게 만드는 것'이라는 의미를 담고 있다.

디지털 트랜스포메이션의 개념은 2016년 4차 산업혁명 등장과 함께 확산되기 시작되었으며, AI, 5G, IoT, 빅데이터, 클라우드, 모바일 등 ICT 기술을 기반으로 한 산업의 '디지털 전환'을 가리키는 말로 통용되기 시작했다. ICT 기술을 도입하여 기업의 ESG 활동 전반의 정보들을 데이터로 관리하고, 평가하는 것이 ESG DX이며, 기존에 수행하기 어려웠던 ESG 경영활동에 ICT 기술을 도입해 문제점들을 해결하고 있다.

2. 디지털 트랜스포메이션을 ESG에 적용하다

1) ESG 경영을 위한 디지털화

ESG DX(Digital Transformation, 디지털 트랜스포메이션)란 'ESG와 관련된 활동들에 ICT 기술을 접목시켜 높은 업무의 효율 달성과 동시에 평가 결과에 대한 객관성, 정확성, 신뢰성 및 투명성을 높이는 것'이다. 평가에서 경영에 이르는 전반적인 ESG 활동에서 ICT 기술을 도입함으로써 수집된 ESG 정보들을 데이터로 관리하고, 기존 ESG 경영에서 수행하기 어려웠던 활동들을 ICT로 해결하는 것을 'ESG DX'라고 정의할 수 있다.

대부분의 ESG 활동들은 정성적이다. 'ESG DX'는 투자자 및 이해관계자들을 위해 ESG의 비재무적 요소를 수집한 정보들을 데이터화하여 디지털 처리 후 분석하고 가시화를 통해 해당 기업의 ESG 성과를 정량적으로 파악하고 이해할 수 있게 도와준다. 여기서 중요한 것이 디지털화(Digitalization)를 통한 데이터 생성이다.

디지털화는 아날로그 프로세스와 실물을 디지털로 전환하는 프로세스를 말하며, 디지털화와 디지털 트랜스포메이션을 유사한 의미로 사용하기도 하지만 일반적으로 디지털 트랜스포메이션은 ICT 기술을 활용해 새로운 솔루션 창출, 운영 혁신, 사업 기반 재구축으로 경쟁력을 제고하고 신성장을 추구하는 일련의 활동을 의미한다. 디지털 트랜스포메이션의 개념도 '디지털 기술을 생활에 침투시킴으로써 생활을 더욱 풍요롭게 만드는 것'이다.

온실가스 배출을 예로 들어보자. 이산화탄소를 줄이기 위해서는 우선 눈에 보이지도 손에 잡히지도 않기에 먼저 측정을 통해 정확한 배출량을 알아야 한다. 이러한 측정은 온실가스를 배출하는 장소에 이산화탄소 센서를 부착하여 배출량을 측정하면 된다. 센서는 배출되는 다양한 물질들을 정확히 측정하여 데이터를 전송하여 계산한 값을 바탕으로

ESG보고서에 정량적 수치로 기재된다. 디지털화는 이 과정까지 이루어지고 끝이 난다.

대부분의 기업들은 디지털화 과정에서 ESG 경영활동을 끝낸다. 하지만 이러한 측정된 온실가스 데이터들을 잘 활용하기만 하면 온실가스의 감축뿐만 아니라 이익 창출까지도 가능하다.

수집된 데이터를 AI를 통한 분석으로 실시간 이산화탄소 배출을 모니터링함으로써 누수 되는 곳들을 체크하여 사고를 미연에 방지하고 온실가스가 향후 어느 정도 배출될지를 예측함으로서 계획적으로 온실가스를 관리 할 수 있다. 공장의 제조 설비마다 센서를 부착해 어느 공정의 설비에서 온실가스가 얼마나 많이 배출되는지 파악 후 최적의 공정프로세스를 AI가 설계해 생산량은 높이고 온실가스 배출은 최소화하는 공정을 제시할 수 있다. 이러한 AI, IoT, 빅데이터, 클라우드, 각종 센싱기술 등 혁신적인 ICT 기술로 문제해결을 통한 가치창출 과정까지가 디지털 트랜스포메이션이라 할 수 있다. ESG를 평가하기 위해서는 '정확한 측정'이 제일 중요하지만, ESG 경영에서는 측정을 통해 '확보된 데이터를 어떻게 활용할 것인가', 즉 가치창출을 위한 측면이 더 중요하다고 할 수 있다.

2) '데이터'를 통한 ESG의 디지털 트랜스포메이션

ESG의 정확한 측정을 위해서는 정량화 및 가시화가 요구되며, 이는 혁신적인 ICT 기술이 적용되어 '데이터'를 통한 가치창출을 디지털 트랜스포메이션으로 가능하게 해준다.

즉 ESG는 디지털 트랜스포메이션을 통해 완성될 수 있으며, 이는 데이터와 밀접하게 연결돼 있다. ESG 경영활동에서 수집된 데이터를 어떻게 활용하느냐가 기업들의 ESG 성과, 기업가치와 평가등급까지 달라질 것이며, 이러한 데이터의 활용이 기업들의 차별화된 ESG 경영 수행을 이끌어낼 것이다.

디지털 트랜스포메이션에 따른 '페이퍼리스' 또는 블록체인, IoT, 센싱 등의 기술을 활용해 탄소 배출량을 실시간 모니터링하는 활동들은 ESG의 환경(E)에 해당되며 직원들의 건강과 노무관리를 비롯해 제품 제조과정에서 발생할 수 있는 안전성과 유해성 관리, 개인정보보호, 지역사회공헌 등을 AI, IoT, 클라우드, 빅데이터 등으로 사회를 돕는 활동은 사회(S)에 해당한다.

또한 인수나 투자 시 ESG 평가가 좋은 회사를 선택하기 위해, 해당 기업의 비재무 지표의 객관적인 판단을 위해 AI를 활용할 수 있다. 실제로 ESG 경영에 ICT 기술을 접목한 마이크로소프트(MS)의 MSCI ESG 등급은 2017년부터 계속 최고 등급인 AAA를 유지하고 있다. 또한 ESG 도입을 어려워하는 중소·중견기업들도 ICT 기술을 통한 디지털 트랜스포메이션으로 보다 효율적이고 수월하게 ESG 경영을 수행할 수 있다.

대부분의 기업들은 디지털 트랜스포메이션을 '기술'로만 생각하고 있지 않으며 이 기술이 모든 문제를 해결해주는 것으로 잘못 생각하고 있다. 디지털 트랜스포메이션을 지렛대로 삼아 ESG 경영의 근본적인 전환과 혁신을 통해 가치를 창출해내는 것이 핵심이다. ICT 기술인 AI, IoT, 클라우드, 블록체인, 빅데이터 등이 어떻게 기업가치에 영향을 줄 수 있을지, 기존 비즈니스와 어떻게 연결할 것인가? 하는 작업이 선행돼야 할 것이다. 그리고 새로운 비즈니스 모델을 검토하고 진행할 것을 조직 내부적으로 검토하며 조직 내 구성원들의 DX에 대한 인식 확산 또한 진행되어야 한다.

앞의 사례에서처럼 MS의 디지털 트랜스포메이션은 기존 ESG 경영에서는 얻을 수 없는 새로운 가치를 창출한다는 면에서 ESG 경영의 비용적 및 효율적 측면에서 크게 기여한다고 할 수 있겠다. 이는 새로운 비즈니스 모델에도 연결될 수 있는 좋은 기회이기도 하다.

디지털 트랜스포메이션을 ESG 경영에 어떻게 도입해 어떤 가치를 창출할 수 있는지는 다양한 사례들로도 알 수 있다.

3) 그린과 디지털의 결합

코로나 사태 이후 음식문화도 급격히 바뀌었으며, 특히 배달을 통한 일회용품 사용이 급격히 증가하면서 쓰레기도 폭증하였다. 일회용 마스크, 방역용품과 의료 소모품 폐기물은 물론이고, 인터넷 쇼핑과 배달음식에서 발생하는 생활쓰레기가 넘쳐나고 있다.

플라스틱 폐기물은 종이에 비해 적은 양이지만 잘 썩지 않으며, 바다를 떠다니며 오염을 일으키고 있다. 이러한 플라스틱을 줄이는 방법은 2가지가 있다. 사용하지 않거나 재활용하는 방법이다. 플라스틱 폐기물을 2016년도 대비 2040년에는 40% 수준까지 줄일 수 있다고 하나, 재활용쓰레기 선별을 위해서는 공간과 인력이 절대적으로 부족하다는 문제점을 안고 있다.

또 하나의 문제는 코로나로 야기된 마스크 및 의료 폐기물이다. 엄청나게 증가한 일회용장갑, 마스크 및 의료용 폐기물은 함부로 처리 시 재차 감염의 원인으로 작용할 수 있기에 인력 부족에 따른 처리가 제대로 되기는 쉽지 않다.

이러한 어려움에 대한 해결책으로 '로봇'이 제시되고 있다. 로봇은 인간의 부족한 일손과 신속·정확한 쓰레기 분류로 감염 위험 있는 의료용 폐기물을 대신 처리해준다.

AMP 로보틱스라는 미국 로봇 기업은 재활용 분류 로봇을 개발해 미국 내 기업과 지자체들에 임대해주고 있다. 'AMP 코텍스'는 AI 기반으로 비전가 딥러닝을 활용해 재활용 가능한 쓰레기를 선별하는데 색상, 크기, 모양, 불투명도, 소비자 브랜드 등을 기준으로 선별하며, 인식한 데이터를 축적한다. 사람보다 2배나 빠른 속도로 분류가 가능하며, 모듈식으로 설계되어 기존의 작업 흐름에도 쉽게 적용할 수 있다.

이뿐만 아니라, 빈 병을 주면 강냉이 대신 포인트를 주는 순환자원 로봇이 있는가 하면, 다양한 AI 기반 순환자원 로봇들이 속속 등장하고 있다. 그리고 우주에 발생한 수많은 우주쓰레기도 로봇에 의해 수거되고 있다.

이러한 환경에 디지털 트랜스포메이션을 적용해 디지털 혁신과 지속가능성이라는 두 마리 토끼를 잡을 수 있을 것이다.

3. 사회공헌활동과 DX

기업의 ESG 실천을 위한 중요한 활동 중 하나는 지역주민과 지역사회를 위한 사회공헌활동이다. 지역주민들과의 지속적인 커뮤니케이션을 통한 지역사회발전과 환경보전 활동을 통한 교육, 문화, 의료, 생업 등 지역 내 다양한 문제들을 해결해주는 것은 ESG 항목 중 사회(S) 항목 평가를 높이는데 크게 기여한다고 할 수 있다. 과거에는 주로 기부와 후원 활동을 통한 지역사회 내 취약계층에 대한 지원을 하거나 자연재해로 피해를 입은 주민이나 농가 및 시설 등에 대한 복구 활동이 주로 이루어졌었으나, 최근에는 지역사회의 특성에 맞는 맞춤형식의 사회공헌활동이 늘어나고 있다. 기존의 일회성의 단발적 지원에 그치지 않고

ICT 기술을 활용하여 지속가능한 성장에 초점을 맞추어 가치를 창출하는 지역 사회발전에 공헌하는 추세로 가고 있다.

대표적인 사례가 스마트팜이라고 할 수 있다. 지능형 로봇 농장이라고 하는 스마트팜은 비닐하우스 또는 유리온실 등에 AI, IoT, 빅데이터, 로봇 등을 접목시켜 시공간 제약을 벗어나 원격 시설제어, 정밀 생육관리 및 환경정보 관리를 통해 작물 및 가축을 누구나 고생산·고품질 농축산물 생산이 가능하게 해준다.

온실 및 축사의 DX화를 통해 농·축산업 종사자들이 누구나 더 편하고 쉽게 고품질 농산물을 안정적으로 생산할 수 있는 고생산성과 깨끗하고 안전한 환경에서 편리하게 가축을 기르는 지능화·자동화된 축사 운영을 통한 고부가가치를 창출할 수 있다는 점에서 지역사회에서도 도입이 점점 늘어나고 있다.

최근에는 농작물과 동물을 키우는 데 필요한 날씨정보, 종사와 농약정보, 각종 기자재정보, 농업지식서비스, 유통정보 등 다양한 데이터들을 IoT, 센서, AI, 로봇 등을 통해 통합 관리할 수 있다. 농사 경험이 전혀 없는 초보자들도 농사를 쉽게 지을 수 있도록 귀농 서비스도 지원하고 있으며 경험이 부족한 초보농부들에게 스마트팜 시설과 관련 정보를 제공하여 스마트팜에서 생산한 농작물에 대해 판매까지 대행해준다. 이러한 농·축산업의 디지털 트랜스포메이션은 농촌으로의 인구 유입을 가중시켜 지역사회 활성화에도 도움을 주고 있다.

기존의 스마트팜 서비스 지원은 주로 지자체에서 진행하였으나, 이제는 기업들이 지역 사회공헌활동의 일환으로 기업이 직접 나서서 자사가 보유한 역량과 접목시켜 서비스를 제공하는 움직임이 일어나고 있다. 글로벌 플랫폼 기업 아마존웹서비스(AWS)의 클라우드혁신센터는 금산군 등과 손잡고 금산 깻잎 농가를 대상으로 디지털 지원사업을 벌이고 있다. 깻잎은 온도와 습도 관리를 섬세하게 해야 하고 조금만 실수해도 병해충이 잘 생기는 작물이다. 갑자기 비가 내리거나 밤 기온이 급강하하면 바로 비닐하우스로 뛰어가야 하는데 고령자인 경우에는 쉬운 일이 아니다. 아마존은 AWS를 이용해 AI 기술을 도입하고 여기에 각종 센서나 카메라 등을 활용하였다. 깻잎 생육과 관련된 데이터를 축적하고 분석해 날씨, 온도, 습도, 수확시기, 품질, 양액 비율 등에 최적화된 재배 방법을 제공한다. 스마트폰을 통한 원격제어도 가능해 고령화 농가에도 도움이 된다. 비닐하우스 설비를 자동화하고, AI를 활용해 날씨를 정확히 예측할 수 있게 됨에 따라 집안에서 농사를 지을 수 있게 된 것이다.

지역사회의 니즈 및 특성을 고려한 지역사회 인프라를 디지털 트랜스포메이션하여 가치를 창출하는 것이 사회공헌활동의 또 다른 움직이라고 할 수 있다. 기존의 대표적인 지역사회공헌활동으로는 요양원이나 고아원 등을 방문해 청소 및 미용 봉사 등의 활동을 하거나 김장을 도와주는 등 개인 단위나 시설 단위로 이루어지는 일회성 활동에 그치는 경우가 대부분이었다.

그러나 최근 들어서는 지역사회가 안고 있는 고질적인 문제나 니즈를 파악하고, 각 지역의 특성에 맞는 맞춤형 사회공헌활동을 진행하는 방향으로 바뀌고 있다. 기존의 활동과 같이 일회성에 그치는 것이 아니라 인프라의 디지털 트랜스포메이션을 통해 주민들의 문제점을 공유하고 해결방향을 모색하여 실질적으로 지역주민들에게 기여하는 사회공헌활동에 초점을 맞추고 있다.

대표적인 사례가 일본의 통신사업자 NTT 그룹이 추진하고 있는 '지역창생(地域蒼生) 프로젝트'다. 지역창생 프로젝트는 NTT 그룹이 보유한 5G, AI, 클라우드 등의 ICT 기술을 이용하여 지자체들 및 각 지역사회의 문제점들을 함께 해결함으로써 지역사회를 탈바꿈시키겠다는 사회공헌활동이다.

지역사회 니즈에 부합하는 프로젝트들을 NTT 그룹은 교육, 의료, 관광, 교통, 신재생에너지 등 분야별로 전개하고 있다. 예를 들어 고령자는 많은데 의료기관이 적어 병원까지 직접 가기가 어려운 지역에서는 5G를 이용한 원격진료 서비스를 제공한다거나, 학생 수는 많은데 교직원 수가 적어 관리가 쉽지 않은 지역에 대해서는 클라우드 기반의 통합 학습 시스템을 제공해 교직원의 업무 부담을 줄여주는 사회공헌활동을 전개한다. 또한 스마트시티와 같이 지역사회 전체를 DX하는 프로젝트에는 NTT 그룹의 모든 회사들이 참여해 각 사가 보유한 ICT 기술 및 서비스를 제공한다.

한편 코로나로 인해 비대면 서비스가 확산되면서 비대면 사회공헌활동도 늘어나고 있는 실정이다. 코로나로 인해 면회가 금지된 요양원이나 병원에서 설날이나 추석 등 명절에 영상통화 면회 서비스를 제공하거나, 시니어 디지털 교육을 화상으로 진행하는 교육 프로그램 등이 대표적인 비대면 서비스로 ICT 기술을 활용하고 있다.

ESG에서의 사회적 활동 평가는 기업이 얼마나 착한 활동을 많이 했느냐가 평가 척도가 되는 것이 아니라, 사회문제해결을 통해 얼마나 많이 사회적 가치를 창출했느냐이다.

ICT 기술은 사회문제해결을 위한 가치창출에 있어 분명 효율적인 수단이다. 주의해야 할 점은 기술력의 과시에 집중하여 지역사회의 니즈를 간과하지 말아야 할 것이다. ICT 기술을 지렛대 삼아 지역사회에 직접 참여하여 주민들의 이야기에 귀 기울여 무엇을 요구하는지 정확히 파악하고 그에 맞는 해법을 제시하는 것이 진정한 지역사회공헌활동이라고 할 수 있겠다.

4. 중소기업 ESG 지원 해결책 DX

ESG는 대기업에서만 시행되어야 할 사항만은 아니다. 중소기업 및 스타트업 역시 ESG가 필요하다. 지속성장을 위해서는 기업의 규모에 상관없이 ESG를 진지하게 고민해야 할 필요가 있다. 해외시장 특히 미국, EU 등에서 사업을 전개하는 중소기업 및 스타트업들은 점점 강화되고 있는 ESG 규제를 극복하기 위해서는 ESG 경영을 도입하지 않을 수 없다. 도입을 위한 가장 큰 문제는 비용과 시간일 것이다. 부족한 인력과 넉넉하지 않은 자본은 ESG에까지 투자할 여력이 부족한 것이 중소기업과 스타트업의 현실이다. 그렇다고 전혀 방법이 없는 것은 아니다. 이러한 부족한 인력과 자본을 디지털 트랜스포메이션을 통해 업무를 효율화하고 생산성을 높임으로써 발생하는 여유를 ESG 경영에 투입할 수 있을 것이다. 그리고 ESG 활동 자체에도 디지털 트랜스포메이션을 적용할 수도 있다.

특히 코로나 팬데믹 사태 이후 AI, IoT, 센싱, 클라우드 등 ICT 기술 도입의 필요성을 느낀 CEO들이 계속 늘어나면서 중소기업의 디지털 트랜스포메이션화가 가속화되고 있다. 아시아 지역 1,400여 개 중소기업을 대상으로 IDC(International Data Corporation)가 조사한 '2020 아시아 태평양 중소기업 디지털 성숙도 연구' 결과에 따르면, 코로나 팬데믹 사태 이후 디지털 기술이 위기를 극복하는 데 매우 중요한 역할을 하고 있으며, 이로 인해 더욱더 디지털 기술에 의존하게 됐다는 의견이 90% 이상으로 나타났다. 이에 조사 대상 중소기업의 70%가 디지털 트랜스포메이션에 속도를 내고 있고, 절반 이상의 기업은 2021년까지 자사 비즈니스의 약 20%가 DX화될 것이라고 답했다.

IDC는 중소기업의 DX가 가속화되면 2024년까지 아시아 태평양 지역의 빠른 경제 회복을 주도할 것이라고 전망하였으며, 중소기업의 DX

가 코로나 팬데믹 사태 이후 세계경제 회복의 주요한 키가 될 것임을 강조했다. 실제로 일찍 ICT를 경영에 도입한 디지털 리더 중소기업은 DX에 무관심한 기업대비 매출 및 생산성이 2배 더 증가한 것으로 나타났다.

하지만 중소기업이나 스타트업에서 당장 DX를 추진하고 싶어도 어디서부터 시작해야 하며 어떻게 도입해야 할지 그리고 회사 내부에서 DX 업무를 구현할 인재와 기술을 찾기가 어려운 상황이다. 조사에서도 중소기업들이 DX화에서 가장 어렵다고 느끼는 부분이 '회사 내 디지털 스킬 및 인재 부족'과 'DX를 실현하는 데 필요한 기술 역량'의 부족이었다. 또한 DX 중 가장 우선시한 기술로 후발기업, 리더를 막론하고 모두 클라우드를 꼽았다. 그 외 보안, IT 인프라, AI 등이 DX에 있어 중요한 기술로 언급돼 이런 기술적 역량을 갖춘 ICT 기업들은 클라우드 중심의 통합 패키지 방식으로 중소기업들의 DX를 지원하고자 하고 있다.

중소기업의 디지털 트랜스포메이션의 대표적인 사례는 스마트팩토리가 있다. 스마트팩토리는 중소기업의 열악한 작업 환경, 업무방식, 시스템을 바꾸는 방아쇠가 될 수 있다. 기존에는 공장 자동화를 위해 컴퓨터, 산업용 로봇 등을 이용해 제조과정을 자동화했지만, 스마트팩토리는 단순한 자동화를 넘어 설계, 개발, 제조 및 유통 등 과정에 디지털 자동화 솔루션이 결합된 ICT 기술을 적용하여 생산성, 품질, 고객만족도를 향상시키는 지능형 생산공장으로, 공장 내 설비와 기계에 IoT를 설치하여 공정 데이터를 실시간 수집, 분석해 스스로 제어할 수 있게 만든 공장이다.

데이터를 활용해 최소 비용과 시간으로 고객이 원하는 제품을 최적화 과정을 거쳐 생산하고 클라우드 기반의 AI로 자율적이고 유연한 생산을 통해 개인 맞춤형 생산이 가능한 작업을 수행하는 것이 핵심이다. 인력 중심의 제조 공정들을 각종 센서, 첨단로봇과 소프트웨어 기능 등으로 대체를 통해 생산 원가절감 및 품질관리가 가능하다. 스위스 로봇 기업 ABB의 CEO 쉬피스호피(Ulrich Spiesshofer)는 생산공정에서 로보틱스와 자동화 기술 투입을 통해 유럽 내 개당 생산비용을 중국 수준으로 낮출 수 있다고 언급했다. 실제로 독일의 지멘스는 암베르크에 전체 공정의 75%를 로봇 중심의 무인공정 시스템으로 운영하는 스마트팩토리를 구축해 원가를 절감하고 있다.

코로나 팬데믹 사태 이후 ESG 시대를 맞아 생산 거점에서의 ICT와 디지털 혁신의 가치는 더욱 증가하고 있으며, DX는 대기업, 중소기업 할 것 없이 모든 기업들이 핵심 전략이 될 것이다. 비즈니스 인사이더에 따르면, 향후 경기침체가 발생하더라도 로봇, 머신러닝, AI, 빅데이터, 클라우드 관련 투자 확대 의향이 높은 것으로 알려졌다. 특히 5G, AI, 빅데이터, 클라우드, 로봇은 제조업 디지털화의 효율성, 생산성을 향상시키는 중심축이 될 것이며, 스마트팩토리를 더욱 가속화시키는 원동력이 될 것이다. ICT 역량을 자사 내부에 보유하고 있지 않다고 포기할 필요가 없다. 이러한 역량을 보유한 ICT 기업들, 통신사업자, SI 기업들은 중소기업의 요구에 부응하는 디지털 트랜스포메이션을 적극적으로 지원해줄 것이다.

　데이터를 기반으로 한 디지털 트랜스포메이션이야말로 중소기업 및 스타트업들의 경쟁력이라고 할 수 있다. AI, 클라우드, 5G 등을 이용한 생산 및 공정관리의 유연성, 융통성과 민첩성을 확보한다면 생산성은 크게 향상될 것이고, ESG 경영추진도 한결 수월해질 것이다.

- 김재필, 『ESG 혁명이 온다 1』, 한스미디어, 2021.
- 김재필, 『ESG 혁명이 온다 2』, 한스미디어, 2021.
- 이지은, 「농업의 변신: 금산 깻잎 농장이 AI 기술을 만나다」, 나라경제, 2022.1.
- 스마트제조혁신추진단, 「스마트공장 소개」, 홍보관, 2019.5.3.
- 윤수정 기자, 「코로나 판 키운 폐기물 산업, 악취도 재활용 분류도 AI로봇에게 맡겨」, 조선일보, 2021.1.11.
- 윤진수, 「중소기업도 ESG경영이 필요한 까닭」, 중소기업뉴스, 2021.2.3.
- 사회공헌정보센터, 「용어부터 알고가자」, 그린워싱, 2020.11.25.
- 정종기, 「정종기의 AI시대 저널리즘④ 일하는 방식의 혁신 필요한 시대, 해법은 인공지능 로봇과 협어하는 것」, 2020.5.4.
- IDC, 「2020 아시아 태평양 중소기업 디지털 성숙도 연구」, 2020.
- 박란희, 「2021년 주목할 ESG트렌드(1편)기후변화…MSCI보고서」, 임팩트온, 2021.1.17.
- 양용석, 「녹색성장의 핵심, 그린IT 살펴보기 (상)종보통신기술과 환경의 융합」, 사이언스타임스, 2010.3.5.
- 이상일, 「"ESG경영과 ICT" 기업 화두된 ESG 경영…인공지능, 그린 IT 본격시동」, 디지털데일리, 2021.2.16.
- 일본종합연구소, 「ESG 조사에 AI 활용 작업량 50% 절감」, 2019.8.1.

김재영(KIM JAE YOUNG)

학력
· 동아대학교 경영대학 응용통계학과

경력
· (현) 주식회사 뉴월드 부대표
· (현) 품질관리 기술사
· (현) 한국산업기술협회연수원 교수
· (현) 스마트 마이스터
· (현) 스마트공장 수준심사원
· (현) EQ 인증 심사원
· (전) 주식회사 지세라믹 대표이사
· (전) 주식회사 에스티아이코리아 부대표

저서
· 「품질관리 해결 및 개선실무」 뿌리산업인적자원개발위원회. 2021.

15장

중소기업의
ESG 경영 대응전략

권복주

1. ESG 국내외 동향

1) 거대한 물결 ESG

　2021년에 이어 2022년까지 국내 경영계를 가장 뜨겁게 달군 키워드는 'ESG 경영'이다. 2020년 세계 최대 자산운용사인 블랙록의 최고경영자(CEO)인 래리 핑크가 투자자와 기업 CEO에게 보낸 연례서한에서 "기후변화에 제대로 대응하지 못하는 기업에는 투자하지 않겠다"는 사회적 책임투자 원칙을 선언하면서 투자금융기관의 투자기준에 지각변동이 일어나고 있다. 이제 ESG 경영 실천 여부가 투자금융기관의 투자기준이 되고 있다.

　이와 같이 기업의 사회적 책임을 평가하는 ESG가 거대한 물결을 일으키며 무서운 속도로 몰려오는 현 상황에서 기업이 어떻게 대처해야 이 거대한 파고에서 생존할 수 있을까? 이러한 위기 상황에서 위기를 기회로 바꾸는 전략 이것이 바로 ESG 경영이다. 기업이 지금까지의 경영전략 방향을 ESG 경영으로 전환만 한다면 거대한 물결은 새로운 동력원이 되어 기업이 더 힘차게 성장하도록 견인할 것이다.

　이제 기업경영에 환경(Environmental), 사회(Social), 지배구조(Governance) 측면의 요소들을 통합적으로 고려하는 ESG 경영은 기후변화 대응과 기업을 둘러싸고 있는 이해관계자의 압력에 따라 더 이상 미룰 수 없는 과제이자 선택이 되고 있다.

선도 대기업들은 2022년 ESG 경영 실천 선도 및 전담조직 설치, 관련 사업활동 추진 등을 통해 'ESG 경영 패러다임'으로 발 빠르게 전환하고 있으며 대기업의 협력업체와 수출업체도 ESG 경영의 필요성을 절감하고 이를 적극 도입하고 있는 추세다. 선도기업은 2026년부터 시행할 예정인 EU의 탄소국경세나 국내 ESG 공시 의무화 등에 전략적으로 대비하는 한편, 사회 및 지배구조측면에 대한 폭넓은 고려와 ESG 경영의 내재화를 통한 시스템경영을 발 빠르게 도입하고 있다.

이제 후발 중소기업도 국내 ESG 경영의 거시적인 흐름을 파악하고, 선도기업 벤치마킹 등을 통해 장기적인 로드맵과 전략을 마련하는 준비가 필요한 시점이다.[01]

2) 국내외 주요국가 ESG 규제 동향

그동안 기업가치는 재무제표와 같은 정량적인 지표에 의해 주로 평가되어왔지만, 이제는 비재무적 가치에 대한 평가의 중요성이 더욱 커지고 있다. 이러한 변화의 흐름은 전 세계적인 기후변화 위기와 기업의 사회적 책임을 요구하는 이해관계자의 다양한 요구를 기업의 경영활동에 적극적으로 반영하지 않으면 지속가능한 성장을 보장할 수 없게 되었기 때문이다.

---

01   백인규, 「2021년 국내ESG 경영 동향 및 2022년 전망」, HRD MAGAZINE, 2021.

국내외적으로 각국 정부는 ESG 경영을 단계적으로 실행하기 위한 조치로 다음 표와 같이 ESG 법제화 및 규제 도입을 추진하고 있다.

주요국가별 ESG 규제 동향

국가	주요 ESG 규제 동향
미국	· 50년까지 탄소중립을 선언하고, 행정명령을 통해 기후공약 실현에 속도 1) 키스톤 송유관 건설 허가 취소, 석유·천연가스 시추 신규허가 중단 및 연방정부 화석연료 직접 보조금 중단(2021.2. 행정명령) 2) '30년 판매 신차 50%를 무공해차(ZEV)로 의무화 추진(2021.8. 행정명령) · 탄소국경조정제도 도입 공식 검토계획 발표(2021 USTR 통상아젠다) · 상원, 중국 신장 제품 수입금지안 통과(2021.7.) · 노동조항이 강화된 USMCA를 본뜬 FTA 추진 가능성 · 나스닥, SEC에 상장회사 이사진 다양성 증진 의무화 제안서 제출(2020.10.)
EU	· 기후 대응법안 패키지(Fit for 55 Package)를 통해 탄소국경조정제도 (CBAM) 초안, '35년부터 연내 내연기관차 판매금지안 발표('21.7월) · 친환경배터리 규제안 발표('20.12월) · 유럽 금융기관 대상으로 지속가능금융공시규제(SDFR) 발효('21.3월) 금융기관이 투자자들에게 기업수준에서의 지속가능성과 상품 수준에서의 비재무적 금융정보 공시 의무화 · 기업 지속가능성보고지침 시행(2017) EU 역내 대기업의 사회 및 환경영향을 비재무제표를 통해 공개의무화 · EU 분류체계 규정을 통해 기업의 녹색경제활동 여부 판단 기준 수립(2020)
한국	2025년 자산 2조 원 이상, 2030년 코스피 전 상장사 기업공시 의무화

출처: KOTRA, 해외기업의 ESG 대응 성공사례, 2021.8.

지속가능경영보고서를 발간하고 ESG 경영을 공시하기 위해서는 기업이 환경(E), 사회(S), 지배구조(G)부문의 각 이행 지표들을 지금부터 하나하나씩 준비하고 실천해나가야 ESG 경영목표를 달성할 수 있다. 그동안 기업의 CSR(Corporate Social Responsibility) 경영이 자선적인 의미의 착한 기업상을 보여주는 것이었다면, 지금의 ESG 경영은 기업의 지속가능성 여부를 판단할 수 있도록 공시를 의무화하고 있다.

2. 중소기업의 ESG 경영 도입 필요성

1) 글로벌기업과 대기업의 공급망 관리강화

글로벌 다국적 기업들은 탄소저감, 재생에너지 전환, 자원선순환체계 구축을 위한 중장기 환경목표를 수립하고 자체 사업장뿐만 아니라 모든 공급망체인(Supply Chain)에서의 리스크 관리 강화를 위해 협력사의 동참을 요구하고 있다.

공급망에 참여하고자 하는 협력사들은 일정 수준 이상의 ESG 평가등급을 제출하여야 하며 ESG 평가 기준 미충족 시 협력사 선정에서 배제되거나 계약해지 조항을 두고 있다.

글로벌 다국적 기업들은 협력사 ESG 리스크 관리를 의무화하고, 협력사들에게 공급망에서의 인권 위험관리, 온실가스 등의 관리를 강화하기 위하여 일정 수준 이상의 ESG 경영 실천 여부에 대한 평가자료를 요구하고 있다.

글로벌기업의 협력업체 대상 ESG 관련 요구사항

기업명	협력사 대상 요구사항
애플 (Apple)	· 공급업체 대상 애플에 납품하는 부품에 대해서는 재생에너지로 제조 요구 *세계 110개 이상의 협력업체가 100% 재생에너지로 제품생산(2021.4. 기준) · 청정에너지 포털이라는 협력업체 청정에너지 프로그램까지 운영 중

BMW	·2020년까지 풍력· 바이오가스· 태양광 등 자가 설비와 인증서 구매를 통해 100% 재생에너지원 전력 조달을 완료하고 파트너십을 맺고 있는 기업에게도 이를 요구
월마트 (Walmart)	·2030년까지 10억 톤의 CO_2를 감축하는 게 목표(납품 협력업체의 탄소 절감량 포함)
마이크로소프트 (MS)	·중립 달성에서 더 나아가 탄소 네거티브 달성 계획 발표(2020.1.) 2030년까지 탄소 네거티브 달성과 2050년까지 1975년 설립 이후 배출한 모든 CO_2 제거 목표를 수립하고, 협력사 대상 동참 요청

출처: KOTRA, 해외기업의 ESG 대응 성공사례, 2021.8.

2) 기후변화 대응 필요성

지구온난화로 폭염, 폭설, 태풍, 산불 등 이상기후 현상이 세계 곳곳에서 나타나고 있다. 높은 화석연료 비중과 제조업 중심의 산업구조를 가진 우리나라도 최근 30년 사이에 평균 온도가 1.4℃ 상승하며 지구온난화 경향이 더욱 심해졌다. EU는 2026년부터 탄소국경세를 부과할 예정이고 미국에서도 탄소 배출 감축조치가 미흡한 국가의 수입품에 대한 탄소세 부과를 검토하고 있다.

한국도 2020년 10월 국가비전으로 지구온도 상승을 산업화 이전 대비 1.5℃ 이내로 억제하기 위해서 2050년까지 탄소 순배출량이 0이 되는 2050 탄소중립을 선언했다. 삼성, SK, LG, 포스코 등 대기업도 2021년 친환경사업으로 정책전환을 하여 2050년까지 탄소중립 달성을 선언하였다.

3) ESG 경영에 대한 MZ세대의 소비패턴 변화

ESG가 기업경영의 화두를 넘어 사회적 트렌드가 되고 있는 가운데, 새로운 소비주체로 부상한 MZ세대들은 제품 구매 시 기업의 ESG 경영 실천 여부를 중요하게 인식하는 것으로 조사됐다. 우리나라 경제활동인구의 절반 가까이 되는 MZ세대의 ESG 경영에 대한 인식이 높아지면서 소비패턴의 변화가 기업이 ESG 경영으로 전환하도록 요구받고 있다. MZ세대는 집단보다는 개인의 행복, 소유보다는 공유(렌털이나 중고시장 이용), 상품보다는 경험을 중시하는 소비 특징을 보이며, 단순히 물건을 구매하는 데에서 그치지 않고 사회적 가치나 특별한 메시지를 담은 물건을 구매함으로써 자신의 신념을 표출하는 '미닝아웃' 소비를 하기도 한다.

대한상공회의소(회장 최태원)가 최근 MZ세대 380명을 대상으로 실시한 'MZ세대가 바라보는 ESG 경영과 기업의 역할' 조사결과, 응답자 10명 중 6명은 ESG를 실천하는 착한 기업의 제품이 더 비싸더라도 구매할 의사가 있는 것으로 나타났다. 특히 MZ세대는 '가치소비를 반영하는 신조어 중 가장 중요하다고 생각하는 개념이 무엇이냐'는 질문에 '가심비(46.6%)'를 가장 많이 꼽아 제품 구매 시 성능보다 심리적 만족을 더욱 중요시하는 것으로 분석됐다.

최근 ESG가 사회 전반으로 확산되면서 기업의 역할에 대한 국민들의 인식이 변화하고, 사회공헌이나 투명·윤리경영에 대한 관심이 높아지고 있다. 여론과 소비의 주도층으로 떠오르는 MZ세대가 가격이 더 비싸도 착한 기업의 제품 구매를 선호하는 만큼 우리 기업들도 ESG 경영 실천에 보다 적극적으로 나설 필요성이 있다.[02]

4) 금융기관의 ESG 경영 우수기업 우대정책

국내외 ESG 관련 규제 및 정책이 급박하게 추진되고 ESG 경영의 중요성이 확대되고 있음에도 중소기업의 ESG에 대한 인식은 여전히 낮은 수준이다. 금융기관이 ESG 평가에 기반해 투자와 대출을 하고 이에 기반하여 자금을 공급하거나 억제하는 역할을 이미 시작하고 있고 점차 전 금융기관이 시행할 것으로 예상되므로 사전에 ESG 경영을 도입할 필요가 있다.

금융기관의 기업에 대한 지속가능 투자전략유형의 내용을 보면 기업이 ESG 경영으로의 시스템 구축이 이루어지지 않으면 투자대상기업에서 배제되고, 반면 ESG 성과가 우수한 기업에 대하여는 투자대상으로 선정되어 자금조달이 원활해지고 우대금리도 적용받을 수 있다.

다음은 각국 투자금융기관이 우선투자대상으로 분류한 지속가능투자전략 유형이다.

---

02 대한상공회의소 보도자료, MZ세대가 바라보는 ESG경영과 기업인식 조사, 2022.4.4.

지속가능투자 전략 유형

투자자	ESG 관련 투자정책
블랙록 (BlackRock)	· 투자 포트폴리오 구성 최우선 순위로 기후변화와 지속가능성 지목 1) 펀드 매니저들이 적극적으로 운용전략을 짜는 액티브 펀드에 ESG 요소를 반영 2) 지속가능회계기준 위원회와 재무 정보공개 권고사항에 따른 보고서를 제공하지 않는 경영진에 대해서는 주주권 행사에 나섬. *포트폴리오 중 사업모델에 기후 위험 미반영 기업 244개 명단을 공개 (볼보에 대해 ESG 공시 미비를 이유로 이사회 의장 연임 반대)
노르웨이연기금 (GPFG)	· 네거티브 스크리닝 중심의 ESG 투자 자리매김 1) 운용자산 1조 달러로 최대 규모를 자랑하는 GPFG는 술, 도박 등 사회적 논란이 되는 기업에는 투자하지 않는다는 원칙 마련 2) 원유 가격에 따른 위험 경감을 위해 원유/가스 탐사와 개발업체 등에 대한 투자 중단 결정(2019.3.) 3) 이외에도 아동 노동 등 인권 탄압 전쟁으로 인한 개인의 자유 침해, 온실가스 배출, 부패 등 윤리적 기준에 어긋난 기업 제외
한국국민연금	· 국민연금 투자대상의 환경(E)·사회(S)·지배구조(G) 등 비재무적 요소를 고려하여 투자

출처: KOTRA, 해외기업의 ESG 대응 성공사례, 2021.8.

국내외 ESG 관련 규제 및 정책이 급박하게 추진되는 상황에서 중소기업의 ESG 경영 안착을 위한 정부 및 금융기관의 역할이 중요한 시기다. 특히 중소기업이 가장 어려움을 겪고 있는 환경(E)분야의 녹색전환을 위해서는 정책금융기관을 중심으로 한 원활한 금융지원이 필수적이며 이와 함께 다양한 제도개선과 상품개발, 시스템 구축이 이루어져야 할 것이다. 금융기관은 먼저 ESG 금융을 위한 측정 및 평가 인프라 제고를 통해 성과와 연계한 ESG 금융이 활성화될 수 있도록 해야 한다. 특히 녹색금융의 활성화를 위해 녹색 및 지속가능 '미닝아웃' 소비를 검토하고, 녹색금융 지원모델의 다양화가 필요하다.

5) ESG는 선택이 아닌 필수 생존전략

(1) ESG 경영평가

기업의 재무적 성과만을 판단하던 전통적 방식과 달리 지금은 장기적 관점에서 기업가치와 지속가능성에 영향을 주는 ESG 등의 비재무적 요소를 함께 평가하는 시대가 되었다.

유엔은 책임투자원칙을 제정하면서 투자자들이 어떤 기업에 대해 투자의사 결정을 내릴 때 재무적 요소뿐만 아니라 환경 및 사회에 대한 책임, 지배구조 등 비재무적 요소를 고려하도록 촉구했다. ESG는 기업의 역할이 커짐에 따라 경제적 기여만큼이나 사회적 기여에도 적극적으로 나서야 한다는 공감대가 형성되면서 날이 갈수록 그 중요성이 더 커지고 있다.

ESG는 기업의 사회적 책임(CSR) 차원을 넘어 하나의 중요한 평가 및 투자 기준으로 고려되고 있다는 점에서 사회공헌활동과 분명히 구별된다.

(2) ESG에 대한 중소기업의 현장 목소리

국내외적으로 ESG 경영에 대한 도입 열풍이 몰아치고 있음에도 대부분의 중소기업은 '환경·사회·지배구조'의 ESG 경영은 언론에서만 보는 먼 이야기 정도로만 느끼고 있다.

한 중소제조업체 사장은 최근 국내외 원자재 가격 인상과 고환율로 경영위기를 맞고 있는 상황에서 중소기업이 ESG 경영을 어떻게 도입할 수 있느냐고 볼멘소리를 하고 있다.

ESG 경영 열풍이 불어닥쳤지만 중소기업은 무방비 상태에 놓여있고 추진할 여력이 없다. 코로나19 방어에 총력을 쏟은 데다 원자재 가격, 물류비 상승, 환율 상승 등 몰아치는 변수를 막느라 정신이 없다. 한정된 자원과 인력으로 기업을 운영하는 중소기업 사정이 대부분 비슷하다.

그러나 손 놓고 있으면 격차는 더 벌어진다. ESG 경영은 하루아침에 이루기가 어렵다. 이제 국내외시장에서 ESG 경영은 피할 수 없는 대세다. 은행 대출, 수출, 소비자 마케팅 등 사업 전반에서 ESG 수준이 기업 경영의 발목을 잡을 수 있다. 해외거래를 준비하고 있는 중소기업이나 대기업협력사일수록 ESG는 선택 아닌 필수다. ESG는 강요가 아니라 강한 권고 수준이지만 어느 순간 법적 규제로 바뀔지 모른다. ESG 경영을 미리 준비한 기업과 그렇지 않은 기업의 운명이 갈릴 수 있다.[03]

이제 중소기업도 적극적으로 ESG에 대응하기 위하여 내·외부 전문가를 양성하여 기업 전반에 걸친 ESG 경영체제를 확립하기 위하여 사전대응하는 것이 급선무다.

---

03 박소라 기자, 「중소기업과 ESG」, 전자신문, 2021.9.27.

가장 시급한 개선점이 무엇인지부터 차근차근 ESG 경영의 틀을 만들어가야 한다. 중소기업도 ESG 경영을 '비용'이 아니라 기업의 미래 가치를 위한 '투자' 관점에서 접근해야 한다. 그래야 지속가능한 성장과 발전을 이룰 수 있다.

기업들에 있어 ESG는 새로운 표준이자 생존전략으로 자리 잡았다. CSR이 이미지 개선을 위한 '선택'이었다면 ESG는 생존을 위한 '필수'로 자리매김하고 있다.

3. K-ESG 가이드라인

1) K-ESG 가이드라인 제정 배경

전 세계에서 ESG 등급을 평가하는 평가기관은 130개 이상이라고 하며 평가하는 평가기관, 연기금, 신용평가사, 자산운용사, 투자회사마다 각각 다른 지표를 사용한다.

국내외적으로 평가지표는 600여 개 이상의 평가지표가 운영되고 있어 개별기업에서 각각의 평가 기준과 평가방식을 파악하기가 쉽지 않은 상황이다.

이와 같이 통일된 지표가 없어 ESG 평가에 혼란이 초래되자 정부는 기업들의 ESG 경영을 돕기 위해 2021년 12월 관계부처합동으로 한국형 ESG 지표인「K-ESG 가이드라인」을 2021년 4월 제정하여 공표하였다.

2) K-ESG 가이드라인 구성체계

「K-ESG 가이드라인」은 기업이 우선적으로 고려해야 할 ESG 경영요소와 평가기관에서 가장 많이 다루는 평가항목 제시를 위해 국내·외 주요 13개 평가지표와 공시기준 등을 분석하여 공통적이고 핵심적인 기본진단항목을 제정하였다.

글로벌 기준의 기본진단항목과 글로벌 기준에서도 일부 사용되고 있거나 국내 제도에서 중요시하는 ESG 경영요소를 추가 진단항목으로 구분하여 제시하였다. 기본진단항목으로 4개 영역, 17개 범주, 61개 기본진단항목으로 구성되어있다.

(1) 영역

영역은 가이드라인 대분류를 말하며, ESG 항목 3가지에 대하여 관련 정보의 공개 여부 항목을 추가하여 정보공시(Public), 환경(Environmental), 사회(Social), 지배구조(Governance) 등 4개 영역을 기준으로 정하고 있다.

(2) 범주

범주는 가이드라인 중분류를 말하며, 국내외 ESG 공시/평가 기준에서 공통적으로 제시하는 이슈를 기반으로, 조직이 ESG 경영을 통해 추구해야 하는 사회적 가치로 설정하였다.

(3) 진단항목

진단항목은 가이드라인 소분류를 말하며, 각 '범주'에서 추구하고 있는 '사회적 가치'를 정성·정량적으로 진단하기 위한 세부 항목이다.

3) 산업 전반의 ESG 수준 제고를 위한 범용적 K-ESG 가이드라인 제시

- 일반기업 중 ESG 경영수준 향상을 위한 방향성 제시에 초점을 두고 기업 스스로 ESG 경영목표수립이 용이하도록 활용가이드를 제시하고 있다
- 국내외 평가지표의 공통적이고 핵심적인 항목 제시를 통해 평가에 대한 이해 제고 및 평가대응 역량을 확보하게 한다
- 중소·중견기업 중 ESG 경영전략 수립을 희망하는 중소·중견기업이 우선적으로 활용할 수 있는 항목(27개 항목)을 선별 제시하고 있다.
- 과도한 투자비용(설비·인력 투자비용 등)이 발생하지 않는 범위 내에서 ESG 경영추진 및 개선이 가능한 기본진단항목을 제시하여 중견·중소기업의 ESG 대응역량을 강화할 수 있도록 하였다.
- 평가·검증기관이 ESG 평가 시 「K-ESG 가이드라인」을 자율적으로

활용할 수 있도록 설계하고 평가·검증기관의 니즈를 고려하여 기본진단항목 외 대체·추가항목을 제시하고 있다.
- 향후 중견·중소기업을 위한 「K-ESG 가이드라인」이 별도 개발될 예정이며, 기업 현실을 고려하여 진단항목 및 단계별 기준 수정·보완할 예정이다.

4) K-ESG 점검 기준

'점검기준'은 '성과점검'에서 확인한 자료 기반으로, 해당 조직의 수준을 진단할 수 있는 단계별로 기준 제시한다(3~5단계). '점검기준'으로 확인한 조직의 ESG 성과를 조직 간, 항목 간, 영역 간 비교 가능하도록 진단항목별 100점 기준으로 5단계, 혹은 3단계로 배점한다.

5) K-ESG 가이드라인 진단항목체계

K-ESG 가이드라인은 기본진단항목 4개 영역, 17개 범주 61개 항목으로 구성되어있다. 그러나 중견·중소기업용으로는 많은 진단항목에서 적합하지 않은 항목이 있어 이 기본진단항목 중 중견·중소기업에 적합한 4개 영역, 17개 범주, 27개 기본항목으로 구성되어있는 다음 표를 이용하도록 하고 있다.

K-ESG 가이드라인 기본진단항목(27개)

영역	범주	분류기호	진단항목
정보공시(P) (4개 문항)	정보공시 형식	p-1-1	ESG 정보공시 방식
		p-1-2	ESG 정보공시 주기
		p-1-3	ESG 정보공시 범위
	정보공시 검증	p-3-1	ESG 정보공시 검증
환경(E) (9개 문항)	환경경영 목표	E-1-2	환경경영 추진체계
	원부자재	E-2-1	원부자재 사용량
	온실가스	E-3-1	온실가스 배출량(Scope 1 & Scope 2)
		E-3-2	온실가스 배출량 검증
	에너지	E-4-1	에너지 사용량
	용수	E-5-1	용수 사용량
	폐기물	E-6-1	폐기물 배출량
	오염물질	E-7-1	대기오염물질 배출량
		E-7-2	수질오염물질 배출량
사회(S) (9개 문항)	노동	S-2-2	정규직 비율
		S-2-6	결사의 자유보장
	다양성 및 양성평등	S-3-1	여성구성원 비율
		S-3-2	여성급여 비율(평균 급여액 대비)
		S-3-3	장애인 고용률
	산업안전	S-4-1	안전보건체계
		S-4-2	산업재해율
	지역사회	S-7-1	전략적 사회공헌
		S-7-2	구성원 봉사참여
지배구조(G) (5개 문항)	이사회 구성	G-1-1	이사회내 ESG 안건 상정
	이사회 활동	G-2-1	전체 이사 출석률
		G-2-4	이사회내 ESG 안건 처리
	주주권리	G-3-1	주주총회 소집 공고
	윤리경영	G-4-1	윤리규범 위반사항 공시

출처: 산업통상자원부, 산업정책과, 2021.12.

6) 중소기업 체크리스트에 의한 자가진단

(1) 제정배경

「K-ESG 가이드라인」이 대기업에 적합한 폭넓은 평가지표로 구성되어있는 측면이 있으므로 중소벤처기업부는 2021년 11월 중소기업의

ESG 인식제고를 위하여 자가진단에 이용할 수 있는 'ESG 체크리스트'를 별도로 제정하여 중소기업의 ESG 경영 도입을 지원하고 있다.

제정배경은 국내에서도 최근 탄소중립, 'RE100 가입', 공급망 내 ESG 평가요구, 금융기관의 ESG 평가 등 중소기업에 대한 영향이 가시화되고, 글로벌기업은 이미 협력사에 강도 높은 ESG 경영을 요구하고 있고, 중소기업에게도 친환경원료, 환경인증, 노동여건 등 요구받는 사례가 증가하고 있어 이와 같은 현실에 적극 대응할 필요가 있기 때문이다.

이런 현실을 감안하여 정부는 중소기업형 ESG 자가진단 플랫폼인 '중소기업 ESG 체크리스트'를 제정하여 중소기업이 ESG 자가진단을 통하여 기업의 ESG 수준을 사전 진단하고 부족한 항목에 대한 개선대책을 수립해 ESG 경영에 성공할 수 있도록 지원하고 있다.

(2) 중소기업 ESG 체크리스트 구성체계

중소벤처기업부는 국내·외 주요 ESC 지표와 「K-ESG 가이드라인」을 참고하여 중소기업이 실천가능하고 필수적인 항목을 식별하여 선정하여 중소기업의 인식개선을 위한 최소수준의 공통지표 23개로 자가진단 체크리스트를 제정하였다.

자가진단 체크리스트는 총 23개 항목으로 E(10개), S(7개), G(3개), ESG(3개)로 구성되어있으며 체크리스트는 다음 표와 같다.

중소기업 ESG 체크리스트 세부문항(총 23개)

환경(E): 10개		
대분류(3)	세부항목(10)	질문문항
환경경영 정책	환경목표 수립 및 계획	E1. 귀사의 경영방침 및 사업계획서에 장단기 환경경영목표가 수립되어있습니까?
	분야별 목표	E2. 귀사의 경영방침 및 사업계획서에 반영된 환경경영목표 분야를 체크하십시오.
	친환경혁신 실행	E3. 귀사의 경영방침 및 사업계획서상에 친환경제품 개발 또는 환경친화적 공정개선 계획이 포함되어있습니까?
환경경영 관리	온실가스 배출관리	E4. 귀사의 온실가스 및 대기오염물질 관리 매뉴얼 보유 여부와 관리수준을 체크하십시오.
	폐수 처리	E5. 귀사의 수질관리 매뉴얼 보유 여부와 관리수준을 체크하십시오.
	폐기물 관리	E6. 귀사의 폐기물관리 매뉴얼 보유 여부와 관리수준을 체크하십시오
환경경영 성과	전력 사용량 추이	E7. 최근 3개년 에너지(전력) 사용량 추이를 기재하여주십시오.
	재생에너지 사용	E8. 사업장 내 재생에너지 사용 여부와 사용량을 기재하여주십시오.
	용수사용량 추이	E9. 최근 3개년 용수사용량 추이를 기재하여주십시오.
	폐기물 재활용	E10. 폐기물을 재활용하여 사용하고 있거나 사용할 계획이 있습니까?

S(사회): 7개		
대분류(4)	세부항목(7)	질문문항
사회적 책임 정책	정책(목표) 수립	S1. 귀사의 경영방침 및 사업계획서에 반영된 사회적 책임경영 정책(목표) 분야를 체크하십시오.
지역사회	지역사회공헌	S2. 지역사회공헌 참여 프로그램을 운영하고 있으며, 개선사항을 반영하고 관리하고 있습니까?

공급망	공정거래	S3. 공정한 계약절차 매뉴얼을 보유 및 준수하고 있으며, 개선사항을 반영하고 관리하고 있습니까?
근로자	취업규칙	S4. 사내 취업규칙을 갖추고 있으며, 내부 이해관계자의 동의를 거쳐 개선사항을 반영하고 관리하고 있습니까?
	근로계약	S5. 근로계약서는 작성·관리되고 있으며, 내부 이해관계자와의 상생협력을 위해 개선사항을 반영하고 관리하고 있습니까?
	초과근로	S6. 초과근무 기준을 갖추고 있으며, 내부 이해관계자의 충분한 동의 절차를 거쳐 개선사항을 반영하고 관리하고 있습니까?
	산업재해	S7. 산재 발생 예방활동 및 안전관리 대상 분야별 정기점검이 이루어지고 있으며, 내부 이해관계자의 충분한 의견을 수렴하여 개선사항을 반영하고 관리하고 있습니까?(화재예방 소화설비 포함)

G(지배구조): 3개

대분류(2)	세부항목(3)	질문문항
윤리경영 정책	윤리경영 정책	G1. 귀사의 경영방침 및 사업계획서에 윤리경영 정책(목표)이 반영되어있습니까?
윤리경영 관리	비윤리적 이슈관리	G2. 비윤리적 이슈관리 기준이 마련되어있으며, 내부 이해관계자 공유를 통해 개선사항을 반영 및 관리하고 있습니까?
	법규준수	G3. 환경·사회적 책임·지배구조 관련 법규 준수 매뉴얼을 갖추고 있으며, 개선사항을 반영하고 관리하고 있습니까?

ESG: 3개

대분류(2)	세부항목(3)	질문문항
ESG 정책	정보공개	Q1. 기업의 비재무 성과를 공개하고 있습니까?

ESG 정책	인적자원	Q2. ESG 경영을 위한 담당 인력(조직)이 있으며, 탄소중립 등 ESG 정책 추진을 위한 교육·연수 활동을 추진하고 있습니까?
	인증보유	Q3. 귀사가 지속가능을 실행하기 위해 보유하고 있는 인증을 체크하십시오.

(3) 중소기업 ESG 체크리스트에 의한 ESG 자가진단 방법

중소기업 ESG 체크리스트는 수출기업용, 고탄소업종용, 대기업협력 사용으로 세분화하여 작성되어있다. 기업의 이용 편의를 위하여 중소기업의 ESG 자가진단을 위한 온라인 시스템을 구축하였으며 중소벤처기업공단의 비대면 기업진단 시스템(K-doctor)을 통해 자가진단 서비스를 제공하고 있다. ESG 자가진단을 원하는 기업은 중소벤처기업공단 스마트진단시스템 홈페이지(http://kdoctot.kosmes.or.kr/main.do.?v=f)에서 로그인한 후 이용할 수 있다.

7) 공급망 CSR 자가진단표에 의한 진단

공급망 CSR 자가진단표에 의한 진단으로 기업의 CSR 공급망 경영수준이 어느 단계에 있는지 측정할 수 있다. 대기업에 편입되어있거나 편입을 준비 중인 중소기업은 ESG 평가를 받기 전 사전대응 차원에서 공급망 CSR 자가진단표를 사용하여 기업의 CSR 경영수준을 파악하고 대응할 수 있다. CSR(Corporate Social Responsibility)과 ESG 경영은 똑같이 사회적 책임 이행에 적용되는 국제표준인 ISO26000을 준수하고 있으며, ESG 평가 시 CSR 경영활동을 ESG 경영활동으로 동일하게 인정하

고 있다.

(1) 배경

공급망 CSR 자가진단표는 2018년 12월 중소벤처기업부가 사회적 책임경영 중소기업육성 기본계획의 일환으로 대기업 공급망에 편입된 중소기업 CSR 역량 강화를 위해 개발된 것이다. 대기업과 거래하는 중소 협력사가 대기업이나 글로벌기업으로부터 ESG 평가를 받을 때 스스로 공급망 CSR 자가진단표를 통하여 CSR과 관련된 회사의 관리수준 및 활동현황을 점검하고, 개선과제를 구체적으로 도출하고 실행계획을 수립하는 데 유용하게 이용할 수 있다.

(2) 구성

공급망 CSR 자가진단표는 중소협력사 스스로 CSR 관리수준을 점검 확인할 수 있도록 자가진단문항과 프로그램을 제공한다.

- CSR 자가진단항목별 현장 개선을 위한 방향, 방법론 및 개선사례를 제공한다.
- 협력사 스스로의 개선활동과 대기업의 협력사 지원 활동에 활용할 수 있다.
- 자가진단표에 구성된 항목은 ISO26000, GRI, RBA, DJSI, ILO, UN SDGs를 분석하여 중소기업이 반드시 준수해야 할 항목 중심으로 구성되어있다.
- 구성내용은 자가진단 문항 총 52개이며, 영역별로 노동(7), 인권(7),

환경(7), 안전(22), 공정거래(3), 윤리(3), 경영시스템(3)으로 구성되어있다.

(3) 자가진단방법
- 별도로 제공되는 자가진단 매크로 프로그램을 활용하여 자가진단을 진행한다.
- 설명문에 대한 답변은 '예, 아니오, 해당 없음'으로 한다.

- 결과확인 방법
- Green : 전체항목 중 '아니오' 답변이 10% 미만인 경우
- Yellow : 전체항목 중 '아니오' 답변이 10~20%인 경우
- Red : 전체항목 중 '아니오' 답변이 20%를 초과한 경우
- 중대지표는 국제표준에서 강조하는 항목이며, 특히 위반 시 법적 제재가 부과되는 항목이기에 반드시 준수해야 하는 항목이다.

4. 글로벌기업의 ESG 평가대응

유럽 등 해외에 수출하는 기업이 글로벌기업과 거래를 하거나 공급망에 편입되기 위해서는 글로벌기업이 요구하는 ESG 평가기관의 공급망 평가를 받은 후 요구하는 수준의 평가등급표를 제출하여야 공급망에 편입될 수 있다. 여기에서는 수출기업이 글로벌기업의 평가요구에 사전 대응할 수 있도록 글로벌기업이 ESG 평가기관으로 지정하는 Ecovadis

평가와 RBA 평가에 대하여 알아보기로 한다.

1) Ecovadis 평가

(1) Ecovadis

2007년 설립된 Ecovadis는 175개국에 위치한 95,000개의 공급업체로 구성된 네트워크를 통해 200가지 산업을 포괄하고 있으며 EU 및 글로벌기업으로부터 글로벌 기준으로 평가하는 기관으로 인정받고 있다. 이 네트워크에는 CSR 정책을 평가하고 개선하려는 국제기업들도 포함되어있다. Ecovadis는 글로벌 클라우드 기반 Saas 플랫폼을 통해 총체적인 지속가능성 평가서비스를 제공하고 있다.

Ecovadis 평가는 기업이 영향을 주는 환경, 노동, 인권, 윤리, 지속가능한 조달 등 중요한 이슈에 대해 증거에 기반한 평가를 하고 있다. 증거 기반 평가는 읽기 쉬운 스코어카드로 정리되며, 점수는 0~100의 스코어에 따라 해당되는 메달 등급을 부여하고 있다. 또한 스코어카드는 강점 및 개선점에 대한 가이던스를 제공하며, 평가기업은 이를 이용해 지속가능성 노력에 중점을 두고 개선계획을 수립하여 실행함으로써 미흡한 주요 이슈를 개선해나갈 수 있다.

(2) Ecovadis 평가 요구

글로벌기업이나 대기업은 공급망의 지속가능성을 확보하기 위하여 제품의 구매나 공급망과정에서의 원재료, 부품 조달과 관련하여 공급망에 포함된 거래업체가 사회적 책임경영을 잘하고 있는 기업인지 여부를 확인하기 위하여 Ecovadis 평가기관의 일정 등급 이상의 평가등급을 제출할 것을 요구한다.

Ecovadis의 요구 조건을 충족한다는 의미는 품질뿐만 아니라 평가 의뢰기업이 인권, 환경, 노동 관행, 부품조달 전반에 걸친 국제규약 준수를 하고 있으며, 원청 및 원재료 공급회사와 함께 지속가능한 성장을 해 나갈 수 있음을 확인하여 증명받았다는 의미다.

Ecovadis 평가를 요구한 기업이 거래업체로부터 얻는 혜택은 거래업체의 지속가능성 이행성과 확인 및 위험관리를 할 수 있으며, 또한 거래기업에 대한 평가를 통하여 신뢰할 수 있는 기준을 확보하여 안전한 거래를 할 수 있게 한다.

(3) 평가방법과 평가등급

Ecovadis 평가는 CSR 수준을 단계별로 측정하여 Scorecard를 통하여 평가하며 제3자 평가 Tool 방식이다. 신청업체가 Ecovadis 설문지를 작성하고 관련 증빙서류를 제출하면 전문가가 GRI, ISO26000, UNGC 등의 국제기준에 근거하여 평가한다. Ecovadis의 평가등급은 플래티넘(Platinum), 골드(Gold), 실버(Silver), 브론즈(Bronze)로 평가하고 있다.

(4) Ecovadis 평가항목과 평가내용

　Ecovadis 평가는 제출한 증빙자료를 근거로 기업의 지속가능성에 영향을 미치는 항목들에 대하여 평가하는 유료 서비스다. Ecovadis는 평가항목이나 내용을 일반인이 알기 쉽게 공개하지 않아 중소기업이 쉽게 이를 이해하고 평가에 대응하기가 쉽지 않은 부분이 있다. Ecovadis의 평가항목과 평가내용을 살펴보면 일반문항, 환경, 노동관행 및 인권정책, 공정한 비즈니스 관행, 지속가능한 조달 등의 항목을 평가하며 그 내용은 다음 표와 같다.

Ecovadis 평가항목과 평가내용

항목(39항)	내용
일반(3문항)	국내외 CSR과 연관된 국제 또는 산업 분야 이니셔티브 원칙, 헌장, 기본틀 준수 여부, 외부에 공개하는 CSR 연관보고 현황 등
환경(14문항)	환경정책, 에너지 소비 및 온실가스 측정현황, 수자원관리현황, 유해물질 및 폐기물 관리, 제품사용의 환경영향, 제품수명, 고객안전, 외부 공개하는 환경보고 현황, 유럽환경규제 준수 등
노동관행 및 인권정책(9문항)	노동관행 및 인권정책, 차별 및 성희롱 방지조치현황, 부상일수 및 시간 손실사고 강도율 등 외부에 공개하는 노동관행 및 인권관련 보고자료, 최고경영자의 여성비율, 안전보건경영시스템 인증 여부 등
공정한 비즈니스 관행(7문항)	공정한 비즈니스 관행과 관련된 정책, 부패 및 반경제적 관행 관련 대응활동, 부패와 뇌물방지 조치현황, 정보보안 관련 조치현황, 기업윤리 관련 외부 시스템 인증 여부, 비즈니스 윤리연관 법적 사항 등
지속가능한 조달 (6문항)	지속가능 및 책임구매 연관정책, 제품 분쟁광물 포함 여부 및 관리현황, 공급업체 환경 및 사회부문 관행 관리현황 등

출처: 이승용, 「ESG 진단평가사 자격과정 강의교재」, 2022.9.24.

(5) Ecovadis 평가 프로세스 및 절차

1. 등록	2. 설문지 작성	3. 전문가 분석	4. 결과
· 법인명, 위치 규모 기업 일반정보사항	· 설문응답/증빙서류	· 6~8주 소요 · GRI및 ISO26000 등 · 국제기준에 근거 분석	· 스코어카드를 통보 · 유효기간 12개월

출처: 이승용,「ESG진단평가사 자격과정 강의교재」, 2022.9.24.

2) RBA 공급망 평가

(1) RBA 개요

RBA는 구 EICC(전자산업시민연대)로 2004년 전자기기, 정보 및 통신기술(ICT) 산업의 공통된 행동강령의 준수를 장려하기 위하여 창립되었으며, 2017년 전기, 전자업종 이외 관련 산업 범위가 확대되면서 RBA(Responsible Business Alliance)로 개정되어 운영하고 있다. 현재는 전자기기, 소매, 자동차, 장난감 분야 및 그 공급업체에 속하는 전 세계 110개 회원사가 포함되어있다(삼성, LG, 구글, Apple 등).

현행 RBA 행동규범 버전 7.0은 2021년 1월에 배포되었다. RBA 행동규범을 채택하고 참여기업이 되려면, 해당 기업은 본 규범 지지를 선언하고 본 규범에서 제시하는 경영시스템에 따라 규범 및 규범 기준사항을 적극적으로 준수해야 한다. 참여기업은 최소한 1차 공급업체에 본 규범을 인정하고 실행할 것을 요청하고 있다.

RBA 행동규범을 준수하는 글로벌기업이나 대기업 등과 거래를 하고 있거나 공급망에 편입되기 위하여는 기업은 이에 대응하는 RBA 평가를 받고 평가등급을 제출해야 공급망에 편입될 수 있다.

(2) RBA 행동규범

RBA는 행동규범을 제정하여 전자산업 또는 전자제품이 주요 구성요소인 산업 그리고 그들의 공급망이 안전한 작업환경을 구축하고, 근로자에 대한 존중과 존엄성을 보장하며, 환경친화적이고 윤리적인 기업운영을 하도록 기준을 정하고 있다.

RBA 행동규범은 크게 5개의 영역으로 되어있으며 A영역 노동, B영역 안전보건, C영역 환경기준, D영역 기업윤리, E영역은 경영시스템으로 본 규범을 준수하기에 필요한 경영시스템의 구성요소를 확인하는 내용으로 전체적으로 5개 섹션과 43개의 주요 원칙으로 구성되어있다. RBA VAP7.0 행동규범의 주요 내용은 다음 표와 같다.

책임을 다하는 기업연대(RBA) 행동규범

A. 노동(7)	C. 환경(8)	E. 경영시스템(12)
· 자발적 취업 · 연소근로자 · 근로시간 · 임금과 복리후생 · 인도적 대우 · 차별·괴롭힘 금지 · 결사의 자유	· 환경적 허가 및 보고 · 오염방지 및 자원절감 · 유해물질 · 고형폐기물 · 대기배출 · 물질규제 · 물 관리 · 에너지 소비 및 온실가스 배출	· 기업의 준수유지 · 경영진의 책임과 의무 · 법률 및 고객 요구사항 · 위험평가 및 관리 · 개선목표 · 교육 · 커뮤니케이션 · 근로자 피드백, 참여 및 고충 처리 · 감사 및 평가 · 시정 조치 프로세스 · 문서화 및 기록 · 공급업체 책임
B. 안전보건(8)	D. 윤리(8)	
· 산업안전 · 비상사태 대응방안 · 산업재해와 질병 · 산업위생 · 육체노동 · 기계설비의 안전 유지 · 위생, 식품 및 주거 · 보건 안전 커뮤니케이션	· 사업청렴성 · 부당이익 금지 · 정보공개 · 지적재산 · 공정거래, 광고 및 경쟁 · 신원보호 및 보복금지 · 책임 있는 광물조달 · 개인정보보호	

(3) RBA 행동규범(RBA VAP 7.0) 매뉴얼의 이해

- CSR 주도의 광범위한 채택을 장려
- 회사 및 공급업체에 대한 RBA CSR 기대치를 강화하고 회사 및 공급업체가 준수를 위해 노력하고 있는지 확인
- RBA 감사기준을 준수하는지 확인
- 피감사인의 CSR 관행, 성과 및 관리시스템의 개선기회를 식별
- 기업에 객관적인 정보를 제공하여 피감사 시설에서 CSR 기대치가 충족되고 있는지 판단
- 기업에 CSR 성과에 대한 객관적인 평가를 제공
- 회사와 공급업체가 최대한의 긍정적인 차이를 만들 수 있는 곳에

집중할 수 있도록 함

(4) RBA 평가 프로세스

RBA 평가 프로세스는 아래 도표처럼 6단계로 이루어지며 제출된 서류심사와 함께 RBA의 현장실사가 이루어지고 임직원 면담 등을 통하여 RBA 행동규범을 실제 준수하는지 실사를 하는 과정을 거쳐 평가가 이루어진다.

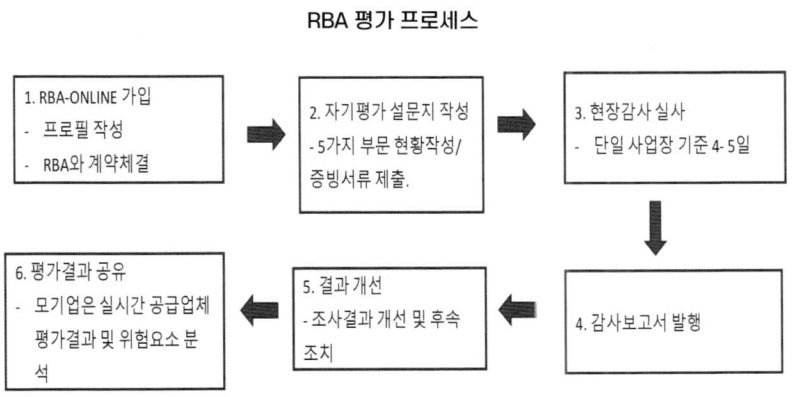

출처: 이승용, 「지속가능경영 사내전문가 과정 강의교재」 2022.10.5.

(5) RBA의 평가등급

RBA는 가입 기업들을 대상으로 생산 공정에서 기업의 사회평가등급은 3개 등급으로 평가하고 있으며 평가등급은 플래티넘(Platinum), 골드(Gold), 실버(Silver) 순의 등급을 부여하고 있다.

- 문승권 외, 『경영혁신을 위한 중소기업경영 실무』, 피앤씨미디어, 2022.
- 이원행 외, 『굿모닝 ESG』, 범론사, 2022.
- 손기원, 『ESG 경영실무』, BOOKK, 2022.
- 이승용, 「2022년 지속가능경영을 위한 사내전문가 과정 교재」, 2022.10.
- 이승용, 「ESG진단평가사 자격 과정 교재」, 2022.9.24.
- 「해외기업의 ESG 성공사례(디지털 자료)」, KOTRA, Global Market Report 21-026, 2021.8.
- 윤상흠, 「(ET시론) 디자인, 중소기업의 ESG 성공열쇠」, 2022.10.2.
- 백인규, 「2021년 국내ESG 경영 동향 및 2022년 전망」, 딜로이트그룹, 2021.
- 이태우, 「지속가능투자의 증가와 금융회사의 ESG 전략」, 2022.7.30.
- 임동민·강민석, 「국내외 ESG 동향」, Economy Outlook, 2022.3.18.
- 윤상흠, 「디자인, 중소기업의 ESG 성공열쇠」, 2022.10.2.
- 대한상공회의소, 「MZ세대가 바라보는 ESG경영과 기업인식 조사」, 2022.4.4.
- 김윤원, 「글로벌 기업의 공급망 관리와 기업 대응전략」, 2021.10.22.
- 이진백 기자, 「ESG, 선택이 아닌 필수적인 생존전략」, 2021.2.12.
- 성창훈, 「ESG경영에 따른 부담 완화 위해 중소기업 적극 지원」, 2022.5.
- 이준희, 「한국기업들의 ESG 경영을 위한 변화」
- 중소벤처기업부, 「중소기업 ESG촉진방안」, 2021.11.23.

권복주(KOWN BOK JOO)

학력
· 한국방송통신대학교 경영대학원 경영학 석사
· 연세대 법과대학 법학과 학사

경력
· 한국경영기술지도사회 이사
· 한국경영기술지도사회 중소기업 ESG경영 지원단 전문위원
· 한국생산성본부 CSR 컨설턴트
· 한국산업기술평가원 '산업기술혁신 평가단' 정위원
· 중소기업기술정보진흥원 중소기업기술개발 평가위원
· 주은경영연구원 대표
· 울트라건설(주) 감사
· ㈜다인티앤지 감사

자격
· 경영지도사, ESG진단평가사 자격증
· 공인중개사, 사회복지사

수상
· 중소벤처기업부 장관상(2019.12.5.)
· 소상공인시장진흥공단 이사장상(2015.12.10.)

16장

중소·중견기업의 공급망 관리 대응방안

김성희

1. 공급망 실사 의무화

1) 기업실사(Due Diligence)란?

기업실사(Due Diligence)란 기업 운영, 공급망 및 다른 기업과의 관계에서 발생할 수 있는 침해를 식별, 예방, 완화하기 위한 기업활동을 의미한다. 기업실사의 목적은 사람, 환경 및 사회에서 발생하는 부정적 영향들을 최우선으로 모면(avoid)하게 하고, 사업관계에서 기업운영 및 제품/서비스와 직접 연관되는 부정적 영향들을 방지하는(Prevent) 데 있다.

OECD에서는 기업 책임 경영을 위한 기업 실사 지침으로 가이드라인을 발간하였다. 여기서 기업실사는 위험이나 기업의 특수상황이나 환경에 맞추어 이행되어야 한다는 점을 고려하면서, 기업실사의 조치들을 설명하고 있다. 그 과정은 다음과 같다.

> ① 기업의 정책 및 관리시스템에 기업책임경영을 내재화(Embed)한다.
> ② 기업책임경영 문제와 관련하여 실제적으로 혹은 잠재적으로 미칠 부정적인 영향을 파악한다.
> ③ 그러한 부정적 영향을 중지, 예방, 완화한다.
> ④ 기업실사의 이행(Implementation) 결과를 추적한다.
> ⑤ 부정적 영향들이 어떻게 해결되었는지 의사소통한다.
> ⑥ 가능하다면 구제를 가능하도록 한다.

이러한 과정을 통해서 기업은 기업에 의해서 발생할 수 있는 잠재적 침해를 예방하기 위한 적절한 주의를 다 하고 계획을 수립할 책임이 있는데 이것이 상당한 주의를 요하는 과정이라고 볼 수 있다. 그래서 기업 실사를 '상당주의'라고도 한다.

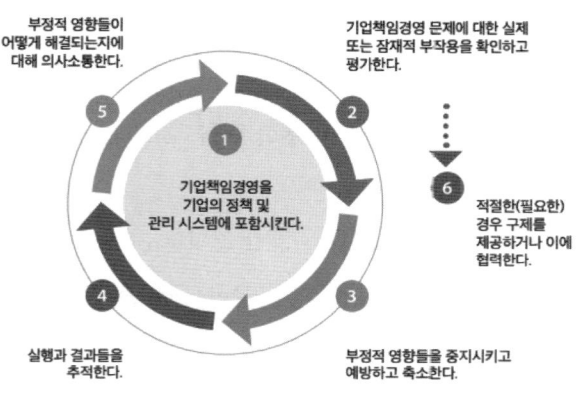

출처: OECD 기업 실사 지침

　ESG 경영이 확산되면서 전 세계적으로 공급망 실사에 대한 의무화 법안을 추진하고 있는데, EU 의회는 EU 역내 진출 기업뿐만 아니라 직·간접 수출기업 모두를 대상으로 '기업의 지속가능한 공급망 실사 지침'을 발표했다. 만약 ESG 관련 규정 위반 시 해당 기업과 협력기업 모두 제재를 하겠다는 법적 제재 방침을 발표했다. 이는 다국적 슈퍼 메이저 그룹인 로열더치쉘의 최근 영국 판례를 보면 로열더치쉘의 나이지리아 자회사로부터 환경 피해 및 인권 침해를 받은 나이지리아인들이 그룹 모회사인 영국 기업 로열더치쉘을 상대로 제기한 손해배상 청구 소송을 허용하였다. 그간 영국 법원은 독립적인 법인격을 바탕으로 자회사가 초래한 불법행위 책임을 모 회사에게 확대하지 않았었기에 이번 판결이 획기적이라는 평가다.

향후 국내기업들은 UN, OECD 등 국제규범 요구에 따라 해당 기업 뿐만 아니라 '확립된 비즈니스 관계' 내에서의 기업의 가치사슬에 있는 협력업체 전반에 걸쳐 ESG 공급망 실사(Due Diligence)를 구축하고 시행 해야 할 부담을 안게 될 가능성이 크다.

2) 유럽연합(EU)의 공급망 실사 의무화 추진

2021년 3월 EU 의회는 '지속가능하고 공정한 경제로의 전환'을 위해 기업들의 참여를 촉진하고자 기업의 공급망 실사를 의무화하는 결의안을 채택하고, 2022년 2월 23일 유럽연합(EU) 집행위는 지속가능성 구현을 위해 기업이 공급망을 통해 인권 및 환경에 미치는 영향을 실사토록 의무화하는 '기업 지속가능성 공급망 실사 지침'을 발표했다.

지침에 따라 역내 대기업뿐만 아니라 역내에서 활동하는 일정 규모 이상의 비 EU 기업이 적용대상으로 중소기업은 적용 대상에서 제외되었으나 대기업의 공급망 실사와 관련하여 간접적인 영향을 받을 것으로 예상된다.

실사 지침에 의거 적용대상 기업은 공급망 전체에 걸쳐 인권 및 환경에 대한 실사를 수행하고 관련 정보를 공개할 필요가 있으며 대상기업의 공급망 내 인권 및 환경 보호에 대한 실사 의무, 위반 시 벌금 등 행정제재, 피해에 대한 민사책임 허용 등을 포함하고 있다.

인권 및 환경 관련 공급망 실사 지침 적용대상

구분	기준		대상기업 수		비고
	직원수	매출액[1]	EU 대기업	비 EU 기업	
그룹1	500명 초과	1.5억유로 초과	약 9,400	약 2,600	■ 중소기업 적용 제외 ■ 그룹2는 그룹1 적용 2년 후 적용
그룹2	250명 초과	4천만유로 초과 (고위험업종[2] 비중이 50% 이상)	약 3,400	약 1,400	

주1 : EU 기업의 경우 전세계 매출액 기준, 비EU 기업의 경우 EU 역내 매출액 기준
주2 : 섬유 및 가죽, 농림어업, 식품, 금속 및 비금속 합금 제조, 기초·중간 광물 원자재 채굴 등

출처: EU Commission

대상 기업은 자사의 활동뿐만 아니라 자회사 및 공급망 전체에 대해 실사 의무를 이행하여야 하며, 실사 내용에는 '기업정책에 공급망 실사 의무 반영', '인권 및 환경에 대한 부정적 영향을 파악·평가', '실질적·잠재적 영향의 예방·제거·최소화', '피해 구제절차 마련 및 유지', '실사 정책 및 조치 효과 모니터링', '실사 의무 이행 내용 공개' 등이 포함되어있다.

3) 독일의 공급망 실사 의무화 법안 제정

2021년 6월, 글로벌 공급망에서 인권 보호 개선 및 환경 보호 강화에 초점을 둔 독일의 공급망 실사법(Lieferkettensorgfaltspflichtengesetz, LkSG)이 독일 의회에서 통과했다. 이 법에 따르면, 2023년 1월부터 3,000인 이상 대기업의 경우에는 앞으로 사업과 직간접적으로 연관된 협력사의 인권 및 환경 실사 의무를 이행하여야 하며 만약 ESG 실사보고서 작성이나 대외 공시 의무를 위반하면 그에 상응하는 제재가 따른다. 이는 현존하는 규제 중 가장 강력한 제재다.

당장 2023년부터는 상시근로자 3,000명 이상을 둔 기업부터 적용하고 2024년부터는 1,000명 이상까지 확대될 예정이다. 파견 기간이 6개월 이상인 초과 파견근로자를 포함하여 기업의 법률적 형태, 해당 업종 또는 산업과 관계없이 모든 기업에 적용된다. 이를 위반 시에는 매출액에 비례한 과징금 또는 공공조달 참여 제한 등의 행정제재를 받을 수 있으나 민사책임은 미포함되어있다.

독일은 EU 교역금액 1위 국가로 2023년 공급망 실사 의무화법이 시행되면 우리 수출 기업들도 적용대상이 되는데 독일 시총 20대 기업과 거래하는 한국 파트너사로 공개된 기업만 163개고 이중 대기업은 18개, 나머지 145개 기업은 중소·중견기업이다.

이들 기업은 매년 회계연도 종료 후 4개월 내 공급망 실사 연례보고서(Annual Report)를 작성하고 공개해야 한다. 자체 사업장, 1차, 2차 협력업체 등 모든 공급망 내의 강제 노역, 아동 노동 등 인권 문제를 발견하면, 이를 해결해야 하고 완료 후 독일 정부에 보고해야 한다. 환경분야는 비위생적인 시설 등 보건·위생 관련 이슈로 국한되며, 기후변화 대응 등은 포함되지 않는다.

독일의 공급망 실사법 주요 내용

구분	주요 내용
적용대상	· 다음에 해당하는 기업 중 임직원 수가 3,000명 이상인 기업(2023년) · 독일에 본사를 둔 기업 · 독일을 주요 사업지역으로 하는 기업(제3국기업), 2024년부터는 1,000명 이상
관련 국제 기준	· UN기업과 인권이행지침 · OECD 기업 실사 지침
실사 항목	· 인권 전반
실사 범위	· 자사 사업장, 전 공급망
의무사항	· 회계 연도 종료 후 4개월 이내에 공급망 실사 실행 및 결과에 대한 보고서 제출
제재	· 연 매출 4억 유로 이상: 연간매출액의 최대 2% 부과(또는 800만 유로) · 연 매출 4억 유로 미만: 침해 심각도에 따라 1.75만 유로, 150만 유로, 200만 유로, 연간 매출액의 최대 0.35% 부과 · 행정제재: WDEO 위반시 운송, 건설, 서비스 공정 조달에서 최대 3년간 참여 제외

출처: 「Deutschland Federal Ministry of Labour and Social Affairs」, KIEP, 신영증권

이 밖에도 개별적으로 공급망 실사법을 실시하거나 추진하는 국가들도 있다. 영국은 2015년 3월 기업 활동 또는 공급망에서의 강제노동 및 인신매매 등을 방지하기 위한 규정과 피해자 보호 조항을 포함하는 「현대판 노예법(Modern Slavery Act)」을 제정했고, 프랑스 역시 2017년부터 프랑스 내 5,000명 이상의 직원을 두고 있는 대기업 또는 전 세계 10,000명 이상의 직원을 두고 있는 대기업을 대상으로 대기업이 자사 사업장과 직·간접 공급업체에 대해 기업 실사를 수행할 것을 의무화하는 「인권실사의무화법(Duty of Vigilance Act)」을 시행하고 있다.

네덜란드는 2019년 5월 「아동 노동 실사법」을 제정했다. 2022년 중반 이후 기업의 소재지나 등록지에 관계없이 모든 기업에 대하여 아동 노동을 통해 상품이나 서비스를 생산하고 있는지에 대해 조사하고 공급망 내 아동 노동을 방지하기 위한 적절한 수준의 실사를 수행했는지 확인하는 보고서를 규제기관에 제출해야 한다. 만약 미준수 시에는 상당한 과태료와 형사 제재를 부과할 예정이다. 미국은 지난 2022년에 '노예제 근절 기업 인증법'을 발의한 상태이다.

주요국 공급망 실사법 현황

국가	법안명	시행연도
영국	현대노예법(UK Modern Slavery Act)	2015
프랑스	기업경계법(Corporate Duty of Vigilance Law)	2017
네덜란드	아동노동실시법(Child Labor Due Diligence)	2022
미국	노예제근절기업인증법(Slave-Free Business Certification Act)	2020 발의
캘리포니아	공급망 투명성법(California Transparency in Supply Chains Act)	2012

출처: 김민정, 「글로벌 공급망 실사법 강화, 국내기업 대비 필요해」 IMPACT ON, 2021.10.1.

2. 중소·중견기업의 공급망 실사 대응방안

1) 정부의 ESG 공급망 실사 정책 방향

우선 산업통상자원부는 경제단체, 수출 관련 공공기관 등과 함께 '수출 중소·중견기업 ESG 지원 시범사업' 착수 회의를 개최하였다. 산업통산자원부는 EU, 미국 등 주요국 및 공급망 실사를 도입한 글로벌기업의 중소·중견 협력사를 대상으로 '모의평가를 통해 사전 경험을 축적하고 공급망 컨설팅'을 제공할 예정이다. 22년 시범사업은 50~100여 개 社를 대상으로 하고 있다. 모의평가 우수기업에는 수출보험 우대, 해외 마케팅·전시회 참여, 판로 개척 등 수출 관련 인센티브를 부여하고 추후, 산업단지 등 내수기업으로 확대를 추진한다는 계획이다. 시범사업 진행 결과를 바탕으로 모의평가 문항을 정립하고 업종별 세부 대응방안도 마련할 예정이다.

한국생산성본부는 EU, 독일 등 공급망 실사 발효 시 자동차 부품사, 반도체, 제약·바이오, 화장품 산업 등이 우선으로 영향권에 있을 것으로 예상하고 있으며, 이에 속한 주요 기업들과 함께 사전 대응에 착수하였다고 밝혔다. 또한, 무역보험공사의 수출보험 이용 對EU 수출 중소·중견기업 중 EU 공급망 실사 지침의 고위험 섹터 해당 예상 수출기업[01]은 110여 개 社로 이들 기업이 잠재적으로 지침의 영향을 받을 것으로

---

01   EU 공급망 실시 지침의 고위험 섹터(섬유, 농업, 광물 자원 채굴 산업의 제조 및 도매 무역 등)를 표준산업분류체계 기준에 따라 분류한 기업

전망하고 있다.

(1) 수출기업 52.2% ESG 미흡으로 계약파기 위기감 느껴

최근 EU의 공급망 실사 발효에 따라 상공회의소 지난 7월 수출기업 300개사를 대상으로 실시한 '수출 기업의 공급망 ESG 실사 대응현황과 과제' 조사에 따르면 응답 기업의 52.2%가 ESG 수준에 미치지 못해 계약과 수주파기 가능성이 크다고 느끼는 보도자료가 나왔다.

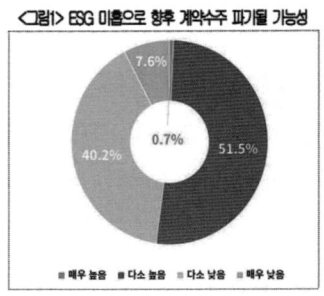

출처: 상공회의소

또, '실사 단계별 대응수준' 질문에는 '대응체계 없음'이라는 응답이 절반 이상인 58.1%로 나와 전혀 준비가 안 된 상태도 많았고 '사전준비 단계'라는 응답은 27.5%로 기본적인 수준에 머물고 있어 협력업체 공급망 실사에 대한 지원방안 마련이 필요한 것으로 분석되었다.

원청기업의 ESG 실사 대응 수준/단계별 대응 수준

문항	공급망내 ESG 실사 대응수준				실사 단계별 대응 수준			
	매우낮음	다소낮음	다소높음	매우높음	사전준비 단계 (조직/시스템구축)	실사 진행	실사+피드백 까지 진행	대응체계 없음
응답률(%)	*41.3*	35.9	21.6	1.2	27.5	10.8	3.6	*58.1*

출처: 대한상공회의소 보도자료

(2) 협력업체의 ESG 실사 경험 10% 내외에 불과… 진단·평가 컨설팅 관련 지원책 시급

원청업체가 공급망 내 협력업체를 대상으로 실시하는 'ESG 실사, 진단·평가'에 대한 경험을 묻는 말에 20%만이 경험이 있다고 답했고, 컨설팅 경험이 있느냐는 질문에는 7.3%만이 경험이 있다고 답했다. 일반적으로 고객사에 해당하는 대기업은 비교적 ESG 경영을 잘 수행하며 협력업체들도 체계적으로 관리하는 편이지만 공급망 중간에 있는 중소·중견기업은 여전히 ESG 준비가 미비한 상태에서 고객사의 ESG 요구에 대응하면서 하위 협력업체까지 관리해야 하는 부담을 안고 있다.

공급망 내 협력업체의 'ESG 실사, 진단·평가, 컨설팅 경험 유무'

항목	경험 있음	현재 없지만 곧 시행 예정	현재 없고 향후에도 시행계획도 없음
실사(%)	8.8	31.6	_59.6_
진단/평가(%)	11.8	30.1	_58.1_
컨설팅(%)	7.3	28.7	_64.0_

출처: 대한상공회의소 보도자료

국내기업이 ESG 경영을 위해 투자할 수 있는 예산범위는 얼마나 될까? 조사한 결과 ESG 실사의 경우는 '50만 원 미만'(29.9%), ESG 컨설팅은 '1천~2천만 원 미만'(26.7%), 지속가능보고서 제작은 '1천만 원 미만'(35.1%)을 가장 많이 꼽았다.

ESG 관련 집행 가능 예산범위

항목	50만원 미만	50~100만원 미만	100~150만원 미만	150~200만원 미만	200만원 이상
ESG실사(%)	_29.9_	26.3	6.6	8.0	29.2

항목	1천만원 미만	1천~2천만원 미만	2천~3천만원 미만	3천~4천만원 미만	4천만원 이상
컨설팅(%)	25.2	_26.7_	16.8	6.9	24.4

항목	1천만원 미만	1천~2천만원 미만	2천~3천만원 미만	3천~4천만원 미만	4천만원 이상
지속가능성 보고서 제작(%)	_35.1_	26.7	12.2	3.8	22.2

출처: 대한상공회의소 보도자료

산업통상자원부는 EU 등 주요 국가와 글로벌기업 중심으로 확산 중인 ESG 공급망 실사에 적기 대응하기 위한 수출기업 지원 방안을 논의하고 있으며 우리 수출기업의 영향이 최소화되도록 '업종별 대응 가이던스'를 마련하고 시범사업 대상이 확대될 수 있도록 관련 예산 확보에도 노력하겠다고 밝혔다.

2) 공급망 관리 대응방안

그럼 지금부터 중소·중견기업의 대응방안을 살펴볼 필요가 있다. 우선 '적용 대상 여부'를 확인해야 한다. 이 말은 이 기업이 EU에 직접 진출한 기업인지, 직간접적으로 수출하는 기업인지 현 포지션을 파악하는 활동이다. 이를 통해서 만약에 우리 기업이 본 법안에 적용을 받을 것이라고 생각한다면, 그다음 '실사 범위에 대한 기본 정보'를 파악해야 한다. 실사 범위에는 자사 사업장, 공급업체, 협력업체, 자회사(지주회사)

를 포함된다.

그리고 '자가점검'이다. 자가점검은 OECD의 기업 책임경영을 위한 기업실사 지침과 UN의 기업과 인권 이행 지침서 실사 가이드라인인데, 이 두 가지는 기업 실사에서 가장 핵심이 되고 7장 기본이 되는 지침이다. 마지막으로 그러한 지침을 통해서 우리가 필요한 또는 미흡한 부분이 발견되었다면 그 미흡한 부분을 보완하기 위한 '관련 정책 수립'을 하고 해당 정책을 수립한 이후에는 그 정책이 잘 이행되고 있는지 '모니터링'하고 이행결과에 대한 '데이터 수집'을 한다.

수출 및 국내 글로벌기업 거래 업체의 경우 CSR/ESG 관련 지표에 대한 사전적 준비가 필요한데 이때 가장 많이 사용하는 관리지표가 에코바디스, RBA, 비콥 인증 등이 있는데, 이후부터는 공급망 실사의 준비를 위해서 ESG 평가를 위한 툴(Tool)을 살펴보도록 하자.

(1) K-ESG

기업의 ESG 경영추진 필요성에 대한 인식은 높아지고 있으나, 어디서부터 시작해야 하는지, 목표는 어떻게 설정해야 하는지, 구체적인 실천은 어떻게 해야 하는지에 대한 경험과 정보 부족으로 인하여 ESG 경영 도입에 더 많은 어려움을 겪고 있다. 특히 중소·중견기업은 비용, 시간 등 현실적으로 어려움을 겪고 있다. 국내외 600여 개 이상의 평가지표가 운영되고 있으나 개별 기업에서 각각의 평가 기준, 평가 방식을 파악하기는 쉽지 않은 상황이다.

이에 ESG 지표에 대한 혼란을 줄이고자 정부가 지침을 발표했다. 일명 「K-ESG 가이드라인 v1.0」인데 기업이 우선으로 고려해야 할 ESG 경영요소와 평가기관에서 가장 많이 다루는 평가항목 제시를 위해 핵심, 공통사항으로 4개 영역, 27개 범주, 61개 기본진단항목을 도출했다. 「K-ESG 가이드라인」은 평가를 위한 것은 아니라고 했는데, 평가를 할 수 있도록 0점부터 100점까지 배점에 대한 기준이 되어있다. K-ESG는 하나의 새로운 평가지표가 아니라 기업과 여러 ESG 평가기관 등에게 가이던스 성격으로 제공되는 표준형 지표이며, 국내외 여러 사용처에 활용되어 기업이 ESG 평가에 대한 부담을 완화하는 동시에 우리 기업의 ESG 평가대응능력 강화에도 기여할 수 있을 것으로 기대된다.

출처: K-ESG 가이드라인에서 발췌

(2) EcoVadis

EcoVadis는 2007년 창립하여 글로벌 공급 업체의 환경 및 사회적 성과를 평가할 수 있도록 하는 최초의 지속가능성(CSR) 평가 협업 플랫폼을 운영하고 있다. ECOVADIS의 평가항목은 일반(3문항), 환경(14문항), 노동 및 인권(9문항), 기업윤리(7문항), 지속가능 조달(6문항) 등 5가지 주제에 대하여 총 39개의 질문으로 되어있는데 이 문항에 대해 기업의 중요한 지속가능성 영향을 평가하는 유료 서비스로 평가 등급은 플래티넘, 골드, 실버, 브론즈 총 4개의 등급을 부여한다. 그리고 총 점수가 47점 미만이거나 또는 분야별 과락이 있을 때는 메달을 부여하지 않는다.

EcoVadis 지속가능성 평가는 등록, 설문지, 전문가 분석, 결과 등의 4단계로 이루어져 있으며 설문지 작성 과정에서 설문지에 대한 답변을 위해 증빙 자료 업로드가 핵심인데 최대 55개의 문서를 업로드할 수 있다. 문서의 파일 크기는 30MB를 초과할 수 없으며 문서의 유효기간은 2년 이내의 문서임을 확인해야 한다. 그리고 설문지를 작성한 후 원하는 구독권을 선택하고 결제 정보를 제공한 다음, 분석을 위해 설문지와 증빙서류를 제출해야 한다.

EcoVadis 멤버십 비용

크기	종업원수	연간금액	비고
Subminiature(Xs)	1~25명	417$	·해당 비용은 1회 평가를 포함한 EcoVadis 연간 등록비용 ·스코어 카드는 발행일로부터 12개월 동안 유효 ·멤버십 기간 내 재평가 신청이 가능하나 추가 비용이 발생(멤버십 비용보단 저렴)
Small(S)	26~99명	646$	
Medium(M)	100~999명	931$	
Large(L)	1,000명 이상	1,559$	

출처: EcoVadis 소개 인터넷 자료

(3) RBA(Responsible Business Alliance) 평가

RBA는 글로벌 공급망 안에서 사회적 책임을 다하는 기업들의 연합체로, 기업윤리의 수준을 상향시키기 위해 여러 국제 규범을 바탕으로 'RBA 행동규범'을 제정해 운영 중이다. RBA 행동 강령은 일련의 사회적, 환경적 및 윤리적 산업 표준이다. 행동 강령에 명시된 표준은 세계 인권 선언, ILO 국제 노동 표준, 다국적 기업을 위한 OECD 지침, ISO 및 SA 표준 등을 포함한 국제 규범 및 표준을 참조한다. 행동 강령은 전자 산업을 염두에 두고 시작되었지만, 전자 이외의 많은 산업에 적용되고 있다.

본 규범은 5개의 섹션과 43개의 주요 원칙으로 구성되어있다. A, B, C절은 각각 노동, 안전보건, 환경 기준에 관한 것이고 D절에서는 기업윤리 관련 기준을 다루며, E절에서는 본 규범을 준수하기에 이상적인 경영시스템의 구성 요소가 무엇인지 설명하고 있다. RBA 평가 등급은 플래티넘, Gold, Silver의 세 가지 수준을 제공하고 있다.

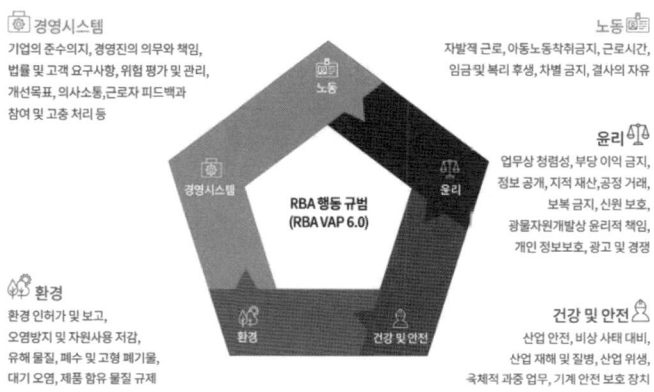

출처: 한국경영인증원 홈페이지

(4) 비콥 인증

비콥을 이해하려면 먼저 'B', 즉 베네핏(Benefit)의 개념을 알아야 한다. 베네핏은 그동안 수익과 이윤(Profit) 위주의 기업과 달리 사회에 미치는 간접적 부분까지 포함한 총체적 혜택(Benefit)을 목적으로 하는 새로운 기업 모델이다. 즉 비콥 인증은 이윤(Profit)에만 몰두하지 않고 베네핏에 충실한 기업, 회사를 둘러싼 환경과 사회를 두루 고려하는 기업이라는 증표 역할을 한다. 비랩에서는 대기업의 경우, 비콥 커뮤니티와 소통하고 교류하며 비콥 운동을 향해 가는 프로그램인 B Movement Builders라는 프로그램을 우선으로 권하고 있고, 중소·중견기업 이하는 B Impact Assessment 자가진단을 제출하면서 시작하면 된다.

비콥 인증 비랩의 인증팀(Certification & Verification team)과 표준자문위원회(Standards Advisory Council)에서 관할하고 있으며, 앞으로는

SDGs(지속가능발전목표: Sustainable Development Golas) 달성의 여정을 지지하기 위해 비랩(B Lab)과 유엔글로벌콤팩트(UNGC)는 공동으로 유엔글로벌콤팩트의 10대 원칙과 BIA(B Impact Assessment) 평가 지표를 활용해, 전 세계 비즈니스를 위한 웹 기반 무료 임팩트 관리 솔루션인 SDG Action Manager를 개발했다. SDG Action Manager를 통해 전 세계 모든 기업은 규모, 운영 지역, 산업에 관계없이 어느 SDG 주제에 어떠한 긍정적·부정적 영향력을 주는지 확인할 수 있다.

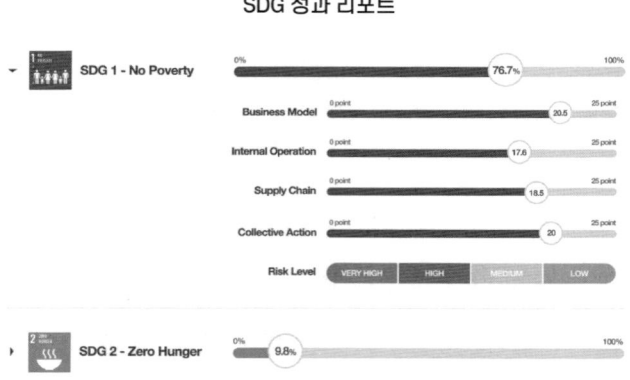

출처: https://bcorporation.kr/SDG-Action-Manager

(5) 중소벤처기업진흥공단의 ESG 자가진단

ESG 경영에 대한 사회적 관심이 높아지고 있는 가운데 중소벤처기업부, 중소벤처기업진흥공단, 중소기업중앙회, 대한상공회의소 등 대표적인 중소기업 지원기관에서 중소기업 ESG 확산과 활성화를 위한 다양한 지원사업을 시행하고 있다. 중기부에서는 '중소기업 ESG 체크리스트'를 활용해 기업 스스로 ESG 경영 전반에 대한 수준을 진단하고 개선이 필요한 사항을 포함한 결과서를 자동으로 발급받을 수 있는 중소기업진흥공단 비대면 스마트 자가진단시스템을 운영 중이다.

지속가능경영보고서 검증 표준기관인 영국의 AccountAbility사와 한국생산성본부가 공동으로 개발한 평가시스템으로 18개의 지표로 구분된 항목에 따라 지배구조, 환경, 공정 운영 관행, 인권 및 노동 관행, 소비자와 고객, 지역사회와의 관계를 평가할 수 있도록 구분하고 있으며, 각 지표에 대한 점수는 경영정보 및 실적자료를 포함한 관련 근거자료에 의해 객관적 평가를 돕고 있다.

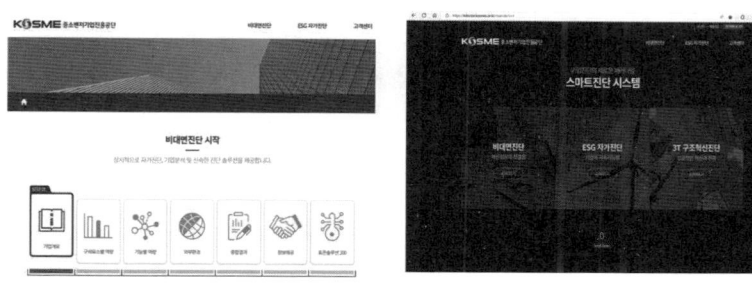

출처: 중소벤처기업진흥공단(https://www.smes.go.kr/csr)

3. 맺음말

ESG 공급망 실사는 국가뿐 아니라 기업이 주도하는 새로운 형태의 수출 장벽으로 작용할 가능성이 클 것으로 예상한다. 한편, 글로벌기업들은 공급망 실사를 협력사 선정·관리의 주요 기준으로 삼고 있으며, 업종별 이니셔티브를 구성하여 협력사 ESG 리스크의 공동 관리를 확대해가는 추세다. 이에 반해 중소·중견기업은 ESG를 재무성과와 상충되는 또는 본업과는 거리가 있고 추가로 부담해야 하는 규제라고 인식하는 경향이 있다. 아직은 ESG가 낯설고 어렵게만 느껴지겠지만, 앞으로는 기업에 대한 환경, 사회적 규제 강화와 이해관계자 요구 증가가 계속해서 강화될 것이기에 중소·중견기업에게도 ESG 경영은 기업의 생존과 지속가능성 확보를 위해 필수적으로 추진해야 하는 반면 정부에서도 중소·중견기업의 ESG 컨설팅, 보고서 작성, 공급망 실사 지원을 위한 정책 마련이 시급한 상황이라고 본다.

본 글은 중소·중견기업의 ESG 공급망 실사를 준비하기 위해 사용할 수 있는 툴(tool)에 대하여 간략하게 기술을 하였다. ESG 경영을 준비하는 데 있어서 중소·중견기업의 ESG 공급망 실사에 대한 시야를 조금이나마 명료하게 하는 데 도움이 되기를 희망한다.

- 김수연, 「ESG Focus」 법무법인(유)광장, 2022.1.
- 강수진, 「EU 공급망 실사 지침 주요 내용과 시사점」 Weekly KDB Report, 2022.3.14.
- 우태희, 「EU발 공급망 재편 가시화」 국민일보 경제시평, 2022.5.11.
- 「ESG 공급망 인권 관리 동향과 시사점」 전국경제인연합회 브도자료, 2021.10.1.
- 박정태, 중소·중견기업을 위한 ESG 온라인 강의 2탄(ESG 공급망편)「글ESG 경영과 공급망 내 인권 실사」 대한상공회의소, 2021.11.18.
- 산업통상자원부 보도해명, 「ESG 공급망 실사 대응을 위한 시범사업 착수」 산업정책과, 2022.3.31.
- 대한상공회의소보도자료, 「수출기업 '공급망 ESG실사' 대응현황과 과제 조사」, 2022.7.18.
- 관계부처합동, 「K-ESG 가이드라인 v1.0」, 2021.12.9.
- 글로벌표준인증원, 「ECOVADIS(에코바디스)l신뢰할 수 있는 비즈니스 지속가능성 평가시스템」, 2022.3.24.
- 이홍석 기자, 「삼성디스플레이, RBA 가입… ESG 경영 본격 시동」 데일리안, 2021.2.21.
- RBA Validated Assessment Program(VAP) Operations Manual Revision 7.0.0, 2021.1.
- 한국경영인증원 홈페이지, 「공급망 CSR 평가-RBA」
- 구현화 기자, 「지난해 3,000개 기업 도전… '비콥 인증'이 뭐길래」 한경ESG, 2022.2.15.
- https://bcorporation.kr/SDG-Action-Manager
- 대한상공회의소, 「중소기업 ESG 추진전략」, 2021.8.
- 브레인mro, 「중소기업 사회적책임경영 CSR성과지표」, 2020.10.9.
- Deloitte Anjin LLC 리스크 자문본부, 「중소·중견기업의 ESG 사례 및 공급망 실사 시사점」, 2021.10.
- 안재용 외, 「EU 공급망 실사법 주요 내용 및 사례」, KOTRA 2022.6.17.
- 「OECD 기업 실사 지침」 OECD, KNCP 번역

· 트레드링스, 「독일, 2023년부터 공급망 실사법 시행…독일 진출한 우리 기업은?」, blog, 2022.4.20.

김성희(KIM SEONG HUI)

학력
· 홍익대학교 기계설계학과 학사 졸업

경력
· ㈜케이엠에프(중견) 품질관리팀장
· (현) ㈜현대PS 상임이사(수석 컨설팅 위원)
· (현) ISO9001:2015 심사원
· (현) ISO14001:2015 심사원
· (현) ISO45001:2018 심사원
· 스마트 수준확인 진단 심사원
· 스마트역량강화 컨설팅
· HKMC SQ-MARK 인증 컨설팅
· 스마트서비스 현장평가 위원

자격

· (현) ISO9001:2015 심사원
· (현) ISO14001:2015 심사원
· (현) ISO45001:2018 심사원
· 빅데이터 전문가(민)
· 사물인터넷 지도사(민)
· 소프트웨어교육지도사 1급(민)
· 코딩지도사 1급(민)
· ESG진단평가사
· 도로교통사고감정사(도로교통공단)

17장

ICT 기업의 ESG 경영전략

신동근

1. ESG 도입 배경 및 동향

ESG는 2000년대 초·중반부터 이론적인 근거가 마련되어왔다. 2010년대 후반 지속가능발전목표의 채택과 기후변화 심화, 파리협정의 채택, 코로나19 감염병 발병 등의 여파로 ESG가 주목을 받기 시작하면서 확산되었고, 지속가능한 금융을 목적으로 1992년 창설된 유엔환경계획 금융 이니셔티브(UNEP FI:United Nations Environment Programme Finance Initiative)가 2004년 발간한 보고서에서 처음으로 ESG란 용어 사용하였다.

ESG는 환경, 사회, 지배구조(Environmental, Social, and Governance)를 뜻하는 용어로서, 지속가능성 추구를 위해 의사결정 과정에서 E, S, G 등 비재무적인 요소들을 고려하는 경영 및 투자 전략에 해당하며, UNEP FI와 유엔글로벌콤팩트(UNGC: UN Global Compact) 주도로 2006년 출범한 유엔책임투자원칙(UNPRI: UN Principles of Responsible Investment)이 투자 의사결정 과정에서 ESG 요소에 대한 고려와 투자 대상에 ESG 정보 공개를 요구하는 '책임투자원칙'을 제정하면서 ESG가 본격적으로 확산되는 계기가 마련되었다.

최근 들어 환경·사회·지배구조(ESG: Environmental, Social, and Governance)가 시대적 화두로 급부상하고 있으며, ESG가 글로벌 메가트랜드로 급격한 확산세에 있다. 특히 우리나라의 경우 2021년 들어 ESG에 대한 관심이 폭발적으로 증가하는 추세로 국내 54개 언론사 기준, ESG 출현

총 빈도수가 2020년 4,761건에서 2021년 9개월 동안 28,320건으로 7배 가까이 폭증하였다.

이를 뒷받침하듯, 국내에서 많은 기업이 'ESG위원회'와 같은 독립 의사결정 기구를 도입하는 사례가 증가하고 있다. 2021년 7월 기준 ESG 위원회 등을 도입한 KOSPI 200 기업은 76개사(38%)인데, 이 중 61개사는 2021년에 ESG위원회 등을 신설 또는 확대·개편하였고 국내 10대 그룹이 ESG 경영체계 확립을 목적으로 이사회 산하에 ESG위원회를 구성하고, 한국경영자총연합회 주축으로 국내 4대 그룹 포함 18개 주요 그룹 사장단이 참여하는 ESG 경영위원회 공식 출범하였다. 또한, 국회 차원에서도 국회 ESG 포럼을 발족하였다. Fortune 100대 기업은 2020년 전체 기업의 60%가 넘는 63개사가 이사회 내 ESG위원회를 도입했다.

주요국들은 ESG 정보 공시를 단계적으로 의무화하고 공시기준을 확대·강화하는 추세며 우리나라도 ESG 책임투자 활성화를 위한 제도적 기반 조성 계획 등이 발표되었고, CDP(탄소정보공개 프로젝트), CDSB(기후정보공개표준위원회), GRI(글로벌 보고 이니셔티브), IIRC(국제통합보고위원회), SASB(지속가능성 회계기준위원회) 등 5대 국제 정보 표준화 기관들이 협업을 통해 글로벌 ESG 공시기준 마련을 위한 작업에 착수하였다. 더불어 IFRS(국제회계기준) 재단 산하 IASB(국제회계기준위원회)도 ESG 회계표준 제정을 위한 워킹그룹이 결성되었다.

전 세계적으로 ESG가 주목을 받으면서 ESG 경영, 투자, 규제, 평가 주체 등이 관여된 ESG 생태계가 빠르게 구축되고 있으며, 관련 국제기관과 각국 규제당국도 ESG 질서 확립을 위한 다양한 노력을 기울이는 상황에서 필자는 ICT 산업에서의 ESG 경영전략을 중심으로 ICT 산업에서의 ESG 이슈와 ESG 평가체계를 활용한 ESG 경영전략을 제시하고자 한다.

2. 국내외 ESG 관련 동향

1) 유럽연합(EU: European Union)

국제적 흐름에 발맞추어 주요국은 ESG 정보 공시 의무화 및 기준을 강화하는 추세로 유럽연합(EU: European Union)은 지속가능금융행동계획(Action Alan for Financing Sustainable Growth) 발표(2018.3.)하고 지속가능성 투자로 자본 흐름을 유도하기 위한 표준제공과 검증, 평가체계 수립 및 금융리스크 관리에 지속가능성 요인을 반영하고 관련 정보공시 및 회계규정 강화 등 10개 행동계획 제시하였다.

또한, 지속가능금융공시규정 발표(2019.11) 및 개정(2020.6)과 EU 역내 금융기관에 지속가능성 정보 공시를 의무화하는 지속가능금융공시규정(SFDR: Sustainable Finance Disclosure Regulation)을 2022년 7월 30일부터 단계적으로 추진할 계획이며, EU 녹색분류체계(EU Taxonomy for Sustainable Activities) 규정 발표(2020.6.)하여 지속가능한 경제활동에 대한 정의 및 분류체계를 제시하고 이를 바탕으로 금융기관이 자금을 조달하고 금융상품을 설계하도록 규정하였다.

2) 영국

영국의 연금법 개정(2000)은 연기금에 ESG 요소를 반영한 공시를 의무화하고 기업지배구조 모범규준의 도입(2010) 이후 2년마다 개정하였으며 회사법 개정(2013)을 통해 2013년부터 기업보고서에 환경, 인권 등 비재무적 정보 포함하도록 하고, 2017년 이후 회계연도부터는 500명 이상 모든 공익주체가 기존 대비 확장된 비재무 정보를 공시하도록 규정하였다.

또한, 금융감독원 상장규칙 개정안을 발표(2020)하여 런던증권거래소 프리미엄 부문 상장기업에 TCFD에 따른 기후정보 단계적 공시 의무화를 발표하였다.

3) 홍콩

2012년 ESG 보고지침을 자율 공시하도록 하고, 2019년과 2021년 ESG 보고지침과 기업지배구조 모범규준을 강화·개정하여 상장사 대상 ESG 공시 의무화 발표하였으며, 2020년 녹색지속가능금융전략(Green and Sustainable Finance Strategy)을 발표하여 2025년까지 금융사를 대상으로 TCFD 기준에 맞춰 ESG 공시를 의무화하였다.

4) 미국

연방정부 차원의 ESG 정보공시 규제는 없으나, 2020년 기준 S&P 500 기업의 92%가 지속가능경영보고서 발간 중으로 이 중 51% GRI, 21%가 SASB, 16%가 TCFD 정보 공시기준을 적용한 것으로 파악되었다. 기관투자자연합체(CERES)는 2016년 1월부터 상장기업의 지속가능성보고서를 포함한 비 재무정보 관련 보고서를 데이터베이스화한 SEC 지속가능성 공시 검색 도구를 통해 투자자 및 여타 주체들이 해당 정보를 활용할 수 있도록 서비스 제공했다.

포괄적인 ESG 정보공시 의무화, ESG 지표개발을 위한 지속가능금융자문위원회 신설 등을 포함한 「ESG 공시 단순화법(ESG Disclosure Simplification Act)」이 2021년 6월 하원을 통과했다.

5) 한국

우리나라도 국제적 추세를 참작해 여러 정부부처와 관계기관에서 2020년부터 ESG 정보의 단계적 공시 의무화 계획 발표를 비롯해 다양한 활동을 전개해나가고 있다. 금융위원회, 금융감독원 보도자료(2021.1.14, p.6)의 ESG 책임투자 활성화를 위한 제도적 기반조성 계획에 따르면, 2019년부터 이미 자산 2조 원 이상 코스피 상장사는 기업지배구조보고서를 통해 G정보를 공시하고 있으며, 2026년까지 전 코스피 상장사에 대해 의무 공시하도록 할 계획이다. E와 S 정보는 현재 지속가능경영보고서를 통해 기업에 의해 자율적으로 공시가 이루어지고 있으며, 2025년까지 자산 2조 원 이상 코스피 상장사 대상 공시를 의무화하고 2030년까지 전 코스피 상장사까지 확대한다는 계획으로 국내 ESG 관련 동향은 '표 2-1'에 기술했다.

표 2-1. 국내 ESG 관련 동향

주체	시기	내용
환경부	2020.5.	TCFD 가입
	2020.12.	녹색채권 가이드라인」 발표
	2021.1.	금융위원회와 공동으로 녹색금융 추진계획(안) 발표
	2021.4.	「환경기술 및 환경산업 지원법」 개정 공포를 통해 환경책임투자 지원을 위한 녹색분류체계 수립 및 표준 평가체계 구축 등의 사업 추진근거 마련
	2021.6.	금융위원회와 공동으로 8대 분야 51개 경제활동을 대상으로 하는 한국형 녹색분류체계 수정안 마련(2021년 하반기 완료 예정)
	2021.10.	「환경기술 및 환경산업 지원법」 개정을 통해 2조 원 이상 자산 총액을 보유한 주권 상장법인에 대해 2022년부터 매년 말 환경정보 공개 의무화 추진
기획재정부	2021.3.	공공기관 공시항목에 안전 및 환경, 사회공헌활동 등 ESG 요소 포함
산업통상자원부	2021.4.	K-ESG 지표 초안 공개(2021년 하반기 지표 표준화 작업 완료)

	2009	UNPRI 가입
국민연금	2015	「국민연금법」에 기금의 관리 및 운용 시 장기적으로 안정적인 수익증대를 위해 투자대상과 관련한 환경, 사회, 지배구조를 고려할 수 있다는 조항(제102조) 규정
	2019.11.	책임투자 활성화 방안 발표
	2020.1.	기금운용 원칙에 지속가능성 원칙 추가
	2021.4.	2021년부터 국내 주식/채권 투자 결정 시 ESG 기준을 적용하기 시작하여, 2022년까지 ESG 투자 기준을 적용한 운용자산 규모를 기금자산의 50% 이상으로 확대 계획 발표(현재는 기금 전체 자산의 약10%에 대해서만 책임투자 이행)
한국거래소	2020.1.	ESG 공시 전담팀 신설
	2020.10.	국내 증권 유관기관 중 처음으로 TCFD 서포터즈 가입
	2021.1.	상장기업의 ESG 관련 정보공개체계 마련 지원을 위한 참고자료로서「ESG 정보공개 가이던스」제정
	2021.7.	자본시장을 통한 기후변화 대응 일환으로 KRX 기후변화지수 3종 발표
금융위원회	2021.1.	· ESG 책임투자 활성화를 위한 제도적 기반 조성 계획 발표 (1단계) 지속가능보고서를 통한 E와 S 정보 자율 공시 활성화 (2단계) 25년까지 자산 2조 원 이상 코스피 상장사 공시 의무화 (3단계) 30년까지 코스피 전 상장사 공시 의무화 *G의 경우 '기업지배구조보고서'를 통해 2019년부터 자산 2조 원 이상 코스피 상장사의 거래소 공시를 의무화하고 있으며, 2026년부터 전 코스피 상장사에 대한 의무 공시 예정

출처: 금융위원회, 환경부(2021.1.25.); 금융위원회, 금융감독원 보도자료(2021.1.14.); 산업통상자원부 보도자료(2021.4.21.); 박준태(2021), pp.18-26; 환경부 보도자료(2021.4.9.) 참조.

3. ESG 평가체계

1) ICT 기업

ICT(Information&Communication Technology)는 정보 기술(IT, Information Technology)과 통신 기술(CT, Communication Technology)의 합성어로 정보기기의 하드웨어 및 이들 기기의 운영 및 정보 관리에 필요한 소프트웨어 기술과 이들 기술을 이용하여 정보를 수집, 생산, 가공, 보존, 전달, 활용하는 모든 기업을 의미한다.

2) ESG 평가 기준

국내적으로는 한국거래소가 ESG 정보공개 가이던스 발간, 한국기업지배구조원은 ESG 모범규준 개정·발표, 국민연금이 ESG 자체 평가 기준을 마련하였으며, 환경부는 한국형 녹색분류체계 개발 작업을 진행 중이다. 산업통상자원부도 K-ESG 지표개발을 착수하고 초안을 발표하는 등 활발한 노력 전개하고 있다. 산업통상자원부가 K-ESG 지표를 개발 중인 상황에서 환경부는 환경정보공개제도 운영을 통해 ESG 중 E에 해당하는 정보의 별도 공개를 요청할 예정이며, 이를 위해 환경영역에 대한 평가 표준을 개발하여 제공하고 별도의 정보 보고 시스템도 운영한다는 계획이다.

한국형 녹색분류체계(K-Taxonomy)는 녹색경제활동에 대한 원칙과 기준, 정의를 제시하는 체계로서 녹색채권의 투자 대상 프로젝트에 우선 적용하고, 향후 녹색금융 활동 및 기업 공시 전반에 적용할 가능성을 모색하고 있다. 한국형 녹색분류체계는 ESG 중 환경영역에 해당하는 경제활동과 투자기준을 판별할 수 있는 기준으로서 EU 등의 사례를 참고할 때도 ESG 정보 기준 마련 작업은 이와 연계 관점에서 접근이 바람직하다.

ESG 평가 기준 제정을 위해 우리나라 역시 국제적 추세에 맞춰 발 빠르게 대응하기 위해 관련 제도를 정비하고 대책을 마련하는 등 적극적인 활동을 펼치고 있으나, 유사 업무의 중복 추진 및 일관성 부재가 관찰되고 접근방식에서도 국제사회와 다소 차이가 있는 것으로 보인다. 여러 정부부처 및 관계기관이 산발적으로 ESG 관련 제도를 제정하고 관련 대책 간에도 연계성과 일관성에 대한 고려가 부족한 것으로 파악됨에 따라 기업들 입장에서 혼란이 가중되고 부담 요인으로 작용할 것으로 우려된다. 환경부에서 작업 중인 한국형 녹색분류체계와 산업통상자원부에서 개발 중인 한국식 ESG 평가지표 개발 간 밀접한 상호 연관성에도 불구하고 협력 미흡한 상태다.

국내 여건과 특수성 반영을 위해서는 자체적인 지표 개발보다는 오히려 현재 개발 중인 글로벌 표준개발 작업에 직간접적인 참여 기회를 모색함으로써 적극적으로 국가별 특수성에 대한 의견 제시가 바람직하다. 조만간 글로벌 표준이 개발되면 이를 우리 식으로 쉽게 해석하여 정보를 제공함으로써 국내 이해당사자들의 이해 향상을 도모하고 글로벌 표준을 준용하여 국내 기준을 마련하거나 지침 제시가 적절하다고 판단된다.

3) ESG 평가체계 및 평가기관

2018년 기준 전 세계적으로 600개 이상의 ESG 평가가 진행되었으며, ESG 평가 기관마다 자체적으로 개발한 평가체계를 기반으로 ESG 평가가 이루어지고 있는 상황으로 주로 공개된 정보에 기초하여 평가가 시행되거나, 또는 평가기업을 대상으로 한 설문조사 결과를 바탕으로 기업의 ESG 평가가 이루어지고 있는 것으로 파악되었다(표 3-1 참조).

대표적인 글로벌 ESG 평가 기관으로는 MSCI, Sustainalytics(현 Morningstar 계열사), Refinitiv, FTSE Russell, Bloomberg, Rep Risk, ISS ESG, Vigeo Eiris, EcoVadis, S&P Global, CDP 등이 있으며, 국내 ESG 평가기관으로는 한국기업지배구조원, 서스틴베스트, 지속가능발전소(Who's Good), 대신경제연구소 등이 존재한다. 대부분 공개된 정보를 기반으로 ESG 평가를 진행하고 있으며, 일부 평가기관에서는 기업 ESG 평가 결과를 홈페이지에 게시하여 데이터 구매자가 아닌 일반대중에도 공개하고 있는 것으로 파악되었다.

표 3-1. 평가기반 및 평가결과 공개 대상에 따른 국내외 ESG 평가기관 분류

구분	공개정보 기반	설문조사 기반
일반 대중 (홈페이지에 종합평가결과 공개)	· (국외) MSCI, Sustainalytics, Refinitiv · (국내) 한국기업지배구조원, 서스틴베스트	(국외) S&P Global
데이터구매자 (개별적으로 평가결과 제공)	· (국외) FTSE Russell, Bloomberg, Rep Risk, ISS ESG, Vigeo Eiris, EcoVadis · (국내) 지속가능발전소(Who's Good), 대신경제연구소	(국외) CDP

출처: 김이진, 류현경, 「ESG 평가체계 현황 분석 연구: 환경영역(E)을 중심으로」 P.31표 인용, 2021.

ESG 관련해 기업, 투자자 등 다양한 이해관계자들이 지지를 선언하고 지속가능경영보고서에서 따른다고 명시한 원칙으로는 대표적으로 UNGC 10대 원칙, PRI 6대 원칙, SDGs 17개 목표 등 세 가지가 존재하며, 국제적으로 가장 많이 준용하는 글로벌 ESG 공시 지침에는 대표적으로 CDP, CDSB, IIRC, GRI, SASB 표준, 그리고 기후변화 관련 정보와 관련해서는 TCFD 권고안이 존재한다. CDP, CDSB, GRI, IIRC, SASB 등 5개 기관은 자체적으로 개발한 표준들을 TCFD 기준과 매칭시켜 기후변화 관련 글로벌 공시 표준인 기후 관련 재무공시 프로토타입이 공동 발표되었다.

글로벌 ESG 관련 경영인증 및 가이드라인으로는 국제표준화기구(ISO)가 개발한 환경경영시스템인증(ISO14001), 사회적 책임 가이드라인(ISO26000), 온실가스(ISO14064) 및 기후변화 적응(ISO14090) 관련 지침 등이 있으며, 환경경영시스템인증을 제외하고는 강제성이 없는 지침표준으로 조직에서 자체적으로 참고·활용하도록 권고되었다.

본 장에서는 공개정보를 기반으로 기업 ESG 성과를 평가하고 홈페이지를 통해 그 결과를 일반대중에 공개하고 있는 MSCI, Sustainalytics, Refinitiv, 서스틴베스트, 한국기업지배구조원 등 국내외 5개 평가기관의 ESG 평가체계 분석·정리(표 3-2 참조)하였다.

표 3-2. 국내외 5개 ESG 평가기관별 평가체계

구분			MSCI	
평가 대상			전 세계 약 8,500개 기업, 68만 주식 및 채권	
평가 영역/주기			1999년~/매년	
평가 방법	평가 구조		ESG 평가등급(CCC-AAA) 최종 산업 조정 점수(0-10) 가중평균 주요 이슈 점수(0-10) 환경영역(E) 점수(0-10) / 사회영역(S) 점수(0-10) / 지배구조영역(G) 점수(0-10) 환경영역(E) 주요 이슈 점수(0-10) / 사회영역(S) 주요 이슈 점수(0-10) / 지배구조영역(G) 주요 이슈 점수(0-10) 노출 점수(0-10) / 관리 점수(0-10) / 노출 점수(0-10) / 관리 점수(0-10) / 주요 감점요인 공제(10-∑Deductions)	
	구성 요소		3개 영역(E/S/G), 10개 테마, 35개 주요 이슈	
		영역	테마	ESS 주요 이슈
		환경(E)	기후변화 (Climate Change)	탄소 배출량(Carbon Emissions) 제품 탄소 발자국(Product Carbon Footprint) 금융행위의 환경영향 (Financing Environmental Impact) 기후변화 취약성 (Climate Change Vulnerability)
			자연자본 (Natural Capital)	물 스트레스(Water Stress) 생물다양성&토지이용 (Biodiversity&Land Use) 원자재 수급(Raw Material Sourcing)
			오염&폐기물 (Pollution & Waste)	독성물질 배출&폐기물 (Toxic Emissions&Waste) 포장재&폐기물 (Packaging Material&Waste) 전자폐기물(Electronic Waste)
			환경적 기회 (Environmental Opportunities)	청정기술(Opportunities in Clean Tech) 녹색 건물(Opportunities in Green Building) 재생 가능한 에너지(Opportunities in Renewable Energy)

구 분	MSCI		
평가대상	전 세계 약 8,500개 기업, 68만 주식 및 채권		
평가영역/주기	1999년~/매년		
평가방법	3개 영역(E/S/G), 10개 테마, 35개 주요 이슈		
	영역	테마	ESG 주요 이슈
평가구조	사회(S)	인적자원(Human Capital)	근로자 관리(Labor Management) 건강&안전(Health&Safety) 인적자원개발(Human Capital Development) 공급망 노동기준(Supply Chain Labor Standards)
		제조물 책임법(Product Liability)	제품 안전&품질(Product Safety & Quality) 화학물질 안전(Chemical Safety) 금융상품 안전(Financial Product Safety) 프라이버시&데이터 보안(Privacy&Data Security) 책임투자(Responsible Investment) 건강&인구학적 리스크(Health&Demographic Risk)
		이해관계자 대응(Stakeholder Opposition)	논란이 되는 이슈(Controversial Sourcing) 커뮤니티 관계(Community Relations)
		사회적 기회(Social Opportunities)	커뮤니케이션 접근성(Access to Communications) 재정 접근성(Access to Finance) 건강관리 접근성(Access to Health Care) 영양&건강 기회(Opportunities in Nutrition & Health)
	지배구조(G)	기업 지배구조(Corporate Governance)	소유권&지배(Ownership&Control) 이사회(Board) 보수(Pay) 회계(Accounting)
		기업 행태(Corporate Behavior)	비즈니스 윤리(Business Ethics) 세금 투명성(Tax Transparency)

출처: 김이진, 류현경, 「ESG 평가체계 현황 분석 연구: 환경영역(E)을 중심으로」 P.32표 인용, 2021.

4) ICT 산업의 평가체계

(1) 1차 델파이 조사

ICT 기업 ESG 평가의 기초 문항들을 수집하기 위하여 선행연구와 기존의 기업평가항목에 대한 분석을 기반으로 20개의 ICT 기업의 ESG 평가 예비항목을 도출하였다. 다만 예비항목은 실제 기업을 소비하는 이해관계자 및 현장성을 파악하는 데 한계가 있다고 판단하여 ICT 기업과 밀접한 관계를 맺는 전문가 15명을 대상으로 개방형 설문조사를 아래 표와 같이 진행했다.

1차 델파이 조사는 구글폼(Google Form)을 통해 주관식 설문으로 진행되었다. 설문 문항으로는 'ICT 기업의 ESG 활동에 대한 장점 및 단점, ESG 활동이 긍정적 평점을 얻기 위해 갖추어야 할 자질과 조건에 대해 답변하도록 하였다. 이후 수집된 설문결과를 바탕으로 중복되거나 적절치 못하다고 판단되는 항목은 제외하였으며, 1차 델파이 조사를 통해 46개의 ICT 기업 ESG 평가항목을 도출했다.

선정항목 (N=46)	업사이클링 및 재활용, 제품수명 연장, 친환경소재개발, 친환경소재사용, 탄소절감을 위한 노력, 폐기물감축, 환경보호 활동, 친환경보호 활동의 지속성, 경영진의 환경보호 의지, 경영지식의 내부공유, 조직 내 친환경전문성, 투명한 경영, 수평적 의사결정 수준, 전문경영인 유치, 직원 복지수준, 기후변화 대응 활동, 이해관계자들의 경영참여, 고용창출, 공정한 노동환경 제공, 공정한 무역 활동, 직원에 대한 교육지원, 국제구호활동 참여, 사회공헌활동, 사회적 기부행위, 인권보호, 지역경제 기여도, 지역사회 지원, 취약계층 고용, 근로환경 개선, 성실한 조세납부, ESG 외부경영평가 여부, 기업 역량의 우수함, 기업의 수익창출 수준, 브랜드 인지도, 브랜드 호감도, 경제 환경변화 적응력, 사업확장, 공동체와 환경책임, 기업자산의 현명한 활용, 성장잠재성, 시장 선도력, 윤리경영 수준, 인재 확보, 재무적 건전성, 제품·서비스품질 우수성, 종업원

출처: 강무늬, 「패션기업 ESG 평판 척도개발에 관한 연구」 P52 표 12 인용 및 재구성, 2022..

(2) 2차 델파이 조사

1차 델파이 조사에서 수집된 46개 예비항목을 기반으로 적절성을 평가하기 위해 2차 델파이 조사를 시행하였다. 2차 설문 내용은 1차 조사를 통해 도출된 46개 예비항목의 세분화된 적절성을 평가하고자 설문조사법을 실시하였고 유사, 중복되는 항목들의 번호 46개의 항목 이외에 기업의 ESG 경영에 대한 평판에 영향을 미치는 요소들이 있다면 주관식으로 기재하도록 하였다.

표 3-3. ICT 기업 ESG 평가의 측정항목 예비조사 결과

순서	문항	순서	문항
1	업사이클링 및 재활용	24	사회적 기부행위
2	제품 수명 연장	25	인권보호
3	친환경소재 개발	26	지역경제 기여도
4	친환경소재 사용	27	지역사회 지원
5	탄소절감을 위한 노력	28	취약계층 고용
6	폐기물감축	29	근로환경 개선
7	환경보호 활동	30	성실한 조세납부
8	친환경보호활동의 지속성	31	ESG 외부경영평가 여부
9	경영진의 환경보호 의지	32	기업 역량의 우수함
10	경영지식의 내부 공유	33	기업의 수익 창출 수준
11	조직 내 친환경전문성	34	브랜드 인지도
12	투명한 경영	35	브랜드 호감도
13	수평적 의사결정 수준	36	경제 환경변화 적응력
14	전문 경영인 유치	37	사업확장
15	직원 복지수준	38	공동체와 환경 책임
16	기후변화 대응 활동	39	기업자산의 현명한 활용
17	이해관계자들의 경영 참여	40	성장 잠재성
18	고용창출	41	시장 선도력
19	공정한 노동환경 제공	42	윤리경영수준
20	공정한 무역 활동	43	인재 확보

21	직원에 대한 교육 지원	44	재무적 건전성
22	제구호활동 참여	45	제품, 서비스품질 우수성
23	사회공헌활동	46	종업원

출처: 강무늬, 「패션기업 ESG 평판 척도개발에 관한 연구」 P52 표 13 인용 및 재구성, 2022.

ICT 기업의 ESG 평가 구성요소 조사를 위해 예비항목 수집단계를 진행하였으며, 이후 두 차례에 걸친 델파이 조사를 진행하였다. 이 과정을 통해 총 27개의 ICT 기업 ESG 평가의 측정항목을 도출하였으며, 산출된 27개의 측정항목이 적절한지에 대한 검수로 평가를 진행하였으며, 통계적 검정을 실시하지 않고 평가측정 항목을 마무리하고 델파이 조사를 통해 도출된 ICT 기업 ESG 평가 측정항목은 '표 3-4'와 같다.

표 3-4. ICT 기업 ESG 평가의 측정항목 결과

순서	문항
1	업사이클링 제품을 만들거나 재활용 활동을 한다.
2	제품의 수명을 위한 설계개선, 기술개발이 적극적이다
3	친환경소재 개발을 위해 노력한다.
4	친환경소재를 사용한 제품을 판매한다.
5	전기사용량 감축 탄소 배출 절감을 위해 노력한다.
6	생산과정에서 나오는 폐기물감축을 위해 노력한다.
7	환경보호 활동을 시행하거나 적극적으로 지원한다.
8	친환경사업을 지속적으로 운영하고 있다.
9	경영진의 환경보호에 대한 의지가 확고하게 수행하고 있다.
10	이사회의 구성 및 운영에 관한 법과 규정을 준수한다.
11	조직 내 친환경전문성
12	이사회의 구성 절차 및 구성원을 투명하게 공개하고 있다.
13	피고용인의 성차별, 불평등 개선을 위해 적극적으로 노력한다.
14	내부 회계 관리에 관한 법과 규정을 준수한다.
15	기업의 지배구조 공시에 관한 법과 규정을 준수한다.
16	기후변화에 대한 대응활동을 수행한다.

17	이해관계자들의 경영 참여에 적극적이다.
18	사회적 약자의 위치에 있는 피고용인 인권존중에 적극적이다.
19	다양한 형태의 사회공헌활동을 수행하고 있다.
20	성폭행/성희롱 같은 성 관련 범죄가 일어나지 않는다
21	외부기관으로부터의 ESG 경영평가를 받고, 공시한다.
22	공동체와 사회, 지역사회에 대한 책임감 있는 경영을 한다.
23	협력사에 대한 기술지원에 적극적이다.
24	협력사의 처우 개선을 위해 노력한다.
25	윤리경영수준이 높다.
26	환경문제해결을 위한 책임감 있는 경영을 한다.
27	제품 및 서비스의 품질이 우수하다.

출처: 강무늬, 「패션기업 ESG 평판 척도개발에 관한 연구」 P52 표 14 인용 및 재구성, 2022.

4. 결론

ESG 경영에 대한 관심이 고조되면서 ESG에 관한 많은 연구가 진행되고 있다. 그러나 ESG 경영에 관한 기존연구는 평가기관에 관한 연구가 주를 이루고 있다는 점에서 아쉬움이 남는다 기업 ESG 활동의 원론적인 목적 자체는 투자기관의 선택에 있지만, ESG를 실천하는 기업 또한 결국 기업과 그 기업의 제품을 소비하는 이해관계자인 소비자의 선택을 배제할 수 없을 것이다.

다양한 산업군 중에서 본 연구는 ICT 기업에 대한 연구를 진행하였다. ICT 산업은 전 세계 온실가스 배출의 상당부분을 차지하는 거대 산업군인 만큼 ESG 경영에서 가장 우선적으로 떠오르는 산업군이다. 따라서 본 연구에서는 평가의 개념을 ICT 기업의 ESG에 적용하여, ICT 기업 ESG 평가의 구성요인과 측정항목을 도출하는 연구를 진행하였다.

본 연구의 연구문제는 ICT 기업 ESG 평가가 어떠한 요소로 구성되어있는지와, 도출된 항목의 대표성을 살펴보는 것이었다. 본 연구에서는 기존 문헌고찰을 통하여 추출된 항목을 정제하고 구체화된 항목을 도출하기 위하여 델파이 조사를 진행하였다. 이 과정을 통해 추출된 항목에 대하여 내용 타당성을 검증하고 ICT 기업 ESG 평가항목을 27가지로 구체화하였다. 이후 1차 본조사와 2차 본조사 과정을 거쳐 ICT 기업 ESG 평가의 구성 요인 및 측정 항목의 조작화가 가지는 타당성을 검증하고 평가항목을 마무리하였다. 시간적인 부분과 일반설문을 시행하지 않아 통계적 분석을 시행하지 않고 전문가 집단에 의한 델파이법을 사용하여 평가항목을 추출한 것 아쉬움이 남는다. 추출된 요인들은 ESG의 개념을 포함하고, 이론적 근거를 충분히 반영하도록 하고자 환경, 사회, 지배구조의 의미를 충분히 반영할 수 있는 단어를 활용하여 명명할 수 있도록 하였다.

ESG에 대한 평가는 평가기관별 평가체계의 차이로 상호 결과 비교가 용이하지 않은 것으로 확인되며, 평가결과에 대한 신뢰도는 결국 평가기관에 대한 신뢰와 직결되나 대부분 평가기관이 기업이 공개한 정보를 바탕으로 평가를 수행한다는 점을 감안할 때, 신뢰할 만한 평가가 이루어질 수 있도록 하여야 하며 기본적으로 평가대상 기업이 객관적이고 투명하게 충분한 정보를 공시하도록 규범체계 마련이 우선이 되어야 할 것으로 판단된다.

  ESG가 글로벌 대세로 자리매김하며 ESG 경영과 투자에 대한 요구가 급증하고 있으나, 여전히 ESG에 대한 이해와 정보가 부족하고 현재는 민간부문 주도의 실무적인 접근이 우선시되는 상황으로서 ESG에 대한 이론적인 기반과 규범적 체계가 미흡한 실정이었으나 이번 ICT 산업의 핵심인 ICT 기업의 평가체계 구축으로 ICT 기업에서 차별화된 평가체계를 구축으로 통해 ICT 산업의 평가 기준으로 삼아 평가가 이루어져야 한다. 또한, 국제적 추세를 감안할 때 기후 환경적 요소와 관련된 리스크와 기회 요인은 무엇인지를 식별하고 어떻게 추적 또는 관리되는지, 그리고 어떻게 측정하고 보고해야 하는지 등에 관해 ESG 대상 기업과 평가기관 모두가 이해하고 필요 역량을 배양할 방안 마련이 필요하다.

- 이선미·박종철, 「기업의 ESG 활동이 기업평판에 미치는 영향: 신뢰의 매개효과를 중심으로」, 경영컨설팅연구 22권 1호, 257-267 Report, 2016년 6권 2호, 2022.
- 강무늬, 「패션기업 ESG 평판 척도개발에 관한 연구」, 성균관대학교 미디어문화융합대학원 석사학위 논문, 2022.
- 김이진, 류현경, 「ESG 평가체계 현황 분석 연구: 환경영역(E)을 중심으로」, 한국환경연구원, 2021.
- 서스틴베스트, 「상장기업 ESG 분석보고서」, 2020.
- 지속가능발전기업협의회, 「한국형 녹색분류체계(K-Taxonomy) 수립 현황 및 주요 쟁점사항」 CEO 업무보고서, 2021.
- 환경부, 「한국형 녹색분류체계(K-Taxonomy) 및 적용 가이드(안)」, 2021.
- 전국경제인연합회, 「글로벌 ESG 경영·투자 확산 대비 한국 기업 대응현황 및 주력산업 전망」, 전국경제인연합회 보도자료 pp.1-2, 2021.2.25.
- 한국거래소, 「ESG 정보공개 가이던스」, 2021.
- 금융감독청, 「금융감독청 상장규칙 개정안 발표: 런던 증권거래소 프리미엄 부문 상장기업에 TCFD에 따른 기후정보 단계적 공시 의무화 발표」, 2020.
- 금융위원회, 「ESG 책임투자 활성화를 위한 제도적 기반 조성 계획」, 2021.
- 지속가능발전기업협의회, 「한국형 녹색분류체계(K-Taxonomy) 수립 현황 및 주요 쟁점 사항」 CEO 업무보고서, 2021.

저자소개

신동근(SHIN DONG KEUN)

학력
· 서울벤처대학원대학교 경영학(박사)
· 서울과학기술대학교 정보산업공학과(석사)
· 서울과학기술대학교 산업정보시스템공학과(공학사)

경력
· 대한민국산업현장교수(생산·품질관리)
· 사단법인 한국품질기술사회 이사
· 숭실원격평생교육원 운영교수(정보통신개론, 전산개론)
· 에듀업원격평생교육원 운영교수(지식재산개론)
· MSR인증원 품질·환경경영시스템 강사
· 한국산업기술평가원: 산업기술혁신 평가위원
· 정보통신기획평가원(IITP) 평가위원
· 국방기술품질원: 인증심사/평가분석 분과 위원
· 한국수력원자력(주) 개발선정품 운영위원회 심의위원

· 장애인기업 전문평가위원

· 경기대진테크노파크 경영·기술 전문위원

· 경남테크노파크 스마트공장 사전진단·분석 전문위원

· 직업능력심사평가원 심사평가위원

· 한국과정평가형자격 심사위원: 품질보증/품질경영, 생산관리(한국산업인력공단)

· 일학습병행제 훈련과정 인정 심사위원(한국산업인력공단)

· S-OJT 과정검수위원 및 현장훈련 평가위원(한국산업인력공단)

자격

· 품질관리기술사

· ESG진단평가사

· 스마트공장 컨설턴트

· 스마트마이스터

· 인공지능 산업 컨설턴트

· 직업능력개발훈련교사(품질관리, 유선통신구축)

· ISO9001/14001/45001 선임심사원

18장

ESG와 Global Quality Management System

신흥섭

1. 들어가기

 2021년은 'ESG의 원년'이 될 것이라고 합니다. 지난해에 이어 올해도 세계 최대 자산운용사 블랙록(BlackRock) 래리 핑크 회장의 연례 서한 메시지가 화제입니다. 2020년에는 기후변화와 지속가능성이 투자 의사결정에 있어 가장 중요한 의제임을 선언하며 ESG의 중요성을 강조했다면, 2021년에는 기업들의 기후변화 대응 장기 전략 공개를 요구하고 양질의 ESG 정보 공시를 강조하며 실질적인 ESG 이행을 가속화하도록 요구하고 있습니다.[01]

 필자는 자동차업종의 품질경영시스템 IATF16949 심사원으로 활동하고 있습니다. 그런데 올해부터 국내외 자동차 완성차로부터 ESG 자체 평가를 요청받았다는 문의를 많이 받고 있습니다. 일부 회사에서는 해외 완성차 ESG 평가에서 많은 지적사항을 해결해달라는 컨설팅 요청을 받기도 했습니다. 완성차의 ESG 평가요소 중 많은 부분이 IATF 16949 품질경영시스템 요구사항과 관련이 있습니다. 하지만 기업체 품질시스템 업무를 담당하는 인원들은 아직 ESG에 대한 인식이 부족하고, ESG는 품질과 비관련 업무라고 인식하는 경우도 많은 편입니다. ESG는 전사적인 업무로 경영 기획팀과 같은 부서의 업무며, 품질시스템과는 별개의 일이라 생각하기도 합니다.

---

01 출처: 사회적가치연구원, 「ESG 핸드북」

자동차산업은 5만여 개의 부품이 조립되어 완성차가 탄생합니다. 다른 산업에 비해 공급사의 품질이 완성차의 품질에 직접적인 영향을 미칩니다. 따라서 완성차의 평가 기준을 만족하지 못한다면 자동차 부품사들은 새로운 비즈니스 기회를 상실하거나 현재 비즈니스에도 큰 영향을 받게 됩니다.

최근 중국의 자동차 부품사들 대안으로 고품질 가격 경쟁력을 갖춘 한국 자동차 부품사들에게, 미국, 유럽 자동차 회사들의 새로운 비즈니스 제안이 급격하게 증가하고 있습니다. 글로벌 자동차 회사에서는 공급사들에게 ESG 경영을 요구하고 있으며, 국내 완성차 회사와 배터리 제조회사에서도 공급사에 ESG 요구사항을 준수할 것을 요구하고 있습니다.

ESG 공급사 평가항목의 많은 구성요소는 IATF 16949 품질 경영시스템 요구사항과 매우 밀접한 연관이 있으며, ESG 경영시대의 요구사항을 만족하기 위해서는 자동차 품질경영시스템(IATF 16949)도, ESG 경영사례를 활용하여 실제 비즈니스 경영활동과 품질경영시스템을 내재화하여, 글로벌기업으로 성장하기 위한 Global Quality Management System으로 업그레이드가 필요한 시점입니다.

2. 자동차산업과 ESG 경영

1) 내연 기관 자동차의 퇴출: Fit FOR 55.

2021년 7월 14일 EU 집행위는 2030년까지 탄소 배출량을 1990년 수준 대비 55% 감축하기 위한 입법안 패키지, 'Fit for 55'를 발표하였다. 본 입법안의 주요 내용 중 '내연기관 규제 및 대체연료 인프라 확충'은 2035년부터 내연기관 출시를 금지하며, 친환경차량 개발, 생산 및 사용을 촉진하기 위해 대체연료 인프라 확충 목표를 제시하였다. FIT FOR 55의 영향으로 자동차산업은 내연기관 자동차에서 전기, 수소차로의 변화를 가속화하고 있다. 지구온난화가 자동차산업의 변화와 자동차 부품회사들의 생태계를 재편하고 있다.

자동차산업에서의 ESG 경영은 자동차 부품사들에게 피할 수 없는 위협과 새로운 기회를 만들어주고 있다. 다행히 한국의 배터리 3사의 글로벌 Top 수준으로 성장하고 있으며, 현대 자동차는 수소차 분야에서 세계 최고 수준의 기술력을 확보하고 있으며, 현대 IONIC6는 미국시장에서 테슬라에 이어 2위까지 성장을 하고 있다. 현대차의 성장과 배터리 3사의 성장은 한국 자동차 부품사들이 동반 성장할 새로운 기회를 만들어주고 있다.

2) IATF16949 품질경영시스템의 변화

자동차산업의 품질경영시스템인 IATF 16949:2016 1st Edition, 2016년 10월 1일 발행되었다. IATF 16949는 ISO9001:2015년 요구사항을 포함하여, 자동차산업의 법규, 기술 및 경영환경의 변화에 대응하기 위해 ISO/TS 16949:2002에 비해 많은 요구사항이 신규로 추가되고 강화되었다. IATF 16949는 282개의 Shall과 16개의 Should 요구사항으로 구성되어있다. 이러한 요구사항 중 ESG와 관련된 주요 요구사항을 고찰하고, ESG 요구사항을 만족하기 위한 IATF 16949 품질경영시스템 업그레이드 방안을 살펴보고자 한다.

3) K-ESG 개념 이해

ESG는 환경(Environment), 사회(Social), 지배구조(Governance)의 약자로, 기업경영활동을 환경경영, 사회적 책임, 건전하고 투명한 지배구조에 초점을 둔 지속가능성(Sustainability)을 달성하기 위한 기업경영의 세 가지 핵심요소를 의미한다. 지속가능성은 '현재 세대의 필요를 충족시키기 위하여 미래 세대가 사용할 경제·사회·환경 등의 자원을 낭비하거나 여건을 저하(低下)시키지 아니하고 서로 조화와 균형을 이루는 것'으로 정의한다.[02]

---

02 「지속가능발전법」 2020.5.26. 제정

환경경영(Environmental)은 기업의 경영활동 과정에서 발생하는 환경영향 전반을 포괄하는 요소들이 포함되며, 최근 기후변화와 관련된 탄소중립, 재생에너지 사용 등이 중요한 요소로 부각되고 있다. 사회(Social)는 임직원, 고객, 협력회사, 지역사회 등 다양한 이해 관계자에 대한 기업의 권리와 의무, 책임 등의 요소가 포함되고, 최근 인권, 안전·보건 등에 대한 이슈가 화두다. 지배구조(Governance)는 회사의 경영진과 이사회, 주주 및 회사의 다양한 이해관계자의 권리와 책임에 대한 영역으로 이사회의 다양성, 임원 급여, 윤리경영 및 감사기구 등이 강조한다.

중요성(Materiality) 최근 ESG는 전 세계적인 트랜드로 확산되고 있으며, 이에 따른 소비자, 투자자, 정부 등 모든 사회구성원의 관심이 고조되면서 선택이 아닌 기업의 생존과 성장의 핵심적인 요소로 부상하고 있다.

기업 목적 측면에서 ESG는 미래사회에서 기업가치를 제고하기 위한 사회적 가치로 기업의 목적에 내재화 되어야하는 필수 요소이다. 자본조달 측면에서 ESG가 다양한 분야의 투자자들의 핵심 가치로 부각되는 시점에서 기업의 자본조달 측면에서 ESG는 필수적 관리 요소이다. 지속가능성의 포괄적인 개념 하에서 발전한 ESG 요소들은 기업들의 지속가능한 성장을 위한 리스크 관리 수단으로 필수적이라 할 수 있다.[03]

03 출처: 사회적가치연구원, 「ESG 핸드북」

ESG 경영은 기업의 자금 투자를 유치하기 위한 중요한 요소로 등장하고 있으며 기업의 지속적 성장을 위한 필수 요소로 부각되고 있다.

ESG 관련 주요 국내외 동향

구분		주요 동향
제도적 측면		• 기업의 ESG 정보공개 의무화, 협력사 등 공급망에 대한 실사 의무화 등 ESG 관련 규제 강화
투자	연기금	• 글로벌 연기금의 ESG 투자원칙에 따른 책임투자가 보편화
	자산운용사	• 글로벌 3대 자산운용사 등 주요 투자기관에서 ESG 요소를 반영한 투자 결정 및 의결권 행사를 이행
	신용평가사	• 글로벌 신용평가사에서 ESG 평가결과를 기업 신용등급에 반영하고, 평가기준을 지속적으로 강화
민간	평가 기관	• 기업들의 ESG 대응과 신뢰성 있는 평가를 위해서 민간 차원의 평가 기관이 급증하며, 특히 공급망 관련 ESG 평가 시장이 확대되는 추세
	이니셔티브	• (공공) UN을 중심으로 ESG 분야 원칙, 목표 등을 제시 • (민간) 전자, 자동차 등 주요 산업별로 산업 특성을 감안한 이니셔티브 조성하여 ESG 적극 대응 * 환경, 책임경영 이니셔티브도 확대 추세

4) IATF 16949와 ESG와의 관계

자동차산업에서도 이러한 ESG 경영의 확산이 지속되고 있으며, 특히 자동차 공급망의 ESG 평가 결과는 국내외 자동차 완성차(OEM)의 비즈니스를 위한 중대한 평가 요소다. 자동차업종의 품질경영시스템인 IATF 16949 요구사항 중 다음과 같은 많은 항목이 ESG 경영요소와 밀접한 관련이 있다. 따라서 자동차업종의 지속가능한 비즈니스를 위해서는 IATF 16949 품질경영시스템은 단순한 품질시스템 인증 측면이 아닌 비즈니스 영속성 측면에서 ESG 요소를 반영하여 업그레이드하는 것이 필요한 시점이라고 생각한다.

	IATF16949 요구사항	ESG 공급망 진단	
4장	4.1 조직의 상황	S	이해관계자
	4.4.1.2 제품안전	S	준법경영
5장	5.1.1.1 기업책임	S	윤리경영
6장	6.1.2.1 리스크 분석	S	준법경영
7장	7.1.4 프로세스 운용 환경	E	환경, 인권
8장	8.3 제품설계와 개발	S	준법경영, 인권
	8.4.1.2 공급자 선정 프로세스	S	환경, 인권
	8.5.1.2 작업표준(작업자 안전수칙)	S	안전, 인권
	8.6.5 법적 및 규제적 적합성	S	준법경영
9장	9.3.2 경영검토	S	안전, 환경
10장	10.2.3 보증관리	S	안전

3. ESG를 반영한 자동차업종 Global Quality Management System으로 업그레이드 방안

1) 조직의 상황 분석

2019년 10월 16일 Paris에서 개최된 IATF Stakeholder Conference 공개된 자동차산업의 비전과 전략은 다음과 같다. 자동차산업의 전략을 수립하고 외부경영 환경의 기회와 위협을 분석하기 위해서 (1) PESTEL, (2) Poter의 5 Forces, (3) Stakeholer Input을 제시하고 있다.

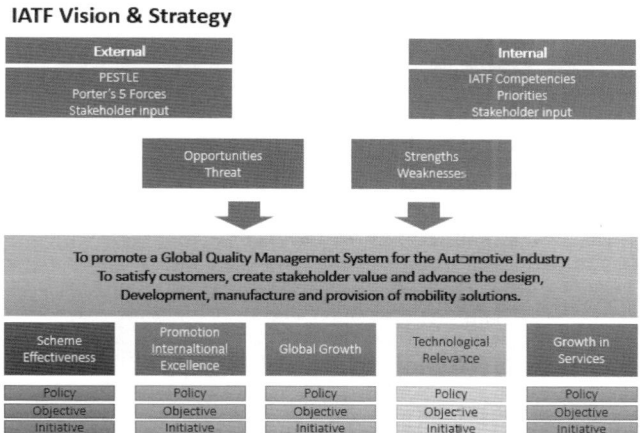

출처: Paris-IATF-Stakeholder-Event, 2019.10.16.

(1) PESTEL

거시환경 분석을 위해 6가지 측면을 고려하여 분석한다. 정치, 경제, 사회, 기술, 환경, 법의 앞글자를 따 'PESTEL'이라 부른다.

자동차산업에 영향을 미치는 거시 환경적인 측면을 고려하지 못한다면, 자동차산업의 미래를 보장할 수 없다. 전기자동차로 변화는 기존 내연기관 부품의 50% 정도가 사라질 것이라고 한다. 실제 IATF 16949 심사를 하면서 기업체를 방문해보면, 전통적인 내연기관 자동차 부품회사들의 매출은 급격하게 감소하고 있지만, 비자동차업종인 전기·전자 업종의 회사들이 자동차산업으로 신규 진출하는 기업들이 급격히 증가하고 있다. 그러나 IATF 16949 품질경영시스템에서 요구하는 조직상황의 리스크 분석 결과를 보면, 이러한 거시환경의 변화에 따른 내용을 다루는 기업은 흔치 않다.

P	Political, 정치적 요인 정치적 안정성, 규제 정책 등
E	Economic, 경제적 요인 인플레이션, 이자율, 환율, 유가 등
S	Sociocultural, 사회문화적 요인 라이프스타일, 인구 동태학적 변화
T	Technological, 기술적 요인 신기술, 개선기술, 특허 동향 등
E	Environmental, 환경적 요인 기후, 환경정책, 환경규제 등
L	Legal, 법적 요인 소비자관련법, 특허, 세법 등

(2) Porter의 5 Forces

이 기법은 산업의 구조를 분석하기 위한 모델로, 산업의 기회를 예측하고, 경쟁제약을 통제하기 위한 기법으로 공급자, 고객, 잠재적 시장진입자, 대체재 및 산업 내 경쟁자를 5가지 관점에서 산업의 구조와 시장매력도를 분석하여 기업의 전략을 수립하는 기법이다.

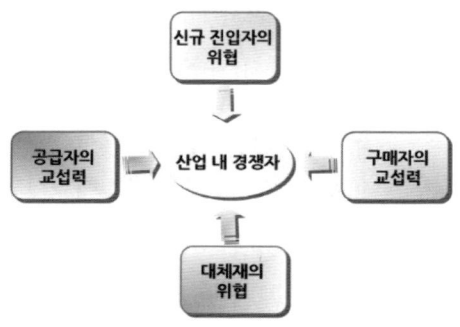

내연기관은 배터리로 대체되고 있으며, 전기·전자 업종의 새로운 경쟁자들이 자동차 시장에 새롭게 진입하고 있다. 미국, 유럽의 완성차인

자동차 부품의 슈퍼 구매자들은 신규 부품사 평가에서 ESG 경영의 요소를 공급자 평가에 반영하고 있으며, 이를 만족하지 못하는 기업체들은 새로운 비즈니스 기회를 상실할 수밖에 없다.

2016년도 IATF 16949 표준이 발표될 당시에는 자동차산업의 전략을 분석하기 위해 특별한 기법을 강제하지는 않지만, 2019년도 IATF PARIS Conference에서 PESTEL과 5 Forces를 저시한 것은 단순히 인증 유지를 위한 최소한의 조직상황의 리스크를 분석하는 기업체들에 시사하는 바가 크다고 할 수 있다.

국내 자동차업종의 경영자와 품질시스템을 운영하는 실무자들도 IATF에서 제시하는, 고객을 만족하고, Stakeholder(투자자, 주주)의 가치 창출을 위한, Global Quality Management System의 전략과 비전 수립 방향에 관심을 기울여야 할 때라고 생각한다.

2) 이해관계자의 요구사항 분석 SPICE 모델

IATF 16949 4.2항에서는 '이해관계자의 요구사항과 기대'를 이해하고, 이를 품질경영시스템에 반영하여 운영하라고 요구한다. 이해관계자의 요구사항을 분석하는 기법은 IATF 16949에서는 기업의 재량에 맡기고 있지만, 필자는 ESG 경영에서 활용되고 있는 'SPICE' 모델 활동하여 IATF 16949 요구사항도 만족하고 ESG 경영도 만족하는 방법으로 품질시스템을 업그레이드할 것을 주장한다.

기업의 경영에 직간접적으로 영향을 미치는 개인과 단체를 이해관계자라고 ISO9001:2015년에서는 정의하고 있다. 5G 시대에서 세계 최고의 인터넷망과 SNS 사용자 최고 수준인 우리나라에서는 이해관계자의 기업체에 경영에 미치는 영향은 갈수록 증대되고 있다. 이러한 측면에서 IATF 16949 품질경영시스템의 업그레이드 방법으로 SPICE 모델을 적극적으로 활용할 것을 추천한다. 포스코의 윤리경영 실천 프로그램을 SPICE(Society-Partner-Investor-Customer-Employee) 모델의 5가지 관점에서 이해관계자 중심 윤리경영 실천을 통해 사회 가치 측면에서 기업시민으로서 지역적 동질감을 강화하여 사업 확장에 대한 지역사회의 긍정적 반응을 끌어낼 수 있었다. 파트너 가치 측면에서 공정거래 질서 확립은 물론 제품 경쟁력 확보와 협력사와의 동반성장을 강화할 수 있었고, 투자가치 측면에서 주주와 투자자들의 적극적인 지원과 이익보호를 현실화하는 효과를 끌어냈다. 고객가치 측면에서 제품과 서비스 품질 강화와 비리 고발 제도를 운영하여 고객 불만을 개선하였으며, 직원 가치적 측면에서는 회사에 대한 자긍심을 고취하고, 임직원의 비리를 예방하는 효과뿐만 아니라 투명한 업무처리와 조직문화를 구축하여 기업의 지속가능경영의 토대를 마련할 수 있었다.

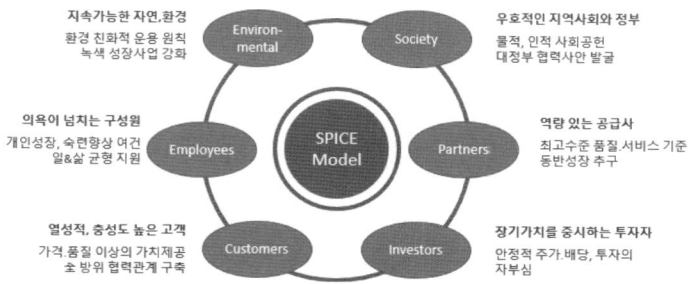

출처: POSRI 경영경제연구, 「SPICE 모델을 적용한 윤리적 조직문화 형성」 인용.

필자는 포스코의 SPICE 모델을 활용한 윤리경영의 실천사례는 품질경영시스템 이해관계자의 요구와 기대를 분석하는 데 좋은 벤치마킹 사례라 생각한다.

3) 기업책임

IATF 16949:2016년 판에서 5.1.1.2항 '기업책임'은 ISO37001:부패방지경영시스템의 요구사항과 관련이 높으며, IATF 16949에 신규로 추가된 조항으로 '조직은 최소한의 부패방지방침, 종업원 행동수칙, 그리고 윤리 에스컬레이션 방침(내부고발자 방침: Whistle-blowing policy)을 포함한 기업방침을 규정하고 실행하여야 한다'라고 규정되어있다.

이 요구사항에서 'Whistle-blower'는 내부고발자를 의미한다. 근로자가 특정 유형의 불법 행위를 신고하면 내부고발자라 한다. 공개하는 불법 행위는 공익을 위한 것이어야 하며 다른 사람들, 예를 들어 일반 대중에게 영향을 미쳐야 한다. 내부고발자는 법의 보호를 받아야 하며,

'내부고발'로 부당한 대우를 받거나 실직되어서는 안 된다. 과거에 일어났거나 현재 일어나고 있거나 가까운 장래에 일어날 것이라고 믿는 사건에 대해 언제든지 우려 사항을 제기할 수 있어야 한다고 홈페이지에 게시되어야 한다.[04]

국내에서도 「공익신고자보호법(시행 2017.10.19., 법률 제14830호)」이 제정되어 시행되고 있다. 하지만 IATF 16949 품질경영시스템을 운영하는 회사에서 '윤리헌장'을 제정하여 공포하고 직원들에게 교육하는 회사들은 종종 발견할 수 있지만, '공익신고자'에 대한 규정을 사규에 반영하여 운영하는 회사는 찾아보기 어렵다. Global Quality Management System으로 업그레이드를 위해서는 '공익제보자'에 대한 규정을 제정하여 운영하고 공표하는 것이 필요한 시점이다. 아래는 '윤리경영방침과 에스컬레이션' 기준을 품질경영시스템에 반영한 사례다.

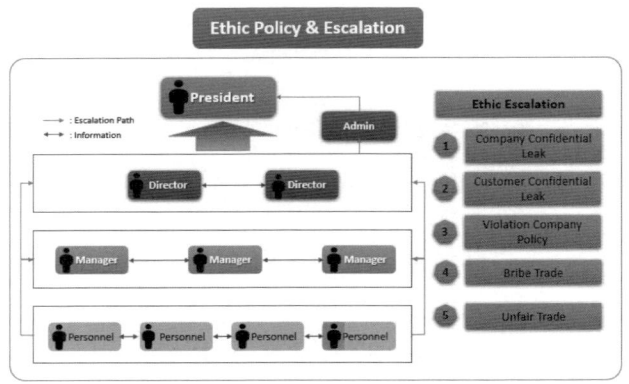

04　출처: https://www.gov.uk/

4.1.1.2 기업책임 요구사항의 실행을 위해서는 국민권익위원회에서 발행한 ISO37001 가이드라인(2019년 2월호)을 활용하는 것도 좋은 방법이라 생각한다.

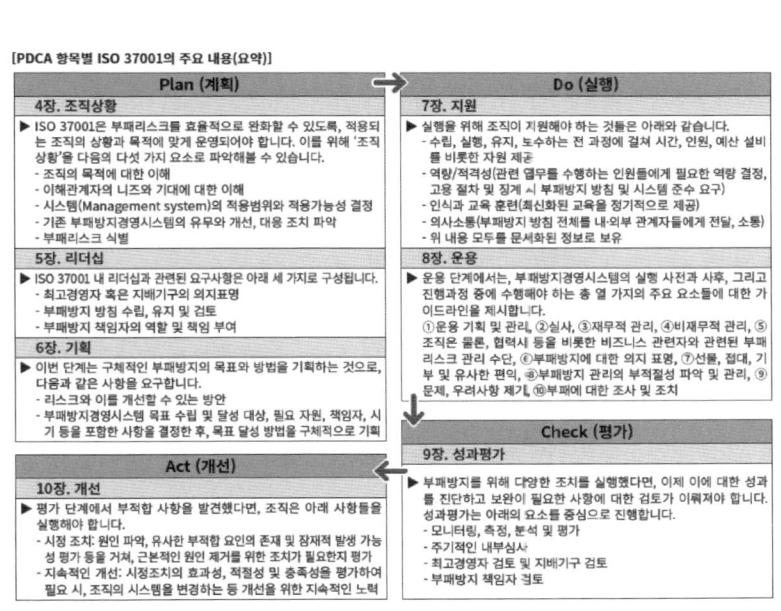

출처: 국민권익위원회에서 발행한 ISO37001 가이드라인(2019년 2월호)

4) 공급자 선정

IATF 16949:2019년 '8.4.1.2 공급자 선정 프로세스' 요구사항은 공급자의 품질과 공급 중단의 리스크를 평가할 것을 요구하고 있다. 자동차산업에서 공급자평가 가이드라인은 AIAG에서 발행한 CQI-19 Sub-Tier Supplier Management Process Guide다. 그러나 최근 FORD, RSM 등에서는 ESG 평가항목을 반영하여 공급사 선정평가를 하고 있으며, 현대자동차에서도 1차 공급사들에게 ESG 자체평가를 요구하고 있다. 특히 LG에너지솔루션에서는 '협력사 ESG' 평가에 대해 다음과 같이 요구하고 있다.

> 전 세계적으로 공급망의 지속가능성 이슈가 비즈니스에 직간접적으로 영향을 주는 사례가 증가하고 있어 이와 관련된 리스크 관리의 중요성이 커지고 있습니다. 이에 LG에너지솔루션은 UN, OECD 등 국제기구에서 요구하는 기준에 따라 공급망 관리 체계를 구축하여 운영 중에 있으며, 협력회사, 고객사, 투자자 및 NGO 등 주요 이해관계자와 긴밀한 소통하며 협력회사 행동규범 제정 및 ESG 평가로 협력회사의 인권경영활동도 권장하고 있습니다.

출처: https://www.lgensol.com/kr/esg-supplychain-csr

그리고 'LG에너지 협력사 행동규범'에서 인권노동, 윤리경영, 건강 및 안전, 환경의 지속가능성, 책임 있는 광물구매, 고충신고 시스템에 대해 준수할 것을 요구하고 있다.

5) RBA (Responsible Business Alliance)

해외에서는 책임감 있는 사업체 연합(RBA) 평가를 시행하고 있으며, 국내 전기·전자 부품사에서도 RBA 평가를 요구받고 있다. RBA는 전자기기, 정보 및 통신 기술(ICT) 산업의 공통된 행동 강령의 준수를 장려하기 위해 2004년에 창립되었다. 현재는 전자기기, 소매, 자동차, 장난감 분야 및 그 공급업체에 속하는 전 세계 110여 개 회원사가 포함되어 있다. 현행 RBA 심사 규약 버전 6.0.0은 2017년에 비준되었으며 2018년 2월 1일 자로 발효되었다.[05]

RBA에서 요구하는 ESG 평가 행동 강령은 생산성 및 품질 증대, 이직률, 부상 및 질병 감소를 포함한 공급망 내 공장들에게 분명하고 측정 가능한 이점을 제공한다. 또한, 회사가 해외 계약에 입찰하거나 국내에서는 새로운 비즈니스 수용을 위한 확장 시 사회에 대한 사회적 책임을 입증할 수 있다. 이 행동 강령은 전자와 ICT 산업 전반에서 사회적 책임을 위한 표준으로 광범위하게 채택되고 있다. 이제 자동차 부품사에서도 이러한 국제적인 추세에 따라 ESG 평가에 대비하여 글로벌 자동차 부품사로 도약을 위해 ESG 평가항목을 고려한 품질경영시스템을 업그레이드해야 할 시점이다.

6) 작업자 안전

IATF 16949:2019년 '8.5.1.2 표준화된 작업' 요구사항은 '작업자 안전수칙'을 문서화하고 실행할 것을 요구하고 있다. 이 요구사항은 ISO45001(안전보건 경영시스템) 요구사항을 반영한 내용이다. 작업자 안전에 대한 자동차 완성차의 요구사항은 GM의 BIQS 11번째 전략인

---

05 출처: SGS 인증원

Standardized Work에서 작업표준에 작업자 안전 관련 사항을 파악하여 문서화 할 것을 요구하고 있으며, FORD에서는 신제품 개발 시 작업자 안전에 관련 항목을 특별특성(OS: Sev 9, 10 Process. Operator Safety)으로 지정하여 관리 할 것을 요구하고 있다.

7) 중대재해처벌법

그런데 최근 우리나라에서는 중대재해 처벌 등에 관한 법률(약칭: 중대재해처벌법)이 50인 이상 사업장에도 2022년 1월 27일부터 적용되고 있다. 중대재해처벌법은 건설업종의 이슈만이 아니며, 작업자 안전의 위험 요소를 내재한 자동차업종에서도 심각하게 고려해야 할 시점이다. 이러한 법률적 리스크를 예방하기 위하여, 건설, 시공회사에서 ISO45001 인증을 획득하는 회사들이 급격히 증가하고 있다.

작업자의 안전 관련 위험요소가 내재된 자동차 부품 공급사(예: 프레스, 단조, 주조, 로봇사용 공정 등)에서도 이러한 영향을 고려해야 한다. 작업자 안전사고는 단순히 벌금이나 과태료의 제재를 초월하여 경영자의 사업의 영속성에도 영향을 미칠 수 있으며, 자동차 완성차에서 요구하는 공급의 연속성의 큰 장애 요인이 될 수 있다.

4. 마무리

최근 현대자동차의 글로벌 랭킹 상승과 국내 자동차 배터리 3사의 도약은 국내 자동차 부품사들에 글로벌 자동차 부품사로 성장할 기회를 가져오고 있습니다. 미·중 무역전쟁의 영향으로 해외 고객사에서는 한국의 자동차 부품사들과 신규거래가 급격히 증가하고 있으나, 국내 자동차 부품사들은 글로벌기업들의 ESG 경영 요구사항을 반영한 공급사 평가에 많은 어려움을 겪고 있습니다.

품질, 가격 경쟁력을 갖춘 우리나라 자동차 부품사들에는 ESG를 활용한 Global Quality Management System으로의 업그레이드가 글로벌 자동차 부품사로 성장할 수 있는 기회라 생각합니다.

- 사회적가치연구원, 「ESG 핸드북」, 2021.2.
- 조성식·김보영, 「SPICE 모델을 적용한 윤리적 조직문화 형성」, POSRI 경영경제연구 11권 3호, 2011.12.
- IATF(국제자동차협회), 「IATF16949:2016」, 2016.10.1.
- 국민권익위원회, 「ISO37001 가이드라인(2019년 2월호), 2019.2.
- 한국표준협회, 「ISO9001:2015」, 2019.12.29.
- 국제자동차협회, 「IATF16949:2016」, 2016.10.1.
- KPC 지속가능경영본부, 「K-ESG 가이드라인 v1.0」, 2021.12.
- 고용노동부누리집, 「중대재해처벌법 해설서」, 2021.12.

신흥섭(SHIN HEUNG SUB)

학력
· 전북대학교 공과대학 산업공학사
· 서경대학교 경영학과 석사

경력
· (현) AMPSYSTEM 대표 컨설턴트
· KMR, KFQ, URS IATF 심사원
· KMAC 핵심직무 강사.
· 드림힐 품질시스템 강사.
· QM&E 컨설팅
· DSRI 경영컨설팅
· LS 산전 글로벌혁심팀
· 금호타이어 품질관리팀
· AIAG-VDA FMEA 세미나 개최(2018년)
· IATF16949, VDA 6.3, 해외OEM CSR 구축컨설팅

- 식스시그마, 린 생산시스템, TPS 강의, 컨설팅
- KMAC Lean, VSM, 생산, 품질 강의.
- DSRI 경영컨설팅 식스시그마 컨설팅, 강의
- QM&E 컨설팅, 생산, 품질 컨설팅
- AMP컨설팅, IATF16949, Core Tool, VDA
- 6.3실무, 해외 OE CSR 강의 및 컨설팅
- 현대모비스 AIAG-VDA P-FMEA 교육, 자문
- 인하대 미래인재개발원 품질부문 강사.

자격
- 품질관리 기술사
- 공장관리 기술사
- IATF 16949 심사원
- VDA 6.3 심사원
- ISO9001, 14001, 22301, 37001, 37301, 45001 심사원
- 이노비즈 컨설턴트
- 식스시그마 마스터 블랙 벨트

저서
- DSRI 컨설팅 그룹 공저, 『전략적 6시그마 실천 매뉴얼』 DSRI, 2006.9.1.
- 『Lean 생산방식에 적합한 Xd Pre-Control Chart 실증적 연구 : Cell-Line 다품종 소량생산을 중심으로』 서경대학교 석사 논문, 2008.

19장

스마트공장을 넘어 ESG 경영으로

변성호

1. 들어가기

1) ESG의 급부상

최근 기업들의 생각하는 경영혁신의 가장 큰 관심사는 아마도 'ESG 경영'과 '스마트공장 고도화' 정도로 정리될 것이다. 왜냐하면 새롭게 글로벌 경영질서의 변화에 대한 대응이 필요하기 때문이다. 안전한 일터, ESG 경영, 탄소중립과 같이 중요한 경영과제들을 해결해야만 하기 때문이다.

ESG는 그간 기업들이 경험해보지 못했던 새롭게 등장한 거대한 글로벌 질서라고 볼 수 있다. '엣지(ESG)'이라고 불리기도 하는 ESG 경영은 우리가 마음대로 선택할 수 있는 수준을 넘어 이제는 기업경영에 반드시 정착해야 하는 필수 경영전략이 되었다.

ESG가 급부상하게 된 이유는 그동안 기업들이 일방적으로 재무적 성과 측면 위주로 경영을 수행함으로 발생된 악순환의 구조를 이제라도 벗어내고 선순환의 기능을 수행할 수 있도록 비재무적 지표도 중요하게 평가될 수 요구하고 있기 때문으로 보인다. 특히 환경, 사회(상생), 투명경영의 항목을 세분화하여 섬세하게 경영활동을 점검하고 평가하고 있다.

ESG가 중요하게 된 이유로 충분히 많이 있는데, '기후변화 위기감

(Climate Change)'에 무게를 실을 수 있다. 올해만 하더라도 전 세계는 기후변화로 인한 가뭄, 폭우, 태풍 등 심각한 피해를 겪었고, 이로 인해 환경의 중요성이 더욱 부각되었다. 지금이라도 사태의 심각성을 공감하기 때문인지 기업들 사이에는 'ESG를 하지 않는 기업은 자칫 무너질 수 있다'라는 분위기가 조성되어 국내에서도 2025년부터 자산 총액 2조 원 이상의 상장기업이라면 ESG 공시가 의무화되며, 5년 후인 2030년부터는 코스피의 모든 상장기업으로 확대될 예정이다. 이제 ESG 경영이 본격화되었다고 해도 틀린 말은 아닐 것이다.

ESG는 2004년 UN 글로벌 콤팩트(UNGC)가 발표한 「Who Cares Win」이라는 보고서에서 공식적으로 처음 사용되었으며, 그 이후에도 20여 년 가까이 국제기구들에 의해 글로벌기업의 경영평가 지표로 사용되었다. 2020년 세계 최대의 자산운영사인 블랙 락의 래리핑크 회장의 ESG 관련한 메시지가 커다란 반향을 불러일으켰고 1년 뒤인 2021년부터 급격하게 지속가능경영(CSR)의 핵심 트렌드로 부각되었다. 이러한 글로벌 이슈로 인해 기업들은 ESG 평가 기준을 맞추기 위한 본격적인 대응을 시작하면서 'ESG위원회'와 'ESG부서'를 만들어 E/S/G 영역별 활동을 수행하였으며 적극적으로 지속가능보고서(CSR)를 만들어 공개하였다.

문재인 정부는 관련 부처를 중심으로 ESG 정책개발에 주력했고 그러한 노력들이 이제는 현 정부로 인계되어 실행을 위한 구체적인 정책들을 발표하게 되었다. 산업계 또한 대기업은 물론 공급망 내의 중견·중소기업들까지도 ESG 경영시스템을 도입하고 자사 수준에 맞는 다양한 혁신전략들을 수립하고 있다. 이러한 노력들이 머지않은 미래에 기업에 어떤 영향을 가져올지 쉽게 판단할 수는 없지만 언제나 그래 왔듯이 우리가 당면한 문제는 우리 스스로가 풀어가는 혁신의 노력이 필요하다고 본다.

2) ESG는 위기인가, 기회인가?

과거 기업들은 수익 중심의 재무적인 측면만을 강조하며 기업을 경영해왔다. 그러나 UN과 글로벌 자산운영기관들은 기업이 오로지 수익확보만을 추구하는 일방적인 경영방식에 문제를 제기하기 시작하였고 오랜 시간의 갈등과 조정을 거치며 ESG 경영에 무게를 실어주게 되었다.

전통적 기업과 ESG 기업은 기업경영의 목적과 목표 측면에서 차이가 있을 수 있는데, 전통기업은 재무적 가치를 기반으로 수익평가항목을 경영지표로 구성하고 있는 반면 ESG 경영을 도입한 기업들은 비재무적 가치를 목표로 하여 Profit, People, Planet을 기반으로 한 환경(E), 사회(S), 지배구조(G)를 경영지표로 구성하여 결과를 평가하고 있다.

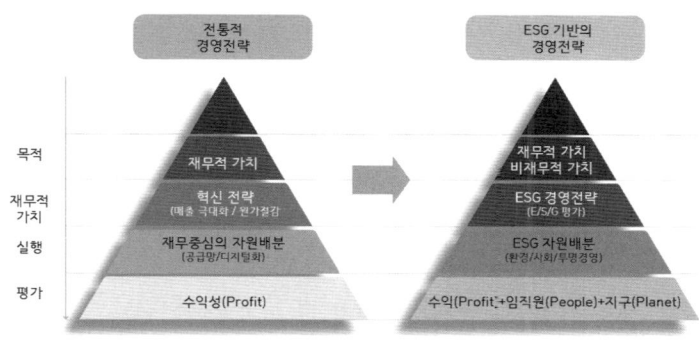

출처: KPC ESG컨설팅센터, 「중소기업 ESG의 현실과 미래」 2022.4.

그동안 ESG가 개념 중심으로 다가왔다면, 이제는 ESG가 실행중심의 경영전략으로 진행되어야 할 것이다. 구체적으로 수립된 계획을 이제는 적극적으로 실행하라는 의미다. 2022년 들어와서 ESG와 관련한 국제 사회와 유럽연합과 미국 등 ESG 주도국가들의 움직임이 더욱 빨라지고 있다. 우리도 그들처럼 속도를 내야 하지만 '빨리빨리'처럼 속도만 내다가 단순히 보여주는 수준으로 생각하고 대응하게 되면 생각보다 큰 위기에 봉착할 수 있다. 그러므로 기업들은 장기적 관점에서 ESG 실천계획을 수립하고 한 단계씩 꼼꼼히 추진해야만 기업이 원하는 제대로 된 ESG 성과를 낼 수 있고 이상적인 ESG 문화도 만들어갈 수 있을 것이다.

2023년의 ESG는 우리가 인지하는 것보다 훨씬 강력하게 우리 앞에 다가올 것이라는 게 필자를 포함한 많은 전문가의 공통된 예측이다. 두리뭉실했던 과거의 정책이 아니고 더 명확한 정책과 디테일한 가이드라인들을 제시하며 ESG 경영지표 실현을 강력하게 요구할 것이다. 국내

기업 중 비교적 일찍 ESG 경영을 추진해온 SK그룹이나 글로벌기업임에도 다소 늦게 ESG 경영에 참여한 삼성전자도 제대로 된 ESG 경영을 하지 않는다면 절체절명의 위기가 도래할 수도 있다고 보고 적극적으로 ESG 경영혁신 도입을 공표한 바 있다.

이렇듯 글로벌기업은 물론이고 공급망 범위(Scope)에 있는 중소기업들도 ESG에 대한 선제 대응을 하지 않는다면 기업생존권을 보장받지 못할 수 있다는 생각으로 ESG 도입에 대한 준비를 서두르고 있다. 중소기업들이 ESG 경영을 추진하려면 우선 업종을 고려하여 글로벌 기준에 적합한 ESG 평가지표를 확보한 후 회사의 ESG 경영수준을 진단하고 E, S, G 항목별로 세세하고 도전적인 경영목표를 수립한 후 주기적으로 실행 결과를 확인하고 평가해야만 한다.

2. 스마트 제조혁신과 ESG 경영의 시너지 체인

1) 스마트공장 트렌드

ESG는 위드 코로나 시대를 살아가는 현재의 지구 공동체 모두의 생존과 다음 세대를 위해 기후변화 등 미래에 닥칠 변화를 지금부터 준비하지 않으면 위험하다는 판단으로 적극적으로 이슈화되었다고 볼 수 있다. 기업은 지속가능한 친환경에너지, 사회적 약자의 보호, 투명한 경영을 통해 기업의 가치 판단을 할 수 있는 중요한 지표로 자리매김할 것이며 이러한 ESG 경영의 지표들에 대한 실행과 평가를 위해서 IoT 기술들이 적시 적소에서 필요한 기능과 역할을 할 것으로 보인다.

20여 년 전 국내기업들은 ERP를 도입하면서 많은 부작용으로 문제에 봉착하는 듯하였으나, 지금은 나름 고도화된 ERP를 사용하면서 기업경영의 효율성을 한 단계 성장시킨 효과를 나름 톡톡히 보고 있다. 그 이후 산업계에 스마트공장이라는 제조혁신의 바람이 불어왔고 이 또한 기업들의 도입 과정에서 여러 가지 문제점과 한계를 노출되었다. 지금은 고도화되면서 점차 안정화되었고 품질, 원가, 납기, 안전 등 생산성 측면에서 충분히 성공체험을 하고 있다고 보여진다. 이렇듯 기업은 매 순간 변화에 대한 요구를 받게 된다. 그러나 변화에 대한 혁신은 쉽지만은 않기에 기업들이 머뭇거리는 경우들이 종종 있다. 삼성의 고(故) 이건희 회장의 어록에도 있듯이 '혁신은 하면 좋은 게 아니라 안 하면 망할 수 있다'라는 생각으로 기업의 사운을 걸고 대응해야 할 것이다.

4차 산업혁명을 기반으로 하는 '스마트 기술'과 그러한 스마트 기술이 제조기업에 융합된 '스마트공장', 그리고 머지않은 미래사회 전반에 확산될 스마트공장의 완결판 '디지털 트윈'까지 그동안 기업들이 추진해 온 다양한 스마트 제조혁신 방법들을 ESG의 실현을 위해 어떻게 사용할 것인지 고민할 필요가 있다.

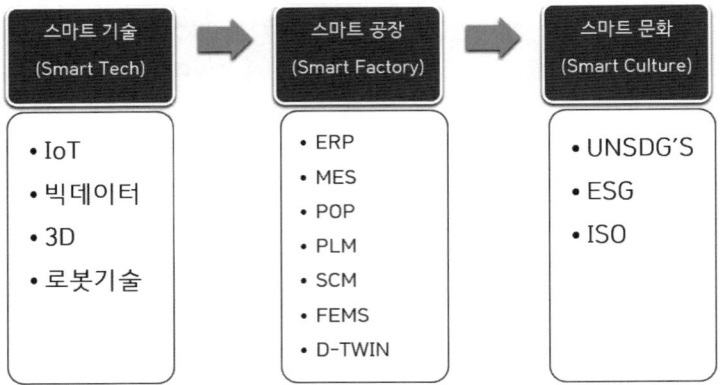

출처: 변성호, 『스마트 제조혁신 진화론, 스마트 기술, 스마트 팩토리 그리고 스마트 문화』, 2022.

2) 스마트공장의 개요

 몇 해 전 독일 정부로부터 인더스트리 4.0이 발표되면서 대한민국 정부를 비롯해 기업들은 독일의 스마트 제조혁신을 벤치마킹을 한 적이 있다. 2023년을 앞둔 현재 한 단계 더 진화된 유럽연합(EU) 중심의 인더스트리 5.0이 운영되고 있다. 과거 인더스트리 4.0이나 인더스트리 5.0의 실체는 '스마트공장(SmartFactory)'라고 말할 수 있는데, 스마트 제조혁신의 본질이라고도 말할 수 있는 스마트공장에 대해 알아볼 필요가 있다.

 대부분이 알고 있듯이 스마트공장이란 제품의 기획부터 판매까지 모든 생산과정을 ICT(정보통신기술)를 통합하여 기업이 최소비용과 최소의 시간으로 고객 맞춤형 제품을 생산할 수 있게 운영되는 사람(휴먼) 중심의 첨단 지능형 공장이라고 정의할 수 있다. 다시 말하면, 자동화가 필요한 공정에 인간의 노동을 대체할 수 있는 로봇, 제어기술 등을 적용하여 생산성을 향상할 뿐 아니라 공장 전 부문에 센서와 통신을 적용하여 제품이 제조되는 현황을 실시간으로 파악하고 예측하도록 구성하여 신속하고 정확하게 의사결정을 할 수 있도록 지원하는 스마트한 제조방법이다.

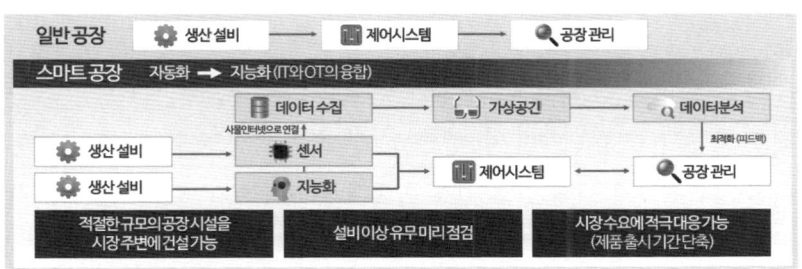

출처: 22 ICT 융합 스마트공장 보급확산사업, KOSMO(스마트 제조혁신)

3) 스마트공장의 구성요소

스마트공장을 도입하게 되면 기업이 보다 더 스마트화(化)될 수 있는데, 이유는 바로 스마트공장의 핵심이 제조과정에서 발생되는 모든 데이터를 활용하여 제조운영정보를 확인하고 통제하기 때문이다. 스마트공장을 좀 더 쉽게 설명하면 스마트공장의 운영 측면에서 ERP, MES/POP, PLM, SCM, FEMS 등 6가지 운영기술이 적용된다.

출처: 변성호, 『중소기업의 스마트공장 구축방법론』, 2019.

첫째, 경영 정보화 기능인 ERP(Enterprise Resource Planning)로서 전사의 모든 자원을 통합하여 중장기의 자원 소요계획 및 생산계획을 수립하고 생산결과에 대해 기업 전체 입장에서 평가를 수행하는 전사적 자원관리 시스템이라고 한다.

둘째, 생산정보화 기능을 가진 MES(Manufacturing Execution System)로서 단기적 생산관리를 지원하는 시스템으로서, 제조실행을 위해 필요한 기능을 통합하여 공장의 모든 발생 상황에 기반한 실시간 현황 파악, 계획된 작업의 수행 및 관리, 추적 관리, 품질 관리를 수행하는 제조 실행시스템이라 한다.

셋째, 생산실적 관리 기능이 있는 POP(Point of Production)으로서 생산활동 중에 발생되는 실적, 불량, 품질, 물류, 설비가동 정보를 실시간으로 수집하고 생산현황 분석, 상태감시, 설비제어 지원 및 ERP 또는 MES 시스템에 현장정보를 제공하는 실시간 생산실적 관리 시스템이 있다.

넷째, 효율성 높은 공급망 관리를 위한 SCM(Supply Chain Management)로, 최초 공급업체로부터 최종 소비자에 이르기까지 상품, 서비스 및 정보의 흐름이 이루어지는 모든 비즈니스 프로세스들을 통합적으로 운영되도록 공급망 관리를 하고 있다.

다섯째, 제품수명주기를 관리하기 위한 PLM(Product Life cycle Management)으로 제품의 생애주기를 통해 제품의 관련된 정보와 프로세스를 관리하는 것을 말한다. 초기 제품의 요구사항부터 개발 및 제조, 개발 및 생산 그리고 유통과 서비스 마지막 단계인 운용 및 유지보수 그리고 폐기나 재활용까지를 의미한다. PLM의 대표적인 구성요소인 PDM은 제품을 개발하는 동안 제품의 도면을 포함한 문서 정보와 3D CAD 자료를 통합, 저장, 관리하고 제품개발 프로세스를 자동화해주는 전산 시스템이다.

여섯째, 실시간으로 에너지 사용량과 사용처를 파악하고, 에너지 공급량을 조절해 효율성을 극대화하는 FEMS(Smart Factory Energy Management system)이다.

스마트공장의 솔루션들이 구축되어 운영되면 시작단계인 기획·설계 단계는 PLM(또는 PDM) 시스템을 통해 최신 설계기술을 적용하고 운영하여 설계의 리드 타임을 단축할 수 있으며 설계 과정의 불안한 초기품질도 안정화할 수 있다. 그 이후 생산단계에서는 제조실행시스템(MES)과 생산시점관리시스템(POP)를 통해 제조과정에서 발생되는 각종 불합리 도출은 물론이고 품질 데이터 분석을 통한 품질향상, 안전한 작업수행이 가능하도록 작업방법 개선과 불용재고 등의 관리를 통해 공장효율을 극대화할 수 있도록 하였으며, 공장 내 설비의 가동정보를 수집하여 고장을 예방할 수 있는 예지보전(PM)도 실행할 수 있다. 그동안 제조과정에서 불가피하게 발생되었던 CO_2 등 7대 온실가스를 관리함으로써 지구온난화의 주범인 탄소 배출량도 적극적으로 감소할 수 있다. 스마트공장은 에너지 절감 측면에서도 기여할 수 있는데 공장에너지관리시스템(FEMS)을 통해 생산에 필요한 전력, 용수 등 유틸리티 사용량 등의 정보를 모니터링하고 적극적으로 개선하여 에너지 절감을 실현하는 동시에 재생에너지의 사용을 확대하여 RE100의 조기실현도 가능할 것으로 보여진다. 물류와 유통 분야의 성과도 빼놓을 수 없는데, 공급망 관리(SCM)를 통해 재고 감소, 불량 감소, 물류비용 절감뿐 아니라 ESG 주요지표와도 직접 관련되는 탄소 발생 억제를 위한 운반방식 변경 등의 노력도 의미가 있을 것이다.

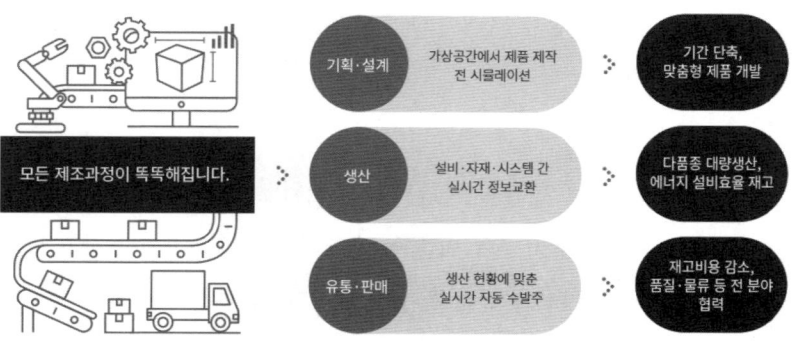

출처: 22 ICT 융합 스마트공장 보급확산사업_KOSMO 스마트 제조혁신

예를 들면, 올해 초 진행된 CES 2022에서 참가한 글로벌기업들은 녹색기술과 스마트공장 고도화 기술을 선보였다. 특히 ESG에서 가장 중요하게 다루고 있는 탈(脫)탄소가 기업의 미래경쟁력을 결정할 수 있다는 점을 재확인했다고 보여진다. 이러한 녹색기술과 스마트고도화 기술은 제품 생산부터 유통 폐기 및 재활용에 이르는 전 과정에서 녹색기술을 적용하여 탄소 배출을 줄이는 기술이다. 또 다른 기술로는 인공지능(AI)을 기반으로 에너지를 생산하고 저장하며, 저어할 수 있는 솔루션인 '와이저 에너지 센터(WiserEnergyCenter: 슈나이더일렉트릭)'와 IoT 기반의 스마트공장 운영 플랫폼인 '에코스트럭쳐(ECO-Structure)'를 소개한 프랑스 기업인 슈나이더 일렉트릭이 있는데, 에너지를 효율적으로 관리하고 최적화하도록 하였다.

4) 미래형 스마트공장 '디지털 트윈'

ESG 경영의 도입과 실천을 하기 위해서는 반드시 스마트공장 고도화 활동이 필요한데 중소·중견기업의 경우 ESG 경영을 추진하기에 극복하기 어려운 제약조건들이 있는데 예를 들면 낙후된 공장운영 기술 및 노후화된 설비상태 그리고 최적화되지 않은 관리 시스템 등이 ESG의 요구사항을 충족시키기에 턱없이 부족한 상태이다. 이러한 열악한 환경의 중소기업들을 한 단계 성장시킬 수 있는 유일한 방법이 운영관리기술(OT)주도의 스마트공장구축이다.

4차 산업혁명시대를 대표하는 DNA 생태계는 데이터(Data), 네트워크(Network, IoT), 인공지능(AI)이 결합된 융합체계를 말한다. D.N.A의 기술들이 현재 고스란히 스마트공장에 접목되고 앞으로도 적용될 예정이다. 제조공정에는 수많은 데이터가 수시로 생성되고 있다. '구슬이 서 말이라도 꿰어야 보배'라는 속담처럼 대량으로 모여진 제조공정의 데이터를 이용해 다양한 정보를 만들어 활용한다면 그동안 찾고자 노력해왔던 가치들도 새롭게 찾아낼 수 있을 것이다.

스마트공장의 전문가들은 스마트공장의 완결판은 '디지털 트윈(Digital Twin)'이라고 말한다. 디지털 트윈이란 현실세계에 존재하는 물리적 대상을 가상세계에서 동일하게 구현하는 것을 뜻하는데, 산업 분야에서 다양한 활용이 가능하고, 생산성을 향상하고 비용을 절감하기 때문에 디지털 트윈의 확산은 당연히 필요할 것이다. 디지털 트윈이란 용어는 2002년 미시간대학교 마이클 그리브스 교수가 처음으로 사용했지만 당시에는 '공상' 수준의 개념만 있었다. 하지만 지금은 GE, 지멘스 등 선진기업들이 최신예 기술들인 XR(혼합세계), 클라우드, AI, 6G, 메타버스 등을 기반으로 디지털 트윈 기술들을 제대로 활용하고 있으며 산업현장으로 더욱 확산된다면 또 하나의 기술혁명이 만들어질 것이다. 예를 들면, 실제 공장을 짓기 전에 가상공간(XR)을 통해 공장도 지어보고 예상되는 문제점을 찾아 조치할 수도 있고, 신제품 제작과정에서도 Pilot 및 제품양산 과정에서 발생되는 문제점들도 찾아 조치할 수도 있다. 또한 인공지능(AI)형 로봇이 작업환경의 데이터를 학습한 후에 딥러닝(Deep Learning) 기술을 이용해 빠르게 최적화된 솔루션을 제공할 수도 있다. 이러한 기술 결과들로 얻어진 결과(지표)들은 ESG 경영지표에 직접 반영될 수 있기에 디지털 트윈은 ESG 운영과정에 매우 큰 역할을 할 수 있으며 그동안 기업이 지불해왔던 노력(시간과 비용)들을 혁신적으로 줄일 수 있어 기업 입장에서는 경영을 유리하게 할 수도 있다.

지금 기업들 앞에 'ESG'라는 거대한 상대가 등장했지만 고도화되고 있는 스마트공장을 디딤돌 삼아 새로운 혁신기법들을 도입하고 실행한다면 ESG에 대한 해답을 찾아갈 수 있어 기업성장에 전화위복이 될 수도 있다고 보여진다.

5) 스마트 제조혁신과 새로운 고민

그동안 정부주도의 스마트공장의 추진현황을 보면 '창조경제 구현을 위한 제조업 혁신 3.0 전략'이 발표된 2014년 6월 이후 본격화되었다. 그 이후 스마트제조혁신 비전 2025(2017년 4월), 중소기업 스마트제조혁신 전략(18년 12월), 제조 르네상스 비전 및 전략(2019년 6월), 인공지능·데이터 기반 중소기업 제조혁신 고도화 전략(2020년 7월) 등 주요 정책들이 발표되면서 기업들도 점차 성과를 내기 시작하였다.

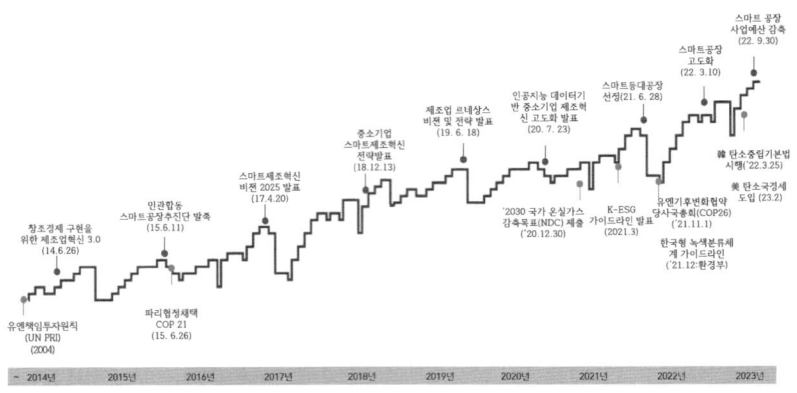

출처: 스마트공장 운영현황, 스마트제조혁신, 2022.4.

이렇듯 스마트공장은 초기에는 창조경제 구현을 위한 목적으로 정부 주도하에 추진되었고 이후 스마트공장 추진단을 발족하였다. 그 이후 매년 스마트 제조혁신 비전과 추진 가이드라인이 끊임없이 발표되며 중소·중견기업의 스마트화를 이끌고 있다. 그 결과 약 30,000여 개의 제조기업이 직·간접적으로 기초단계부터 고도화 단계까지 추진 중이며, 품질·원가·납기·안전·환경 등 전 영역에서의 생산성을 한 단계 끌어올릴 수 있게 되었다.

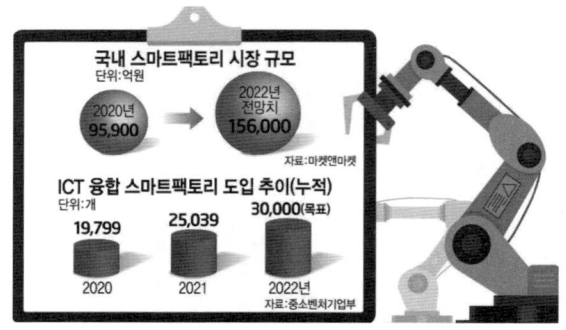

아래의 도표를 보면 그동안 추진해왔던 스마트공장 구축 성과를 확인할 수 있는데, 기업이 가장 중요하게 생각하는 매출 증가는 물론 종업원 고용의 질도 향상되고 있음을 확인할 수 있다. 이렇듯 「스마트공장 도입 기업과 미도입 기업」 간의 기업 경쟁력은 시간이 흐를수록 격차가 벌어질 수밖에 없다고 보이며 그러한 이유로 많은 중소기업에서 스마트공장 구축을 통해 자사의 제조경쟁력을 확보할 수 있기를 기대하고 있다. 많은 경영자는 이러한 스마트공장의 진화를 통해 오랫동안 바라왔던 미래형 제조공장의 모습을 보았을 것이다.

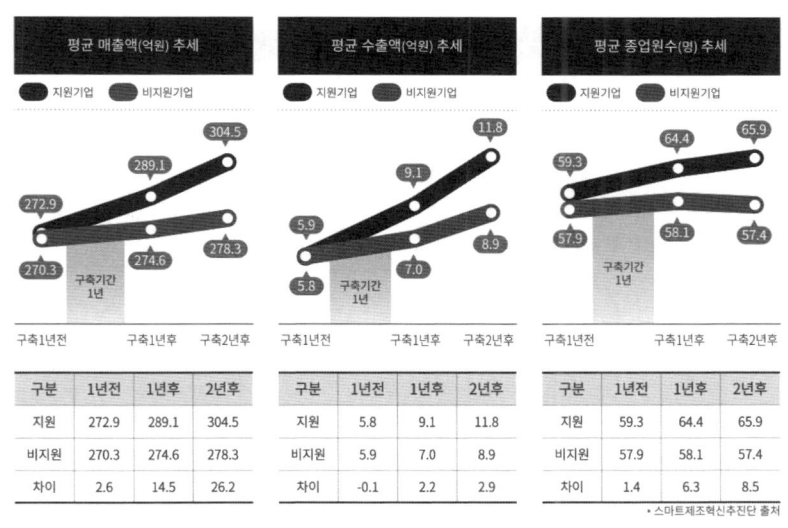

출처: 스마트제조혁신추진단

하지만 얼마 전 기사에 따르면 2023 정부의 'ICT 융합 스마트공장 구축 및 고도화' 예산이 전면 삭감된다고 하는 안타까운 보도가 나왔다. 아직 예산 심의 중이라 속단할 수는 없지만, 예산 규모가 2022년도

3,101억 원에서 992억 원으로 약 30% 수준으로 운영될 수 있다고 한다. 특히 심각한 건 기초단계의 경우 전년도 예산인 1,169억 원 전액이 삭감될 수 있다고 한다. 만약 이런 예산편성이 사실로 확정된다면 그동안 기업들이 뼈를 깎는 노력 끝에 쌓아왔던 결과물들이 한순간에 사라질 수도 있다고 보인다.

이런 상황은 흡사 '활활 피어오르는 장작불에 찬물을 쏟아 붓는 모습'과도 유사하거나 장하준 교수의 표현처럼 '사다리 걷어차기'와 같이 선발 주자의 위치를 이용하여 후발 주자의 성장 기회를 빼앗아버리는 것처럼 악용되어서는 안 될 것이다.

그동안 정부의 스마트공장 지원정책이 지나치게 양적 확대에만 집중된 것은 다소의 문제가 있음을 인정하더라도 한순간에 스마트공장 지원정책을 축소하는 결정은 분명 악수(惡手)로 작용할 것 있다. 특히나 세계경제의 불확실성으로 인해 물가·금리·환율의 변동성이 더욱 커져만 가고 점차 기업경영이 어려워지고 있는 상황에서 중소기업 성장의 '마중물' 역할을 톡톡히 하는 스마트공장의 예산을 축소되어 결과론적으로 지원사업이 없어진다면 기술력과 자본이 한참 부족한 중소기업 입장에서 보면 경쟁력이 약화되어 부실기업으로 추락할 가능성도 배제할 수 없을 것이다.

필자의 생각은 지금은 지원을 줄이는 시기가 아니라 오히려 지원을 확대하여 중소기업들이 스마트공장으로 고도화될 수 있도록 더욱 파격적인 지원을 해야 할 것이라고 생각된다. 대만 정부의 기업지원 제도를 보면 우리 정부가 어떤 결정을 해야 하는지 명확한 답이 보일 것 같다. 현 정부가 표방하는 상생 협력과 미래형 스마트공장을 통해 약 58만 개 중소 제조기업이 경쟁력을 강화하고 제조 혁신의 새로운 활로를 개척할 수 있도록 정부의 스마트공장 지원사업이 확대 추진되기를 간절히 바랄 뿐이다.

6) 스마트공장 운영실적과 ESG 경영지표는 소통한다.

ESG는 그동안 우리가 알고 있던 그 어떤 경영전략과는 다르게 더욱 까다롭게 확장되어가고 있으며 디테일하기까지 해서 완벽한 경영평가의 모델이라는 평가도 있다. 이런 완벽한 기업평가 모델인 ESG의 도입을 위해 기업들은 솔루션 찾기를 하고 있는 듯하다. 필자 또한 기업들이 어떻게 리스크 없이 ESG 대응을 위한 적합한 솔루션 얻을 것인가를 고민하였는데, 바로 '스마트공장'이 적합한 솔루션이라고 생각한다. 스마트공장이 ESG 경영의 적합한 솔루션이라고 생각하는 이유 중 하나는 ESG는 기본적으로 이해 관계자들과의 디테일한 공유를 통해 지속가능한 기업구조를 실천하는 것이 목적이기에 그런 측면으로 보면 ESG 지향점과 스마트공장의 다양한 실천과제는 분명하게 공통점도 많고 서로 보완하는 기능도 있기 때문이다.

만약 기업들이 ESG 경영을 도입하게 되면 우선하여 ESG 경영운영 및 공시 등을 위해 자사의 경영 현황이 어떤지 제대로 진단하고, 단기 및 중장기 과제를 도출하여 지속해서 실적 관리를 해야만 한다. 특히 기획 단계가 매우 중요한데 특히 ESG 경영평가대응에 대한 목적과 방법이 명확해야 한다. 예를 들면 ESG 경영평가의 의미를 토익(TOEIC)과 토익점수라고 볼 수 있다. ESG 경영의 도입목적이 중요한데 토익을 보려고 하는 목적이 취업이 목적인지, 유학이 목적인지, 아니면 승진이 목적인지에 따라 응시하는 의미가 달라질 수 있듯이 기업이 추진하려는 'ESG 경영'에 대한 도입을 위한 명확한 목적 그리고 유형별 순위를 먼저 결정해야만 한다. 단지 '다른 기업이 ESG를 도입하니까 우리도 도입하겠다' 정도 생각으로 추진한다면 추진동력도 떨어지게 되며 기업성장에 도움이 되지 않을 수도 있다.

ESG는 비재무적인 지표로 기업의 수준을 평가한다. 그러므로 경영실적 데이터의 신뢰성이 매우 중요하다. 경영의 법칙 중에 '데이터가 없다면 평가할 수 없다(No data, No score)'라는 말이 있는데, ESG 경영평가를 제대로 하려면 꾸준하게 신뢰성 있는 데이터를 확보하는 게 매우 중요하다. 다행히 스마트공장을 구축하였다면 그동안 축적된 다양한 형태의 데이터를 활용할 수 있고 이러한 데이터는 분명 ESG 경영평가 측정에 효과적으로 활용될 수 있을 것이다.

특히 제조실행 시스템(MES)에서 센서에 의해 자동으로 측정되는 각종 생산운영 지표들을 효율적으로 활용한다면 ESG 경영실적을 올바로 평가하는 데 중요한 역할을 할 수 있다고 보인다. 예를 들면 제조과정에서 발생하는 여러 가지 산출물 중 탄소 배출량, 에너지사용량, 수질·대기질, 폐기물 발생량 등에 대한 측정이 가능하고 이러한 지표는 ESG의 E(환경)부문에 해당하는 지표들이기 때문에 직접 실적을 모니터링이 가능해 현황과 개선활동에 따른 효과를 분석하는 데 효과적이다.

	RBA(전자)	Eco Vadis(자동차)	TFS(화학)	BCI(섬유)
환경 11 / 40 (27.5%)	수자원 소비 및 폐수 배출 에너지 소비 제품책임	자원 관리 및 폐기물 배출 환경법규 준수	유해화학물질 관리 온실가스 배출 소음 및 악취 관리	대기질 관리 생물다양성 보호 토지 사용 및 복원
안전보건 7 / 40 (17.5%)	근로자 산업재해 지속적개선활동	공정안전 운송/보관/물류	사업장 위행 보건 책임 있는 원재료조달	비상대응체계
노동/인권 10 / 40 (25.0%)	아동노동 금지 결사의 자유 차별금지	강제노동 금지 학대 및 괴롭힘 방지 신원보호 및 보복금지	근로시간 고충처리 및 징계	임금 및 복지 개인정보 및 사생활 보호
경영윤리 12 / 40 (30.0%)	반부패 정책 기업의지 및 경영진 책임 공급망 리스크 평가 및 관리	반부패 교육훈련 문서화 및 기록 상생협력	사업 및 회계 투명성 반독점/공정경쟁 지식재산권 보호	법규준수 및 모니터링 이해관계자 커뮤니케이션 ESG 정보공개

출처: 한국생산성본부(KPC) ESG 컨설팅 1센터, 「중소기업 ESG의 현실과 미래」, 2022.4.27.

한국 생산성 본부(KPC)의 산업 이니셔티브 분석 결과에 따르면, ESG 경영 지표와 스마트공장의 실적지표 간에는 환경(E)영역에는 11개, 사회(S)영역은 8개, 그리고 지배구조(G)영역에는 4개 정도의 필수 실행지표가 서로 관련되어있다고 분석되었다. 그중 환경(E) 및 사회(S)분야의 지표들은 현재 스마트공장 실적지표인 KPI와 80% 이상 일치하고 있다고 한다. 이는 스마트공장 운영 실적들이 ESG 경영지표에 직·간접적으로 연계되어있어서 스마트공장운영은 ESG 경영에 필수적이라고 보여진다.

3. 스마트공장 고도화는 ESG의 성공열쇠(Success Key)

우리 기업들도 ESG 성과에 대한 공개를 강하게 요구받고 있다. 게다가 기업들의 자발적인 변화를 더욱 부추기는 건 ESG를 따르지 않으면 글로벌기업들의 공급망(Supply Chain)에서 완전히 탈락할 수 있다. 삼성전자의 경우 글로벌 공급망에 포함된 협력기업들을 선정하고 해당 기업들의 ESG 경영 도입을 지원한다고 한다. 이번 기회에 중소기업들이 ESG 경영을 순조롭게 도입하게 되면 새로운 기업성장의 동력이 될 수 있다고 보인다. 특히 그동안 기업들이 추진해왔던 수많은 혁신활동 노하우를 바탕으로 고도화된 스마트공장을 운영하고 있기 때문에 ESG 경영을 지원하기 위한 역할을 제대로 할 수 있다는 믿음이 생긴다. 이제 ESG 경영을 통해 '고객감동'도 실현하고 '수익'도 실현할 수 있는 절호의 기회라고 생각된다.

4. 올바른 기업혁신을 위한 조언

대표이사를 제외하면 대다수 기업의 임직원들은 경영혁신활동 추진을 반기지 않는 분위기다. 왜냐하면 현재 업무도 과중한데 새로운 혁신과제를 추진하게 되면 당연히 자신의 업무가 늘어날 것이라고 생각하기 때문이다. 게다가 일부 리더급 관리자들은 혁신추진 시 성과가 미비하거나 혁신활동 실패에 따른 책임 전가의 두려움도 갖고 있다. 하지만 일부 임직원들은 제때에 경영혁신을 하지 않았을 때 자신이 속한 기업이 어떤 상황에 놓이게 될 것인지 대략 짐작할 수 있기에 구성원 중 일부는 할 수도, 그렇다고 안 할 수도 없어 좌고우면하고 있다고 보면 크게 틀리지 않은 것이다.

과거 우리 기업들에게 혁신의 의지가 매우 높았던 적이 있었다. 기업들은 생존을 위하여 그리고 지속적인 성장을 위하여 체질에 좋다고 하는 혁신용 백신을 기업 내의 시스템에 수시로 주입해왔다. 그동안 제조혁신을 위해 기업들이 맞아왔던 혁신을 위한 백신들로는 ISO9001, TPM, 6 Sigma, LEAN, ERP 등 현장형 혁신 도구들이 있다. 그 이후 MES/POP와 ERP 등 스마트 제조혁신인 스마트공장(SmartFactory)이 혁신을 주도해오고 있다.

지금 우리 기업들은 ESG라는 혁신과제의 수행을 강하게 요구받고 있다. ESG 수행의 청구서를 받은 기업들은 회사가 생각하는 방향으로 ESG 경영전략을 만들어가고 있을 것이다. 하지만 기업이 추진하는 경영혁신을 잘못 추진하게 되면 실패할 확률이 매우 높고 실패 리스크로 인한 심각성도 크다는 것을 인식하고 있을 것이다. 특히 경영혁신의 단계를 무시하면 성공확률이 낮아지기 때문에 혁신활동에 대한 성공확률을 조금이라도 높이고 싶다면 혁신의 단계를 반드시 준수하기를 바란다.

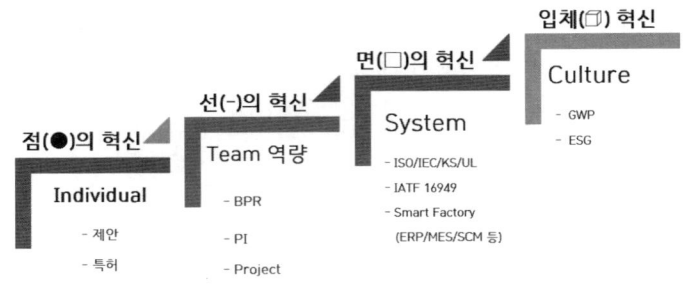

출처: 변성호, 『경영혁신의 늪』 1991.

성공적인 경영혁신의 추진하려면 단계를 밟아 실행하여야 한다. 점(·)의 혁신 → 선(-)의 혁신 → 면(□)의 혁신→입체(⊙)의 혁신으로 구분할 수 있다. 우선 개인적인 역량에 집중하는 점(·)의 혁신이 있다. 점(·)의 혁신에 대한 기업의 분위기가 조성되어있고 견고하게 운영된다면 조직(팀)의 역량을 극대화할 수 있는 선(-)의 혁신을 추진할 수 있다. 선(-)의 혁신이 극대화되고 안정화된다면 시스템 또는 프로세스 혁신이라 불리는 면(□)의 혁신을 추진할 수 있다.

경영자 관점에서 본다면 우리 회사가 좋은 회사인지를 확인하고 싶어 한다. 재무적인 기준으로 본다면 수익률, 성장률 등이 있겠지만, 비재무적인 지표 중의 하나를 꼽는다면 얼마나 기업문화가 잘 정착되었는가를 확인할 수 있는데, 기업문화를 표현하는 것이 입체(⊙)의 혁신이다. 일부 기업의 경영자들은 기업혁신이 그다지 어렵지 않다고 생각해서 혁신의 단계가 있음을 인지하지 못하고 간과하게 된다. 그렇게 되면 혁신이 더 이상 진화되지 못하고 정체성을 잃게 되고 혁신 피로도가 증가하게 되어 기존의 직원들이 혁신을 기피하거나 기대만큼 효과가 나타나지 않는다.

ESG 경영은 기업문화에 대한 혁신영역에 해당된다. 지금처럼 과도기적 상황들로 인해 국내기업의 ESG 운영에는 많은 거품과 모순들이 보인다. ESG 전문가들이 알려주는 방법대로 ESG를 추진하려면 지구를 바꿔야 할 정도로 규모면 이나 수행내용 측면에서 무모하게 운영되고 있는 것 같다. 필자 생각으로는 ESG 경영은 기업 스스로가 ESG의 목적과 목표를 올바로 판단하고 실천할 때 비로소 그 의미가 있다고 생각된다.

기업들의 ESG 경영은 회사 내 임직원과 협력사 그리고 투자자를 포함한 이해 관계자 모두에게 기대와 가치를 줄 수 있도록 구축되어야만 운영에 대한 실효적 의미가 있을 것이다.

- 메가인포 경영자문그룹, 『스마트팩토리가 4차산업시대에 갖는 의미와 장점』, 2022.7.22.
- 이남훈, 『기업나라』(8월호)
- 한경Mook(SECTION 2 Stage 6), 「ESG와 만난 스마트팩토리 이제 환경까지 챙긴다」, 2022.2.
- 한경MOOK, 『경영전략』, 2019.
- 박정수, 『스마트공장의 성공을 통한 ESG 목표실현』, 2022.1.
- 임병훈, 서울경제(이재명), 2021.7.13.
- MDS 인텔리전시, 『ESG와 IoT』, 2022.3.29.
- 문성호, 『ESG 에센스』, 한국표준협회미디어, 2022.4.28.
- 중소기업뉴스, 「스마트공장으로 산업안전-ESG 경영 파고넘자」, 2022.
- 이방실, 『한경ESG』(9월호), 2022.10.7.
- 김명진, KOSME, 『기존설비를 활용한 스마트공장 구축』, 2021.12.
- 김희재, 보도자료, 「윤정부 스마트공장 예산 삭감」, 2022.10.6.
- 이준희, 『한국기업의 ESG 경영변화 I 』, 딜로이트안진회계법인, 2020.
- 스마트 생태 공장 구축 사업 추진하는 환경부. 2021.
- 한국생산성본부(ESG 컨설팅), 『중소기업 ESG의 현실과 미래』, 2022.4.27.
- 대외경제정책연구원, 관계부처합동, 삼정KPMG, 2021.

변성호(BYUN SUNG HO)

학력
· 아주대학교 경영학 석사

경력
· ㈜한국경영품질연구원 본부장(20년)
· 오산대학교 겸임교수(24년)
· 중앙대학교 표준고위 과정 수료
· 중앙대학교 ESG 과정 수료
· 중소벤처기업연수원 생산·품질 강사
· 한국품질재단 생산품질 전문위원
· 경기경제과학진흥원 생산품질 전문위원
· 삼성상생협력아카데미품질 강사
· 화성상공회의소생산품질 강사
· 스마트공장 평가위원_경기 TP
· 경기)경총 S-OJT 평가위원

· 사회적기업 컨설턴트
· KAMP·AI 공정개선 마스터
· ESG진단평가위원
· (前) LG화학 제조혁신 전문위원(20년)

자격
· (생산부문) 직업훈련강사_고용노동부
· (품질부문) 직업훈련강사_고용노동부
· 심리상담사_한국자격검정평가원
· 심리분석사_한국자격검정평가원
· 공공기관채용면접관 1급
· ESG전문가_환경부 직업능력개발원
· ESG진단평가사_한국사회공헌연구원

20장

우리 회사의 'ESG 지속가능경영' 핵심은 무엇인가?

이대우

1. ESG 경영 내재화 동향

ESG 경영이 기업의 중요한 가치로 부각되고 있다. ESG 이슈가 등장한 이후 전 세계적인 관심이 고조되면서 제도적 규제강화와 이해관계자들이 ESG 정보에 대한 수요가 급증하고, 기업들의 대응 노력도 확대되고 있다. 기업들은 ESG 경영의 필요성에 대한 인식은 높아지고 있으나, 어디서부터 시작해야 하는지, 목표는 어떻게 설정해야 하는지, 구체적인 실천은 어떻게 해야 하는지에 대한 경험, 정보, 비용, 시간 부족 등 현실적 어려움으로 ESG 경영 도입에 많은 어려움을 겪고 있다. 산업 및 기업의 특수성을 감안하여 협회나 단체 차원의 글로벌 민간 이니셔티브가 결성되고, ESG에 자발적으로 대응하는 등 활성화 논의가 확대되고 있다.

현재 국내의 ESG 투자는 글로벌 수준에 비해 규모는 작으나, 빠르게 증가하는 추세이며 기업은 경영시스템 전반에서의 ESG 내재화를 위한 기업들의 대응 니즈가 증가하고 있다. 따라서 국가 차원의 ESG 기준을 추진하고, 기업의 정보공개 등의 제도화에 따른 체계 확립과 확산이 필요하다. ESG는 과거 경영성과와 이익에 크게 반영되지 않던, 환경(Environment), 사회(Social), 지배구조(Governance)라는 비재무 요소를 고려한 경영전략, 기업투자, 이해관계자(고객·거래처·주주·종업원·지역사회 등)를 중심으로 기업윤리와 사회에 대한 영향·책임 등을 계량화한 것이다.

이에 필자는 기업의 ESG 지속가능경영평가대응방향에 대하여 평가·검증기관의 니즈를 고려하여 중견·중소기업의 K-ESG 범용적 가이드라인을 기준으로 각 영역 진단항목의 점검내용에 대한 대응전략과 실천사항을 살펴보고자 한다.

2. 기업의 ESG 경영평가대응방향

정부에서는 국내기업의 ESG 경영평가 시 활용할 수 있도록 「K-ESG 가이드라인(2021.12.)」을 설계했다. 평가·검증기관의 니즈를 고려하여 기본진단항목과 대체·추가 항목을 제시하고 있다.

「K-ESG 가이드라인」은 주요 해외 ESG 평가지표에 대한 대응을 공통적으로 파악하고, 사회문화적·법제도적 차이를 고려하여 각 기업의 ESG 추진 속도, 업종, 규모 등에 따라 글로벌 기준부터 국내 제도를 감안한 ESG 경영을 추진할 수 있도록 유연성 제고하여 국내기업의 진단항목 개발 시, 해외 지표와 연계 가능하고 실제 경영환경에서 선택적으로 활용할 수 있는 「K-ESG 가이드라인」의 주요 구성내용을 알아본다.

1) K-ESG 가이드라인 분류체계

K-ESG 기본진단항목 정의서는 4개 영역의 27개 범주, 61개 진단항

목으로 구성되어있으며, ESG 경영전략 수립을 희망하는 중소·중견기업이 우선적으로 활용할 수 있는 4개 영역, 17개 범주, 27개 기본진단항목을 선별하여 가이드라인을 제시하고 있다. 국내기업의 진단항목 개발 시, 해외 지표와 연계 가능하고 실제 경영환경에서 선택적으로 고려할 수 있도록 지원한다.

- 영역
  · 정보공시(Public), 환경(Environmental), 사회(Social), 지배구조(Governance) 4개 영역을 대분류한 가이드라인이다.
- 범주
  · 국내외 ESG 공시·평가 기준에서 공통 제시한 이슈를 기반으로 조직이 ESG 경영을 통해 추구해야 하는 사회적 가치(Social Value)로 설정한 것이다.
- 진단항목
  · 각 '범주'에서 추구하고 있는 '사회적 가치'를 정성·정량적으로 진단하기 위한 세부항목을 말한다.

K-ESG 가이드라인 기본진단항목(영역 4/범주 27/항목 61)

(중견·중소기업: 4개 영역, 17개 범주, 27개 기본진단항목)

영역(4)	범주(27)	진단항목(61)
정보공시(P) (범주 3/ 진단항목 5)	정보공시 형식	ESG 정보공시 방식 ESG 정보공시 주기 ESG 정보공시 범위
	정보공시 내용	ESG 핵심이슈 및 KPI

정보공시(P) (범주 3/ 진단항목 5)	정보공시 검증	ESG 정보공시 검증
환경(E) (범주 9/ 진단항목 17)	환경경영목표	환경경영목표 수립 **환경경영추진체계**
	원부자재	**원부자재 사용량** 재생 원부자재 비율
	온실가스	**온실가스 배출량(Scope1 & Scope2)** 온실가스 배출량(Scope3) 온실가스 배출량 검증
	에너지	**에너지 사용량** 재생에너지 사용 비율
	용수	**용수 사용량** 재사용 용수 비율
	폐기물	**폐기물 배출량** 폐기물 재활용 비율
	오염물질	**대기오염물질 배출량** **수질오염물질 배출량**
	환경 법·규제 위반	환경 법/규제 위반
	환경 라벨링	친환경인증 제품 및 서비스 비율
사회(S) (범주 9/ 진단항목 21)	목표	목표 수립 및 공시
	노동	신규 채용 및 고용 유지 **정규직 비율** 자발적 이직률 교육훈련비 복리후생비 **결사의 자유 보장**
	다양성 및 양성평등	여성 구성원 비율 **여성 급여 비율(평균 급여액 대비)** 장애인 고용률
	산업안전	**안전보건 추진체계** **산업재해율**

사회(S) (범주 9/ 진단항목 21)	인권	인권정책 수립 인권 리스크 평가
	동반성장	협력사 ESG 경영 협력사 ESG 지원 협력사 ESG 협약사항
	지역사회	**전략적 사회공헌** **구성원 봉사참여**
	정보보호	정보보호 시스템 구축 개인정보 침해 및 구제
	사회 법·규제 위반	사회 법/규제 위반
지배구조(G) (범주 6/진단항 목 17)	이사회 구성	**이사회 내 ESG 안건 상정** 사외이사 비율 대표이사 이사회 의장 분리 이사회 성별 다양성 사외이사 전문성
	이사회 활동	**전체 이사 출석률** 사내이사 출석률 이사회 산하 위원회 **이사회 안건 처리**
	주주권리	**주주총회 소집 공고** 주주총회 개최일 집중·전자·서면 투표제 배당정책 및 이행
	윤리경영	**윤리규범 위반사항 공시**
	감사기구	감사기구, 감사기구 전문성 (감사기구 내 회계·재무 전문가)
	지배구조 법·규제 위반	지배구조 법·규제 위반

2) K-ESG 가이드라인 활용

「K-ESG 가이드라인」 진단항목을 활용해 자가진단할 경우, 가중치는 산업별 이슈, ESG 추진방향, 진단항목 간의 중요도를 종합하여 결정할 수 있으며 방식은 다음의 유형을 활용할 수 있다.

- 모든 항목에 동일한 가중치 적용
  · 각 진단항목의 중요도가 동일하다는 가정하에 개별 항목에 일정한 가중치를 부여하는 방식
- 산업유형 및 기업의 ESG 우선순위에 따른 차등 적용
  · ESG 추진전략에 해당하거나, 산업 기회요인이 되는 항목은 높은 가중치, 상시적 리스크에 노출된 항목 등은 낮은 가중치를 적용하는 방식
- 이해관계자의 의견에 고려한 가중치 결정
  · 다양한 이해관계자를 대상 설문조사, 인터뷰 등을 기반하여 가중치를 결정하는 방식

3. 중견·중소기업 K-ESG 가이드라인 기본진단항목

1) ESG 정보공시: Public(4개 진단항목)

정보공시 방식은 조직의 홈페이지, 지속가능경영보고서, 사업보고서, 기타 간행물 등에 ESG 정보의 종합적 수록, ESG 정보공시 여부를 대외에 알리는지를 측정하는 항목이다. 중요성 평가(Materiality Test) 결과에

따른 핵심이슈, 또는 사업운영 과정에서 지속적 관리가 필요한 ESG 이슈별로 '전략', '조직', '활동', '성과', '목표'에 관한 정보로 '조직의 ESG 관련 이슈가 조직의 성장에 미치는 영향', '해당 이슈를 관리하지 않았을 경우 발생 가능한 위험' 등도 중요한 ESG 정보이며 공시 대상에 해당한다.

정보공시 주기는 ESG 지속가능경영보고서상 '발간 주기'를 1년 단위로 정보를 공시하고 있는지를 측정한다.

정보공시 범위는 ESG 정보공시 범위를 산출한 방식이나 근거 등을 충분히 설명해야 한다.

- 첫째, 직접적으로 소유 및 관리하고 있는 사업장의 ESG 성과관리 및 정보
- 둘째, 지분율 기준 경영 및 자본구조상 상당한 영향력을 행사하는 조직의 ESG 성과관리 및 정보
- 셋째, 지분율 외 경영방식 및 사업운영상 상당한 통제력을 행사하는 조직의 ESG 성과관리 및 정보

ESG 정보공시 검증의 타당성과 신뢰성을 확인하기 위한 기준은 '검증기관의 적격성', '검증기관과의 독립성', '검증방법론의 합리성', '검증수준의 명확성', '검증지표의 구체성'으로 구분할 수 있다. 지속가능경영보고서 발간 등 ESG 정보공시 지표 및 기준을 자율적으로 선택할

수 있다. ESG 정보가 갖추어야 할 신뢰성을 강제할 수 있는 법적·제도적 장치나 검증하는 기관이 사용할 검증표준이 설정되어있지 않지만, 제3자 검증기관은 합리적이고 신뢰할 수 있는 방식으로 검증을 수행해야 하며, 검증을 받는 조직도 글로벌 표준 등에 부합하게 검증되었는지 점검할 필요가 있다.

ESG 정보 검증수준은 해당 데이터가 대외공시 정보로 충분히 반영되었는지 검증하는 Type1 검증, 조직이 산출한 데이터값과 실제 데이터가 일치하는지를 검증하는 Type2 검증, 데이터의 범위 및 샘플링이 제한적인 상황에서 이루어지는 중위수준(Moderate Assurance) 검증, 조직 외부에서 취합되는 데이터를 종합분석하여 진행되며 데이터의 범위 및 샘플링이 방대하여 정보공시 신뢰성이 높은 고위수준(High Assurance) 검증이 있다.

2) 환경: Environmental(9개 진단항목)

사업운영 전 과정에서 환경영향을 최소화하며 건전하고, 경제적으로 지속가능한 발전을 도모하고자 하는 경영활동이다. 환경경영을 효과적으로 추진하기 위해 환경방침 개발, 이행, 달성, 검토 및 유지관리 할 수 있는 조직, 책임, 자원, 절차, 과정 및 성과관리 등을 종합적으로 구축하는 것이다.

환경분야 목표 수립과 관련된 핵심이슈

에너지 사용량 절감	재생에너지 투자 확대	온실가스 배출량 감축
탄소중립 기술개발	폐기물 발생량 저감	생분해 플라스틱 도입
재사용 용수 확대	원자재 효율적 투입	삼림 및 토양 복원
생물다양성 증진	친환경공급망 구축	대기·수질·토양오염
유해물질 감소		

환경경영추진체계는 환경성과 향상과 환경개선 등의 경영활동으로 인한 환경영향 관리, 원부자재·에너지·폐기물 등의 효율적 관리, 이해관계자의 환경영역 요구 대응을 위해 체계적으로 환경경영을 추진하고 있는지 점검하고 환경경영추진체계를 갖추고 있는지 확인한다.

원부자재 사용량은 자원순환 경제 모델(3R: Reduce, Recycle, Reuse)이 확산되고 있으며, 폐기 이후의 재활용, 자원의 절약 등을 통해 사회 전반의 순환성을 높이고 지속가능성을 추구하는 모델이며, 대상 좁은 범위의 산업군은 원부자재를 가공하여 제품을 생산하는 광업, 제조업, 건설업, 전기·가스·증기업 등으로 한정할 수 있으나, 넓은 범위로는 도매·소매, 운수·창고, 정보통신, 금융·보험, 기타 전문 서비스업으로 확대할 수 있다.

온실가스 배출량(Scope1, Scope2, Scope3)은 매출액, 생산량 등 조직규모와 구조조정, 인수합병 등 사업 변동을 고려하여 온실가스 배출량(Scope1 & Scope2)이 감축 추세에 있는지, 산업평균 미만인지 측정하며,

점검방식은 다음과 같다.

- 첫째, 산업평균과 비교하는 방식
- 둘째, '온실가스 배출권의 할당 및 거래에 관한 법률' 등에 따른 할당량 대비
- 셋째, '온실가스·에너지 목표관리제'에 따른 목푯값 대비,
- 넷째, 과거 연도 배출량을 기반으로 수립한 목표 대비
- 다섯째, 자체적으로 수립한 목표(SBTi 등) 대비
- 여섯째, 벤치마킹하는 경쟁기업 대비 비교하는 방식

온실가스 배출량 검증은 「저탄소 녹색성장 기본법」에 따라 국가온실가스(CO_2, CH_4, N_2O, HFCs, PFCs, SF_6)의 감축목표는 2030년의 총배출량을 2018년 기준 40% 감축을 달성할 수 있도록 온실가스감축목표, 에너지절약 목표를 설정하여 관리하고 있다. 온실가스 배출권 거래제, 목표관리제, 기타 온실가스 정보를 기반으로 의사 결정하는 이해관계자가 증가함에 따라, 대외 공시하는 온실가스 배출량 데이터가 타당성·신뢰성·투명성을 확보하고 있는지 확인한다.

에너지 사용량은 조직의 생산성 및 운영 효율성과 직접적으로 연계되어 있으며, 에너지 효율이 최적화되어 개선이 더 이상 가능하지 않거나, 내부분석 근거 또는 외부 전문기관 조사결과 등을 통해 에너지 효율이 가능한 최고 수준에 도달했음이 입증되는 수준을 요구한다.

용수 사용량은 용수 취수원을 보호하고 있는지, 지역의 수자원 고갈 리스크에 대비하고 있는지를 간접적으로 점검하는 항목으로써, 사용하는 용수 총량(신규 취수량, 내부 재사용량)을 효율적으로 관리하고 있는지 확인한다.

폐기물 배출량에서 폐기물의 종류는 '사업장 배출 시설계 폐기물', '사업장 생활계 폐기물', '지정폐기물', '건설폐기물'로 구분되며, 쓰레기, 연소재, 오니, 폐유, 폐산, 폐알칼리 및 동물사체 등으로 사람의 생활이나 사업 활동에 필요하지 않게 된 물질을 말한다. 소유, 관리, 통제하는 물리적 경계(사업장 등) 내에서 사업 및 영업 활동에 따라 발생하는 폐기물을 저감하고 있는지 확인한다.

대기오염물질 배출량은 대기오염물질인 질소산화물(NO_x), 황산화물(SO_x), 먼지(TSP)는 환경부의 '사업장 대기오염물질 총량관리제도'에서 규정한 '관리대상 오염물질'이다. '사업장 대기오염물질 총량관리제도'는 사업장에 연도별로 배출 허용 총량을 할당하고, 이를 준수하는 사업장은 잔여할당량을 판매할 수 있고, 이를 초과하는 사업장은 총량초과 과징금을 부과한다.

수질오염물질 배출량은 수질오염물질인 생물화학적 산소요구량(BOD), 화학적 산소요구량(COD), 부유물질량(SS) 등 「환경분야 시험·검사 등에 관한 법률」 제6조1항에 따라 환경부 장관이 정하여 고시한 환경오염공정시험기준(또는 이에 준하는 국가별 관계 법령)에 따라 측정한다.

3) 사회: Social(9개 진단항목)

중요성 평가(Materiality Test)를 통해 사업운영 및 외부환경에 중요한 영향력 행사 관련 수립할 수 있는 사회분야 목표와 관련된 핵심이슈는 다음과 같다.

인권 리스크 저감	구성원 다양성 증진	구성원 다양성 증진
산업재해율 저감	협력사 ESG 지원	동반성장 및 상생협력
지역사회 투자 확대	개인정보유출 최소화	소비자 정보 제공
제품품질 및 안전증진		

기업은 목표를 설정하고 추진하여야 하며, 목표는 의도적으로 달성하고자 하는 상태를 말한다. 조직의 성과와 관련된 작업 행동의 직접적인 선행조건으로 다음을 충족하는 목표를 수립해야 한다.

- 첫째, 구성원이 무엇을 해야 하는지 이해하기 쉽고, 구체적이어야 한다.
- 둘째, 목표는 주어진 자원과 여건상 현실적이고 달성 가능해야 한다.
- 셋째, 목표 대비 이행현황이 측정 가능한 계량적 형태이어야 한다.
- 넷째, 목표 달성에 필요한 시간제한이 명확해야 한다.
- 다섯째, 목표달성을 통해 기대되는 효과와 영향력을 추정할 수 있어야 한다.

정규직 비율에서 정규직의 정의는 통계청 경제활동인구조사 근로형태에 따라 첫째로 한시적 근로자, 둘째로 시간제 근로자, 셋째로 비전형 근로자(파견·용역 등) 등 비정규직을 제외한 기간의 정함이 없는 임금근로자를 말한다. 정규직 비율과 조직, 사회의 지속가능성 간의 명확한 관계는 아직 정의되지 않았으며, 사용자의 바람직한 비정규직 근로자 사용 및 처우에 대한 근본적인 고민이 필요하다.

결사의 자유 보장은 근로자가 주체가 되어 자주적으로 단결하여 근로조건의 유지·개선, 기타 근로자의 경제·사회적 지위의 향상을 도모함을 목적으로 조직하는 노동조합의 설립 및 정당한 노동조합 활동의 보장이다. 노동조합 조직, 단체협약 체결, 체결된 단체협약의 성실한 이행과 노사협의회가 설치되어 관리되고 있는지, 정기회의 개최 등 실질적인 운영수준 등을 확인한다.

여성 구성원 비율은 전체 구성원 중 여성 비율과 미등기임원 중 여성 비율의 차이를 측정하며, 여성이 안정적으로 근무할 수 있는 근로환경을 제공하고 있는지, 여성 리더를 적극적으로 발굴 및 육성하고 있는지 확인한다. 예를 들어, 조직의 전체 구성원 중 여성이 차지하는 비율이 50%이고, 미등기임원 중 여성이 차지하는 비율이 50%라면 해당 조직은 여성에게 안정적인 근로환경과 충분한 역량개발 기회를 제공하고 있다고 해석할 수 있다.

여성급여 비율(평균급여액 대비)은 성별에 따른 급여 차이가 발생하는지 점검하며, 이는 성별 다양성 증진 활동을 통해 성과를 창출하고 있는지 간접적으로 확인하기 위함이며, 1인 평균급여액 대비 '여성(또는 남성) 1인 평균 급여액' 비율이 90%를 초과하는 경우, 해당 조직의 다양성 관리는 효과적으로 이루어졌다고 볼 수 있다.

장애인 고용률에서 장애인 고용의무제도는 사업주에게 장애인을 일정비율 이상 고용하도록 의무화하고, 미준수 시 부담금(100명 이상 기업)을 부과하는 제도이다. 의무고용률 이상 고용한 사업주에 대해서는 규모에 상관없이 초과인원에 대해 장려금을 지급하고, 의무고용률에 미달하는 인원에 대해 부담금을 부과한다. 매년 「장애인고용촉진 및 직업재활법 시행령」을 통해 기준연도에 해당하는 의두고용률을 공시하고 있다.

안전보건 추진체계에서 안전은 투자이며, 경영의 일부다. 효과적인 안전보건관리체계를 구축하고 이행하기 위해서는 첫째, 경영자가 '안전보건경영'에 대한 확고한 리더십을 가져야 한다. 둘째, 모든 구성원이 '안전보건'에 대한 의견을 자유롭게 제시할 수 있어야 한다. 셋째, 작업환경에 내재되어있는 위험요인을 찾아내고 위험요인을 제거·대체하거나 통제할 수 있는 방안을 마련해야 한다. 넷째, 급박히 발생한 위험에 대응할 수 있는 절차를 마련해야 하며 사업장 내 모든 구성원의 안전보건을 확보해야 한다. 다섯째, 안전보건관리체계를 정기적으로 평가하고 개선해야 한다.

산업재해율은 안전보건 거버넌스 구축, 중점과제 추진, 업무시스템 구축, 성과점검 및 평가 등 안전보건 추진체계가 효과성이 있는지, 안전보건을 위협하는 요인을 지속적으로 관리하고 재해율을 줄이기 위해 노력과 지난 5개년 간 산업재해율이 감소 추세인지와 지난 1개년 산업재해율을 측정하여 점검한다. 개인 질병, 사업장 외 교통사고, 체육행사, 폭력 행위에 의한 사망, 사고발생일 1년경과 후 사망한 경우는 산업재해에서 제외한다.

전략적 사회공헌에서 사회공헌 전략에 포함되는 내용은 사회공헌 미션, 비전, 또는 슬로건, 중점 추진분야, 사회공헌 사업 전략, 특정 기간 동안의 사업추진 로드맵, 세부 실행계획 그리고 이러한 전략을 통해 달성하고자 하는 사회공헌 사업 목표 및 KPIs, 성과평가 및 홍보계획, 예산계획 등이 포함될 수 있다. 사회공헌을 효율적으로 추진할 수 있도록 다음과 같은 실행체계를 갖출 필요가 있다.

- 첫째, 사회공헌 전략 및 프로그램의 제·개정에 관한 최고의사결정 기구 역할
- 둘째, 사회공헌 담당조직의 공식적 업무분장 및 담당조직 전문성 향상 방안
- 셋째, 대외 사회공헌 및 기부 요청을 검토하는 기준·프로세스 운영
- 넷째, 사회공헌 프로그램 직접운영 또는 위탁운영 관리 기준
- 다섯째, 사회공헌에 필요한 기부금 출연 및 집행 기준

구성원 봉사참여는 구성원에게 봉사활동 참여를 위한 동기부여를 자극하고 적극적인 봉사활동 참여를 증진시킬 수 있는 조직 분위기를 만들 수 있다. 봉사활동 참여를 희망하는 구성원에게 동기부여 유형은 다음과 같다.

- 첫째, 게시판 및 사보 등을 통해 자원봉사 참여자 현황 및 공로를 알림
- 둘째, 자원봉사에 참여하고 있음을 나타내는 물건(기념품) 제공
- 셋째, 자원봉사를 수행하는 데 있어 장애요인을 발견 및 제거
- 넷째, 자원봉사를 수행하는 과정에서 발생하는 물리적, 사회 관계적 문제해결
- 다섯째, 자원봉사 참여 구성원간 네트워크를 형성할 수 있는 공간과 시간 제공
- 여섯째, 우수 자원봉사 참여 구성원에 대한 금전적·비금전적 포상
- 일곱째, 조직 구성원 성과평가지표(KPIs) 내 자원봉사를 반영

4) 지배구조: Governance(5개 진단항목)

이사회 내 ESG 안건 상정은 최고의사결정기구가 ESG 안건을 제대로 다루기 위해서 첫째로 이사회 또는 산하 위원회 운영규정에 'ESG'를 명시하는 형식적 요건, 둘째로 이사회 또는 산하 위원회에서 다루는 ESG 안건을 어떻게 다루고 있는지에 관한 실질적 요건을 갖추어야 한다.

이사회 또는 산하 위원회 운영규정에서는 해당 이사회 또는 산하 위원회가 구체적으로 ESG와 관련하여 어떠한 권한과 역할을 수행하는지 구체적으로 명시할 필요가 있다.

예시: 운영규정상 '권한과 역할'을 명시하는 방식

ESG 업무를 기준으로 '권한과 역할'을 명시
다음의 ESG와 관련된 사항을 부의사항으로 한다. 1. ESG 전략 및 정책 제정에 관한 사항 2. ESG 활동 개발 및 투자에 관한 사항 3. 주주가치에 영향을 미치는 ESG에 관한 사항

ESG 분야를 기준으로 '권한과 역할'을 명시
다음의 ESG와 관련된 사항을 부의사항으로 한다. 1. 조직의 탄소중립에 관한 사항 2. 조직의 공급망 지속가능성에 관한 사항 3. 조직의 사회공헌 추진에 관한 사항

전체 이사 출석률은 「상법 제393조 4항」에서 "이사는 3월에 1회 이상 업무의 진행사항을 이사회에 보고하여야 한다"라고 규정하고 있으며, 업무 진행사항을 보고하는 '사내이사'와 보고받는 '사외이사'가 1년 동안 최소 4회는 이사회에 참여하여야 한다는 것이다. 최고의사결정기구인 이사회가 검토·심의·의결 기능을 효과적으로 수행하기 위해서는 이사회 구성원의 적극적인 참여가 중요하며 참여유인을 제공할 필요가 있다.

이사회 안건 처리는 '이사회 구성원이 자유로운 의견을 개진하고 있는지'를 확인하기 위한 항목으로, 자유로운 의견 개진 현황을 확인방법은 다음과 같다.

- 첫째, 전체 이사회 안건 처리 중 수정·부결 비율 측정법
- 둘째, 이사회 의사진행에 관한 경과와 결과를 기재하고 있는 의사록상 논의사항 확인
- 셋째, 이사회 구성원의 안건 검토를 위한 개별 자료제공 요청사항 확인 등

경영진 및 실무진의 보고, 개인적인 조사, 실적조사 등 다양한 방식으로 수집될 수 있고, 이사회 구성원들은 이러한 자료를 사전에 입수하고 검토하여 회의에서 반영하도록 준비해야 한다.

주주총회 소집 공고와 주주총회 개최일은 주주총회의 개최 일시와 장소를 주주가 최대한 많은 참여할 수 있도록 충분한 기간 전에 서면 또는 주주의 동의하에 전자문서로 통지하여야 한다.

「상법 제363조」 주주총회 소집 통지와 관련 명시 사항

첫째, 주주총회 소집할 때에는 주주총회일의 2주 전에 각 주주에게 서면으로 통지를 발송하거나 각 주주의 동의를 받아 전자문서로 통지를 발송하여야 한다.

둘째, 통지서에는 회의의 목적사항을 적어야 한다.

셋째, 자본금 총액이 10억 원 미만인 회사가 주주총회를 소집하는 경우에는 주주총회일의 10일 전에 각 주주에게 서면으로 통지를 발송하거나 각 주주의 동의를 받아 전자문서로 통지를 발송할 수 있다.

> 넷째, 자본금 총액이 10억 원 미만인 회사는 주주 전원의 동의가 있을 경우에는 소집 절차 없이 주주총회를 개최할 수 있고, 서면에 의한 결의로서 주주총회의 결의를 갈음할 수 있다. 결의의 목적사항에 대하여 주주 전원이 서면으로 동의를 한 때에는 서면에 의한 결의가 있는 것으로 본다.

윤리규범 위반사항 공시에서 윤리규범은 윤리경영을 실천하기 위한 올바른 의사결정과 윤리적 판단 기준을 구성원에게 제공하는 것으로서 구성원 및 거래관계에 있는 자들이 업무수행 과정에서 준수해야 하는 행동방식이 담겨있는 문서를 말한다. 조직마다 윤리규범의 용어는 다양하며, 윤리헌장, 윤리강령, 행동강령, 행동규범, 청렴규범 등이 있다. 윤리규범 위반 사건은 첫째로 조직의 내부감사를 통해 확인하거나, 둘째로 조직 내외부의 제보자로부터 직접 제보를 받았거나, 셋째로 조직과 관련된 외부기관(ex. 주무관청 등)으로부터 이첩받은 사건 중 조직의 윤리심의위원회(또는 징계위원회) 개최 결과 확정된 건으로 한다.

윤리규범 위반 행위에 해당하는 사례

이해관계 상충 행위 공정거래 미준수 행위 중요정보 관리 위반 행위 괴롭힘 및 차별 행위 직무권한 및 지위 남용 자금세탁방지 위반	금품 및 향응 수수 부정경쟁 행위 내부정보 무단 활용 행위 반환경적/반사회적 행위 품질기준 저해 행위

4. 추가 진단항목의 활용

「K-ESG 가이드라인」 진단항목은 기업의 규모 및 산업의 다양성이 보다 범용성을 우선하여 ESG 경영목표 설정에 따른 차이, 인식에 따른 진단항목 판단의 한계, 목표 수준 설정 지원의 어려움, 다양한 상황에 맞춤형으로 적용하기에 어려운 한계가 존재한다.

다양한 이해관계자(ex. 정부 부처, 산업계, 학계 등)와의 간담회, 회람 등을 통한 의견을 수렴하고 지속적인 개선으로 ESG 경영 현황을 파악하는 데 필요한 진단항목들을 기업들이 현장에서 활용 가능한 항목을 선별하여 추가 진단항목으로 대체 사용 가능하도록 지원하고 있다.

기업들도 기본진단항목 외 추가적으로 기업의 ESG 경영 성과를 확인하고 싶을 경우, 추가 진단항목을 선택적으로 포함하여 활용하는 노력이 필요할 것이다.

현재 제시된 추가 진단항목: 「K-ESG 가이드라인」 참조

영역	범주	진단항목
환경(E)	기후변화 대응	산림탄소흡수
	에너지	에너지 효율
사회(S)	동반성장	공급망 안정
	소비자	소비자 정보 제공, 소비자 안전 고객만족 대응체계 운영

사회(S)	노동	정규직 중 고졸자 비율
		여가친화 경영
		50세 이상 비자발적 이직예정자 중 재취업지원 제공 비율
	정보보호	개인정보보호를 위한 자율적 노력 및 활동
	지역사회	농어촌지역 상생협력 및 ESG 활동(균형발전)
		산학협력 활성화 기여
		미래세대 성장 및 교육 기여
지배구조 (G)	경영진	경영진 성과평가 및 보상
	윤리경영	윤리경영/반부패 관련 법규/행동강령 등 준수

　정부는 국제사회의 요구, 국가단위 기준, 이해관계자들의 의견수렴 등을 종합적으로 고려하여 평가 기준에 따른 진단항목별 가이드의 제공이 있어야 하며, 기업은 산업종류와 현재 상황에 따라 진단항목을 확인하여 주요항목을 선정하여야 하며, 진단항목별 중요성과 가중치는 기업의 상황별 상이할 수 있기에 항목선정과 가중치 구성을 합리적 객관적으로 판단하여 적용해야 한다.

참고문헌

- 관계부처합동, 「K-ESG-가이드라인-v1.0」, 2021.12.
- 국가인권위원회, 「인권경영 가이드라인 및 체크리스트」, 2014.1.
- 한국기업지배구조원, 「ESG 모범규준」, 2021.
- 환경부, 「자원의 절약과 재활용촉진에 관한 법률」, 2021.7.6.
- 환경부·기획재정부·국무조정실, 「온실가스 배출권의 할당 및 거래에 관한 법률」, 2020.6.1.
- 국무조정실(탄소중립위원회사무처), 「저탄소 녹색성장 기본법」, 2020.5.27.
- 환경부, 「온실가스·에너지 목표관리 운영 등에 관한 지침」, 2021.3.11.
- 산업통상자원부, 국무조정실, 「신에너지 및 재생에너지 개발·이용·보급 촉진법」, 2021.10.21.
- 국무조정실(탄소죽립위원회 사무처), 「저탄소 녹색성장 기본법」, 2020.5.27.
- 환경부, 「환경표지대상제품 및 인증기준」, 2021.8.24.
- 고용노동부, 「산업재해예방을 위한 '안전보건관리체계 가이드북'」, 2021.8.
- 동반성장위원회 홈페이지 → 동반성장위원회 주요기능 → 협력사 ESG 지원
- 한국기업지배구조원, 「ESG 모범규준」, 2021.
- 에너지정보문화재단, 「ESG 시대 - 수출 조건 된 RE100, 국내기업들은 얼마나 준비되었나?」, 2022.8.11.

이대우(LEE DAE WOO)

학력
· 경일대학교 대학원 경영학 박사
· 영남대학교 경영대학원 경영학 석사

경력
· (현) 한국기술교육대학교 직업능력심사평가원 혼합훈련 거점 컨설턴트
· 대구수성여성새일센터 외부전문위원장
· 한국산업인력공단 평가/모니터링위원
· SOS프란체스카의집 운영위원
· (현) 미래경영교육원 원장
· (현) 한국기술교육대학교 능력개발교육원 직업훈련교사 자격과정 강사
· (현) 한국기술교육대학교 능력개발교육원 교사 보수교육과정 강사
· (현) 전국직업전문학교총연합회 대경본부장
· (전) ㈜이노경영컨설팅수석 컨설턴트
· (전) ㈜우리경영컨설팅 이사 책임 컨설턴트

· (전) 한국노인인력개발원 대경지역본부 위원

자격
· 경영지도사
· ESG진단평가사
· 기업자금관리사
· 재경관리사

저서
· 『종합소득세와 4대보험 전자신고실무』, 한국기술교육대 능력개발교육원, 2022.
· 『교육운영 커뮤니케이션 스킬향상』, 한국기술교육대 능력개발교육원, 2020.
· 『훈련기관 운영·훈련과정 운영』, 한국기술교육대 능력개발교육원 공저, 2020.
· 『전산세무 1급』, 도서출판다음, 2007~2022. 16쇄.
· 『전산세무 2급』, 도서출판다음, 2007~2022. 16쇄.
· 『전산회계 1급』, 도서출판다음, 2007~2022. 16쇄.
· 『전산회계 2급』, 도서출판다음, 2007~2022. 16쇄.
· 『열정有 삶』, 고용노동부, 2015.(공저)

수상
· 직업능력개발 유공 국무총리 표창(2012)
· 스타훈련교사 고용노동부장관 표창(2013)
· 직업능력개발 유공 고용노동부장관 표창(2020)

21장

제4차 산업혁명시대 SDGs와 ESG 안전경영

김성제

1. 들어가는 말: 제4차 산업혁명시대와 AI

1) 제4차 산업혁명 대두 배경

제4차 산업혁명(Fourth Industrial Revolution)이란 정보통신 기술(ICT)의 융합으로 이루어지는 차세대 산업혁명이다. 이 혁명의 핵심은 빅데이터 분석, AI, 로봇공학, IoT, 무인운송 수단(무인 항공드론, 무인 자동차), 3D 인쇄, 나노기술과 같은 7대 분야에서의 새로운 기술혁신이다. 이는 Klaus Schwab이 의장이었던 2016년 세계경제포럼(WEF, World Economic Forum)에서 주창된 용어이다.

이는 물리적, 생물학적, 디지털적 세계를 빅데이터에 입각해서 통합시키고 경제 및 산업 등 모든 분야에 영향을 미치는 다양한 신기술로 설명된다. 물리적인 세계와 디지털적인 세계의 통합은 O2O[01]를 통해 수행되고, 생물학적 세계에서는 인체의 정보를 디지털 세계에 접목하는 기술인 스마트워치나 스마트 밴드를 이용하여 모바일 헬스케어를 구현할 수 있다. 가상현실(VR)과 증강현실(AR)도 물리적 세계와 디지털 세계의 접목에 해당될 수 있다. 이에는 차량을 비롯한 여러 분야에서 새로운 기술혁신이 나타나고 있다.

---

01   Online to Offline

2) 제4차 산업혁명의 특징 및 구성요소

(1) 특징

이는 연결, 탈중앙화/분권, 공유/개방을 통한 맞춤시대의 지능화 세계를 지향한다. 이 지능화 세계를 구축하기 위해 빅데이터, 인공지능, 블록체인 등의 여러 가지 기술들이 동원된다. 맞춤시대의 지능화를 위해 현실세계의 모든 내용을 가상세계로 연결한 다음, 가상세계에서 빅데이터/인공지능 분석을 통해 예측과 맞춤을 예상하고 이를 현실세계에 적용하면 된다.

(2) 주요요소 기술

Consumer Electronics Show에서 다루어진 기술을 중심으로 언급하면 다음과 같다.

- 빅데이터(Big Data Statistical Analysis)
  · 제4차 산업혁명은 한마디로 컴퓨터를 기반으로 하는 생산 방식의 혁신을 말한다. 그러므로 빅데이터 통계분석(Statistical Analysis), 즉 많은 양의 데이터(Data, 정보)가 기본이다.
- 인공지능(AI, Artificial Intelligence)
  · 작게는 장치가 더 똑똑해져서 나의 생활패턴을 이해하고, 스스로 알아서 동작하는 약한 인공지능부터, 생태계 전체의 생활 및 환경으로부터 최적의 해법을 제시하는 강한 인공지능을 이용하여 인간의 생산성을 최대한 올려주는 도구다.

- 로봇공학(Robot Engineering)
  · 사람을 도와주는 로봇(ex. 청소 로봇, 노인 보조 로봇 등)에 의해 사회 전체의 생산성이 올라갈 것이다.
- 사물인터넷(IoT, Internet of Thing)
  · 실생활에 해당하는 오프라인의 모든 정보를 온라인으로 넘기는 O2O를 통해, 인터넷을 이용한 최적의 해법을 제시하고, 시행하게 하여 생산성을 최대한으로 올리는 도구다.
- 무인운송수단(물리학 기술 면)
  · 무인항공드론 및 무인자동차라고 부르는 운전자가 없이 자율주행 하는 자동차와 드론, 트럭, 항공기, 보트 등을 포함한 다양한 무인 운송수단이 등장했다. 그중 드론은 현재 농업 분야에서 물을 주거나 비료를 주는 등 큰 역할을 한다.
- 3D프린팅(3D printing)
  · 이제는 개인 맞춤형 시대이므로, 3차원 프린터를 이용하여 싸고 빠르게 본인에게 맞는, 본인만의 장치를 만들 수 있다.
- 나노기술(NT, Nano Technology)
  · 나노기술은 의학, 전자공학, 생체재료학 에너지 생산 및 소비자 제품처럼 광대한 적용 범위를 가진 새로운 물질과 기계를 만들 수 있어, 생산성 향상에 지대한 공헌을 할 수 있다.

3) AI와 ESG

제4차 산업혁명시대 AI기술 환경변화로 ESG 경영을 실천하는 기업들이 증가하고 있다. '어떻게 하면 지속적으로 장기적인 기업의 발전을 도모할 수 있을까'의 문제이다. 최근에는 기업의 경영전략 중 하나로 ESG의 중요성이 더욱 부각되고 있다. ESG는 기업의 지속가능발전성(Sustainable Development)을 평가하는 새로운 기준으로서 환경(Environmental), 사회(Social), 지배구조(Governance)의 약자로, 이 세 가지의 요소를 토대로 기업의 지속가능성과 기업가치를 새롭게 평가하는 개념이다. 즉 기업은 경영에 있어서 환경에 미치는 영향, 사회적으로 주어진 책임(Corporate Social Responsibility), 투명하고 민주적인 의사결정 과정과 구조를 고려해야 한다는 것이다.

이제 기업도 지속가능성 증대를 위한 ESG 경영전략 수립과 신속한 실행의 과정에서 AI 메타버스 등에 신뢰를 갖고 첨단기술을 적극 활용하려고 시도하고 있다. 사람이 할 수 없는 부분들, 즉 오류 없이 데이터를 수집하여 처리하거나 편견 없이 합리적으로 의사결정을 하는 등 과거 지표와 성과 기반으로 미래를 예측할 때 최적으로 활용되도록 ESG 패러다임에 있어서 AI가 갖는 의미가 크다. 환경요소에서 기후변화와 탄소 배출 관련 이슈에 적합한 대응책을 실현하고 사회적 가치의 창출을 위해 방안을 마련하며 지배구조 측면에서 투명한 조직구조, 기업윤리준수를 위해 실천전략을 마련하는 데 공헌하는 것이다.

ESG는 온 인류를 생각하며 주주뿐 아니라 이해관계자(주주, 기업 구성원, 고객, 지역사회 등)가 중심이 되어야 함을 말한다. ESG의 'E(Environmental Responsibility)'는 환경에 대한 책임이다. 즉 천연자원 활용, 기후변화 예방, 환경오염 방지 등 기후변화에 대응하며 우리가 사는 지구의 환경을 지키기 위한 노력을 다해야 한다는 것이다. 'S(Social Responsibility)'는 사회에 대한 책임이다. 즉 인권존중, 제품과 서비스에 대한 책임, 공정거래를 통한 이해관계자와의 신뢰확보 및 노동환경 개선에 노력을 다해야 한다. 'G(Governance)'는 투명한 지배구조를 말한다. 즉 이사회 독립성, 법과 윤리 준수, 투명한 기업운영으로 이해관계자를 포함한 주주에게 기업의 가치를 환원해야 하는 것이다.

출처: ESG 범주와 대비해 도식화한 SDGs 개념정리

2. SDGs와 기후변화 대응

1) SDGs의 대두 배경 및 정의

1999년 설립된 UN DRR이 2015년에 일본 Sendai시에서 열린 제3차 컨퍼런스에서 채택한 'Sendai Framework(센다이 방재지침)' 및 2015~2030년 재난위험저감 글로벌 기본전략이 주요 배경이다. 이는 곧 미래사회에 예측되는 재난을 선제적(先制的)으로 예방하는 방재정책이다. 재해에 의한 사망률과 피해자를 줄이고, 국내총생산(GDP)에 반영되는 재해로 인한 경제적 손실을 감소시킨다는 7가지 목표이다.

- 재난으로부터의 사망자 수 감소
- 재난으로부터 피해자 수 감소
- 재난대응 및 복원에 투입비용 절감
- 재난에 필수적인 공공시설의 피해 감소
- 더 많은 국가의 재난위험저감정책 수립
- 위험요인이 재난위험으로 변하는 것에 대한 예방대책 국가 간 공유
- 재난 시 빨리 대피하도록 알려주는 조기경보시스템을 잘 이해하고 활용토록 교육

SDGs에 따른 Sendai Framework는 통합재난위험관리의 개발 및 이행을 목표로 한다. 그 내용으로 빈곤, 불평등, 기후변화, 계획되지 않은 급속한 도시화 및 부실한 토지 관리를 비롯한 인구변화, 재해경감을 위

한 민간투자에 대한 규제의 부재, 천연가스의 과잉사용으로 지속불능 우려, 생태계 파괴 등 복합적인 재난위험에 대해 예방조치가 필요하다.

제70차 UN총회에서 2030년까지 달성하기로 결의한 의제인 지속가능발전목표(SDGs, Sustainable Development Goals)는 지속가능발전의 이념을 실현하기 위한 인류 공동의 노력이다. 이는 경제의 성장, 사회의 안정과 통합, 환경의 보전이 서로 조화를 이루며 지속가능성을 지향하는 발전이다. '2030 지속가능발전 의제'라고도 하는 지속가능발전목표(SDGs)는 '단 한 사람도 소외되지 않는 것(Leave no one behind)'이라는 슬로건과 함께 인간, 지구, 번영, 평화, 파트너십이라는 5개 영역에서 인류가 나아가야 할 방향성을 제시한다. 즉 ①자기 환경을 파괴하는 것밖에는 다른 대안이 없는 극빈층을 돕는 것, ②자연자원의 한계 내에서 자기 의존적인 개발, ③전통적인 방법과 다른 경제적인 범주를 활용한 비용의 효과적인 개발, ④건강조절, 적합기술, 식량자급, 양호한 식수 및 거주 확보, ⑤사람 중심의 주도권 필요 등이다. 지속가능발전목표(SDGs)는 다양한 국가적 상황에 따라 유연성을 발휘하므로, 모든 국가들은 가장 적절하고 관련 있는 목표 내 세부 목표와 지표를 골라 척도로 삼을 수 있다. 우리나라는 「지속가능 교통물류 발전법」, 「기후위기 대응을 위한 탄소중립·녹색성장 기본법」, 「국제개발협력기본법」 등 정부정책 및 관련 법을 통해 UN-SDGs의 개별목표를 이행하고 있다.

2) SDGs의 17개 목표와 169개 세부목표

출처: UN SDGs 협회 - http://asdun.org/?page_id=2590&lang=en

(1) Goal 1. No Poverty

"모든 곳에서 모든 형태의 빈곤 종식"이다. 경제발전은 반드시 지속가능한 일자리를 제공하고 불평등 구조를 개선하기 위한 포괄적인 목표를 가져야 한다.

(2) Goal 2. Zero Hunger

"기아 종식, 식량 안보와 개선된 영양상태의 달성, 지속가능한 농업 강화"다.

(3) Goal 3. Good Health and Well-Being

"모든 연령층을 위한 건강한 삶 보장과 복지 증진"이다. 다양한 질병을 근절하고 지속적으로 발생하는 건강 문제들을 해결하는 데에도 많은 노력이 필요하다.

(4) Goal 4. Quality Education

"모두를 위한 포용적이고 공평한 양질의 교육 보장 및 평생학습 기회 증진"이다.

(5) Goal 5. Gender Equality

"성평등 달성과 모든 여성 및 여아의 권익신장"이다. 새천년개발목표(MDGs, 보편적 초등교육 달성 포함)에 따라 성평등과 여성의 권익에 대한 진전을 이루었지만, 여성 및 소녀들은 세계 각지에서 차별과 폭력을 계속해서 겪고 있다.

(6) Goal 6. Clean Water and Sanitation

"모두를 위한 물과 위생의 이용가능성과 지속가능한 관리 보장"이다.

(7) Goal 7. Affordable and Clean Energy

"적정한 가격에 신뢰할 수 있고 지속가능한 현대적인 에너지에 대한 접근 보장"이다. 에너지의 보편화와 효율 증대, 새로운 경제와 일자리 창출을 통한 재생 에너지의 사용 증가에 초점을 맞추는 것이 핵심이다.

(8) Goal 8. Decent Work and Economic Growth

"포용적이고 지속가능한 경제성장, 완전하고 생산적인 고용과 모두를 위한 양질의 일자리 증진"이다. 전체 노동가능인구의 일자리 기회와 양질의 근로 조건도 필요하다.

(9) Goal 9. Industry, Innovation and Infrastructure

"회복력 있는 사회기반시설 구축, 포용적이고 지속가능한 산업화 증진과 혁신 도모"다. 교통, 관개, 에너지, 정보 및 통신기술 등 인프라에 대한 투자는 많은 국가에서 지속가능한 발전을 달성하고 지역사회에 힘을 실어주기 위해 중요하다.

(10) Goal 10. Reduced Inequalities

"국내 및 국가 간 불평등 감소"다. 불평등 감소정책은 원칙적으로 보편적이어야 하며, 취약계층과 소외 계층의 요구에 주의를 기울여야 한다.

(11) Goal 11. Sustainable Cities and Communities

"포용적이고 안전하며 회복력 있고 지속가능한 도시와 주거지 조성"이다. 도시화로 인한 과제를 해결하기 위해서는 효율적인 도시 계획과 관리 방식이 마련되는 것이 중요하다.

(12) Goal 12. Responsible Consumption and Production

"지속가능한 소비와 생산 양식의 보장"이다. 지속가능한 소비와 생산은 자원과 에너지 효율을 높이고, 지속가능한 인프라를 조성하며, 기본적인 서비스는 물론 친환경적이고 적절한 일자리를 제공하며, 모두에게 더 나은 삶의 질을 제공한다.

(13) Goal 13. Climate Action

"기후변화와 그로 인한 영향에 맞서기 위한 긴급 대응"이다. 경제적이고 확장가능한 해결방안을 모색함으로써 국가는 더욱 청렴하고 탄력적인 경제국으로 도약할 수 있다.

(14) Goal 14. Life Below Water

"지속가능발전을 위한 대양, 바다, 해양자원의 보전과 지속가능한 이용"이다.

(15) Goal 15. Life on Land

"육상생태계의 지속가능한 보호·복원·증진, 숲의 지속가능한 관리, 사막화 방지, 토지황폐화의 중지와 회복, 생물다양성 손실 중단"이다.

(16) Goal 16. Peace, Justice and Strong Institutions

"지속가능발전을 위한 평화롭고 포용적인 사회 증진, 모두에게 정의를 보장, 모든 수준에서 효과적이며 책임감 있고 포용적인 제도 구축"이다.

(17) Goal 17. Partnerships for the Goals

"이행수단 강화와 지속가능발전을 위한 글로벌 파트너십의 활성화"이다. 성공적인 계획추진은 정부·민간·시민사회 간의 협력이 필요하다.

3) 국가사회공동체와 기후변화 대응

(1) 인류와 기후변화

SDGs 중에서 기후변화 및 ESG와 특히 많이 관련된 목표는 (3), (6), (13), (14), (15), (16)이다. 기후변화란 장기간에 걸쳐 지속되면서, 기후의 평균 상태나 그 변동 속에서 의미 있는 변동을 의미한다. 이는 자연적인 내부과정에 의하거나 외부의 강제력, 대기의 조성 또는 토지이용도에서 끊임없는 인위적 변화로 일어날 수 있다.

인위적인 원인 관련해 인간활동이 대규모로 기후에 영향을 미치기 시작한 것은 산업혁명 초기인 18세기 중엽부터이다. 또한 염화불화탄소 및 기타 불소화합물, 브롬합성물 등의 방출은 복사강제력에 영향을 주고 성층권의 오존층도 감소시키며, 도시화와 무리한 토지개발, 산림채취 등으로 인한 토지이용의 변화는 지구 표면의 물리적, 생물학적 특성에 영향을 주고 있다. 지구온난화로 폭염, 폭설, 태풍, 산불 등 이상기후 현상이 세계 각처에서 발생하고 있다. 높은 화석연료 비중과 제조업 중심의 산업구조를 가진 우리나라도 최근 30년 사이에 평균 온도가 1.4°C 상승하며 온난화 경향이 더욱 심해졌다.

(2) 기후변화 대응[02]

국제사회는 기후변화 문제의 심각성을 인식하고 이를 해결하기 위해

---

02 최효근, 『ESG 경영』, 「ESG 경영, SDGs 기후변화 대응으로 실천」, 브레인플랫폼, 2021. pp. 54.(공저)

선진국에 의무를 부여하는 '교토의정서' 채택(1997년)에 이어, 선진국과 개도국이 모두 참여하는 '파리협정'을 2015년 채택했고, 국제사회의 적극적인 노력으로 2016년 11월 4일 협정이 발효되었다. 우리나라는 2016년 파리협정을 비준하였고 그 목표는 지구 평균온도 상승을 2℃보다 훨씬 아래(well below)로 유지하고, 나아가 1.5℃로 억제하기 위해 노력해야 한다는 것이다.

지구의 온도가 2℃ 이상 상승할 경우, 폭염, 한파 등 보통의 인간이 감당할 수 없는 자연재해가 발생한다. 상승 온도를 1.5℃로 제한할 경우 생물다양성, 건강, 생계, 식량안보, 인간안보 및 경제성장에 대한 위험이 2℃보다 대폭 감소한다. 지구의 상승온도를 1.5℃ 이내로 억제하기 위해서는 2050년까지 탄소 순 배출량이 0이 되는 탄소중립 사회로의 전환이 필요하다.

3. ESG 안전경영과 미래생존전략

1) ESG 안전경영의 중요성

(1) 변화하는 시대적 요구에 병진(竝進)

1910년대 '과학적 관리제도'를 통한 기업의 생산효율성 극대화 경영 체계는 비인간화의 비판을 받으며 1930년대 '인간관계론'으로 변화했다. 그 후 1970년 상황이론을 거쳐 1980년대 참여경영체제를 지나 1990년대 시장경제원리, 2000년대 감성경영으로 경영패러다임은 계속 바뀌었다. 이제 지구촌의 기후변화에 대응하는 공동노력과 함께 우리나라도 기업의 사회적 책임경영을 요구하고 있다. CSR은 2010년 국제표준화기구(ISO)가 기업의 사회적 책임에 관한 국제표준 'ISO26000(Social Responsibility)'을 제정하면서 본격적인 기준이 마련됐다.

(2) 기업의 책임과 ESG

ESG에서 기업의 환경책임 'E(Environmental Responsibility)'의 핵심지표는 환경경영인증(ISO14001 보유), 환경정보공개, 국제 이니셔티브 참여, 환경경영 조직, 환경교육, 환경성과평가, 온실가스 배출량, 에너지 사용량, 유해화학물질 배출량, 용수 사용량/재이용량, 폐기물 배출량/재활용량 등이다.

그리고 사회적 책임 S(Social Responsibility)은 기업이 지켜야 할 모든 조직체의 책임을 말한다. 사회를 구성하는 모든 조직체(정부, 기업, 공공기관, 학교, 병원, 종교단체, 노조, 비영리 단체 등)는 각자의 이해관계자들(조직구성원, 자본과 원자재 등의 자원공급자, 소비자와 고객 등 수요자, 영향권 내의 공동체 구성원 등)에 대한 책임 있는 역할을 해야 한다. 'S'의 핵심지표에는 인권 보호, 지역사회 소통, 제품 안전, 근로 관행(고용 평등, 노사관계 등), 정보보안, 고객 관계관리, 윤리적 공급체인(Chain) 망 등이다.

또한, 투명한 지배구조 G(Governance)에는 성장에 있어서 전문성과 다양성의 공존이 가능한 상태가 되어야 하며 조건에는 중립적이고 자질이 있는 이사회 구성, 독립적인 감사위원회 구성, 엄격하고 투명한 기업회계, 전사적 리스크 관리와 내부통제, 신뢰기반의 기업윤리 등의 내용이 포함되어있다. 'G'의 핵심지표는 경영진의 보수, 중립적 이사회 구성, 독립적 감사회 구성, 뇌물과 반부패, 주주와의 관계, 경영구조, 경영진의 보수, 투명한 기업윤리 등이다.

2) 안전이 기본인 ESG 경영

(1) 안전경영체제

안전보건경영시스템(Occupational Health and Safety Assessment Series)은 산업재해를 예방하고 최적의 작업환경을 조성·유지할 수 있도록 모든 직원과 이행관계자가 참여하여 기업 내 물적, 인적 자원을 효율적으로 배분하여 조직적으로 관리하는 경영시스템이다. 안전경영을 실천하기 위해 리더의 솔선수범을 강조하며 설비나 기계의 신설 및 재구축에서 경영자나 관리자가 직접 가동하기 전에는 근로자를 배치하지 않는다. 철저한 매뉴얼과 관리 시스템을 구축하여 '모든 사고는 예방이 가능하다'라는 모토를 세우고, 다양한 상황에 맞는 구체적 사고예방과 비상대응을 마련하고, 근로자의 정신 건강을 위한 상담 프로그램도 운영한다.

안전규칙 위반은 감봉과 해고사유가 될 정도로 강건한 안전문화를 중시하여 전 직원이 안전관리 주체로서의 역할을 다한다. 안전은 시스템보다는 문화라는 의식을 강조하며 운영한다. 안전문화구축 4단계 핵심모델을 제시한다. 첫째, 자연적 본능 단계(Natural Instincts)로 단순히 문제 발생에 대한 반응적 단계(Reactive)이다. 둘째, 관리감독 단계(Supervision)로 관리감독에 의지하는 의존적 단계(Dependent)이다. 셋째, 개인관리(대응) 단계(Self)로 개인적 가치, 인지, 내면화 등에 의한 독립적 단계(Independent)이다. 넷째, 팀 관리(대응) 단계(Teams)로 남도 따르도록 도움을 주는 상호의존적 단계(Interdependent)다.

(2) ESG 안전경영으로 패러다임 변화 및 기대효과

ESG 안전경영은 Post-Corona 시대에 기업의 리스크 관리를 넘어 새로운 가치창출(Value Creation)로 연결되는 성장동력이다. ESG 경영의 핵심 어젠다를 선별하고 이에 대한 대응을 민첩하게 대처하는 기업이 미래의 경영환경에서 생존을 넘어 지속가능한 성장을 이어 나갈 수 있다.

안전한 삶을 살고 싶은 것이 인간의 욕구이지만, 우리 주위에는 코로나, 지구온난화, 미세먼지, 산업재해, 태풍, 부패로 인한 불공정 등 각종 안전사고가 비일비재하게 발생하고 있다. 코로나로 시행된 '사회적 거리 두기'로 인해 중소기업을 다니는 종사자와 소상공인들이 많은 경제적 피해를 받았다. 우리나라 소상공인은 중소기업(99.9%)의 93.7%이고, 종사자도 852만 9,844명으로 44.2%를 차지하고 있다. 이에 국민의 행복과 연결되는 기업의 사회적 책임 및 기후변화를 예방하는 환경보호, 투명한 기업구조를 통해 함께하는 세상을 만드는 것이 중요하다.

3) 미래생존 발전전략

(1) ISO 기준에서 ESG 평가 기준으로

향후 기업들이 기준을 갖고 나아가야 할 ESG 안전경영 기반구축방향이 필요하다. 여기에 국제표준화기구(ISO)를 참고한다. ISO26000에서는 인권, 노동, 공정운영, 환경, 소비자, 지역사회, 지배구조 등 7가지의 핵심 주제를 다룬다. ISO26000은 10여 년 전에 도입되었으나, 도입 성과는 미미했다. 또 ISO14001(환경경영시스템 인증), ISO19600(컴플라이언스 경영시스템 인증), ISO37001(부패방지경영시스템 인증) 등이 있다. 이로써 환경법규를 준수하고 환경사고를 예방 및 최소화하며, 폐기물 및 에너지 소비를 절감할 수 있는 효과로 기업의 이미지를 개선한다.

(2) ESG 안전경영을 위한 제언

ESG 안전경영 세부전략과제 6대 어젠다를 살펴보면 다음과 같다. 첫째, ESG 안전규제 및 규정이다. 각국 정부는 ESG에 대한 권고를 넘어 제도적인 정책·규제를 확대하는 추세로 한국판 그린뉴딜(도시·공간·생활 인프라 녹색전환/저탄소 분산형 에너지 확산/녹색산업혁신 생태계 구축) 등 국책사업의 ESG 테마가 증가한다. 둘째, ESG 안전가치 설계이다. 투자자와 고객의 신뢰도를 제고하고, 자사의 경제, 환경, 사회적 영향을 종합적으로 진단하여 새로운 가치창출을 설계한다. 셋째, ESG 혁신기술이다. 4차 산업혁명의 신기술이 다양한 사회문제를 해결하는 조력자로 부상(인공지능, 드론, 블록체인의 기대효과)하고 있다. 넷째, ESG 인수합병이다. M&A 대상 기업의 가치산정에서 ESG 중요성 확대, 환경오염 및 반윤리적 사업에 대한 인수 기피 등이다. 다섯째, ESG 금융이다. 글로벌 및 국내 ESG 채권 발행 증가, 기업투자·심사 시 ESG 요소 강화 등이다. 여섯째, ESG 임직원이다. 안전하고 건강한 직장 환경, 여성과 기간제·장애인 등 차별금지, 교육과 경력개발·가족 친화 문화조성과 복리후생, 상생하는 노사관계와 근로자 상담시스템 등이다.

4. ESG 안전경영의 실천과제

1) ESG 안전경영의 실천방향

(1) 실천가능성

처음으로 경험하는 인류 최대의 바이러스 코로나를 통해서 기업의 생존은 미래의 급변하는 시대의 조류(潮流)와 관련되어있음을 알 수 있다. 사람이 힘들 때 가장 중요한 부분은 안정과 안전이다. 불안하고 초조하고 긴장될 때 신체적, 정신적, 심리적인 측면의 안정과 안전을 위한 노력을 한다. 기업이나 사회가 요동치며 지각 변동할 때 우리가 할 수 있는 최대한의 안정과 안전은 원상태로 돌아가는 '회복'과 '복원(Resilience)'의 과정이다. 또한, 발전과 성장을 극적으로 훼손시킨 부분을 다시 재생시키거나 원상태가 될 수 있도록 노력해야 한다. ESG 실천방향도 결국 경제적인 지표와 경영적인 지표에 순환적인 역할을 실천해야 한다.

(2) ESG 안전경영의 확산

기후변화에 대응하면서 기업에서의 ESG 안전경영을 실천하는 움직임 관련해 다양한 개념들이 공론화되고 있다. Net-Zero, 순환경제, RE100, 100% 친환경소재, 사회공헌활동, 개인정보보호, 협력사 기술지원, 디지털 트랜스포메이션, 스마트공장 구축, 직원 건강 및 안전관리, 내부 회계관리 강화, 기업지배구조공시 확대, 순환적 경제 환경을 위해서 기술, 사람, 환경(공장, 내외부)에 이르기까지 개선의 여지를 지속적으로 보완하고 협력하는 구조로 만들어가는 것이 필요하다.

2) ESG 안전경영의 실천운동

기업의 미래발전전략을 위해 조직의 방향성을 정하고 의도한 변화를 효과적으로 끌어내는 성공 공식과 교수-학습과정에서 학습목표를 잘 이끄는 '노스터 모델(Knoster Model)'을 강조한다. 즉 그 내용에서 왜 하는지, 어디로 가는지, 어떻게 해야 하는지, 그 변화가 구성원에게 어떤 의미가 있는지 등을 명확하게 하여 구성원들에게 전파할 필요가 있다. ESG 안전경영 생활 속에서 실천운동으로서 자전거 출퇴근, 생활 속 계단 이용을 통한 생활 속 온실가스 줄이기, 지역사회 나눔활동 등을 활성화하는 분위기가 전파된다.

출처: ESG 모범규준 공표 한국ESG기준원 - http://www.cgs.or.kr/business/best_practice.jsp

5. 맺는말

국제사회의 미래발전을 위한 위기의식 담론이 기후변화, 자연재난, 기상이변 등의 환경적 문제를 중심으로 전개되는데, 국가안전과 기업전략도 시대적인 조류와 함께해야 한다. 아울러 녹색기후기금(GCF)이나 글로벌녹색성장기구(GGGI) 등의 UN기구들을 통한 한국의 외교나 국제사회의 미래 재난위기인식이나 잠재위험의 잣점들에 대한 관심은 '글로벌 코리아(Global Korea)'의 외교적 목표를 위해서도 필요하다.

기업은 ESG 안전경영을 통해 SDGs에서 규정하고 있는 전 지구적인 문제들을 해결하고 더 지속가능한 사회로의 전환을 가속화 하는 방향에 동참해야 한다. SDGs를 통해 급변하는 경영환경 변화를 가늠하고, 기업을 둘러싼 전 세계 이해관계자 및 시장의 요구와 필요를 더욱 정확하게 인식하고 대응할 수 있다. 그래서 SDGs 달성을 위한 솔루션을 개발하고 이행함으로써 새로운 성장 기회를 발견하고 리스크를 줄일 수 있다. 또한, 미래 비즈니스 기회를 파악하고 대응하기 위한 기업의 전략 수립과 소통의 중요한 수단으로도 SDGs는 매우 유용하다. 기업은 목표를 SDGs와 연계함으로써 지속가능발전 방안도 모색해야 하는데, 이를 위해서는 ESG 측면에서 명확한 핵심성과지표(Key Performance Indicator)를 설정하고, 목표의 기준치 설정을 위한 특정 시점과 기간을 고려해야 한다.

ESG 활동을 잘 실천하는 기준은 정확한 목표와 계획, 활동을 위한 구체적 과정, 외부 전문가 검증, 국제기준 준수, 실질적인 이행, 결과도출 등이다. 기업이 환경 관련 활동을 '마케팅' 시선에서만 강조한다는 부정적인 시각도 있다. 실제로는 탄소를 많이 배출하거나 환경에 부정적인 영향을 미치는데도 마치 환경적인 공헌을 많이 하는 것처럼 홍보하고 있다. 그러나 소비자들은 눈에 보이는 캠페인이나 사회공헌활동 등을 통해 평가할 수밖에 없으므로 올바른 교육을 통해 이를 잘 식별할 수 있도록 도와야 한다. 소비자와 직접 만나는 기업들은 일반 시민들과 소비자들의 환경 인식과 참여도 높일 수 있도록 노력해야 하고, 생활 속 가까운 곳에서 확인할 수 있는 실질적인 친환경 노력과 움직임을 통해 기업이 가지고 있는 지속가능한 노력을 찾을 수 있도록 도와야 한다.

정부는 건설안전을 위해 「중대재해처벌등에관한법률」 등과 같은 안전관리법제를 통해 기업의 경제활동을 지나치게 위축시키고 규제하는 경향이 이슈화된다. 이런 안전경영보다는 기업이 스스로 ESG의 가치를 느끼고 사회적 책임의 방향으로 나갈 수 있도록 유도하는 분위기를 조성해야 한다. 온실가스를 더욱 적극적으로 줄여야 하는 기업들에게 ESG 안전경영활동을 더 강화할 수 있도록 육성·지도해야 한다.

- 박성원·진설아·황윤하·조규진·송민, 「한국인의 미래인식 사회분위기 미래」 과학기술정책 연구원, 2015.
- 박진, 「2050년에서 보내온 경고」 국회미래연구원, 2019.
- 심재현, 「재난위험저감 기술개발사업 성과분석 및 평가」 국립재난안전연구원, 2017.
- 지용근 외 13인, 「글로벌 재해위험저감 협력네트워크 기반구축」 국립재난안전연구원, 2015.
- 최광희 외 9인, 「기후변화에 의한 자연재해위험 저감방안 연구」
- 클라우스 슈밥, 송경진 역, 『클라우스 슈밥의 제4차산업혁명 THE NEXT』 새로운 현재, 2017.
- 한국기업지배구조원, 「ESG 모범규준」 2021.
- 김현주, 「UN 우수사례 선정 국제친환경인증 'GRP' 2021 인증기업 발표」 세계일보, 2021.
- 김선민, 「UN의 지속가능발전목표(SDGs)와 ESG 이슈, CGS Report」 2016.
- 이웅규·이동신·김농오, 『한국도서연구』 Vol.33, No.3, 통권 76호, 「한국섬진흥원의 지속가능경영을 위한 환경보호·사회공헌·윤리경영(ESG) 그리고 유엔 지속가능발전목표(UN-SDGs) 관점에서의 연구」 한국도서(섬)학회, 2021.
- 이은경, 「ESG 경영의 나침반, 지속가능발전목표 SDGs」 MEDIA SK, 2021.
- 이정기·이재혁, 『전략경영연구』 제23권 제2호, 「"지속가능경영" 연구의 현황 및 발전방향: ESG 평가지표를 중심으로」 한국전략경영학회, 2020.
- 정단비, 「UN SDGs협회 김정훈 사무대표-국제 환경 인증(GRP)받으려면 그린 비즈니스 전환 중요」 DAILY POP, 2021.
- 김성제, 「초등학교 저학년 참여식 재난안전교육 프로그램 효과에 관한 질적 사례연구」 서울시립대학교대학원, 재난과학과 박사학위논문, 2019.
- 김성제, 『안전기술과 미래경영』 「재난위험경감과 안전복지 리질리언스」 브레인플랫폼,

pp.145, 2021.
· 최효근, 『ESG 경영』「ESG 경영, SDGs 기후변화 대응으로 실쳔」, 브레인플랫폼, pp. 53, 2021.
· 환경부 지속가능발전포털(http://ncsd.go.kr/unsdgs)
· 한국ESG기준원(http://www.cgs.or.kr/business/best_practice.jsp)
· UN SDGs 협회(http://asdun.org/?page_id=2590&lang=en)

김성제(KIM SEONG JE)

학력
· 경북대학교 경제학과, 행정학과 졸업
· 인천대학교 교육대학원 졸업(교육학 석사)
· 동국대학교 행정대학원 최고경영자과정 수료
· 한국경영자총협회(KEF) CEO인재대학과정 수료
· 서울시립대학교 대학원 졸업(재난과학 박사, Ph. D)

경력
· Naver, Daum '김성제' 인물검색 등록자
· KATUSA 통번역병 지원근무 및 통번역 봉사활동
· 인천광역시 소방본부 재난관리(방재팀) 조정관
· 인천소방학교 교수연구 팀장(교육연구대회 수상)
· SDGs KOREA 포럼 정회원
· 행정안전부 재난안전기술개발사업 평가위원
· 행정안전부 기업재난관리사(BCP) 인증시험위원

- 교육부 학교안전교육 전문강사 등록(1기/2기)
- 행정안전부 재난안전교육 전문인 등재
- 중앙소방학교 시험관리위원 및 외래강사
- 국립재난안전연구원 자문평가위원
- 대한민국 ESG메타버스포럼(KEMF) 회원
- 대한민국 국회 재난안전전문가 D/B 등재
- (사)한국방재안전학회 학술이사
- 가천대학교 응급구조학과 겸임교수
- 중앙 및 시·도 소방공무원 채용면접 및 승진시험위원
- (현) 한국열린사이버대학교 소방방재안전학과 교수
- (현) 인천남동소방서 119재난대응과장

자격
- 고용노동부 HRD 직업능력개발 전문가
- 국가직무능력표준원 NCS 면접관 기본·심화교육 수료
- 공공기관 NCS 블라인드채용 전문면접관 및 평가위원
- 한국산업인력공단 국가기술자격시험 출제위원
- 심리상담사 자격자, 교류분석 상담사과정 수료
- 글로벌 ESG 포럼, ESG 혁신포럼 회원
- 수필가(한무리창조문인협회), 갯벌문학회 정회원
- 소방안전교육사 자격자 및 시험위원
- 대한민국 정책기자단 및 인사혁신처 적극행정 강사
- 중고등학교 정교사 및 일반행정사
- CFEI(미국 화재폭발 조사관, 소방방재청 제1호)
- 김성제119박사TV: https://www.youtube.com/channel/UC-zP0NnFHG79DLy2pq_p2nQ
- 일학습병행제 훈련과정 심사위원(한국산업인력공단)

저서

- 『뜨거운 심장을 가진 영웅들』 김성제 외, 장로회출판사, 2019.(공저)
- 『그대는 남을 위해 죽을 수도 있는가』 김성제, 지우북스, 2021.(공공도서관 100주년 기념 사업 추천 100인의 서재 우수도서 선정)
- 『안전기술과 미래경영』 김성제 외 21인, 브레인플랫폼, 2021.(공저)
- 『공공기관 채용과 면접의 기술』 김성제 외 19인, 브레인플랫폼, 2022.(공저)
- 『교육학 개론』 김성제 외 1인, 행복에너지, 2022.(공저)

수상

- 행정안전부 장관상(국민권익위원장상 포함) 3회
- 경찰청장상, 소방방재청장 표창 2회
- 코로나극복 공모전 국토교통과학기술진흥원장상
- 국제웰빙 대상(한국시민기자협회)
- 2021 대한민국을 빛낸 위대한 인물 대상
- 2022 대한민국 자랑스러운 국민안전 공헌 대상

이메일

saintkhan119@korea.kr

22장

데이터, 쉬운 ESG 경영 실행전략

조민우

1. ESG 경영 동향 및 대응현황

ESG에 대한 소비자·투자자·정부의 관심 고조로 기업의 목적 측면, 자본조달 측면, 지속가능경영 측면에서 ESG는 생존과 성장의 핵심적인 요소로 부상하고 있다. 현재 전 세계 자산운용 잔액 중 약 30%가 ESG 요소를 고려하고 있는 것으로 알려졌으며 유럽에서는 약 60%를 차지할 정도로 ESG 투자가 금융시장의 대세로 자리 잡고 있다. 이는 투자기업에 대한 리스크를 최소화하고 장기 수익성을 높이려면 ESG 투자가 필수라는 사실을 보여준다. 국내 국민연금에서도 ESG 투자를 핵심 원칙으로 하겠다는 투자 추세 향방을 정했다.

그동안 기업은 재무적 성과에 초점을 맞춘 전통적 경영방식으로 기술혁신, 서비스의 차별화, 조직역량 강화를 통하여 매출과 이익을 극대화하는 전략으로 수익성만 있다면 환경이슈와 다소 상충 되더라도 주저하지 않고 실행력을 보여주었기에 상당한 매력으로 투자자들에게 비추어졌다. 수익성만 앞세운 기업의 전통적 경영방식의 결과로, 심각한 지구오염, 자연의 훼손 등 큰 환경 리스크가 우리 눈앞에 와 있다. 하여 글로벌투자들은 '기후 리스크는 중요한 리스크다'로 지정하여 자산운용에 반영하고 있다.

왜 투자자들은 ESG 요인에 민감할까? 결론부터 말하면 투자수익 보장 때문이다. 투자자들은 드러나는 재무적 지표와 드러나지 않는 비재무적 지표까지 세심하게 분석하여 리스크를 줄이는 안정적인 투자를 원

한다. 더 나아가 기업의 경영전략을 연계한 ESG 활용전략의 새로운 수익기반을 마련하여 수익률 예측 가능성을 높여줄 것을 기대하기 때문이다. 이렇듯 ESG는 비즈니스 척도로 활용되고 비즈니스 생태계에서 핵심 키워드로 자리매김하고 있다.

글로벌 대기업들은 ESG 경영 관리 측면에서 그들과 연결되는 공급망 ESG 경영 관리를 강화하고 있다. 이에 글로벌 대기업 공급망인 국내기업들 역시 연결된 공급망 ESG 경영 관리를 강화하겠다고 천명하며 일정 수준 이하의 ESG 평가 점수이면 공급업체(협력업체) 리스트에서 배제해나갈 것을 밝혔다. 이와 더불어 2025년부터 자산총액 2조 원 이상 국내 상장사의 ESG 공시 의무화 도입으로 계열사 및 자회사까지 ESG 경영 관리 강화를 요구하고 있다. 하여 ESG 경영은 1, 2, 3차 협력사까지 확대되고 있다.

상공회의소가 조사한 ESG 확산 및 정착을 위한 기업 설문조사 결과에 대한 언론 보도에 따르면, 'EU의 공급망 실사법 제정과 관련하여 우리나라 기업의 50.4%가 ESG 리스크 관리 중요성을 인식하고 있지만, 실제 실행으로 대응하는 비율은 21%에 그쳐서 ESG 경영 실천의 어려움을 겪고 있다' 하였다. 그러나 ESG 경영은 제도적 측면에서 규정 강화, 투자 측면에서 신용 평가 및 기업의 평가에 ESG 평가 기준 반영 추세, 공공조달 측면에서 ESG 평가결과 반영 및 법제화 추진 중이며, 민간기업 측면에서는 공급망 ESG 평가 정보 공개 요구 증대 및 협력사의 동반성장이 요구되고 있다.

이제는 ESG 경영 시대가 되었다. 전략적으로 ESG 경영을 준비하지 않으면 가까운 미래에 매출 감소 등 상당한 위기에 직면할 수 있다.

2. ESG는 목적이 아닌 수단

그동안 대기업 중심으로 대응하고 하고 있던 ESG 경영 정책 및 목표 수립이 완료되어 감에 따라 계열사 및 공급망 ESG 추진을 위한 전담조직이 활동하고 있다. 사실 일반기업에서 ESG 보편화를 한다는 것은 쉽지 않은 일이다. 일부 기업에서는 ESG를 목적으로 인식하고 개요와 정의에 집중하여 효과 있게 하기 위해 무엇을 해야 하는지 막연하게 느끼는 경향이 있다.

ESG 경영의 효과성을 높이려면 먼저 ESG는 목적이 아닌 수단이라는 점을 인식하고 그동안 과소평가된 비재무적 요인도 ESG 평가에 중요한 평가요인으로 인식해야 한다. 그리고 비재무적 요인을 측정지표로 환산하는 과정에서 나타나는 불명확성에 대한 신뢰성과 투명도를 높이는 방법론이 중요하다.

ESG 측정 수단을 보면 환경(E)의 경우 기업이 온난화, 기후변화 대응, 폐기물감축, 수자원 및 폐수 관리, 자연보전 및 친환경 노력을 얼마나 전개했는지에 대한 여부를 평가한다. 사회(S)의 경우 근로자 인권 및 소비자 보호, 지역사회에의 공헌 여부, 기업의 공급망 사슬 운영, 인구통계, 사회적 트렌드, 윤리성, 기타 사회적 영향 등을 평가한다. 지배구조(G)의 경우 기업의 주주권리 존중 여부, 회계 투명성, 임원보상의 적절성 여부, 이사회(경영진), 경영전략, 준법 감시 및 내부통제, 기타 지배구조 영향 등을 평가한다.

특히 ESG 중에서 사회(S) 요인은 평가 시 가장 광범위한 고려사항을 포함하고 있기에 정성적 분석이 될 수 있다. 정성적 분석이라는 것은 노사 관계, 보건안전 기준, 사회적인 평판, 공급망 관리, 인적자원관리, 제품의 품질, 제품의 안정성, 협력업체의 공정 거래 여부, 다양한 규제 위반, 소송 노출 등이며 이는 벌금, 과징금 부과, 합의금 등의 특정 상황에서 이벤트성 이슈로 제기되어 평가에 즉각적인 영향을 미칠 수 있다. 즉 사회(S) 요인은 재무적 평가에 부정적인 영향을 미치는 비용 발생뿐만 아니라 중장기적으로 영향을 미치어 사업의 손실로도 이어질 수 있다. 하여 이를 완화하는 것을 고려해야 한다. 완화에 대한 예를 들어보면 친환경경영이나 사회적 책임경영으로 소비자나 이해관계자의 우수한 평판을 보유하는 것이다.

이렇듯 재무적 가치와 비재무적 가치의 균형관리를 어떻게 하는지가 무엇보다 중요하다. ESG의 3가지 요소(E-S-G) 중 한 요소의 관리를 아주 특별하게 잘했다고 해서 부족한 다른 요소에 후한 점수를 주지 않기 때문이다. 쉽게 말해서 ESG 평가는 평균이 없는 성적표와 비슷하다. 하여 기능적인 측면(가치사슬)에서 모든 임직원이 동참해야 한다. 예를 들면 제품설계단계부터 재활용을 고려한 순환적 공급망 구성, 제조 시 설비 공유 등을 통한 가동률 극대화, 기획 단계부터 제품의 필요성을 검토해 제품판매 대신 서비스로 출시하는 방식 등 발상의 전환에 모든 임직원이 ESG 경영에 동참하는 시도들이 필요하다.

그러나 기업에서는 ESG 경영 실천을 위해서 온실가스감축 계획, 생산시설 및 공정에 에너지 효율이 우수한 기기의 교체, 업종전환, 첨단산업 진출, 플라스틱 저감 등을 쉽게 바로 적용하기에는 어려움이 있다. 최고경영자의 강력한 실천 의지가 표명되어도 가치사슬 전체에 ESG가 스며들기에는 상당한 시간이 걸린다. 하여 임직원들의 직장 생활 속 가까운 곳에서 확인할 수 있는 실천적인 친환경 노력과 기업의 명확한 목표를 통해 기업 스스로 ESG 가치를 느끼고 실천할 수 있는 빠른 실행전략이 있어야 한다.

효과적인 ESG 경영 실행전략은 어떻게 하면 되나? 정확한 목표설정과 목표에 맞는 구체적인 활동과정(과거 이행 실적, 목표설정, 달성결과, 투입 비용, 기술 등)을 데이터로 관리하여 외부검증 기관 검증을 받는 것이다. 먼저 어떤 평가항목이 있는지 각 항목에 맞는 기준에 대해서 명확히 알아야 하고, 평가 과정에서 어떤 부분이 중요하게 평가를 받는지, 평가를 잘 받기 위해서는 무엇을 준비해야 하는지, 준비 기간은 얼마나 걸리는지에 대한 구체적인 실천 방안이 필요하다.

기업의 신용도 평가에서 ESG 요인에 대한 기능 활동들은 재무적 가치와 비재무적 가치로 구분하여 균형적인 데이터로 관리해야 한다. 피터 드러커는 "측정할 수 없으면 관리할 수 없다"고 하였다. 여기에서 ESG가 우호적인 정책을 견지하고 있고, 외부 ESG 평가에서 우수한 점수를 받는다 하더라도 재무안정성 평가에서 부정적 평가 리스크가 경감되지 않을 경우는 기업의 신용도 하락을 막을 수 없을 것이다. 이와 반대의 경우 ESG 수준이 낮고 이로 인한 위험에 크게 노출된 기업은 사업경쟁력과 재무안정성이 높게 평가받아도 신용도는 하향 반영될 가능성이 있다. 이처럼 ESG는 기업의 신용도에 영향을 미칠 것이다. 하여 어느 한 요소도 치우치지 않도록 재무적 가치, 비재무적 가치의 균형적인 데이터 관리가 중요하다.

데이터 관리에서 가장 큰 문제는 ESG 관련 정보가 표준화되어있지 않아 일관성이 떨어질 수 있다는 점이다. 제공된 정보의 불충분과 정확성 면에서 데이터의 신뢰성을 확신하기가 어려울 수 있다. 하여 ESG 경영 관리의 고도화를 통해 일관성과 표준화에 가까워질 수 있도록 노력해야 한다.

3. 쉬운, ESG 경영 실행전략

ESG 경영 관리에 대한 이슈는 ESG 업무 고도화를 통한 효과성을 높이는 것이다. 이를 위해 ESG 전담 인력을 바로 투입하기에는 ESG 기획자나 실행 경력자에 대한 구인난으로 인하여 필요한 시기에 맞는 채용이 어렵다. 그렇다고 ESG 기획자가 없는 상황에서 신입사원에게 ESG 업무를 맡기기에는 시간 대비 효과성 측면에서 한계가 있다.

ESG 관리업무는 정량적인 측정(재무적, 비재무적)과 사내외 활동, 삼자 검증이나 외부인증의 업무가 주를 이룬다. 외부 심사의 대응에서 다루는 많은 부분이 데이터이다. 하여 장기적인 관점으로 볼 때 데이터가 오염 없이 지속해서 관리되도록 해야 한다. 기업에서는 데이터 관리에서 에러 발생 가능성을 최소화하는 방안을 마련해야 할 것이다. 물론 ESG 경영 초기 단계에는 어느 정도 참고하며 진행될 수 있다. 그러나 ESG 경영 자체가 지속성 기반의 지표관리를 통한 개선안을 도출하고 피드백 받는 선순환 형태로 진행되는 체계이므로 엑셀 관리 데이터는 오염이 없다는 것을 증명하기가 어려울 것이다.

따라서 시스템관리가 필요하다. ESG 경영시스템관리는 ESG 데이터를 시스템을 통해 관리하겠다는 목표수립을 하고 시스템에서 ESG의 각종 정보가 관리지표 장표로 자동 연결되어 전년도 사용실적, 사용목표, 당해 사용 결과를 통한 사용목표 대비 저감 실적 관리 등을 시스템에서 관리하도록 하는 것이다. 그리고 시스템에서 제시하는 각종 ESG 데이터의 목표대비 저감 실적을 임직원들이 회사 생활 속 가까운 곳에서 확인하게 하여 자연스럽게 ESG 경영에 동참하도록 관리하는 것이다. 과거 데이터의 사용량을 기반으로 목표를 설정하여 전력 사용량, 재생에너지 사용 비중, 재생에너지 사용량, 온실가스감축량 등의 목표대비 사용실적 현황을 공유한다. 예를 들면 관련 사업장에 쉽게 전력 소비의 현황을 살펴볼 수 있는 '실시간 전력 소비 현황판'을 설치하여 전기 요금 절감 효과를 볼 수 있다.

이렇듯 정보화 시스템 구축은 ESG 경영 데이터 관리의 신뢰성을 높이며, 임직원들에게 동일 시점에 동일 정보를 공유하여 가장 적합한 의사결정을 하게 한다. 그리고 시스템 구축으로 ESG 전담 경력자 구인의 어려움도 해결할 수 있다. 더 나아가 외부기관의 삼자 검증이나 ESG 등급 등의 심사 시 데이터와 연계된 필요한 문서를 시스템에서 즉시 확인하여 정합성, 신뢰성, 객관성을 높일 수 있다.

최근 정부나 공공기관이 제시하는 ESG 측정지표, 대기업의 지속가능성과 보고서가 공개되고 있다. 이런 자료들을 참고하여 우리 기업에 맞도록 시스템을 설계하여 반영하면 된다. 이때 중요한 것은 ESG 경영 성과를 현재보다 제고하는 방향으로 방안을 강구하는 것이다.

ESG 경영 실행전략은 임직원 모두가 동참하여 선제적 ESG 리스크 관리와 지속적인 모니터링을 통한 문제파악 및 개선안을 도출 및 실행하고 피드백하는 프로세스로 만들어 이 프로세스가 순환되도록 하는 전략이다. 실행 내용은 광범위한 비재무 요인 통합관리, ESG 표준화 구축, 임직원들과 함께하는 ESG 활동, 이사회 보고 등으로 다양하다. 하여 따라 하기 쉬운 ESG 경영 실행전략을 예시로 제시하고자 한다.

1) ESG 동향과 대응현황 이해하기

공공기관에서 제공하는 ESG에 대한 자료와 언론에서 제공하는 ESG의 동향 및 대응현황 등을 임직원들에게 공유하여 회사가 ESG 관련하여 이해관계자와 시장의 요구에 맞게 대응하며 새로운 성장 발견의 기회로 여기고 있음을 알린다.

(1) ESG 동향
- 제도적 측면
  - 대기업 공급망에 대한 ESG 실사 의무화
  - ESG 공공조달 제도 개선(평가체계 개선, ESG 반영 및 실적 평가: ESG 4법)
  - ESG 관련 발의 법안 97개 계류 법안(조항 244개 중 196개 조항이 규제이거나 처벌 조항) : 규정 강화
- 투자 측면
  - 평가 기준 강화 추세: 신용평가 시 ESG 평가결과 신용등급에 반영 예정
  - 국내외 ESG 평가 등급 반영
  - 대출 심사 시 ESG 평가 반영
- 공공기관 측면
  - 공공기관 ESG 중요도 인식 강화 추세, 추후 거래 시 ESG 평가결과 일부 반영 여부 검토

- 민간기업 측면
  · 대기업 거래처: 협력사 ESG 평가 정보 공개 요구 증대
  · 관계회사: 계열사 및 자회사의 ESG 수준 동반성장 요구 증대

(2) ESG 대응현황
  · 대기업의 계열사 및 공급망에 ESG 추진을 위한 전담조직의 활동 시작됨
  · 공급망 ESG 평가 확대로 일반기업은 ESG 경영을 선포하고 본격적으로 ESG 대응 수준을 높이고 있음
  · 공공기관은 ESG 경영을 선포하고 추진전략을 발표하고 있음
  · ESG보고서의 신뢰성을 높이기 위한 ESG 데이터의 표준 요구 사항 충족 여부, 사실근거 작성, 내용의 정확성을 높이어 신뢰성을 보증받기 위한 대응 마련 중

2) ESG 경영 운영 방안

ESG 경영에 대한 영향, 심각성과 기회 가능성, 이해관계자들 요구 대응 등을 고려하여 기업의 경영목표를 ESG 경영과 연계함으로써 지속가능발전 방안을 모색한다. 이어서 ESG 경영의 명확한 KPI 설정을 하고 목표의 기준치 설정을 위한 특정 시점과 기간을 고려하여 임직원들에게 운영 방안을 제시한다.

환경경영정책 수립, ESG 데이터 정량적인 측정 방법 모색, ESG 담

당자 선정, 외부기관 검증을 위한 사전준비 사항 고려, 회사 경영목표와 ESG 경영목표를 연계한 운영 방안을 공표한다. ESG 기반 일원화된 합리적 의사결정 시스템, 임직원들의 ESG 운영 방침에 대한 통일성을 가지며, ESG 리스크에 효과적인 빠른 대응 중심으로 운영 방안을 마련한다.

선포	·임직원 선포(ESG 경영, 선언문 채택) ·대외 공개(홈페이지, 언론 보도 등)
계획/목표/방침/슬로건/지침(규정)	·안전과 환경 중심 실천계획수립 ·지속적인 전사 공유 및 피드백 ·계획/목표/방침/슬로건/지침(규정) 등 단계적 적용
성과중심 운영	·목표를 통한 지표관리 및 핵심지표 준수 ·ESG 등급(외부인증기관) ·ISO 취득(9001, 14001, 45001, 37001, 50001 등)

- 선언문 채택

  임직원 낭독으로 실천 의지 약속

- 대외 공표

  ESG 경영 실천 의지 공표 및 제도 준수—홈페이지, 보도

- 계획

  경영목표와 연계된 ESG 방향성 설정- ESG 운영방침과 통일성은 계획

- 목표

  저감 목표를 통한 지표관리 및 핵심지표 준수—ESG 리스크의 효과적인 빠른 대응 중심

- 슬로건

　임직원들의 ESG 슬로건 공모 참여 및 슬로건 직접 선택

- 지침(규정)

　행동강령 공표-회사와 임직원들의 행동강령을 공표하여 회사와 임직원들이 리스크에 노출되지 않도록 함

- 지표관리

　재무적 지표, 비재무적 지표관리 및 보고-ESG 기반 일원화된 합리적 의사결정 시스템(ex, 5% 절감 목표)

- ESG 평가에 영향을 미치는 ISO 취득 계획 수립

3) ESG 경영 전사확대 세부사항

구분		항목	내용	주관
계획	절감 계획	전력, 용수, 이동 연소 플라스틱 등	온실가스 저감 및 에너지 저감 목표	ESG 전담
	인증 취득	ISO9001 ISO14001 ISO45001 ISO37001	2023년 상반기 2023년 하반기 2024년 상반기 2024년 하반기	ESG 전담
	보고서	내부결과보고서	재무/비재무적 요인 데이터 측정	ESG 전담
	등급서	ESG 등급서	KoDATA	ESG 전담
	준법 경영	하도급 계약/환경/안전/보안보안	「공정거래법」 준수 관련법 준수	ESG 전담
환경 목표	세부 목표	인증취득 수 절감데이터 노후시설 교체	환경경영전략 목표설정 절감활동데이터	ESG 전담

환경 방침	제품 임직원	친환경설계 확대 임직원환경관리 역량제고	친환경설계(연구소) 온실가스배출절감 ESG 교육 시행 행동규범(지침) ESG 조직(TF)	전사
비전	슬로건 공모	친환경경영 선도 및 가치 확립	제시된 비전에 맞는 슬로건 공모	전사

4) ESG 경영 전사확대 세부추진계획

구분	과제	주관	목표 완료일	세부추진계획(2023년)			
				1/4	2/4	3/4	4/4
내부 품의	동향/대응현황/필요성/향후 방향	기획	2023.2	■			
임원 보고	추진방향보고 ·경영회의	기획	2023.3	■			
조직	전담조직 확정 ·ESG 총괄 ·ESG 경영위원 ·T/F(겸직)	기획	2023.4	■			
선포	ESG 경영 선포 ·대내외 선포 ·계획/목표/방침/슬로건 ·규정(지침)수립	전담	2023.6		■		
절감 활동	전력, 용수, 이동 연소, 플라스틱	전담	2023.7			■	■
이사회 보고	ESG보고서 ·월/분기 등 보고 ·이사회보고	전담	2023.12				■
임직원 교육	·월/분기/연도 ·이메일, 사내 게시판, 대면 교육	전담	2023.12	■	■	■	■

5) ESG 경영 조직도

ESG 업무를 직접 추진하고 관리하기 위한 내부 T/F 조직 운영한다.

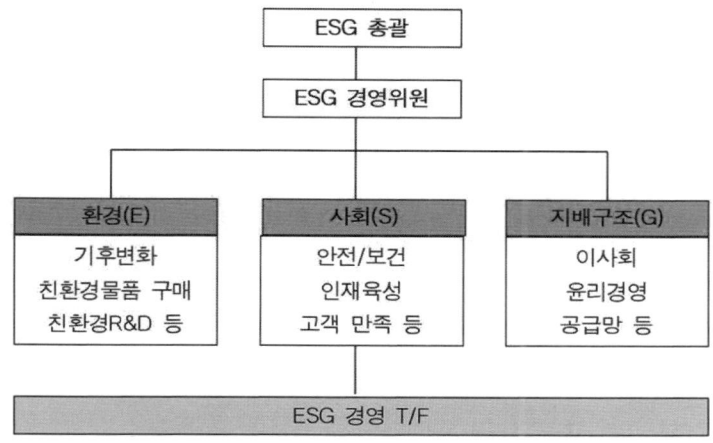

6) ESG 데이터 관리

ESG 관련 지표를 시스템으로 관리하며, 핵심 이슈를 찾아 평가하는 중요성 평가결과는 이사회의 검토 과정을 거쳐 지속가능경영보고서의 작성 기초자료가 된다. ESG 평가의 절대적인 점수로 나타나는 현 ESG 수준보다 그 등급의 점수가 의미하는 바를 해석하고 부족한 영역의 원인을 파악해 보완하는 것이 데이터 기반의 성과관리이다. 더 나아가 단계별 목표를 수립하고 연도별 목표달성 정도를 평가한다. 평가결과는 성과보고서로 작성되어 경영층/이사회에 보고하여 객관적인 ESG 수준 파악 및 개선 활동 수행에 활용된다. 각 데이터 일부 항목 예시는 아래와 같다.

데이터 항목	단위	데이터 항목	단위	데이터 항목	단위
자본 총계	억 원	환경투자 비용	억 원	고객만족도 조사	점
자산 총계	억 원	총 자재 사용량	톤	총 교육 비용	억 원
매출액	억 원	총에너지 사용량	MJ	1인당 교육 비용	억 원
영업 이익	억 원	온실가스 배출량	억 원	총 교육시간	시간
생산설비 투자액	억 원	폐기물/재활용량	톤	1인당 교육시간	시간
원재료 구입비	억 원	환경경영시스템	%	남성 대비 여성비	%
제품 생산량	천대	협력사 환경교육	시간	노동조합가입비	%
평균 가동률	%	임직원 환경교육	시간	노사협의회 개최	건
총 교육 훈련비용	억 원	환경 투자액	억 원	노사협의회 협의 안건 수	건
임직원 총 교육시간	시간	환경 법규 위반	건	임직원 고충 접수 현황	건
인당 생산성	억 원	환경위반 벌금	원	육아휴직 현황	명
연구개발비	억 원	온실가스 배출량	tCO₂e	차별/괴롭힘 행위 조치현황	건
연구개발 인력	명	온실가스 배출목표	tCO₂e	여성관리자 비율	%
지적재산권 - 특허	건	친환경제품 매출액	억 원	전체 임직원현황	명
지적재산권 - 상표	건	친환경제품 매출비율	%	연령별 현황	명
협력사기술지원컨설팅	억 원	직접 에너지 사용량	MJ	신규채용현황	명
사회공헌 총 투입 비용	억 원	전력 사용량	MJ	퇴직률	%
협력사매출확대	억 원	수자원 사용량	톤	협력사 안정 기반 강화	

협력사기술보호 및 임치	건	플라스틱 사용량	톤	안전 보건	
품질역량강화 교육	명	재활용량	톤	개인정보보호	
품질경영인증	건	온실가스 환산	tCO₂e	산업재해 발생 건수	
국제인증제품 수	개	폐기물 재활용량	톤	현금 기부	억 원
안전성 검증	건	폐기물 재활용률	%	현물 기부	억 원

- 박준신·안재준·오경주, 「코로나19 이후 ESG 투자 전략 평가: ESG 인덱스 성과를 중심으로」, 한국지식경영학회 지식경영연구, 22(4), 87-101, 2021.
- 장우영, 「기관투자자의 ESG투자와 지속가능성」, 한국기업법학회, 36(34), 39-73, 2021.
- 2022년 SK주식회사 지속가능경영보고서
- 박진형, 「[ESG가 온다] ③국민연금 "ESG 투자, 내년 전체자산 절반으로 확대"」, 연합뉴스, 2021.5.19.
- 강병철, 「전경련, "ESG 발의 법안 조항 244개 중 196개가 규제·처벌"」, 중앙일보, 2021.9.6.
- 허인회, 「EU서 공급망 실사 의무화한다는데… 기업 10곳 중 2곳만 대응 마련 [체크리포트]」, 이코노미스트, 2022.1.1.

조민우(CHO MIN WOO)

학력
· 철학박사(Ph.D.) 상담심리치료학 전공
· 경영학석사
· 경영학사, 사회복지학사, 심리학사

경력
· 전사 ESG 체계 구축 및 전략 수립
· ESG 데이터 관리를 위한 전산시스템 설계
· ESG 홍보 및 기업 전략
· (현) ESG 경영 총 관리장

자격
· 행정관리사 1급
· 채용면접관 1급
· 심리상담사 1급

· 진로상담사 1급
· 가족심리상담사 1급
· 사회복지사 2급
· 평생교육사 2급

저서
· 『4차 산업혁명 시대 AI 블록체인과 브레인경영 2021』, 브레인플랫폼, 2021.8.(공저)

수상
· 경기도의회의장 봉사 표창(2022)

23장

ESG - 메타버스시대의 비즈니스와 마케팅 전략

이현구

1. 들어가며

2018년 1월 경영지도사 자격증 취득 이후 컨설턴트, 멘토, 평가위원 등으로 활동하면서, 매년 새로운 트렌드의 공부에 시간과 비용을 투자하고 있다. 필자가 2021년 하반기부터 지금까지 지속적인 학습에 공을 들이고 있는 두 분야는 ESG와 메타버스 분야다. 지인들로부터 ESG 또는 메타버스에 관심이 많은데 어떻게 공부할 수 있을지 문의를 받기도 하여 필자의 학습 경험과 현재 ESG와 메타버스 관련 어떤 일을 하고 있는지, 이러한 일을 통해서 인사이트를 얻게 된 비즈니스와 마케팅 전략을 소개하고자 한다.

2. ESG, 메타버스 어떻게 공부할까?

1) ESG 학습

ESG에 대한 공부를 시작한 것은 2021년 8월 필자가 소속되어 있는 한국경영기술지도사회에서 주관하는 중소기업 ESG 전문가 양성과정을 30시간 수강한 시점이다. 그 이후에 서울 경기 지역에서 활동 중인 경영지도사 20여 명이 모여 조별 스터디를 하고 강의 교안도 공동으로 만들어 발표하는 방식으로 역량을 강화하고자 노력했다.

2022년 3월에는 ISO37001과 ISO45001 인증 심사원 공부를 하였다. ISO37001은 반부패 경영시스템에 대한 국제 인증을 의미하는데 ESG 중 G(투명경영)의 중요한 요소이며, ISO45001은 안전보건경영시스템의 국제 인증으로 ESG 중 S(사회)의 매우 중요한 요소이다.

한편 여성가족부에서 주관하는 가족친화인증제도의 심사원 선발에 지원하여 서류와 면접 평가를 거쳐 최종 합격하고 2022년 8월부터는 심사원 활동에 참여하기도 했다. 가족친화인증을 신청한 기업들을 방문하여 해당 기업이 근로자의 일과 삶의 균형을 위한 가족친화제도를 잘 운영하고 있는지 평가하는 것으로, ESG의 사회(S) 중 근로조건(근로자에게 적법한 복지 제공, 여성 및 임신 근로자에 대한 휴가 및 근로조건 보장 등)과 매우 관련이 높다. 2021년 말 기준 가족친화인증 현황을 살펴보면 대기업 520곳, 중소기업 3,317곳, 공공기관 1,081곳 등 총 4,918곳의 인증을 받았고, 인증 기업 및 기관 수는 매년 늘어가는 추세이다. 가족친화인증 사업의 안내는 매년 4월경 여성가족부 및 가족친화지원사업 홈페이지에서 공고되므로 관심 있는 기업은 참고하기 바란다.

2022년 6월부터는 동반성장위원회의 중소기업 ESG 지표를 개발한 컨설팅사의 멤버로 참여하게 되면서 ESG 실전을 위한 학습을 추가하고 ESG의 역량을 배가하면서 기업의 현장진단 및 컨설팅을 할 수 있는 기회를 얻었다. 그 결과 미약하지만 중소기업 10곳의 ESG 진단 및 컨설팅 프로젝트와 지방공기업 2곳의 ESG 교육 및 진단 컨설팅에 참여하면서 ESG와 깊은 인연을 이어 나가고 있다.

2) 메타버스 학습

2021년 겨울 메타버스에 관심이 생겨, 약 2개월에 걸쳐 파워인진로 상담센터와 한국 메타버스 강사협회에서 주관하는 유료 교육을 수강하게 되었다.

메타버스 동향 및 기술에 대한 전반적인 이해와 더불어 제페토, 이프랜드, 게더타운, ZEP, 로블록스 등 주요 메타버스 플랫폼에 대해 공부했다. 또한 실습을 통해 아바타가 입을 의상을 만들어보기도 하고, 플랫폼 내에 가상 오피스도 만들어보는 등 다양한 경험을 할 수 있었다. 또한 NFT(대체불가능한 토큰)에 대한 이해도를 높임과 동시에 민팅(NFT 발행)을 직접 해보기 위해 메타마스크, 카이카스 등 가상자산 지갑을 만들어보기도 했다. 열심히 공부하고 실습에도 참여한 결과, 민간자격증이긴 하지만 '메타버스전문가' 1급 자격을 획득했다.

필자는 배운 것은 어딘가에 꼭 활용해보고자 하는 성향이 있다. 첫 번째로 활용한 것은 2021년 12월 말 대학원 박사과정 지도교수님 랩의 송년회에서였다. 당시만 해도 코로나19 규제가 완화되지 않은 상황이어서 오프라인 송년회가 불가능했으므로 줌(Zoom)을 통한 온라인 모임을 준비했다. 프로그램 중 하나로 이프랜드 플랫폼에 초대방을 만들어 소모임을 진행했다. 모두 빨간 산타복을 입은 아바타로 입장하도록 하여 가상공간에서 같이 춤을 추고, 사진도 찍으며 신나는 시간을 보냈고 참석자들로부터 좋은 반응을 얻었다.

두 번째는 용인시산업진흥원에서 2022년 5월에 기획한 '소공인 전문성 강화 교육' 과정에 'ESG – 메타버스시대의 비즈니스와 마케팅 전략'이라는 제목으로 강좌를 신청하여 선정된 사례다. 메타버스, ESG 등을 포함하여 약 2개월간 총 27시간의 강의를 진행했다. 해당 교육과정에서 사용했던 강의 교안은 2022년 2학기 수원대학교 글로벌창업대학원에서 강의 중인 『제4차 산업혁명 시대의 벤처창업 전략』의 교안에서도 일부 활용하고 있다.

필자는 현재 한국 메타버스 강사협회의 메타버스 교육을 수료한 강사들 모임 중 스터디 그룹의 방장으로 활동하고 있다. 매주 일요일 저녁, 1시간에서 1시간 30분 정도 메타버스와 NFT의 트렌드를 공부하고, 메타버스 플랫폼 활용에서 배웠던 기능을 복습하거나 새로운 내용을 공유하고 있다.

한국 메타버스 강사협회는 여러 기관, 학교 등으로부터 메타버스 관련 교육을 요청받고 있다. 최근 서울의 모 지자체로부터 요청받은 메타버스 교육과정에 필자도 강사진의 한 명으로 참여할 예정이다.

3. 중소기업·스타트업에게 필요한 ESG 경영전략과 마케팅

ESG 경영의 이해와 더불어 중소기업 ESG 현장 진단 및 컨설팅을 통해 배운 경험을 토대로 중소기업과 스타트업에게 필요할 만한 ESG 경영전략 및 마케팅에 대해 알아보기로 한다.

현재 국내에서 ESG를 본격적으로 추진하고 있는 곳은 대기업이 주류를 이루고 있고, 대기업의 협력사와 수출 비중이 높은 일부 중소기업, 공기업 등이 많은 관심을 갖고 있다. 기업들이 ESG 경영을 추진하고자 하는 것은 글로벌 공급망 ESG에 대응하여 거래를 활성화하기 위한 목적이 가장 크다. 또한 자금조달이나 투자 유치 시 ESG 경영이 중시되고 있고, 기업 이미지 제고 측면에서도 유리한 점으로 작용하기 때문이다.

그러나 대부분 중소기업은 아직 ESG에 대한 이해가 부족하고 ESG 경영을 본격 추진할 준비가 되어있지 않은 것이 현실이다. 창업을 막 시작한 스타트업에게는 ESG 경영의 준비가 더욱 어려운 상황이다. 그럼에도 불구하고 이제는 중소기업, 스타트업이 정부지원사업에 참여하고, 투자를 유치하거나 대출을 받을 때 기업의 ESG 경영이 점점 더 중요한 요건이 되고 있다.

우선 중소벤처기업부 산하 창업진흥원의 창업지원사업을 살펴보면, 창업 4년 차 이상의 기업을 대상으로 하는 '창업도약패키지'의 사업계획서에서 ESG 경영 실천방안을 필수적으로 작성하도록 요구하고 있다.

또한 중소벤처기업부는 벤처캐피탈이 활용할 수 있는 ESG 벤처투자 표준 가이드라인 지침을 마련했다. 본 지침에 의하면 레벨 1, 2, 3의

세 가지 수준으로 구분되어 자가진단이 가능하며, 업종별 중점 항목도 파악할 수 있다. 해당 지침은 올해 하반기에 조성되는 167억 원 규모의 ESG 전용 펀드에 시범 적용된다고 한다(녹색경제신문, 2022.7.).

키움인베스트먼트는 국내 벤처캐피털 중 최초로 ESG 투자 원칙을 제정하였고 모든 투자에 ESG 원칙을 적용하겠다고 했으며(매일경제, 2022.2.), 하나금융그룹은 사회 혁신기업·에코 스타트업 지원을 위해 조성된 'ESG 더블 임팩트 매칭펀드'의 투자심의위원회를 열어 7곳의 혁신기업을 선정, 총 20억 원 규모의 투자를 진행한다고 밝혔다(연합뉴스, 2022.10.).

그렇다면 중소기업, 스타트업은 ESG 경영전략을 추진할 때 어떤 방법으로 접근해야 할까?

첫 번째, 지속가능경영을 위한 미션, 비전을 수립한다. 기존에 미션, 비전을 이미 선정하였다면 ESG 관점의 철학을 반영하여 보완해볼 수 있다. 아래는 일부 기업의 ESG 미션, 비전을 정의한 사례다.

ESG를 반영한 미션 및 비전 사례

	미션	비전
한국 수력원자력	친환경에너지로 삶을 풍요롭게	신뢰받는 글로벌 에너지 리더, 한수원
신세계 프라퍼티	사람과 환경을 위해 진심을 담아 미래를 만들어 갑니다.	고객과 함께 건강하고 행복한 공간을 만들어가는 Lifestyle Changer

JB금융그룹	더 나은 미래로, 함께 가는 JB금융	젊고 강한 강소 금융그룹
코레일 네트웍스	안전하고 편리한 철도서비스 실현	철도를 더 가치 있게, 국민을 더 편리하게
SK케미칼	우리는 인류의 건강을 증진시키고 지구의 환경을 보호한다.	친환경소재와 Total Healthcare의 Solution을 제공하는 Global Leading Company로의 도약이다.

출처: 각 사 홈페이지

두 번째, ESG 전략방향과 추진과제를 설정한다. ESG 전략과 추진과제를 설정할 때에는 기업에게도 중요하고 이해관계자에게도 중요한 이슈를 도출하되 실천이 쉬운 것부터 추진하는 것이 바람직하다. 또한 전략방향 및 추진과제는 ESG의 요소, 즉 E(환경), S(사회), G(투명경영) 각 관점으로 구분하여 선정하도록 한다. 이 과정에서 일반적으로 전 세계 지속가능보고서 작성의 표준이 되고 있는 GRI(Global Reporting Initiative) 가이드라인을 참고하여 기업의 할 일을 정의하고 이로부터 실천과제를 도출한다. ESG 포털(esg.krx.co.kr)을 검색하여 유사 업종 또는 관련 업종을 영위하고 있는 기업의 지속가능경영보고서를 참고하면 많은 도움이 될 것이다. ESG 포털은 상장기업의 ESG 관련 정보를 원스톱으로 조회할 수 있는 홈페이지다.

세 번째, 실천과제별 목표를 설정하고 주기적으로 성과를 관리하라. 실천과제를 공통적으로 추진할 일과 관련 부문이 해야 할 일로 배분하고 KPI를 설정한 후 주기적으로 목표 달성에 대한 이행 점검을 하도록 해야 한다. 목표를 수립할 때에는 정성 지표와 정량 지표를 설정하여 관리가 쉽도록 해야 하며, 회사의 상황에 맞는 전략적인 지표를 선정하되 실천가능성도 고려해야 한다.

예를 들어, 전력량을 매년 5% 절감한다는 목표를 선정할 경우, 원 단위로 측정하는 것이 좋다. 생산량이 증가하고 매출액이 증대된다면 당연히 전력 소비가 늘어나게 되는데, 단순히 전력량 절감 목표로 관리한다면 본질을 왜곡하게 될 것이다. 매출액 일정 금액당 또는 생산량 일정 수준당 전력량 등을 원 단위로 측정한다면 더욱 의미 있는 목표관리가 될 것이다. 또한 전력을 포함한 LNG, LPG, 법인 차량의 휘발유, 경유 등 기업에서 사용하는 에너지 전반에 대한 소비량을 측정하고 이를 온실가스 배출량으로 환산하여 관리한다면 탄소중립을 고려한 목표관리를 쉽게 할 수 있을 것이다. 각종 에너지의 사용량을 온실가스 배출량으로 환산하는 방법은 'EG-TIPS 에너지온실가스종합정보 플랫폼(https://tips.energy.or.kr)'을 참고하면 된다.

네 번째, ESG 경영을 대내외에 공개한다. ESG 경영추진 내용을 임직원들은 물론 대외적으로 홈페이지, 기업 SNS 계정, 신문기사 등을 통해 이해관계자들에게 알리는 것이 중요하다. 현재 ESG 경영을 본격적으로 추진하고 있는 많은 대기업의 사례를 보면, 홈페이지 상단 탭에 '지속가능경영' 또는 'ESG 경영'이라는 타이틀을 붙이고 그 하단에 환경경영, 안전보건경영, 인권경영, 사회공헌, 윤리경영 등의 경영방침을 포함하여 ESG 경영방침을 제시하고 있다.

다음으로는 ESG 요소별로 중소기업, 스타트업이 중점적으로 챙겨야 할 이슈에 대해 알아보기로 한다.

1) 환경(E)

환경의 주요 이슈는 에너지 사용량, 용수 사용량, 폐기물 배출량, 대기오염물질 배출량, 수질오염물질 배출량 등 주로 제조기업이 공정에서 사용하거나 배출하는 것에 해당된다. 제조기업이 아니더라도 온실가스 배출을 줄이기 위해서 종이 없는 회의 활성화하기, 일회용품 줄이기, 녹색제품 구매하기 등 쉽게 실천할 수 있는 다양한 방법이 있다. 환경부는 2022년 8월, 가정·학교·기업을 대상으로 탄소중립 생활을 실천하는 81개 수칙을 담은 실천 안내서를 발간하였다. 「탄소중립 생활 실천 안내서 – 기업편」을 참고하면 상세한 사례를 확인할 수 있다.

예를 들어 법인 차량을 향후 단계적으로 친환경전기차, 수소차로 대체하는 것도 고려할 수 있는데 이는 환경부에서 추진하는 방향과도 일치한다. 환경부는 정부와 지자체, 공공기관 등이 향후 차량을 구매·임차할 때 의무적으로 전기차와 수소차 등 무공해 차량만 선택하는 것을 골자로 한 「대기환경보전법 시행규칙」 일부 개정령안을 2022년 10월 20일부터 40일간 입법 예고한다고 밝혔다(경향신문, 2022.10.).

ESG의 환경부문에서 중소 스타트업이 추진하는 방안으로 친환경제품 또는 서비스를 개발하거나, 공정 중 일부 또는 밸류 체인의 일부를 친환경에 도움이 되도록 개선하는 것도 검토할 수 있다. 유통업계의 친환경배송을 위한 포장재와 용기의 개선, 화장품 업계의 친환경용기 활용 등도 ESG 경영과 맥을 같이한다.

CJ 올리브영은 전국 주요 매장에서 화장품 공병을 수거해 재활용하는 '뷰티사이클(BEAUTY-CYCLE) 캠페인'을 전개하였고(시장경제, 2021.9.), 아모레퍼시픽은 플라스틱 사용량을 70% 낮추고 최장 36개월 유통이 가능한 종이 용기 기술을 개발해 2021년 상반기부터 상용화하고 있다(여성신문, 2021.11.). 이마트는 대형마트 최초로 환경부, 한국환경산업기술원, 생활용품 브랜드 슈가버블과 협업해 세탁세제와 섬유유연제를 리필할 수 있는 자판기 '에코 리필 스테이션'을 선보였다(데일리안, 2021.10.).

필자의 연구논문 결과에 의하면, 소비자들이 일회성 소비재의 구독서비스를 고려할 때에도 용기와 포장의 친환경성은 구독 수용이유에 긍정적인 영향을 미치는 것으로 나타났다.

패션의류업계는 친환경소재 사용에 주목하고 있다. 식물 소재, 인조, 재생가죽 등 대체 소재가 각광을 받고 있으며, 재활용 자원을 이용한 사례가 지속 증가하고 있다. 스위스의 프라이탁은 트럭의 폐방수천을 재단하여 세상에 단 하나밖에 없는 친환경가방을 만들어 프리미엄 가격에 팔고 있으며, 나이키는 재생가죽을 사용한 운동화를 제작하고, 제로 카본 및 제로 웨이스트를 추구하는 Move to zero 캠페인을 진행하였다. 국내 업체의 유사 사례로 플리츠마마는 버려진 페트병으로 가방을 만들고 있으며 의류 폐기물을 재활용해 다시 의류를 만드는 프로젝트를 진행하고 있다. 119REO는 폐방화복을 업사이클링하여 핸드메이드로 가방을 제작하고 있다.

친환경활동으로 3R 운동이 있는데, 이는 절약(Reduce), 재사용(Reuse), 재활용(Recycle)을 의미한다. 기업뿐만 아니라 가정에서도 3R 운동 실천을 노력한다면 지구환경 보호에 조금이나마 기여할 수 있을 것이다.

2) 사회(S)

ESG 중 사회(S) 측면의 중점 이슈는 안전보건, 노동, 인권, 개인정보 보호, 사회적 공헌 등을 들 수 있다.

안전보건은 근로자의 작업환경을 위한 매우 중요한 요소다. 근로자의 작업장 내 사망 재해가 끊이지 않고 발생함에 따라 정부는「중대재해처벌법」을 제정하여 2022년 1월 27일부터 시행하고 있다. 2022년 3월 대구의 공장 신축 현장에서 하청회사 소속 근로자 1명이 추락해 숨진 이후 원청사 대표이사가「중대재해처벌법」위반죄로 기소된 첫 사례가 나왔다(KBS NEWS, 2022. 10.).

현재 시행 중인「중대재해처벌법」은 상시근로자 수 50인 이상의 기업에만 해당되나, 2024년 1월 27일부터는 5인 이상 기업에 모두 적용될 예정으로 스타트업을 포함한 많은 중소기업이 관심을 갖고 사전 준비를 할 필요가 있다.

소공인의 경우 정부의 지원사업 중 '소공인 클린 제조환경 조성'이라는 사업을 통해 작업장 내 근로환경을 개선할 수 있다. 지원 금액 600만 원 중 국비 70%, 자부담 30%로 구성되며 안전교육 필수, 에너지 효율 개선, 근로환경 개선, 안전조치(산업재해 발생 고위험 장비 방호 장치 지원) 중 한 가지를 선택할 수 있다.

안전보건을 경영시스템으로 정착하기 위해서는 ISO45001 인증 추진을 고려해볼 수 있다. 제조업, 건설업 등 안전사고 발생이 많은 업종은 특별히 관심을 가져 볼 필요가 있다.

한편, 사회측면의 ESG 경영 실천을 위해 취업규칙을 잘 정비할 필요도 있다. 취업규칙은 모든 근로자에게 공통으로 적용되는 근로조건 및 복무규율에 관한 규칙을 말하는데, 「근로기준법」 제93조에 따르면 상시 10명 이상의 근로자를 채용한 사용장은 취업규칙을 작성하여 고용노동부에 신고해야 한다.

취업규칙 내 필수 기재사항은 근로자의 작업조건 및 작업환경과 밀접하게 관련된 규정으로, 이를 충족시키는 것은 ESG의 사회측면 이슈를 만족시키는 것과 귀결된다.

취업규칙 점검을 통해서도 ESG 경영을 실천할 수 있는바, 이를 위해 고용노동부 홈페이지에서 가장 최신 버전인 '2022년 표준취업규칙'을 다운로드받아 활용하기를 권장한다. 조항별로 필수 또는 선택으로 표시되어있는데, 근로시간, 야간 및 휴일근로의 제한, 휴일 휴가, 임산부의 보호, 육아기 근로시간 단축, 임금의 구성항목, 임금의 계산 및 지급 방법, 직장 내 괴롭힘 금지, 안전보건 교육 등 필수 기재사항으로 되어있는 규정을 잘 반영해야 한다. 취업규칙 내용 중 근로자의 일과 생활의 균형에 기여하는 가족친화제도와 관련된 항목을 잘 반영하고 이행하는 경우, 여성가족부에서 주관하는 '가족친화지원사업'에 참여해보기를 추천한다. 가족친화인증의 평가항목 중에는 여성근로자의 육아휴직 또는 육아기 근로시간 단축 이용률, 남녀 근로자 육아휴직 후 복귀율, 출산 전후 휴가 후 고용유지율, 배우자 출산휴가 10일 이상 이용률, 유연근무제 활용률, 정시퇴근 등이 있고, 가점 항목에 남성근로자 육아휴직 이용, 가족돌봄 휴직 또는 휴가 이용, 연차 활용률 등이 있다.

끝으로 ESG에서 사회측면의 실천방안 중 CEO의 의지만 있으면 쉽게 시작할 수 있는 사회공헌활동을 소개한다. 최근의 사회공헌활동은 전통적 기부 방식에서 벗어나 전략적, 사회적 투자 관점에서 '비즈니스적'으로 탈바꿈하고 있다. 제품 판매에 공익을 연결하는 공익연계 마케팅, 직원 채용이나 직원 충성도 유지를 위한 직원 자원봉사, 기업의 스폰서십, 사회적 기업에 대한 임팩트투자 등을 예로 들 수 있다. 한편 신생 스타트업은 ESG 가치를 창출하는 비즈니스 모델로 사업을 영위하여 임팩트 투자 유치를 도모할 수 있다.

사회공헌활동이 빛을 발하기 위해서는 사회공헌에 대한 전략적인 체계를 구축하고 진정성 있게 꾸준히 하는 것이 중요하다. 국민권익위원회는 기업의 사회공헌 중 사회복지, 지역상생, 일자리 창출 분야에서 기여하는 사회공헌활동을 권장하고 있다. 사회공헌활동을 열심히 하면서도 '좋은 일은 알리지 않고 몰래 한다'는 신념으로 홍보를 전혀 하지 않는 기업을 본 적도 있다. ESG 경영 관점에서 이해관계자와의 소통은 중요한 요소이므로 적극적인 홍보를 권장한다. 사회공헌의 다양한 사례는 사회공헌센터 홈페이지(crckorea.kr), 주요 기업별 지속가능경영보고서 등에서 참고하기 바란다.

3) 투명경영(G)

ESG의 G(Governance)를 일반적으로 '지배구조'로 표현하고 있으나, 필자는 '투명경영'으로 표현하는 것을 선호한다. 투명경영 관점에서 중요한 이슈는 윤리(반부패), 투명한 의사결정 체계 구축, 재무적 성과 외 비재무적 성과의 공시 등을 들 수 있다.

기업은 윤리 강령을 제정하여 실천하도록 하고, 주주총회, 이사회 등 의사결정체제가 투명하도록 규정을 만들고 실천해야 한다. 비재무적 성과의 완결판으로 볼 수 있는 것은 '지속가능경영보고서'다. 정부는 2025년부터 자산 규모 2조 이상의 상장사를 시작으로 2030년까지 모든 상장사가 비재무적 성과를 공시하도록 의무화하고 있다. 현재는 대기업과 일부 중견기업이 지속가능경영보고서를 발간하고 있으나 일부 중소기업이나 스타트업 중에서도 ESG 경영의 하나로 지속가능경영보고서를 작성하여 게시하는 경우가 있다. 지속가능경영보고서는 과거 실적과 미래 계획을 동시에 다루기 때문에 3~4년 전부터 관련 데이터를 측정하고 관리하는 것이 필요하다. 그러므로 IPO를 계획하는 기업은 일정을 고려하여 사전 준비하는 것이 좋다.

ESG 경영을 중요 키워드를 종합하여 정리한다면, 이해관계자들의 관심사를 반영하여 비재무적 요소인 환경, 사회, 투명경영 측면의 이슈를 도출하고 성과 관리 및 리스크를 관리함으로써 기업의 지속가능경영을 추구하는 활동이라 할 수 있다.

4) 마케팅 측면

ESG를 추진하는 마케팅 관점에서는 이해관계자와의 소통을 위한 홈페이지, SNS 등 채널을 구축하고, 해당 접점을 통해 ESG 경영을 선언하고 ESG 활동을 지속적으로 알리는 것이 중요하다.

ESG를 홍보하는 채널로는 단순 홈페이지 외에 메타버스 플랫폼도 활용이 가능하다. 특히 미래의 핵심 고객이 될 MZ세대를 타깃으로 브랜드 이미지 제고를 위한 목적으로 메타버스를 고려할 수 있다. 일례로 GH 경기주택도시공사는 제페토 내 ESG 홍보관 포토존에서 촬영한 인증샷을 해시태그와 함께 본인의 SNS에 게시하면 기부에 참여되는 캠페인을 진행하고 있다. 기부 챌린지에 참여하면 GH가 기부금을 1인당 3

만 원을 적립해주고 적립된 기부금은 어린이와 청소년을 위한 친환경교육환경 조성을 위해 환경단체에 기부된다(중앙일보, 2022.9.). ESG의 다양한 속성을 통합한 사례로 볼 수 있다.

끝으로 ESG 경영과 마케팅 측면에서 유의해야 할 사항은 그린워싱(Green Washing)이다. 그린워싱은 실제로는 친환경적이지 않지만 마치 친환경적인 것처럼 홍보하는 '위장환경주의'를 말한다. 예컨대 기업이 제품 생산 전 과정에서 발생하는 환경오염 문제는 축소시키고 재활용 등의 일부 과정만을 부각해 마치 친환경인 것처럼 포장하는 것이 이에 해당한다(시사상식사전). 대표적 사례로 폭스바겐은 디젤 자동차의 친환경성을 강조하는 마케팅을 펼쳤으나, 대기오염물질 배출검사 통과를 위해 배기가스 장치를 인위적으로 조작한 사건으로 기업 이미지가 많이 실추되었다.

일부 ESG 무용론을 제기하는 의견도 있으나, 이제 기업은 재무적 성과 외에 비재무적인 성과를 관리하지 않으면 투자 유치, 대출, 조달 등에서 배제되거나 불리한 입장이 되므로 ESG가 중요한 경영활동이 되었다. 특히 ESG 경영을 잘하지 못하면 예기치 못한 리스크의 발생으로 기업 이미지와 평판이 하락하고 기업경영에 치명타를 맞을 수도 있다. 카카오가 판교 데이터센터 화재로 서비스 먹통 사태를 유발한 것은 재무적인 성과는 좋더라도 안전, 개인정보보호, 리스크 관리 경영 등 ESG 비재무성과를 제대로 관리하지 못한 대표적인 사례다. 이 사건으로 카카오 각자 대표이사가 책임을 지고 물러나기도 했다.

중소기업, 스타트업은 ESG 경영을 추진하고자 할 때 무엇부터 해야 할지 고민이 될 것이다. ESG 항목 중 기업 실정에 맞는 과제를 도출하고 중요하고 쉽게 실천가능한 것부터 우선순위를 매겨 추진하는 것을 추천한다.

- 이현구, 「일회성 소비재의 구독서비스 이용의도에 영향을 미치는 요인에 관한 연구」, 박사학위 논문, 호서대학교 벤처대학원, 서울, 2021.
- 환경부 정책브리핑, 「탄소중립 생활 실천 안내서 - 기업편」, 2021.
- 한국사회복지협의회, 「2021 CSR in The Community_기업은 왜 지역사회공헌 인정제 관심을 가져야 할까?」
- 119REO 홈페이지(https://www.119reo.com/)
- ESG 포털(esg.krx.co.kr)
- JB 금융그룹 홈페이지(www.jbfg.com)
- SK케미칼 홈페이지(www.skchemicals.com)
- 가족친화지원사업 홈페이지(https://www.ffsb.kr/)
- 국민권익위원회 홈페이지(https://www.acrc.go.kr)
- 사회공헌센터 홈페이지(https://crckorea.kr/)
- 신세계 프라퍼티 홈페이지(www.shinsegaeproperty.com)
- 코레일네트웍스 홈페이지(www.korailnetworks.com)
- 플리츠마마 홈페이지(https://pleatsmama.com/)
- 한국수력원자력(주) 홈페이지(www.khnp.co.kr)

이현구(LEE HYEON KOO)

학력
· 호서대 벤처대학원 정보경영학 박사 졸업
· 한국방송통신대 경영대학원 경영학 석사 졸업
· 서울대 환경대학원 환경계획학 석사 졸업
· 연세대 경영학 학사 졸업

자격
· 경영지도사
· 창업보육전문매니저
· CMC(국제공인경영컨설턴트)
· 인공지능산업컨설턴트
· 데이터분석 준전문가
· SNS마케팅전문가 1급
· 메타버스전문가 1급
· 진로지도사 1급

· 심리상담사 1급

경력

- (현) 강남대 산학협력단 부교수
- (현) 수원대 글로벌창업대학원 객원교수
- (현) 집현전 인베스트먼트 심사역
- (현) 서울경영지도사협동조합 수석컨설턴트
- (현) 중기부 비즈니스지원단 현장클리닉 위원
- (현) 창업진흥원 전담멘토/평가위원
- (현) 소상공인진흥공단 컨설턴트
- (현) 용인청년LAB 창업상담 멘토
- (현) 경기스타트업플랫폼 전문가
- (현) 서울 송파구청 민선8기 정책자문위원회 위원 / 마을경영지도사
- (현) 한국경영기술지도사회 중소기업ESG경영지원단
- (전) 삼성전자 무선사업부 전략마케팅실
- (전) 삼성자동차 전략기획실
- (전) 삼성경제연구소 컨설팅실
- (전) 기아자동차 마케팅부

저서

- 『정부·지자체의 창업지원금 및 지원제도의 모든 것』, 브레인플랫폼, 2022.7.(공저)
- 『신중년 도전과 열정 2021』, 브레인플랫폼, 2021.7.(공저)

24장

중소기업 지속가능경영보고서 어떻게 작성해야 하나

추윤호

1. 들어가며

ESG 열풍이 거세다. 거대한 파도처럼 휘몰아치고 있다. 그러나 대기업과 수출업체 및 대기업협력업체를 제외하고는 아직 그 영향이 미미한 실정이다. 또한 작금의 러시아의 우크라이나 침공으로 ESG 경영이 후퇴하고 있는 상황이다. 그러나 일시적으로 주춤거릴지언정 가고자 하는 방향은 옳고 지속되어야 한다는 것이 대다수 전문가의 의견이다. 과거 같으면 며칠 안에 진화될 강원도 산불도 한 달 정도 지속되는 등 기후변화의 심각성이 우리나라에도 나타나듯이 전 세계적으로 이상 재해, 환경오염 등에 대한 경각심이 더욱 표출되고 있다.

「중대재해처벌법」 등의 시행으로 근로환경과 인권의 새로운 기준이 제시되고, 투명성, 도덕성 등의 거버넌스에 대한 대중의 관심도가 높아져 행동으로 표출하는 단계에 이르렀다.

세계적인 자산운용사인 블랙록의 로렌스 D. 핑크 회장의 연례 서한으로 촉발된 ESG 지속가능경영이 주주 자본주의에서 이해관계자 자본주의로 확대되고 투자자의 관점 중심으로 '어떻게 벌지'와 '반드시 해야 할' 지표로 자리매김했다.

ESG 규제와 제도 지침에 관한 집중도가 날로 높아지는 상황에서 우리나라는 정부정책에 이를 적극 반영하고, 이에 대기업에서도 내부조직을 정비하면서 상당히 진척하고 있다. 그러나 자금, 인력, 조직이 열악한 중소기업에서는 수출, 공급망 관리 등의 어쩔 수 없는 상황이 아니면 ESG 지속가능경영에 적극적이지 않을 뿐만 아니라 어떻게 해야 할지도 잘 모르는 경우가 많다. 이에 중소기업 ESG 지속가능경영보고서를 왜 작성해야 하며, 어떻게 작성해야 하는지에 대해 살펴보고자 한다.

2. 지속가능경영보고서 이론

1) 중소기업 지속가능경영보고서 작성 필요성

중소기업은 대기업에 비해 지속가능경영보고서 작성에 대해 심각하게 받아들이지 않고 있다. 작성하는 일부 기업마저 대기업협력업체나 해외 수출업체 등 거래 관계상 마지못해 ESG 경영에 참여하는 실정이고 여타 중소기업 및 벤처기업에서는 ESG 경영 및 지속가능경영보고서 작성에 대한 관심이 부족하다. 그러나 공급망 및 이해관계자의 ESG 정보공개 요구 증가로 중소기업에도 지속가능보고서 작성 필요성이 점차 대두되고 있다.

(1) 이해관계자의 데이터 정보공개 요구
투자자, 정부, 금융기관, 고객을 비롯한 다양한 이해관계자들이 과거와 달리 기업의 재무성과뿐 아니라 기업가치에 영향을 줄 수 있는 리스크 요소, 미래기업가치의 정보 요구, 비재무적 정보(ESG)에 대한 접근성 강화를 요구하고 있다.

(2) 보고서 발간 의무화

현재는 기업 자율공시이나 2025년부터 코스피 상장사 중 자산총액 2조 원 이상 기업의 지속가능경영보고서 발간이 의무화되고, 2030년부터는 전체 코스피 상장사가 의무 공시하도록 법제화되었다.

(3) 공급망 차원에서의 평가와 요구 반영

국내 대기업은 협력사 평가 프로세스와 규범을 만들어 실사를 통해 ESG 리스크를 평가하고 개선사항조치 및 지원하는 등 평가대응력 향상을 유도하고 있다.

(4) ESG 평가대응 및 이해관계자 소통 강화

ESG 경영의 실행수준을 높여 기업경영변화의 계기를 마련하고, ESG 평가에 대한 선제적인 대응과 이해관계자의 요구사항을 면밀히 챙기고 투명경영으로 소통을 강화해야 한다.

2) 지속가능경영보고서 글로벌 공시표준

지속가능경영보고서 작성에 통일된 지표가 있는 것은 아니다. 기업들이 주로 참고하는 글로벌 가이드라인 몇 가지를 소개한다.

(1) GRI(Global Reporting Initiative) Standards

1989년 엑손모빌 발데스호 좌초사건으로 환경연맹 Ceres가 설립되고 1997년 UNEP+Ceres와 비영리 기구 등이 GRI를 설립했다. GRI는 전 세계 보고서의 70~80% 정도 활용되고 있으며 G1(2000), G2, G3, G4를 거쳐 GRI Standards(2016), GRI Standards(2021)에서 전면 개편, 2022년 6월 30일(GRI2022, Consolidated Set of the GRI Standards 2022) 통합자료를 발표했다. 주요 개편 내용 중 산업표준이 신규개발 및 추가되었으며 '임팩트, 중대 주제, 이해관계자, 실사'가 핵심개념으로 재정의되었고, 표준 전체에 걸쳐 '인권(Human Rights)'이 강화되었다. 인권과 산업자료를 추가하고 석유와 가스 등 영향력이 큰 산업부터 개발하여 산업별 40개 표준리스트를 개발할 예정이다. 2023년부터 발간되는 보고서부터 GRI Standards(2021) 버전을 활용하여 공시하도록 하고 있다.

(2) 지속가능회계위원회(SASB, Sustainability Accounting Standards Board) Standards

2011년 설립된 비영리단체로 산업별 특성에 맞는 공시 가이드라인을 제시하고 중대 이슈에 관한 정보공개 요구 및 비재무 정보 공시표준개발 보급을 하였다. 11개 산업군, 77개 세부 산업별로 구성되어있고 30개 주제(지배구조 7개, 사업모델 4개, 환경 7개, 사회 6개, 인적자본 6개)로 구성되어있다.

(3) 기후변화재무정보공개협의체(TCFD, Task Force Climate - related Finance Disclosure)

G20의 요청으로 금융안정위원회(FSB)가 기후변화관련정보의 공개를 위해 2015년에 설립한 글로벌 협의체다. 기업이 기후변화 관련 기회와 위험요인을 조직의 위험관리 및 의사결정에 반영하여 공시하도록 요구하고 지배구조/경영전략/리스크 관리/지표와 목표의 네 가지 핵심요소로 하는 TCFD 정보공개 권고안을 2017년에 발표하였다

(4) 국제표준화기구(ISO26000, International Organization For Standardization)

2010년, ISO(국제표준화기구)에서 제정 공표하였으며 기업, 공공기관, 시민단체 등 모든 조직에서 적용 가능한 사회적 책임에 대한 표준이다. 사회적 책임과 지속가능발전을 도모한다. 별도 인증이 필요하지 않고 인증하지 않아도 제재하지 않으며, 자발적으로 적용하는 원칙이다. 지배구조, 인권, 노동관행, 환경, 공정운영관행, 소비자 이슈, 지역사회발전 및 참여 등 7개 핵심주제를 갖춘 포괄적인 지침이다.

(5) 국제지속가능성기준위원회(ISSB, International Sustainability Standards Board)

국제회계기준재단(IFRS)은 COP26(제26차 유엔기후변화협약당사국총회, 2021.10.)에서 지속가능성 공시기준의 국제표준개발을 위해 '국제지속가능성표준위원회(ISSB)'를 설립·발표하였다. 기존 지속가능성 기준 제정기구인 기후공시기준위원회(CDSB), 기후 관련 재무정보테스크포

스(TCFD), 통합보고프레임워크(IRF), 지속가능성회계계표준(SASB) 등이 ISSB에 참여하였다.

3) CSR 사회적 책임경영 사이트 활용

중소기업 지속가능경영보고서를 작성하기 위해 먼저 중소기업 CSR 사회적 책임경영 사이트를 살펴보는 게 좋다. 중소기업의 CSR 경영 신규도입을 활성화하기 위해 중소벤처기업부와 한국생산성본부, 영국 Accountability사가 공동개발하여 2011년에 오픈하였고 2020년 7월 중소벤처24(중소벤처기업부CSR사회적책임경영, https://www.smes.go.kr/csr/index.do)로 통합하였다.

출처: 중소기업 사회적책임경영, 중소벤처기업부

먼저 회원가입(CSR 보고서 작성은 기업회원으로 가입해야 한다.) 후 CSR

성과 측정시스템에서 CSR 성과관리 측정을 할 수 있다. 7대 분야 18개 성과지표에 따라 답변하면 Rating System을 통해 점수가 자동 계산되며 측정결과 확인이 가능하다. 메뉴 중 'CSR 개발플랫폼'에 들어가 기업정보 등 제반 내용을 입력하여 CSR 보고서를 작성하고, 'CSR 보고서 DB' 메뉴에 들어가면 중소기업 CSR 보고서 등록 내용을 확인할 수 있다.

CSR 성과 측정 분야 및 지표(7대 분야/18개 지표)

성과관리 시스템 구조
중소기업 CSR 성과지표는 18개의 핵심지표로 구성되어 있습니다. 각 지표에 대한 점수는 경영정보 및 실적자료를 포함한 관련 근거자료에 의해 뒷받침되고 있습니다.

중소기업 CSR 성과지표 항목		
지표 1	의사결정	지배구조
지표 2	이해관계자 참여	
지표 3	오염예방	환경
지표 4	지속가능한 자원사용	
지표 5	기후변화	
지표 6	자연환경의 보호	
지표 7	부패방지	공정 운영 관행
지표 8	공정경쟁	
지표 9	책임감 있는 공급망	
지표 10	인권 존중	인권 및 노동관행
지표 11	공정한 작업 조건	
지표 12	안전 보건	
지표 13	고충처리 시스템	
지표 14	안전하고 지속가능한 제품과 서비스	소비자와 고객
지표 15	광고 및 마케팅 커뮤니케이션	
지표 16	고객 보호	
지표 17	고객정보 및 인식	

출처: 중소기업 사회적책임경영, 중소벤처기업부

지속가능경영보고서 작성 공통지표

항목		지표	세부 내용
조직	ESG 대응	경영진의 역할	ESG 이슈의 파악/관리와 관련한 경영진의 역할
	ESG 평가	ESG 위험 및 기회	ESG 관련 위험 및 기회에 대한 평가
	이해관계자	이해관계자 참여	이해관계자의 ESG 프로세스 참여 방식
환경	온실가스 배출	직접 배출량	회사가 소유하고 관리하는 물리적 장치나 공장에서 대기 중으로 방출하는 온실가스 배출량
		간접 배출량	회사 소비용으로 매입 또는 획득한 전기, 냉난방 및 증기배출에 기인한 온실가스 배출량
		배출 집약도	활동, 생산 기타 조직별 미터법의 단위당 배출된 온실가스 배출량
	에너지 사용	직접 에너지 사용량	조직이 소유하거나 관리하는 주체의 에너지 소비량
		간접 에너지 사용량	판매제품의 사용 및 폐기처리 등 조직 밖에서 소비된 에너지 소비량
		에너지 사용 집약도	활동, 생산 기타 조직별 미터법의 단위당 필요한 에너지 소비량
	물 사용	물 사용 총량	조직의 물 사용 총량
	폐기물 배출	폐기물 배출 총량	매립, 재활용 등 처리 방법별로 폐기물의 총 중량
	법규위반·사고	환경 법규 위반·사고	환경 법규 위반·환경 관련 사고 건수 및 조치 내용
사회	임직원 현황	평등 및 다양성	성별·고용형태별 임직원 현황, 차별 관련 제재 건수 및 조치 내용
		신규 고용 및 이직	신규 고용 근로자 및 이직 근로자 현황
		청년인턴 채용	청년인턴 채용 현황 및 정규직 전환 비율
		육아휴직	육아휴직 사용 임직원 현황
	안전·보건	산업재해	업무상 사망 및 부상 및 질병 건수 및 조치 내용
		제품안전	제품 리콜(수거, 파기, 회수, 시정조치 등) 건수 및 조치 내용
		표시·광고	표시·광고 규제 위반 건수 및 조치 내용
	정보보안	개인정보 보호	개인정보 보호 위반 건수 및 조치 내용
	공정경쟁	공정경쟁·시장지배적 지위 남용	내부거래·하도급거래·가맹사업·대리점거래 관련 법규 위반 건수 및 조치 내용

Source: 한국거래소, 'ESG 정보 공개 가이던스'

출처: 한국거래소 ESG 정보공개 가이던스

지속가능경영보고서 작성을 위한 주요 공동지표는 '한국거래소 ESG 정보공개 가이던스'를 참조하면 좋다. 조직, 환경, 사회의 대분류에서 항목별 세부지표를 회사의 실정에 맞게 적용하면 된다.

지속가능경영보고서 개발 Framework

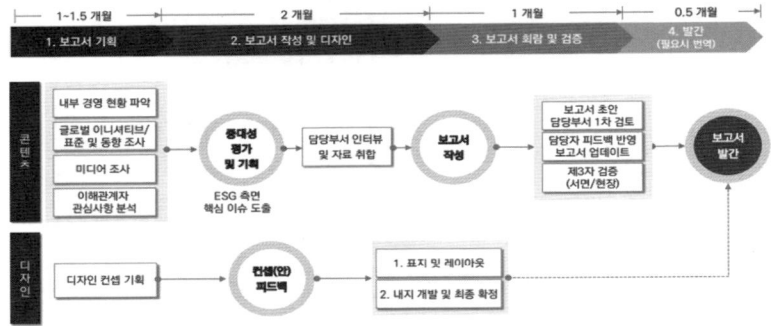

출처: ESG 진단평가사 자격과정 교재, 대한민국산업현장교수회, 이승용 박사, p.127

지속가능경영보고서 개발은 보고서 기획(1~1.5개월), 보고서 작성 및 디자인(2개월), 보고서 회람 및 검증(1개월), 발간(0.5개월)의 절차로 전체 4~5개월 정도의 일정이 소요된다.

3. 지속가능경영보고서 실전

1) 보고서 기획

(1) CEO 주재 직속조직 구성

ESG 경영의 중요한 성공조건은 CEO의 강력한 실행 의지와 구성원들의 자발적인 공감대 형성이다. ESG위원회 등 별도 조직이 있으면 경영의사 결정의 신속성과 효율성을 높일 수 있으나 부서 간 이해관계의 조율이 필요하다. 인력부족 등 상시 조직이 어려운 중소기업에서는 ESG T/F팀을 구성하여 운영할 수 있다. 이때 현업관리자의 적극적인 참여를 유도하고 각자의 역할과 책임(R&R, Role&Responsibility)을 부여하여 업무의 효율성을 높여야 하며, CEO 직속조직으로 구성하는 것이 좋다.

(2) 내부 현황 및 대외자료 취합

기업의 비전, 미션, CEO 신년사, 경영전략, 사업현안, 중점추진과제, 회사소개서 등 회사가 지향하는 모든 자료를 검토하여 취합한다. 국내외 동향 분석 및 글로벌 표준, 트렌드를 분석하고 미디어 리서치를 통해 언론 기사를 스크랩하고 이때 기업에 대한 부정적인 이슈도 검색하여 보고서에 반영함으로써 보고서의 균형성과 회사이미지 제고에 기여할 수 있다.

(3) 이해관계자 설문조사

대내외 자료 취합을 통하여 지속가능경영 이슈 풀(Pool)을 구성, 이해관계자 관심사항을 분석하고 그중 20~30개를 추출하여 이해관계자 설문조사를 실시한다. 설문조사의 대상, 방법, 설문문항의 내용 결정 등을 통해 유의미한 결과를 도출할 수 있도록 한다. 전문적인 용어도 설문 대상이 쉽고 명확하게 알 수 있도록 최대한 자세하게 기재하여야 한다.

(4) 중대성 평가

경영환경에 영향을 끼칠 수 있는 중요이슈를 중심으로 이슈에 대한 이해관계자의 관심도와 비즈니스 영향도를 다각적 측면에서 평가하여 우선순위를 선정한다. 동종산업분석과 벤치마킹, 인터뷰, 이해관계자 설문조사,미디어분석 등을 통해 종합적으로 이슈를 도출한다.

- 이해관계자 관심도(Influence on Stakeholder)
  · 미디어분석, 국제표준분석, 외부 이해관계자 설문조사, 이해관계자 관심 주제, 동종업계 이슈, 산업별 법규 등 기업이미지 및 평판 리스크 영향 등을 파악한다.
- 비즈니스 영향도(Business Impact)
  · 재무, 운영, 전략적 영향을 중심으로 기회와 위험요인을 파악하고 내부 이해관계자 설문조사, 기업의 핵심역량과 목표, 지속가능경영에 기여할 수 있는 영향 등을 평가한다.

(5) 핵심이슈 도출

핵심이슈는 기업에서 가장 중요한 이슈를 선정하는 과정이며 보고서에 핵심이슈에 대해서는 누락 없이 포함되어야 한다. 선정된 이슈는 기업에 실제 영향을 주는 요소로서 차별화가 가능하여야 하며 단순한 사실, 정보전달 수준이 아니다. 도출된 이슈들을 점수화하고, 효과적으로 표현하기 위해 시각화하여 좌표로 나타낼 수 있다.

2) 보고서 작성

(1) 목차 도출

콘텐츠를 확실하게 표현할 수 있는 직관적인 목차 구성이 필요하다. 보고서 작성 경험이 없는 기업에서는 동종업체 작성 우수 보고서를 벤치마킹할 수 있다. 'CSR 사회적 책임경영'(https://www.smes.go.kr/csr/index.do) 내 'CSR 보고서 DB'를 검색하면 우수한 많은 보고서를 확인할 수 있다.

(2) 데이터 취합

지표 내용에 대한 혼돈을 방지하고 데이터를 효율적으로 수집하기 위하여 데이터 수집 Template을 개발하여 유관 부서에 배분하고 기초데이터자료를 취합해야 한다. 이때 데이터 정의 기준이 중요한데 예를 들어 '임직원 수'는 12월 말 기준인지, 상시근로자 수는 12개월 평균 근로자 수인지 등 정확한 기준을 세우는 게 필요하다. 다양한 부서에서 수집되는 데이터의 각종 기준이 서로 다를 수 있으므로 자료관리에 더 많은 신경을 써야 한다. 방대한 자료를 모두 취합할 필요는 없고 주요 ESG 데이터 중 회사에서 산업별 특이 이슈를 포함한 가장 중요하게 관리할 필요가 있는 데이터의 범위를 명확히 설정해 관리하는 게 좋다.

(3) 보고서 초안 작성

중대성 평가결과 및 데이터 취합자료, 인터뷰 진행 등을 통해 수집된 자료를 통해 작성된 본문을 검토한다. 보고서 작성의 6대 원칙(균형성,

비교가능성, 정확성, 적시성, 명확성, 신뢰성)에 기반하여 보고서를 작성한다. 현재 가장 보편적으로 사용되고 있는 작성 방식은 지속가능경영의 3대 핵심축인 경제, 사람, 환경(TBL, Triple Bottom Line)에 대한 책임과 성과를 기술하는 방식이다. 지속가능경영의 개념을 이해하는 독자들은 보고서 내용을 쉽게 받아들일 수 있다.

(4) 보고서 디자인

기업 이미지 및 보고서 콘텐츠에 최적화된 디자인이 되어야 하며, 특히 표지는 회사의 얼굴이므로 일회적인 기획이 아닌 장기적인 관점에서 회사의 정체성이 잘 드러날 수 있도록 디자인되어야 한다. 내부 전문인력이나 외부 전문 디자인사를 선정하여 표지, 간지, 내지 등 보고서 트렌드를 벤치마킹하고 정보 가독성, 데이터 전달성, 통일성 등을 고려하여야 한다.

(5) 보고서 회람 및 수정

관련 부서로부터 수집된 자료 및 데이터가 작성 기간 중 변동사항이 있는지, 보고서 레이아웃, 텍스트 콘텐츠 구성, 데이터의 오탈자 등 세부적인 요소를 확인하고 제반 의견을 수렴하여 보고서의 가독성과 정확성을 높여야 한다.

(6) 보고서 검증

데이터의 신뢰도와 ESG 정보공시 중요성이 커짐에 따라 데이터의 신뢰도는 더욱 체계적으로 관리되어야 한다. 제삼자 검증을 통해 객관성을 확보할 수 있다.

지속가능경영보고서 검증에 대한 국제기준은 포괄성, 중대성, 대응성, 영향성의 4대 원칙을 바탕으로 하는 AA1000AS와 적절성, 완전성, 신뢰성, 중립성, 이해가능성을 검증원칙으로 하는 ISA3000이 있다. 국내기업은 대부분 AA1000AS를 적용한 검증을 수행하고 있다.

4. 플랫폼 활용 CSR 보고서 작성 예시

출처: 중소벤처기업부, 중소기업 사회적책임경영

한국생산성본부나 경기도 경제과학진흥원 등에서 중소기업 CSR 보고서 작성에 대한 지원사업을 하고 있다.

5. 나가며

경영학의 구루 피터 드러커의 "측정하지 않으면 관리할 수 없다"라는 말처럼 보고서를 작성하지 않으면 그 회사를 알 수 없다. 보고서를 통해 투자유치도 가능할 뿐 아니라 은행권의 대출심사 시에도 ESG 경영수준을 반영하는 추세다. 회사에서 가장 잘할 수 있는 분야부터 우선으로 시행하고 우수 동종업계를 벤치마킹하면서 최고경영자의 확고한 의지와 전사적인 직원들의 교육을 통해 적극적으로 추진해야 한다.

날 때부터 완벽한 사람이 없듯이 처음에는 다소 부족하더라고 일단 시작해야 하고 부족한 부분은 차차 보충하면 된다고 생각한다. 생각하는 것과 실행하는 것은 천지 차이며 남보다 한발 앞선 행동이 엄청난 결과의 차이를 가져온다는 것을 우리는 경험상 잘 알고 있다. 발상의 전환이 새로운 경쟁력으로 나타나고 ESG 경영이 선택이 아닌 필수가 된 지금, '지속가능경영'에 매진해야 할 것이다.

- 서정태 외 4인, 『중소기업의 전략적 CSR경영실무』, 생각나눔, 2021.(공저)
- 김재필, 『ESG 혁명이 온다』, 한스미디어, 2021.
- 신지현, 『한 권으로 끝내는 ESG 수업』, 중앙북스, 2022.
- 신지영, 『지금 당장 ESG』, 천그루숲, 2022.
- 대한상공회의소·삼정KPMG, 「중소·중견기업 CEO를 위한 알기 쉬운 ESG」, 2021.
- 이종재·이승용, 「제3기 ESG 진단평가사 자격과정」, 대한민국산업현장교수회, 2022.(공저)
- 한국경영기술지도사회, 「중소기업 ESG전문가 양성과정」, 2021.
- 유훈, 「지속가능경영보고서 작성기준 및 유의점」, 제8차 대한상의 ESG경영포럼
- KBIZ 중소기업중앙회, 「중소기업 ESG대응전략 온라인교육1~10강」, 2021.
- 우태희, 「2022 CES로 알아보는 ESG경영」, 안산상의151차조찬강연회
- 대한상공회의소 ESG플랫폼 으쓱 홈페이지(http://esg.korcham.net/)
- 중소벤처기업부 중소기업의 사회적경영책임 홈페이지(https://www.smes.go.kr/csr/index.do)

추윤호(CHOO YOON HO)

학력
· 부산대학교 경영대학원 경영학 석사
· 동아대학교 상과대학 회계학과 학사

자격
· 중소기업ESG전문가 인증서(한국경영기술지도사회), 2021.
· ESG진단평가사 (사)한국사회공헌연구원, 2022.
· 공인중개사/기업회생경영관리사
· 창업보육매니저/국가공인신용상담사
· 협동조합코디네이터

경력
· 한국생산성본부 CSR컨설턴트
· (사)한국창업멘토협회 ESG전문위원
· 경기도 경제과학진흥원 세대융합창업컨설턴트
· 소상공인시장진흥공단 사업정리컨설턴트

25장

ESG의 G, '거버넌스(Governance)' 스타트업·중소기업 중심으로

박윤

1. ESG 경영의 거버넌스 중요성과 투명성

글로벌 투자자들은 투자 원칙으로 ESG 경영을 요구하고 소비자도 환경과 사회를 고려한 기업의 제품과 서비스를 선호한다. 투자자들이 이 사회에서의 ESG 리스크 관리와 감독을 요구하면서 많은 기업이 ESG위원회와 같은 협의체를 조성했다. ESG 경영은 선택이 아닌 필수가 되었다. ESG는 환경, 사회 부분에 비중을 크게 두는 경향이 많으나 환경, 사회문제에 대한 의사결정도 기업의 거버넌스 영역에서 다뤄져서 거버넌스는 ESG의 핵심이고 시작점이며 필수항목이다.

ESG 전문가들은 3가지 요소 중 거버넌스(G)를 중요하게 본다. 거버넌스가 바르게 작동되어야 사주나 전문경영인의 사적 이익 추구를 위한 독선적 경영을 방지하고, 사내·외 이해관계자에 대한 갑질도 예방하며 자발적 참여와 협력도 얻을 수 있기 때문이다. ESG에 근거한 의사결정 및 투명성과 윤리성을 갖춘 거버넌스를 구축해 원칙을 준수하며 기업의 특성에 맞는 구조를 갖추어야 지속성 있는 경영을 할 수 있어 중요한 영역이다.

거버넌스는 투명한 협치 구조의 의미로 윤리적, 도덕적이며 법률을 준수해 선한 이익을 추구하고 목표 달성을 위해 모든 가용 자원을 이해당사자들과 함께 책임성을 바탕에 두고 투명한 의사결정을 할 수 있도록 시스템화해 기업 전체에 내재화시켜야 한다. 기업 거버넌스가 투명하게 제대로 작동하지 않으면 환경(E)과 사회(S) 부분도 무의미하게 된다. 건강한 거버넌스 구조가 밑바탕이 되어 역할을 제대로 수행할 때 환경과 사회 부분도 진정성을 갖고 지속적인 추진을 할 수 있기 때문이다.

거버넌스는 경영자가 투명하고 올바른 의사결정을 할 수 있도록 민주적 구조로 조직하고 이해관계자들의 충돌이 발생하지 않도록 완충해야 한다. 변화하는 경영환경에서 기업은 사회적 이익과 기업의 이익 간 조화를 통해 두 가지의 이익을 동시에 추구해야 한다. 거버넌스는 기업의 내·외부에서 보이는 부분만이 아닌 보이지 않는 부분도 함께 볼 수 있어야 한다. 즉 재무적인 요소와 비재무적인 요소 두 가지를 균형 있게 추구해야 하는 것이다.

선장이 바다 위에 떠 있는 빙산의 크기를 보고 수면 아래에 잠겨있는 부분까지 예측할 수 있어야 안전한 항해를 하듯 기업의 거버넌스도 이같이 단기적 이윤추구와 장기적 이윤추구를 균형 있게 해야 한다. 일반적으로 ESG의 환경과 사회 영역은 쉽게 이해하나 거버넌스는 쉽게 와닿지 않는다. '거버넌스'를 번역하면 '지배구조'이나, 영어로 의미는 투명성의 뜻을 포함하고 있어 투명한 경영을 위한 통치구조라고 이해하는 편이 좋다.

거버넌스가 한국에서 경영 용어로 자주 쓰이기 시작한 것은 1990년대 한국의 금융위기 이후 정부가 재벌의 개혁 필요성으로 이사회에 사외이사 인원을 50% 이상 유지하게 하면서다. 거버넌스는 투명한 통치조직 구조를 뜻하고 지속가능경영을 위한 필수적인 요건으로 투명하고 민주적인 의사결정 구조가 반드시 요구된다. 즉 기업이 정부의 정책자금을 신청하거나 국내외의 거래처를 확대할 때 상대측 기업의 요구나, M&A(인수합병), IPO(기업공개) 등 기업의 성장 발전과정에서 이해관계자들의 기업 거버넌스 관련 자료의 요구로 필요성이 생겼기 때문이다.

거버넌스 영역의 이해관계자의 요구 사항에 대처하려면 구성원들의 강점을 찾아 협업하고 집단지성을 활용할 수 있도록 내재화해야 하며 회사의 현재 상황과 상태에 맞는 우선순위를 정해 준비해야 한다. 스타트업이나 중소기업은 지속가능경영을 위해 눈앞에 현실적인 문제에만 치우치지 말고 장기적인 성장도 설계 단계에서 반드시 고려해야 한다.

기업 내·외부에서 발생할 수 있는 다가올 문제를 예측하고 방지하려면 리스크 관리를 철저히 해야 한다. 기업 운영과 관리는 투명성을 바탕으로 윤리 경영, 준법 경영, 위기관리 경영, 시스템 경영 및 데이터 경영을 하면 장기적으로 효율성이 극대화되어 코로나19 같은 미래에 닥쳐올 불확실한 위기에도 적극적으로 대응할 수 있다. 최근 기업 내부에서 자주 발생하는 횡령 배임과 같은 도덕적, 법적 문제도 예방할 수 있다.

2. 거버넌스 윤리와 ISO 인증

과거 기업들이 이윤추구를 위한 수단과 방법으로 환경과 인권 문제,

회계 부정, 탈세 등을 행하여 왔으나 오늘날 기업은 과거와 같은 방법으로 경영할 수 없는 환경이다. 거버넌스는 혁신한 후 관리를 잘하면 기회요인이 되고 잘하지 못하면 위협요인이 되어 다가올 미래에 큰 위기를 맞게 될 것이다.

창업 준비 중인 예비 스타트업도 창업 전에 거버넌스를 고려해야 한다. ISO 인증을 받으면 기업의 효율적 관리와 이미지 향상 효과, 세제 혜택, 금융 우대, 지식재산권 우선 심사의 혜택이 있다. 업종별로 활용할 수 있는 녹색인증, 품질인증, 규격인증 등의 제도도 있다. 근로자가 50인 이상인 중소기업의 경우, 국제표준화 기구에서 마련한 국제규격에 적합하게 구축된 것을 증명하는 제도이다. ISO9001 품질경영관리시스템은 모든 산업 분야에 적용할 수 있는 요구 사항을 규정한 표준이다. ISO14001 환경경영시스템은 모든 산업 분야에 적용할 수 있는 국제규격을 말한다. 환경적 지속가능성을 포괄하는 경영전략에서의 요구 사항을 규정한 표준이라고 보면 된다.

한국 기업지배구조 순위 추이		2020년 아시아 기업지배구조 순위	
2007년	6위	1위	호주
2010년	9위	2위	싱가포르
2012년	8위	2위	홍콩
2014년	8위	4위	대만
2016년	9위	5위	말레이시아
2018년	9위	5위	일본
2020년	9위	7위	인도
		8위	태국
		9위	한국
		10위	중국
		11위	필리핀
		12위	인도네시아

자료:아시아기업지배구조협회, CG Watch

위 좌측 자료는 '아시아에서의 연도별 한국 기업지배구조 순위 추이'를 나타낸 것이고, 우측 자료는 2020년 아시아 기업지배구조 순위인데 급속한 경제 성장 발전으로 인한 원인도 있겠지만 부끄럽게도 2021년도 세계경제 규모 순위 10위인 한국이 말레이시아, 인도, 태국보다 낮은 9위다.

ISO9001 품질경영 관리시스템 인증을 받으면 경영시스템이 국제규격에 적합하게 구축되어 기업이 거버넌스를 혁신하고 내재화하는 데 이점이 있다. 아직 인증받지 않은 기업도 ISO9001 인증을 준비하다 보면 기업 거버넌스의 많은 부분을 시스템화하는 데 도움이 된다. ISO26000도 2001년 4월 처음으로 논의되어 2011년 11월에 SR 표준 ISO26000을 발간했다. 기업의 거버넌스와 인권, 노동 관행, 환경, 공정거래, 소비자 이슈, 지역사회 참여 및 개발 등 7대 사회적 책임 이슈에 대한 실행지침과 권고 사항을 담은 국제표준이며 기업 거버넌스와 연관성이 많다. ISO26000은 사회적 책임에 관한 국제표준으로, 세계화에 따른 빈곤과 불평등에 대한 국제사회의 문제해결, 경제 성장과 개발에 따른 지구환경 위기에 대처해 지속가능한 생존과 인류 번영을 위한 새로운 패러다임의 요구에 따라 개발되었다. 제삼자 인증을 하는 경영시스템 표준은 아니지만, 검증을 통해 여러 나라의 규정과 소비자의 평가 기준을 만족시킬 수 있다.

3. 건강한 기업 거버넌스 성공과 실패 사례

기업 거버넌스는 전문적이고 윤리적인 비즈니스 기준으로 회사의 경영체계를 잡아 행동 지침이 되어 지속가능경영을 할 수 있게 사업 기준을 준수를 이끌어주는 중요한 영역이다. 정기적인 보고 및 독립 감사 관행을 통한 강력한 기업 지배구조를 보유하여 사업의 모든 영역에서 투명성과 함께 효과적인 감독 및 책임감을 갖추게 한다. 건강한 기업 거버넌스는 공적, 사적 규범을 준수하고 최고 수준의 사업 규범을 달성하게 한다. 좋은 기업은 이해관계자들에게 기업의 현재 상태를 바르게 이해할 수 있도록 정보를 투명하게 공개, 공유해야 한다.

기업은 투명성을 바탕으로 윤리경영을 실천하고 최고경영자는 도덕성과 기업가 정신으로 준법 경영을 해야 한다. 준법 경영은 기업의 윤리 수준을 결정하는 중대 요소이다. 최고경영자와 각 부서의 리더는 기업

규범에 커다란 영향을 미칠 수 있는 많은 권한을 가지고 있어 준법 경영으로 기업의 구성원에게 선한 영향력을 전달해야 한다. 거버넌스는 기업에 관련된 이해관계자들의 이해를 조정하고 회사의 의사를 결정하는 조직의 전략과 목표를 유지하며 통제하는 업무 프로세스와 구조이다. 기업은 준법정신과 기업의 투명성을 바탕으로 이해관계자들과 공유가치창출을 하고 열린 소통으로 서로 간에 신뢰를 쌓고 조직문화를 개선하여 건강한 거버넌스 구조를 만들어야 한다.

1) 건강한 거버넌스는 기업의 장기적 가치창출

거버넌스는 기업이 지시하고 통제하는 구조와 프로세스로 기업 거버넌스를 모든 이해관계자에게 최상의 이익을 제공하기 위해 기업을 관리하는 시스템이다. 기업은 장기적인 가치창출을 지속하기 위해 거버넌스의 중요한 요소인 기업윤리와 윤리적 행동에 대한 관리를 지속해야 한다. 기업윤리강령이 포괄적으로 명시되었음에도 경영진의 실천이 뒤따르지 않는다면 효율성은 낮아진다. 기업은 적절한 윤리기준을 세우고 최고경영자와 임원들은 기업윤리강령 기준이 조직 안에서 비윤리적인 행동을 예방하고 지켜지도록 해야 한다. 최고경영자는 조직구성원의 윤리적 행동, 책임감, 정직성을 장려하고 보상하는 기업 방침을 실천해야 한다.

인터넷과 소셜미디어의 발달로 소비자는 기업의 투명성과 비윤리적인 행동을 관찰하고 추적해 확고한 원칙과 가치관을 지닌 기업은 시장에서 인정받고, 비윤리적인 기업은 빠르게 알려져 커다란 피해를 보게 된다. 윤리성을 지닌 기업은 행정처분 받는 상황을 발생시키지 않고 취약성도 줄여 기업의 인지도를 높이고 직원들의 생산성과 노력으로 고객 충성도도 높일 수 있다.

윤리강령뿐만 아니라, 최고경영자, 조직 리더는 모든 행동이 회사 전체의 본보기가 되도록 해야 한다. 이윤극대화를 위해 단기적 이익만 추구하면 장기적으로는 최악의 결과를 만드는 경우도 발생한다. 기업은 단기적인 재무적 이윤추구를 벗어나 장기적으로 올바른 경제적 가치를 창출해 주주와 이해관계자에게 공정하고 투명한 대우를 해야 회사의 장기적인 이익에 도움이 된다. 기업의 성공은 그 기업이 장기적으로 사회와 환경에 미치는 영향을 고려할 때 가능하다. 따라서 경영진과 이사회는 이러한 측면에서 자신의 활동을 이해하고, 정기적으로 검토해야 하며, 지속적인 개선 계획과 함께 해당 정보를 공시해야 한다. 투자자 관점에서는 기업 거버넌스가 장기적 투자 성과를 위해 가장 중요하므로 거버넌스 이슈에 대한 지속적인 평가에 집중해야 한다.

2) 기업의 지속가능성

기업의 비즈니스 방식이 변화하는 사회적 기대에 부응하지 못한다면 그 기업은 장기적으로 지속가능성이 없다. 지속가능성은 기업의 목적, 가치, 비즈니스 모델, 기업문화, 운영 방법 등을 압축하는 광범위한 개념이다. 기업에 대한 감독이 까다로워지고 기업에 대한 정보 공개 요구가 증가하면서 기업들은 주주, 이해관계자, 환경, 사회관계에 더 많은 관심을 기울여야 한다.

인간의 삶 속에서 체감하는 환경문제가 늘어나며 UN은 1987년 브룬트란트 보고서를 발간하였다. 보고서에서는 지속가능한 개발을 '미래의 세대가 그들 자신의 요구를 충족시킬 수 있는 능력을 해치지 않고 현 세대의 요구를 충족시키는 것'이라 정의했다. 이는 '기업이 미래의 수익 창출 능력을 해치지 않는 방식으로 오늘의 수익을 창출하는 것'으로 해석할 수 있다. 환경과 관련된 기대치와 규제 수준이 높아지고 중요해지는 이 환경분야에서 기업들이 어떻게 성장하고 있는지 관찰과 분석을 지속해야 한다. UN의 지속가능 개발 목표들을 기업의 발전을 평가하기 위해 벤치마크로 사용해 책임 있는 장기적 관점의 경영활동을 해야 한다.

기업이 거버넌스 문제에 접근하는 방식은 사회에 매우 실질적인 영향을 미치고, 지속가능한 기업 관행을 지속해서 비즈니스가 주주와 이해 관계자의 지지를 받고, 각 국가의 정치·법률·규제를 따르는 방식이어야 한다. 이는 기업들이 진정성을 가지고, 지역사회의 이익을 존중하는 방식으로 비즈니스를 운영할 때 가능할 것이다. 기업 거버넌스는 모범이 되는 정답과 접근법이 없다. 기업을 통제하고 관리하는 방식은 다양해 열린 마음으로 수용해야 한다. 국가별로 기업에 대한 요구 사항도 큰 차이를 보일 수 있어 효과적인 이사회는 다양한 형태를 취할 수 있어야 하며 실제 다양한 형태로 구성되어있다. 기업 거버넌스의 표준을 완전히 준수하고 있는 경우가 더 비효율적일 경우도 있다. 기업 거버넌스 이슈와 관련된 분석을 통해, 관여를 기업 실무에서 적용이 가능한 것들에 집중해야 하며 경영진의 사업계획 시 장기적 안목을 가지고 고객의 이익을 살피도록 해야 한다.

3) 기업정보공개, 뇌물 및 부패 척결

기업정보공개의 수준은 산업 분야와 국가에 따라 큰 차이가 있으나 모든 중요이슈들은 연례보고서에 간결하게 제시되어야 하고, 거버넌스 및 지속가능성 문제에 대한 접근 방식은 해당 기업의 주요 재무 정보, 거버넌스, 지속가능성 정보 등 직면한 모든 문제와 기회가 투명하게 공개되어야 한다.

기업의 사업 방향이 사회적 기대와 근본적으로 맞지 않으면 장기적으로 지속가능성이 없다. 직원의 다양성을 존중하고 필요한 경우 개선하고, 나아가 모든 직원이 직장에서 존중받을 수 있도록 사내 문화를 관찰하고 관리해야 하며 부적절한 행동을 적발하고 해결하기 위하여 합당한 정책과 프로세스가 작동되어야 한다. 기업은 강요, 청탁, 뇌물 등 모든 형태의 부패를 멀리하고 경영진과 비밀이 유지되는 내부고발제도 등 적절한 보고 절차를 도입하여야 하며, 정치 단체이 대한 기부는 금지해야 한다.

4) 건강한 기업 거버넌스 구조 확립

　주주는 물론 지구, 국가, 지역사회, 협력업체, 소비자 모두 이해관계자 중 하나다. 예를 들면 기업이 폐수처리 비용 절감을 목적으로 인체에 해로운 물질을 처리하지 않고 강에 그대로 배출해 지역사회에 심각한 피해를 끼치다 적발되면 형사상 처벌은 물론 기업의 존폐 위기까지도 발생하므로 단기적 이익만을 추구하지 말고 장기적 안목으로 다양한 이해관계자에게 선한 영향력을 행사하는 것이 중요하다.

　준법 경영으로 회사의 지속가능성을 확보해 건강한 거버넌스 문화를 정착시키는 것도 중요한 목표가 되어야 한다. 기업의 거버넌스를 정의하고 정책의 전략적 목표를 수립하며 이해당사자와의 협력으로 거버넌스 구조를 완성해 지속적인 성과를 측정해야 한다. 건강한 거버넌스는 규칙, 관리, 관리자의 투명성과 잠재적 위험 평가 및 통제와 관리의 투명성을 인 효과적이고 효율적인 내부 소통으로 조직의 활동과 진행 상황에 대한 보고 체계를 구축해 책임을 공유하고 통제해야 한다. 구성원과 협력하여 민주적으로 투명하게 조직을 관리하는 바람직한 거버넌스 이행 구조는 조직이 추구해야 할 핵심 원칙이다. 공정하며 민주적이고 책무성이 있으며 윤리적 가치를 바탕으로 자율적으로 기업의 환경적, 사회적 의무를 다하기 위해 거버넌스를 내재화해야 한다.

　거버넌스는 조직 관리와 경영에 외부의 압력이 아닌 자발적인 성찰과 진단을 통한 의지로 선행되어야 하고, 이행 과정에서는 업무 가중과 주기적인 감사의 부담을 이겨 내야 하는 만큼 이해당사자들과의 공감대를 형성할 필요가 있다. 이에 기업은 윤리적 경영에 기반한 책무를 다하기 위해 이행의 당위성을 이해당사자와 구성원들에게 설명해야 한다. 이들과 이해와 연대를 이루는 것은 곧 굿 거버넌스 이행의 지침 마련과 평가 도구 개발 성공으로 이어지기 때문이다.

기업 거버넌스 체계

통제제도	내부거버넌스	외부거버넌스	법과 제도
기본성격	내부기구 (조직규율)	외부기구 (시장규율)	외부기구 (통제규율)
통제기구	이사회 감사 주주총회 지주회사 경영자보상제도	자본시장 금융시장 경영자 노동시장 상품시장	형사처벌 손해배상
감시기능	직접적	간접적	간접적
주요 이해관계자	주주 경영자 종업원	외부주주 경영자 채권자 시장참여자	경영자 채권자 외부주주
하부구조	소유구조, 자본구조, 사회적 신뢰체계		

이런 과정이 협치이며 굿 거버넌스 이행의 첫걸음이다. 인권 침해와 조직 사유화 등 탈법, 불법적인 문제들이 기업의 자율성과 신뢰성을 위협하지 않도록 방지하고 혁신해 민주적 거버넌스와 새로운 패러다임을 제시하고, 중·단기 비전을 발표하여 조직 투명성 개선을 위한 노력을 해야 한다. 조직에 적합한 거버넌스 평가모델 개발은 많은 시간과 지적 자원을 필요로 하는 작업이다. 하지만 시대적 요구에 부응하며 기업의

거버넌스 문화를 정착하기 위해서는 투명성, 민주성, 책무성, 참여, 공정성 등의 굿 거버넌스 원칙들이 핵심 가치를 한국형 굿 거버넌스 원칙 정립에 필요한 개념적 틀로 활용하여 실천할 필요가 있다. 기업의 거버넌스 문화 정착을 위해 조직의 자율성을 유지하고 실천하며 윤리적 경영과 책무성 및 효율성을 담보로 시대적 요구에 부응해야 한다.

거버넌스 내재화의 핵심 요소는 최고경영자의 강력한 리더십으로 ESG 추진위원회를 설치해 체계를 구축하고 임직원을 대상으로 ESG 교육을 체계적으로 하여 창의적인 아이디어가 생산될 수 있도록 지속적인 연습의 장을 열어야 한다. 부서 간 보이지 않는 장벽을 허물어 공통의 목표를 함께 설정하고 시작부터 끝까지 모든 관련 부서 간 협업을 가능하게 하는 것도 중요하다. ESG 경영 내재화의 핵심은 전사적으로 부서 간 유기적인 조합으로 성과를 내어 외부 이해관계자에게 정확하게 공개하는 것이며 거버넌스의 중장기 로드맵을 수립하기 위해선 감지와 관찰이 필요하다.

ESG를 시작하는 중소기업 실무자들이 가장 고민하는 부분이 거버넌스 분야다. 거버넌스 분야에서는 회사의 중요이슈를 찾아내 이에 대한 구성원들의 공감대를 형성하고, 자발적으로 해결을 위해 노력하는 것이 가장 중요하다. 다양한 경험과 역량을 가진 임직원들이 같이 고민하고 내·외부 이해관계자들의 요구를 반영하며 그 과정을 통해 얻은 정보를 통합해 의사 결정한다면 거버넌스의 내재화를 이룰 수 있을 것이다. 환경, 사회와 달리 상대적으로 모호한 거버넌스 분야는 대한상공회의소

ESG 경영의 거버넌스 우수기업 사례를 참조하던 ESG를 더 쉽게 이해하고 실천할 수 있다.

5) 카카오톡 서비스 장애와 IT 거버넌스

IT 거버넌스 관련한 글을 쓰던 2022년 10월 15일 카카오 데이터센터 화재가 발생했다. 9만여 대의 서버 중 3만 대가 넘는 서버를 한 장소의 데이터센터에서 운영했다고 한다. 대기업이 화재 사고 하나 제대로 대응하지 못하고 서비스 장애를 일으켜 다음날까지 완전한 복구를 못 할 정도로 내실이 부족했다. 데이터센터의 시설, 장비 및 기술 투자가 인색했거나 서비스 관리 최적화 미비로 발생한 결과로 보인다.

카카오는 기업 거버넌스, IT 거버넌스를 건강하게 운영하지 못했다. 덕분에 카카오톡 이용자는 주말에 정상적인 채팅 서비스를 이용하지 못해 많은 불편과 어려움을 겪었다. 기업은 생산적인 활동 중에 생기거나 생겨날 수 있는 많은 위기 요인을 미리 예방하고 위기 발생 시 빠른 복구를 할 수 있는 거버넌스 구조를 만들어야만 미래에 다가올 기업의 위기 앞에 예방하고 회피하거나 빠르게 대처할 수 있다.

2001년 강남에 위치한 케이티(KT) 영동전화국 내 데이터센터를 방문한 적이 있는데 초고속 인터넷 서비스를 위한 통신장비가 운영되는 수많은 데이터센터 중 하나였다. 24시간 끊어짐 없는 관리와 서비스를 위한 모든 장비가 이원화되어있었다. 전쟁과 같은 국가 위기 상황이나 화재로 인한 전기공급 중단 발생 시 다른 지역에서 전기공급을 지원받거나 다른 데이터센터를 통해 인터넷 서비스가 가능하도록 우회시키고, 장비 고장 시 백업 장비로 자동 전환되어 24시간 중단 없는 서비스가 가능하다고 했다.

카카오는 1년 매출이 6조 원이 넘는 대기업이다. 비용 절감을 위해 수많은 서버를 한 장소에 모아 두고 만일의 사태에 대비한 위기관리를 하지 않아 문제가 발생한 것이다. 기업 거버넌스가 정상적이고 건강한 상태로 투명하게 소통이 되도록 조직에 내재화되어있었다면 이번 같은 사태는 사전에 막을 수 있고 서비스 중단 사태도 빠른 복구가 가능했을 것이다.

카카오 사태는 기업의 거버넌스가 제대로 작동하지 않아 발생한 황당한 사례였다. 카카오는 유·무료 서비스를 떠나 엄청난 사회적 비용을 발생시켰고 그 피해는 국민이 떠안게 되었다. 조선시대에도 당대 왕의 기록을 사초에 옮겨 전란이나 화재에 대한 대비로 전국 5곳에 보관하였다고 하며 대통령의 기록물도 마찬가지로 여러 군데에 분산하여 보관하고 있다. 경제적으로 여유가 없는 소규모 스타트업의 서비스조차 카카오 같은 실수를 했다면 잘 용납되지 않을 일이다. 이번 사태는 카카오 같은 대기업이 단순히 비용 절감을 위해 이해당사자인 고객의 리스크를 전혀 고려하지 않아 생긴 사건으로 카카오는 이를 교훈 삼아 거버넌스 혁신과 리스크를 더욱더 세심하게 관리하고, 서비스 안정화 및 재발 방지를 위한 노력과 사회적 책임 강화에 최선을 다해야 한다.

이번 카카오 사례에서 볼 수 있듯이 모든 기업은 건강한 거버넌스 구조를 구축하여 미래에 발생할 수 있는 리스크를 미리 예방하지 않는다면 기업활동 중 생기는 커다란 손실을 막을 수 없을 것이며 이는 기업 존폐의 위기로 이어질 것이다. 소 잃고 외양간 고치는 일이 없도록 건강하고 좋은 거버넌스 혁신을 해야 한다.

6) 웅진그룹의 윤석금 회장의 윤리경영, 투명경영

웅진은 초고속 성장을 하며 재계 서열 30위권으로 성장하였다. 창업자 윤석금은 1945년 공주에서 태어나 건국대 경제학과를 졸업했다. 가난한 가정환경에서 성장하여 27세에 브리태니커 백과사전 한국 지사 입사 1년 만에 세계 54개국 영업사원 중 가장 많은 판매실적으로 '벤튼상'을 수상했다. 이는 54개국 영업사원 중 최고 판매실적을 낸 사람이 받는 상이다. 그는 8년 만에 상무로 승진하는 등 영업 능력이 뛰어났다. 자본금 7천만 원으로 직원 7명과 함께 웅진씽크빅의 전신인 '헤임인터내셔널'을 창업했다. 학습교재와 도서 출판사업을 하던 웅진씽크빅은 정부에서 시행한 과외 금지법 때문에 사업에 어려움을 겪게 되면서 과외 강사들의 수업 내용을 녹음한 학습 테이프를 판매하는 창의적인 사업 아이디어로 비즈니스 모델을 전환해서 큰 성공을 거두었다.

세일즈맨 신화로 불리던 윤석금 회장은 출판사업을 발판 삼아 신규사업으로 사세를 확장하며 재계 서열 30위권을 올려놓았던 대표적 자수성가형 오너 경영인이다. 동일산업을 인수해 웅진식품으로 사명을 변경하고 한국의 전통음료 초록매실, 아침햇살, 가을대추 등을 출시하여 대성공을 거두며 성장해나갔다. 특히 정수기 렌탈과 방문 관리 서비스를 하던 웅진코웨이와 웅진씽크빅(교육, 출판)이 성장의 가장 큰 발판이 됐다. IMF 당시 소비자들의 경제적 어려움으로 인한 급격한 판매 감소로 창고에 쌓여있던 정수기를 렌탈, 방문 관리하는 아이디어를 국내에서는 최초로 도입했다. 그 결과 웅진코웨이가 정수기 판매시장 1위에 오르고 웅진그룹은 재계 30위 그룹으로 초고속 성장을 하였다.

또 윤석금 회장은 사업 다각화와 사세 확장을 위해 그룹의 명운을 걸고 여러 도전적 시도를 하게 된다. 2012년 급변하는 경영환경 변화에 대처하기 위해 사업을 다각화하며 시너지를 창출할 수 있는 건설과 금융, 에너지 회사를 M&A 하고 몸집을 키우기 시작했다. 하지만 미국 리먼브러더스 사태로 건설경기가 악화가 되고, 고수익 사업인 태양열 사업도 중국 정부가 자국의 태양열 사업 기업에 집중적, 지속적인 지원을 하면서 한국의 3분의 1의 인건비, 전기료를 내세우는 중국기업에 가격 경쟁력이 급속히 떨어졌다. 극동 건설과, 금융, 태양광 등 웅진그룹의 사업에 시너지가 되는 사업을 다각화하였으나 외부 환경 요인으로 2012년 웅진그룹의 계열사 현금 유동성 위기로 그룹의 재무 환경이 나빠지고 극동건설과 웅진홀딩스는 2012년에 기업이 겪는 위기 상황이 오고 결국 극동건설과 웅진홀딩스는 2012년 서울지방법원에 법정관리를 신청하고 법정관리에 들어가며 그룹의 존폐 위기를 맞이하게 된다.

하지만 2013년 1월 웅진코웨이, 2013년 9월 웅진식품 등 핵심 계열사를 매각하여 2014년 2월 채무 1조 5,002억 원 중 78.5%를 조기 변제하고 1년 4개월 만에 법정관리를 조기에 종결하고 회생했다. 창업자의 윤리의식, 도덕성은 빠른 판단과 결정으로 이어지며 그룹의 채무를 정리하기 시작한 덕이었다. 자구책으로 이윤을 많이 내고 있던 2013년 1월 웅진코웨이와 2013년 9월 웅진식품 등 핵심 계열사를 매각한다. 2014년 2월 채무 1조 5,002억 원 중 78.5% 조기 변제하고 1년 4개월 만에 법정관리를 조기 종결하고 회생했다. 2016년 6월에 잔여 채무 1,470억 원까지 조기에 변제해 98% 상환을 완료하고 독자 경영을 시작한다.

법정관리에 들어간 기업이 짧은 시간에 조기 졸업하는 사례는 극히 드물다. ESG가 사용되기 시작한 2006년부터 투명경영과 윤리경영을 바탕으로 빠른 성장을 한 기업사례로 대한민국 기업 역사상 실패한 회사가 채무를 변제하고 다시 재기한 찾아보기 어렵고 흔치 않은 사례다. 그동안 몸소 보여준 혁신경영, 환경경영, 투명경영 등 사례를 통해 웅진씽크빅을 필두로 지속가능 기업으로 향하고 있다. 윤석금 회장은 투명경영에 대한 긍지를 지니고 있다. 웅진그룹이 법정관리에 들어가면서 배임으로 검찰 조사를 받았으나 비자금 등 개인의 비리는 단 한 건도 발견되지 않았다고 한다. 담당 검사가 조사를 마치는 날 "참 잘 사셨네요"라고 말한 것으로 전해졌다. 검찰이 이례적으로 "사익을 추구하지 않았다"고 발표하기도 했다. 윤석금 회장은 과거 인터뷰에서 "오너가 잘 된 것은 직원들이 함께 노력한 결과인데 주변 친인척들이 혜택을 보는 것은 잘못된 것이다. 웅진에서 청탁은 있을 수 없다"라며 기업이 투명하지 못하면 장수하지 못한다는 신념을 피력했다. 그는 경영권 승계도 "자식이기 때문에 물려주지는 않을 것"이라며 "직원들과 똑같이 경쟁시켜 능력이 검증돼야 한다"며 웅진그룹은 사회적기업의 역할도 해야 한다는 신념을 밝혔다. 윤석금 회장은 2006년에 "웅진그룹은 사회적기업이며 개인의 회사가 아니다"라며 "사회적기업은 모든 이해관계자와 국가를 위해야 하는 소임이 있다"라고 말했다.

7) 오스템임플란트 횡령 사건과 기업 거버넌스의 중요성

이 사건은 코스닥상장법인 오스템임플란트(048260) 자금관리 팀장 이 모 씨가 자본금의 90%가 넘는 1,880억 원의 거액을 빼돌려 횡령한 황당한 사건이다. 전대미문의 사건으로 기업의 거버넌스가 정상적으로 작동되지 않아 발생한 것이다. 한국증시 사상 최대 규모의 횡령 사건으로 주식거래중지 및 상장적격성실질심사에 들어간 기업 거버넌스의 중요성을 일깨워주는 사건이다.

자금관리 팀장 이 모 씨는 2020년 11월부터 2021년 10월까지 재직했다. 횡령의 첫 시작은 2020년 4분기로 235억 원의 회삿돈을 횡령했다가 반환했다. 횡령 사실이 밝혀져 회사로부터 고소당하기 전에는 동진쎄미켐과 엔씨소프트에 투자한 '슈퍼 개미'로 알려졌었다. 횡령한 돈으로 주식에 투자해서 120억 원 손해를 본 것이 범죄의 시작점이었다. 회사의 고소로 구속된 횡령범의 아버지도 혐의를 받는 상황이 되자 유서를 남기고 차 안에서 사망한 채 발견되었다.

이렇게 횡령한 금액으로 42개 종목에 총 1조 2천억 원 상당의 주식을 거래했고 막대한 손실을 봤다. 주식매매로 손실을 메꿀 수 없다고 판단한 이 모 씨는 남은 돈으로 리조트 회원권, 가족 명의의 건물과 차량, 금괴 등을 사들였다. 금괴는 가족 명의의 건물과 동생의 집 등 친인척의 집에 숨겨둔 채 잠적했다가 검거되어 구속되었다.

오스템임플란트는 2019년 대형 회계법인에 용역을 주고 내부 회계 관리시스템을 막대한 비용을 투자해 만들었다. 하지만 시스템이 직원의 횡령을 방지하지 못했다. 자금 지출 과정에 지출 기안자와 실제 돈을 지출하는 자를 분리해 상호 견제하는 체계를 갖춰야 한다. 그러나 이 사건의 결과를 보면 시스템이 제대로 갖춰져 있지 않았다.

기업 거버넌스 구조가 정상 작동되지 않아 생겨난 것이다. 회계 감사는 2020년에는 삼덕회계법인, 2021년에는 인덕 회계법인이 맡았었다. 그러나 이 모 씨의 횡령 사실을 발견 못 하고 문제가 없다며 감사의견으로 '적정'을 주기도 했다. 법인으로 송금이 아닌 개인 명의 계좌로 수천억 원의 돈이 송금되는데 거래 은행의 '이상 거래 감지 시스템'도 작동하지도 않았다. 회사의 중대한 과실로 대규모 횡령이 이뤄진 것이다.

오스템임플란트는 은행별 잔액 현황을 내부 시스템에 저장한 뒤 서류로 정리하는데, 이 모 씨는 잔액 증명서를 위조해 개인 은행 계좌와 주식 계좌로 이체해 회사 자금을 횡령했다. 부하직원을 시켜 서류 잔액을 PDF 편집 프로그램을 이용해 회사 서류를 조작해서 횡령한 것이다. 현재 이 모 씨는 횡령한 돈을 자신의 계좌로 이체해 주식 투자 및 개인 용도로 사용한 범죄수익 은닉 범인으로 「특정경제범죄 가중처벌 등에 관한 법률」 위반으로 구속 중이다. 오스템임플란트 횡령 사건으로 많은 기업의 자금 부서 담당자는 횡령 방지를 위한 시스템 및 프로세스 개선방안 수립을 하는 중이며 상장사들도 거버넌스 투명성 강화를 위해 감사위원회를 설치하고 있다.

한국기업지배구조원(KCGS)은 임원의 횡령 및 배임 혐의로 기소, 회계 처리기준 위반으로 과징금 부과, 감사인 지정 조치 등이 발생하면 등급을 하향 조정한다. 2021년 오스템임플란트의 ESG 통합등급과 거버넌스 등급은 모두 B였다. 하지만 이번 사건으로 횡령 감시 시스템 미비, ESG 리스크 상승 및 회사 신뢰도 하락, 거버넌스 리스크로 기업가치평가 하락과 주가 하락도 예상된다. 오스템임플란트의 분기 보고서에 따르면 2020년 12월 31일 소액주주는 2만 명에 가까우며 총 발행주식의 약 55%가량은 소액주주들이 차지하고 있다. 기업 거버넌스 부실과 회계부정으로 내부 통제시스템이 정상으로 작동하지 않았고 통제 미흡과 부실 회계로 소액주주들의 피해와 불편도 예상된다.

4. 마치며

기업의 건강한 거버넌스 부재는 모래성을 쌓는 것과 같다. 건강한 기업 거버넌스의 중요성을 이번 오스템임플란트 사건을 타산지석으로 삼아 스타트업 및 중소기업은 내부통제 개선과 경영 투명성을 강화하여 지속가능한 성장 기업을 만들어 나가기를 기대한다.

- 「ESG 핸드북 베이직」 사회적가치연구원, 2021.
- 「ESG 경영 시대 전략 패러다임 대전환」 삼정KPMG, 2020.
- 「기업의 사회적 가치와 커뮤니케이션」 딜로이트, 2018.
- 「ESG 공시 강화에 대한 제언」 한국기업지배구조원, 2017.
- 「G4 지속가능성 보고 가이드라인」 GRI, 2013.
- 「ISO26000 제정 및 동향」 기술표준원, 2011.
- 대한민국 정책브리핑(www.korea.kr)
- 대한민국 공식 전자정부 누리집 중소벤처기업부
- 대한상공회의소 삼정KPMG '중소기업 ESG 추진전략'
- 중소기업중앙회
- GRI(www.globalreporting.org)
- ISO(www.iso.org)
- SASB(www.sasb.org)
- investopedia.com
- Investopedia(www.investopedia.com)
- 포스텍 기업시민 연구소
- '거버넌스', 「네이버 지식백과」

박윤(Park Yoon)

학력
· 서울과학종합대학원 경영학박사 수료
· 동국대학교 국제정보대학원 경영학석사

경력
· 사단법인 한국디지털혁신협회 이사
· 뉴스웍스비즈 사업부문 대표
· 뉴시스 아시아 본부장/특파원

수상
· 산업자원부 장관상

AI 메타버스시대
ESG 경영전략

초판 1쇄 인쇄 2022년 11월 22일
초판 1쇄 발행 2022년 11월 29일

지은이 김영기, 이용섭, 남기선, 김권수, 최대봉, 최효근, 김현영, 박찬혁, 최영미,
박영일, 박종현, 구형기, 김현규, 김재영, 권복주, 김성희, 신동근, 신흥섭,
변성호, 이대우, 김성제, 조민우, 이현구, 추윤호, 박윤
펴낸이 김민규

편집 렛츠북 편집팀 | **디자인** 김민지

펴낸곳 브레인플랫폼(주)
주소 서울특별시 서초구 법원로3길 19, 2층 (서초동)
등록 2019년 01월 15일 제2019-000020호
이메일 iprcom@naver.com

ISBN 979-11-91436-19-8 13320

* 이 책은 저작권법에 따라 보호를 받는 저작물이므로 무단전재 및 복제를 금지하며,
이 책 내용의 전부 및 일부를 이용하려면 반드시 저작권자와 브레인플랫폼(주)의
서면동의를 받아야 합니다.

* 잘못된 책은 구입하신 서점에서 바꾸어 드립니다.